数字化赋能
高质量发展

SHUZIHUA FUNENG GAOZHILIANG FAZHAN

肖　京　赖家材　主编

人民出版社

目　录

序　言

党的二十大报告指出，高质量发展是全面建设社会主义现代化国家的首要任务。加快发展数字经济，促进数字经济和实体经济深度融合，打造具有国际竞争力的数字产业集群。

人类自远古结绳记事，到今日渗透生产生活的数字化，历经了数千年的探索。那些用于记事之绳、兽骨、竹简、锦帛、纸张直到今日的芯片，不但记录一部人类为生存为追寻美好的历史，更是一部满载信息的发展史。人类所记、所治之事从简单的数量、属性到如今浩如烟海的信息宇宙，从单纯用于记录、表达到传播、处理乃至价值深化，那些冰冷的数据曾经只是安静躺在历史长卷中供人翻阅，而今它们已开始生长、发芽，正蠢蠢欲动渴望有一天破土而出孕育智慧的光芒。

二十一世纪的华夏，智慧工厂机器人在自动化生产线各司其职，如同默契乐队彼唱此和；利用数字技术打破空间障碍，为身在云贵高原的老人远程会诊；远在伊犁的姑娘可轻松订购这一季最亮眼的衣裙；小麦主产地的农户们，根据天气预测软件精准判断麦收时间；而更可看到千里之外的中国空间站画面、听到航天员的谈笑声。蓬勃发展的数字时代所勾画的这些蓝图绝非空中楼阁，它关乎每个人的衣食住行，关乎国防科技、文化教育，乃至民族未来。也许有一天可将人类发展的所有内容全部数字化，通过对数字的储存、分析、计算、衍生、发展，是否能打造出一颗数字星球？是否能帮助人类更接近于智慧？如果有一天，数字像氧气、水一样成为人类生存基础，那又是一种什么样的场景？

数字化浪潮汹涌澎湃，"无数字，不经济"，数字技术与经济的融合发展已成行业共识，数字化成为全球经济发展的新引擎，将奏出人类文明更优美的乐章。数字时代将是农业时代、工业时代、信息时代之后的第四次浪潮，数字经济成为继农业经济、工业经济之后新的经济形态，正深刻改变着人类生产生活方式。世界正加速从"网联"向"物联""数联""智联"不断跃迁，数字化为经济发展带来翻天覆地变化，为深入贯彻新发展理念，加快构建新发展格局，推动高质量发展提供不竭动力，插上强有力的翅膀。

为使读者对数字化赋能高质量发展有一个全面、深入、系统的理解，本书系统、简明扼要介绍数字化概论，新发展理念指引数字化赋能高质量发展，数字化赋能高质量发展的新思维、方法论，数字化赋能各领域各行业高质量发展面临的问题与挑战、目标与路径以及经验分享，以及数字化赋能的挑战、趋势与应对等。

第一章数字化概论，讲解数字化基础知识。首先讲解数字经济基础，包括数字经济含义、特点、意义、运行机理，数字经济是新发展理念的生动实践，数字经济赋能中国式现代化。接着介绍数字技术，数字经济的数字化、网络化、智能化技术特质，常见数字技术以及产业元宇宙，数字技术应用包括数字化生产方式、数字化商业模式、数字化管理范式以及数字化产品形式。最后讲解数字化基础，计算力＋数据是人类历史空前的产业动力，数字化是一种技术革命，一种认知革命，是人类思维方式与行为模式的革命，是赋能高质量发展的重要抓手；数字生产力是数字经济的能动力，是人类改造自然的新型能力，促进农业、工业、服务业等数字化升级，对作为生产力基本要素的劳动者、劳动资料和劳动对象进行数字化，通过数字化、网络化、智能化实现资源加速优化配置。

第二章、第三章、第四章承上启下，探讨数字化赋能高质量发展的新理念、新思维、方法论。创新、协调、绿色、开放、共享的新发展理念指引数字化赋能高质量发展，弘扬创新精神可增强数字化转型的创新力，发挥协调作用可提升数字化转型的平衡力，深化绿色理念可推动数字化转型的可持续发展，提升开放水平可增强数字化转型的开放性，健全共享机制可促进数字化转型的共同成长。科学思维方式有利于增强工作科学性、预见性、主动性和创造性，可用战略思维描绘数字化赋能愿景，用赛道思维明确数字化赋能方向，用系统思维强化数字化赋能保障，用创新思维增强数字化赋能实力，用辩证思维看待数字化赋能矛盾，用底线思维厘定数字化赋能边界。科学方法论是指导一切工作的利器，一把开启成功之门的钥匙，数字化改进产业组织效率、促进产业融合、变革产业组织竞争模式、推动产业结构升级、赋能治理创新，数字化赋能可在管理层面制定企业战略、优化企业架构、引导企业文化，在执行层面启动赋能试点、扩大赋能成果、推进赋能生态，做好业务痛点数据化、技术锚点价值化、赋能拐点连续化，走出数字化赋能常见误区。

数字化"贵"在赋能各行业各领域，从第五章至第十九章讲解数字化赋能常见行业或领域，包括农业、制造业、矿业、建筑业、交通、教育、文化、健康、中医、金融、政府治理、企业管理、应急管理、司法、能源、乡村振兴、贸易、供应链、审计等。介绍数字化赋能每一行业或领域高质量发展时，抽丝剥茧，从面临的挑战开始，指出发展的目标以及提供可参考的路径，并且分享有重要借鉴价值的实战经验。

数字化赋能犹如一把"双刃剑"，带来革新机遇的同时也不可避免带来一系列风险。安全保发展，第二十章讲解数字化赋能高质量发展的安全管控。数字化赋能高质量发展面临一系列安全隐患以及安全挑战，可构建技术层面、监管层面、使用层面的数据安全风险防范机制，基于"事前验证，事中监测，事后应急"防护理念做好安全管控技术工作，用零信任架构增强海量设备接入安全。以小微金融数字化风控体系建设为案例分享数字化赋能的安全管控经验，为数字化赋能的安全管控工作提供可借鉴思路。

最后一章讲解数字化赋能高质量发展的挑战、趋势与应对。业务重构困难，技术繁杂，资源受限，流通受阻，数据不规范都是面临的挑战。数字化赋能高质量发展呈现如下趋势：技术跃迁为高质量发展注入原动力，技术应用为高质量发展探索新场景，数字革命重塑生产力和生产关系，融合创新重构社会生产生活，深化布局实现全领域优化升级。面对这些挑战与趋势，可强化应用深化制造业数字化赋能升级，做好数知融合与虚实融合提高数字化赋能确定性，用"软件定义一切"应对数字化场景多样性，坚持守正创新，提升素养，主动增强高质量发展本领。

百舸争流，奋楫者先；千帆竞发，勇进者胜。数字时代已到来，明天或许不可知，只有以最大热情，怀揣善意与美好，插上想象的翅膀，握紧现实航向，用审慎理智心态拥抱数字化，坚持新发展理念，在危机中育新机、于变局中开新局，加速推进数字化，奋力谱写新时代高质量发展的新篇章。

数字化，一起向未来！路虽远，行则将至；事虽难，做则必成！

第一章　数字化概论

数字经济是全球未来的发展方向，数字化为高质量发展腾飞插上翅膀。联合国第九任秘书长安东尼奥·古特雷斯在联合国发布的《2019 年数字经济报告》的序言中指出，数字革命以前所未有的速度和规模改变了我们的生活和社会，带来巨大的机遇和严峻的挑战。

每一次科技重大发展与创新，每一次产业变革与生活方式转型，均影响乃至改变着人类生产生活方式。数字科技正以波澜壮阔迅猛态势席卷经济生态。数字时代将是农业时代、工业时代、信息时代之后的第四次浪潮。数字经济成为继农业经济、工业经济之后新的经济形态，正深刻改变人类生产生活方式。历史证明，每一次工业革命都使经济与科技融合程度不断加深，助推经济培育新优势、发挥新作用、实现新跨越。数字化是引领未来的新浪潮，将奏出人类文明更优美乐章。

第一节　数字经济基础

数字经济正在席卷全球，在世界范围内快速滋长蔓延，成为全球经济发展的新引擎。人类经历了马力时代、电力时代，已进入算力时代，算法、算力和算料（数据）成为数字经济时代最基本的生产基石，算料（数据）是新的生产资料，算力是新的生产力。

我们所处年代，在过去的"离线世界"外又催生一个"在线世界"，数字世界与物理世界将共存、融合。我们的生活方式产生巨大改变，传统组织形态也将被重构，传统中心化组织结构渐渐落伍，有点落伍（Out）了，开始向分布式、扁平化方向发展。

一、数字经济含义

数字经济概念可往前追溯。1996 年，"数字经济之父"美国学者泰普斯科特（Don Tapscott）出版《数字经济：网络智能时代的前景与风险》(*The Digital Economy：Promise and Peril in the Age of Networked Intelligence*)，但泰普斯科特并未明确定义"数字经济"，用它泛指互联网技术之后所出现的各种新型经济关系。从 1998 年到 2000 年，美国商务部连续发布《浮现中的数字经济》《浮现中的数字经济Ⅱ》《数字经济 2000》等报告，推动了数字经济概念的普及。《浮现中的数字经济》第一次明确指出了数字革命已成为各国战略讨论的核心与焦点，将成为驱动新时代发展的强力引擎。

2016 年二十国集团（G20）杭州峰会提出全球数字经济发展理念。随着信息技术的高速发展，"数字经济"这一概念的内涵和外延在不断演变。基于不同视角提出的概念也在不断刷新社会公众认知，可谓仁者见仁，智者见智。

（一）社会特征

我们身处一个什么样的社会？我们所处的社会具有哪些特征呢？在讲解数字经济之前，我们先得对我们所处的社会有一个了解。当前数字技术在社会上的纵向应用主要包括五个方面，即生产方式数字化、生活方式数字化、工作方式数字化、社会治理数字化以及基础设施数字化。数字经济的线上化、智能化和云化平台应用范围不断扩大，支撑起经济社会的全面发展。随着数字技术的发展，数字技术与人类生存发展深度融合、休戚相关，对社会生活场景全方位渗透。

（二）数字经济概念的演变

目前的时代或许可描述为"信息技术产生的是以科技引领的全民共享社会"。继农业经济、工业经济之后的数字经济向更高级、更便捷也更为公平普惠的经济阶段发展。数字经济是数字技术与实体经济深度融合而产生的新型经济形态。数字经济的概念从早期现象式的描述，到逐渐接近本质性的描述这一演变过程中出现过许多经典定义。早期常见的现象式描述，着重描绘信息技术发展给经济活动带来的一些新变化；此后出现特征概括式描述，着重强调数据经济与传统经济在生产要素、载体、推动力等方面的不同。不难看出，数字经济的定义在过去乃至未来都不是一成不变的，随着数字技术的发展，数字经济概念也在不断完善。

《二十国集团数字经济发展与合作倡议》这样定义数字经济：以使用数字化的知识和信息作为关键生产要素、以现代信息网络作为重要载体、以信息通信技术的有效使用作为效率提升和经济结构优化的重要推动力的一系列经济活动。

数字经济是以数据资源为重要生产要素，以信息网络为主要载体，通过信息通信技术与其他领域紧密融合，实现全要素数字化转型的新经济形态。数字经济中的数据生产要素在数字技术的驱动下，加速推动数字产业化和产业数字化发展，以及相关经济治理体系的形成，促进科技与经济的进一步融合。数字经济范围广泛，不单指技术本身，更重要的是包含基于技术而衍生的各种各样的经济活动。

（三）数字经济的内涵

从数字经济经典概念可以看出，数字经济是信息技术着力于实体经济、与实体经济深度融合的新型经济模式，是以数字技术进行生产的经济方式。数字经济，不是数字的经济，是融合的经济，落脚点是实体经济，总要求是经济高质量发展。

1. 数字经济的数字内涵。如果从字面来剖析"数字经济"内涵，会发现其中"数字"至少包括两方面含义。（1）数字技术，目前包括以 5IABCDE（5G、IoT—物联网、AI—人工智能、Blockchain—区块链、Cloud Computing—云计算、Big Data—大数据、Edge Computing—边缘计算）等为代表的新一代信息技术应用，这些技术推动传统产业转型升级，从传统实体经济向新实体经济转型，优化产业结构；（2）数据，在数字技术应用过程中产生的数据已催生出一种新的生产要素，甚至演变出为新消费品。作为新生产要素，提高资本、劳动等其他生产要素的使用效率和质量，改变整个生产函数，作为新消费品催生出新的生产方式。

2. 数字经济的经济学内涵。数字经济具有丰富内涵。（1）在生产力层面，数字经济通过不断进行技术创新，使生产成本迅速降低，并通过规模经济效应扩大影响范围，解放社会生产力。（2）在生产方式层面，数字经济通过收集、整合、分析挖掘与使用大规模数据，以生态系统（平台）为主要竞争优势，改变既有商业模式，对整个经济发展模式产生根本性变革。（3）在生产关系层面，数字经济使各类经济关系发生重构，促进企业管理组织结构的变革。裴长洪等在《数字经济的政治经济学分析》中提到"数字经济强调的是数据信息及其传送是一种决定生产率的技术手段，是先进生产力的代表"。数据已经成为一种重要的、新型生产要素，依托收集融合、保存传送、分析挖掘方式的不同，改变甚至重构传统行业的生产方式，也不断创造出全新的商业模式。

3. 数字经济的技术性内涵。数字经济本身有三个层次。（1）研发数字技术的数字部门是整个数字经济的核心层，奠定数字经济的基础。（2）数字技术应用产生的各类互联网平台、数字化服务以及数字基础设施是中间层，是整个数字经济的应用基础。（3）数字技术通过互联网平台和数字化服务不断改造传统行业，形成数字经济的最外层，智能制造、智慧城市等各类新型产业的出现使数字经济的辐射范围不断扩大。在可预见的未来，如果将数字经济衍生出的庞大价值可视化的话，这将是一棵神奇的成长之树，作为技术基础的数字技术将是这大树的根，深埋大地、供给养分，树干、枝茎将托举、孕育无数的果实，为人类社会营造更美好的未来。

4. 数字经济发展视角内涵。可从要素、载体、技术、系统维度认识和理解数字经济的内涵。（1）从要素维度来看，数据作为数字技术的产出品，由于数量庞大，产生从量到质的演变，成为继土地、资本、人力、技术之后核心生产要素，不但反过来成功驱动数字经济的发展，更对有限供给的传统生产要素的数字化产生重要影响。（2）从载体维度来看，网络、数字化基础设施、数字平台作为现阶段数字经济发展载体。在数据存储和传输、物理世界的互联互通和资源交互等方面为技术使用和创新提供生态环境。（3）从技术维度来看，技术维度永远是数字经济的核心驱动力，各种信息技术不断迭代，从实验室走向大规模应用，为整个数字经济提供源源不断"能量"的同时，引领经济从量变到质变的一次飞跃。（4）从系统维度来看，系统维度是全新视角，人类世界已经被数字经济引领到一个全新的局面，生产生活的系统性变化是每个人不可回避的现实。

以上每一种不同角度的研究都有其价值及作用，有利于不同社会角色、不同行业的公众拓宽视野和认知维度。同历史上曾经出现的任何一种新生事物一样，数字经济在被不断探索中持续助力社会进步。人类通过直接或间接利用数字化的知识与信息从事生产生活，进而推动生产力发展。如果笼统地将一切直接或间接基于数字技术的经济活动都定义在数字经济范畴内，刻意模糊界限，或许可以囊括现在以及未来涌现出来的新技术对概念的不断刷新。

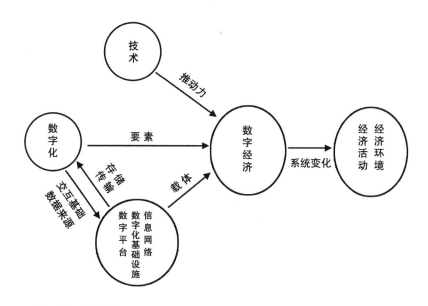

二、数字经济特点

数字经济呈现出高成长性、广覆盖性、强渗透性、跨界融合、开放共享等与生俱来的特性，更易形成规模经济和范围经济，实现全域性经济增长。数字经济不是数字的经济，而是融合的经济。工业经济对于农业的要求就是农产品、劳动力和土地，而数字经济不仅需要这些东西，更需要工业的基础、技术、知识和经验。数字经济是一种技术经济范式，数字技术具有基础性、广泛性、外溢性、互补性特征，将带来经济社会新一轮跳跃式发展和变迁，推动经济效率大幅提升。

（一）数据的关键性

数据的关键性是指数据成为数字经济中关键的生产要素。数字经济可以看作是与农业经济时代、工业经济时代对等的经济发展阶段。正如劳动力和土地在农业经济时代的地位、资本和技术在工业经济时代的地位，数据在数字经济时代已经成为关键的生产要素。在农业时代，人们为劳动力和疆土而战；在工业经济时代，人们为了争夺资金和技术开启了金融战、构筑了技术壁垒；在数字经济时代，数据也将成为企业间、地区间甚至国家间相互争夺的核心资产。

现代人都患了"手机综合征"，可以想象离开手机的一天吗？而手机承载的正是与生活、工作、商业活动息息相关的各类数据。目前商业经济中的物流、钱流、信息流无一不需要数据提供支撑。购物平台为你提供商业信息，数字货币帮助你完成支付，物流轨迹让你时刻可以掌握货物运送的状态……数据已经渗透到整个经济社会的各个方面。

数据像是有生命的个体，活跃又严谨，既平易近人，又成长迅速。它突破了传统束缚，可以永不停歇，无限供给。基于如此天赋异禀的特性，数据已经悄然改变了原有的商业模式，替代了传统的要素，逐渐成为经济活动的战略资源。随着数字技术广泛应用，挖掘数据的深度、广度和速度不断被提升，全新的商业平台及商业系统不断建立并完善，崭新的发展路径已在眼前。例如，中科闻歌经济大数据综合平台项目，依托自主研发的天湖大数据智算平台，实现技术架构一体化和数据架构一体化，全面汇聚政府、社会多源数据，并抽取标注、一源多用，按应用场景建模呈现，切实发挥数据赋能作用。

（二）经济增长的驱动性

数字经济逐渐成为经济增长的新动能和重要引擎，数字经济产业就像"学习委员"，在自身不断迭代进步的同时，帮助其他产业提升改造，逐渐成为经济的"主心骨"。

1."无中生有"，自身高速发展。高科技含量的数字产品与服务经过推广将创造新的市场需求，随着需求不断扩大，会吸引大量的生产企业和配套企业付出智慧与劳动，创造出新一代产品与服务，如此反复循环，不断迭代，源源不断创造着财富和价值，随着从业企业规模、数量不断扩大，演变出经济发展的新模式与新业态，实现"无中生有"。

2."有中出新"，协同提升效率。"学习委员"也将自己的产出转化成其他产业的生产要素，应用数字技术不断改变传统产业的模式与体系，帮助其提质增效，有效提升传统产业的生产效率，提高产品及相关配套服务的质量。

（三）需求与供给的模糊性

数字经济使需求与供给不再有明显界限。美国经济学家萨缪尔森曾说过，学习经济学只需要掌握两件事：一个是供给，另一个是需求，供给和需求原理也是传统经济学必须研究的基础。随着数字经济时代的到来，需求方和供给方边界越来越模糊。人既是数据的创造者，也是数据的使用主体。只要人产生活动，数据就会被无穷无尽地生产出来。可以说在数字时代，供给侧和需求侧逐渐走向融合。

（四）经济活动的普惠性

数字经济具有"普惠性"，每个人都可享受到数字经济所带来的好处，数字经济惠及每个人生活的各个方面。（1）就普惠贸易而言，全球化使贸易实现自由化，各方贸易资源都可以参与其中，山区的农民可以将家乡土特产卖给"老外"，城市的白领也可以海淘国外的各类商品。随着资源量的不断扩大，秩序不断迭代优化，贸易体系将更加完善，贸易流程将更加便利，贸易信息将更加透明、对称，参与的各方都可以从中得利。（2）就普惠金融而言，互联网大数据可以根据用户的个人信用和风险承受能力，"量身定做"相匹配的金融产品，金融机构的"门槛"逐渐降低，让更多人可以作为其用户，享受到适合的金融服务。（3）就普惠科技而言，云计算让传统的"拼桌"得以广泛实现，人们无须以独立个体购买软、硬件产品或设备，取而代之的是以更低的成本"共享"数字化资源。

三、数字经济意义

联合国发布的《2019年数字经济报告》指出，数字经济扩张创造许多新经济机会，数字数据可用于发展目的，也可用于解决社会问题，包括与可持续发展目标相关的问题。可帮助改善经济和社会成果，成为创新和生产力增长的动力。数字化实现所有部门和市场转型，促进以更低成本生产更高质量商品和服务，正在以不同方式改造价值链，并为增值和更广泛结构变革开辟新渠道。

管理学大师彼得·德鲁克说过，"所有创新都是因为成本降低了30%以上"。奥地利经济学家约瑟夫·熊彼特认为，技术进步驱动了"创造性破坏的风暴"。

数字经济是推动经济发展质量变革、效率变革、动力变革的关键，重塑产业新体系，激活发展新动能，实现高质量发展。方兴未艾的数字经济由于其高技术、高渗透、高融合、高增长等特性日益成为推动世界经济复苏、繁荣的重要动力。

（一）发展数字经济是新一轮科技革命和产业变革的大势所趋

当前，数字技术创新和迭代速度明显加快，成为集聚创新要素最多、应用前景最广、辐射带动作用最强的技术创新领域。数字技术同制造、能源、材料等技术加速交叉融合，智能制造、分布式能源、生物芯片等领域的渗透创新蓬勃发展，正在引发多领域系统性、革命性、群体性技术突破，孕育工业互联网、能源互联网等新产品新模式新业态新产业。近年来，世界各主要经济体纷纷出台中长期数字化发展战略，力图依托各自信息、科技等领域的优势，构建数字驱动的经济体系。是否加快发展数字经济，关系到能否抓住新一轮科技革命和产业变革机遇，赢得未来发展和国际竞争的主动权。

（二）发展数字经济是推动我国高质量发展的重要途径

一是有利于推动产业结构优化升级。推动数字技术与实体经济深度融合，有助于牵引生产和服务体系智能化升级，带动产业向中高端迈进。二是有利于加快新旧动能转换。数字经济成为推动经济增长的重要引擎。三是有利于推动发展方式转变。发展数字经济，能够显著降低经济运行成本，从而提高全要素生产率。

（三）发展数字经济是增强我国经济发展韧性的客观要求

加快我国数字经济优势从应用端向基础端、技术端拓展，强化数字技术创新能力，抓紧补齐基础技术、通用技术发展短板。通过加快传统产业数字化步伐，推广先进适用数字技术在农业生产、经营、管理等环节应用，引导企业加快工业网络和装备的数字化升级。通过加快建立数据资源产权、交易流通、跨境传输等基础制度和标准规范，推动数据资源开发利用。

四、数字经济运行机理

数字经济可认为是由数字化思维、数字硬件和数字软件三部分组成的系统。数字化思维指"人"分析问题、解决问题时都要使用数字化（量化）思维进行思考；数字硬件是数字经济运行过程涉及的感知、计算、存储等设备，如服务器、传感器；数字软件主要指新一代信息技术应用。在软硬件支持下，凭借人类数字化意识，构成数字经济系统。

（一）影响数字经济的规律

支撑数字经济发展规律包括梅特卡夫法则、摩尔定律及达维多定律。

1. 梅特卡夫法则。梅特卡夫法则是计算机网络先驱罗伯特·梅特卡夫所提出。该法则指网络蕴含的价值与其用户数量的平方成正比。例如，如果网络规模或者说用户数量增长 10 倍，那么网络价值就增长 100 倍。庞大网民规模保证了数字经济网络节点数量，是网络价值增值的关键。

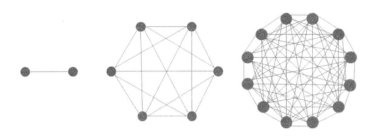

2. 摩尔定律。摩尔定律虽叫定律，但非自然科学定律，是英特尔（Intel）公司创始人之一戈登·摩尔的经验之谈。他根据经验总结出，计算机硅芯片的处理能力每 18 个月就会增加一倍，而与此同时，其价格将减半。这个定律不仅指出了现代计算机科技的迭代速度，也反映了成本降低的规律。低廉的成本可以换来更高的普及率，这正是互联网及智能终端近几年迅速发展的动力来源。科技创新加速了成本下降，普及率得以高速提升，惠及更多人。

3. 达维多定律。达维多定律是指进入市场的首代产品将会获得至少一半的市场份额，其他企业只能瓜分剩余份额，也就是所谓的"赢家通吃"。因新产品才能够保证企业的市场占有率，想要抢占市场，就必须做"赢家"，保证自己的产品是市场第一代产品。这一定律促使企业必须不断地进行技术革新，淘汰自身落伍产品，力争第一个开发出新一代产品。达维多定律成为企业创新的重要推力，倒逼企业时刻保持危机感，不断推翻、不断迭代、不断创新，这也正是数字经济蓬勃发展的核心。

（二）数字经济的作用机制

数字经济能够降低经济运行成本、提升经济运行效率、创新经济组织方式、加速实际经济形态重构，促进经济发展到更高的水平。

1. 数字经济降低经济运行成本。（1）降低信息获取成本。数字经济改变以往获取信息的方式方法，大幅降低了经济主体获取相关信息的时间成本和费用成本。例如，一家工厂想找到上游匹配的设备供应商，以前需要翻看行业杂志或者派人参加行业展会，这可能需几天甚至几个月时间，花费几百甚至上万元，但现在通过网络，不超过1分钟，就能提供相关供应商信息，甚至在不到10分钟内，就完成了"货比三家"任务，金额花费可能不足1元，极大降低了信息获取成本。（2）降低商业摩擦成本。数字经济打通线上线下空间，加速打破行业、场景、渠道之间壁垒，降低商业环境中的摩擦成本，解决经济主体间信息不对称问题。阿里巴巴提出"让天下没有难做的生意"，推出淘宝增加中小企业的曝光率，让资源容易被消费者所发现，推出旺旺降低买家与卖家之间沟通成本，推出支付宝建立网上交易的信任机制，以第三方监督实施费用，启动商家与消费者间的良性循环，使广大消费者及中小企业从数字经济发展红利中受益。（3）降低资本专用型成本。数字经济改变传统人力资本和固定资产使用模式，有效降低资本专用型成本。数字经济培育共享经济蓬勃兴起，所有权逐渐变得不再重要，实现"不为我所有但可为我所用"，经济主体可通过花费较少钱实现其目标：Airbnb（爱彼迎）让旅行者在度假时拥有梦想中的海景别墅，Uber（优步）让无车一族享受汽车的快捷代步，Wework（众创空间）让初创公司在黄金地段入住宽敞明亮的办公室……

2. 数字经济提升经济运行效率。（1）深化产业专业化分工。数字经济加强产业专业化分工程度。数字经济通过透明化信息传递方式，将传统企业内部工作任务以"外包"形式分配给本国其他企业甚至其他国家经济主体，发挥各自经济比较优势，深化产业、产品和模块化分工，使专业化分工更加精细化、精准化。例如，借助数字经济力量，苹果公司创造 iPhone 手机的商业奇迹：苹果公司只负责设计、质控和市场销售，所有生产加工环节都以委托生产方式外包给遍布美国、德国、日本、韩国、中国台湾、中国大陆等国家和地区的众多企业下游制造商。专业分工使 iPhone 手机有效缩短了从研发到上市的时间，成为手机领域的佼佼者。（2）提升生产协同水平。数字经济提升生产主体间的协同水平。将分散生产主体连接在一起，通过相互协作完成单一经济体难以完成的任务或工作，提升生产效益。生产主体可通过构建以任务为目标导向的临时团队，实现信息资源共享，增强生产经营活动的机动性和创新性，有效提升生产效率。（3）助力供需精准匹配数字经济打通供求方信息渠道，可让市场需求和产品信息以更快捷、更高效、更准确的方式在供求间相互传递与交换，需求信息交换和匹配效率得到大幅提升。供需市场逐步从原来 B2C（企业到消费者）模式向 C2B（消费者到企业）模式转变，消费者在消费决策和消费过程中变"被动"为"主动"，可直接与生产者对接，参与商品和服务的设计生产。

3. 数字经济创新经济组织方式。（1）变革传统企业内组织模式。传统企业因不断追求规模经济可能导致组织管理链条过长，而数字经济使组织逐渐走向扁平化。数字经济使工业经济时代形成的宝塔式组织结构逐渐瓦解，取而代之的是以工作任务为目标的平台生态等更扁平化、更柔性的组织方式。（2）催生新兴企业组织形态。数字经济催生并加速产业向平台化、生态化发展。近几年，平台类型企业加速壮大。20年前全球上市公司市值前十的企业几乎没有一家平台企业；2020年，苹果、微软、亚马逊、谷歌、Facebook（脸谱）、腾讯等赫然列入全球前十市值公司，超越沃尔玛的零售帝国和美孚石油等能源大佬。

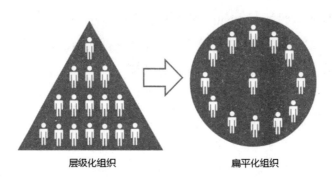

层级化组织　　　　　　　　扁平化组织

4.数字经济加速重构实体经济形态。（1）支撑国民经济发展。数字经济发展逐渐为国民经济发展提供重要基础设施支撑。国民经济发展基础建设从传统仅有的"铁公基"（铁路、公路、机场、水利等重大基础设施建设）项目，逐步增加了新的基建内容，主要包括战略新兴领域的5G基建、工业互联网、大数据中心、人工智能等，新基建促进传统基建项目数字化深度融合。（2）重塑经济发展模式。数字经济中数据成为新的生产力，重塑传统经济结构，有力提升生产效率。数字经济深度融入国家经济社会各领域，正成为推动经济发展质量变革、效率变革、动力变革的重要驱动力。

五、数字经济是新发展理念的生动实践

理念指导实践，实践诠释理念。以创新、协调、绿色、开放、共享为主题的新发展理念不但对当前我国发展面临的突出问题和挑战提出了战略指引，对各行各业产生积极深远影响，引发高度关注。蓬勃发展的数字经济，完美契合新发展理念，各领域的数字化取得的成就与实践，生动诠释新发展理念的强大思想力。

1.创新发展领域，作为数字经济的精神内核，创新是原动力。数字经济

发展必然要求科技创新，各项目创新科技为解决发展动力问题激活了新引擎。5G实现技术、产业、应用全面领先，全球超算500强中我国上榜数量持续蝉联第一，芯片自主研发能力稳步提升，国产操作系统性能大幅提升，规模化推广应用加速。未来数字经济必将发挥更大创新发展贡献。需进一步深刻认识到，关键核心技术是买不来的、讨不来的，牵住自主创新这个"牛鼻子"，充分利用社会主义制度优势、新型举国体制优势、超大规模市场优势，全面增强国家战略科技力量，真正迎来数字时代科技自立自强的根本性转变；打好补短板的关键核心技术攻坚战，解决"卡脖子"问题；打好扬优势的领跑型前沿基础技术攻坚战，在量子信息、光子与微纳电子、网络通信、人工智能等科技领域构筑"非对称"技术优势；构建开放灵活的制度体系与创新环境，建设数字化领域上中下游、大中小企业融通创新机制，构建协同发展、生机勃勃的产业创新生态。

2. 协调发展领域，作为数字经济的典型表现，协调解决发展不平衡、促进协调发展是数字经济的重要价值。作为基础性、通用性技术，数字技术赋能有利于打破时空局限，引导资源要素的合理配置，推动区域空间、产业行业协调发展。产业数字化转型加快，数字技术深度赋能种植、养殖、畜牧等各领域，信息化和工业化深度融合发展，企业经营生产过程关键业务环节实现全面数字化的企业比例不断增多，连续多年保持全球最大网络零售市场地位；数字经济区域协作加快开展，京津冀通过平台联系创新主体、汇聚创新资源、开展跨界合作、构建协作网络、营造创新生态，数字长三角协同建设不断提速，各取所长多点开花。未来数字经济，要加快推动数字化转型促进中心建设，推动数字技术与实体经济深度融合，进一步推动工业互联网应用对国民经济各大门类全覆盖，加快推动形成东中西相呼应的数字经济发展空间格局。

3. 绿色发展领域，作为数字经济的必然趋向，绿色发展是伴随数字经济全流程的必然表现。绿色发展是以效率、和谐、持续为目标的经济增长和社会发展方式。面对日益严峻的全球能源危机、气候危机和生物多样性危机，应为推动经济社会绿色发展发挥基础性支撑作用。数字经济为解决人与自然和谐问题提供了新模式。数字经济正加快改变传统生产生活方式绿色转型，有效缓解自然资源与环境承载力不足的问题。近年来，数字经济促进绿色生产方式不断创新。工业和信息化部印发《"十四五"工业绿色发展规划》，有力推进数字化赋能绿色制造发展；数字经济推动绿色生活方式加快普及，国家积极引导居民绿色能源消费，探索开展"碳普惠"工作，将市民绿色出行、简约包装、垃圾分类等低碳行为所减少的二氧化碳排放量，核算为市民账户的"碳积分"；遵循节约节俭、简洁高效的原则发展数字教育，注重培养学生适应和减缓气候变化的能力，合理使用数字化教材、教具，推动数字教育成为教育低碳转型的催化剂和加速器。未来数字经济既要进一步推广数字化绿色生产方式，加强数字基础设施绿色化改造升级，积极推动绿色低碳新技术和节能设备广泛使用，推动建立绿色低碳循环发展产业体系；又要进一步普及数字化绿色生活方式，推进远程办公、公共出行、绿色消费的广泛应用，积极探索多元参与、可持续的碳普惠机制。

4. 开放发展领域。作为数字经济的客观结果，时空已无障碍，内外均可联动。开放是当代中国的鲜明标识，进入数字时代中国开放的大门只会越开越大，数字经济有利于加快构建更高水平的全方位开放格局。海南自由贸易港、北京自贸试验区等积极探索数字贸易开放政策先行先试，数字经济国际合作稳步推进，"数字丝绸之路"建设成果显著，国际规则标准制定能力稳步提升，我国积极参与多边多方数字经济治理机制活动，积极参与数字领域国际规则和技术标准制定。未来数字经济可进一步加快建立多层次的全球数字合作伙伴关系，围绕数据跨境流动、市场准入、反垄断、数据隐私保护等重大问题探索建立治理规则，持续深化数字经济发展合作，搭建高质量数字经济交流平台，促进我国数字领域在更大范围、更宽领域、更深层次实施高水平对外开放。

5. 共享发展领域，作为数字经济的重要属性，互通互联、共享共生在解决社会公平正义问题、解决地区及城乡差异等方面均彰显了新优势。基于信息网络与数据资源的数字经济，具有明显的包容性增长特征，有利于不断提升经济社会的数字普惠性，让人民群众在更大范围、更大程度上共享数字经济发展成果。近年来，数字基础设施加快实现全覆盖；数字社会服务更加普惠便捷，国家全民健康信息平台基本建成；城乡数字治理体系更加健全，网上政务服务省、市、县、乡、村五级全覆盖加快推进，更多政务服务事项下沉至基层办理。未来将进一步统筹推进智慧城市、数字乡村建设，加快教育、医疗、交通、就业、养老、抚幼、助残等重点领域的数字化服务普惠应用，加速数字技术在教育、医疗卫生、就业、社保、文化旅游等领域的深化应用，数字经济发展补齐民生服务供给缺口。

六、数字经济赋能中国式现代化

中国式现代化包括经济、政治、文化、社会等全方位的现代化，数字经济是国民经济重要组成部分，赋能中国式现代化。

（一）数字经济是中国式现代化的重要力量

中国式现代化的首要任务，就是高质量发展。随着数字技术的飞速发展和全面应用，数字经济逐渐成为主导世界经济社会发展的重要动力，是推动中国式现代化高质量发展的关键力量。（1）数据成为土地、人力、资本、技术外的关键生产要素。我国庞大的人口基数和经济体量产生海量数据，是推进中国式现代化的优势力量。数字经济下催生的新业务、新形态、新市场，能够打造一批全球化的航母级企业，为中国式现代化发展贡献巨大力量。（2）我国幅员辽阔、人口众多，为数字经济发展培育了丰富的应用场景。各行各业、形形色色的应用场景，为数字经济发展提供内生动力，为国民经济发展带来活力源泉。（3）数字经济发展让中国竞争优势从低端制造转向高端制造，让中国经济结构由工业型转变为服务型，让中国对外贸易质效全面改善，让中国在国际竞争市场上的竞争力持续提高，为中国式现代化高质量发展提供重要力量。

（二）数字经济是接续奋斗实现共同富裕的实施路径

以人为本、以人民为中心，促进全体人民实现共同富裕，是中国式现代化现代化的应有之义。数字经济也是共享经济，为解决城乡区域、不同群体、不同阶层、不同产业结构间的不平衡矛盾提供实施路径。（1）乡村数字化转型缩小城乡差距。例如，打造数字化农产品，越来越多农产品通过电商和直播渠道，向全国亿万家庭销售；数字技术辅助农产品播种、收割，有效提高农业整体收益；乡镇政务数字化，提高乡镇政府办公效率，也有利于远程精准监督权力。（2）数字经济为中小微企业提供更多发展机遇。数字经济营造更加良好创新氛围，越来越多新业态、新模式奔涌而出，数字生态支持更多生态内中小企业转型发展，探寻发展新机遇。数字技术运用，使金融机构更加精准画像中小微企业信用行为，为中小微企业获得融资支持提供更多帮助。（3）数字经济为新时代年轻人提供更多创业和就业机会。新技术、新业态、新场景、新模式，为新时代年轻人提供更多创业方向，有些后发优势明显。提供更多新型就业机会，例如数字经济迅速发展催生的"零工经济"，很多年轻人将直播博主、短视频博主作为职业方向。

（三）数字经济是全面提升中国式现代化发展质量的坚强保障

推进中国式现代化发展，必须具有坚实的物质技术基础。新一代信息科技是提升中国式现代化发展质量的重要技术基础，是发展的坚强保障。（1）数字化转型是数字经济的新型基础设施建设重点工程，数字技术是实现数字化转型的关键支撑，全社会数字化转型为中国式现代化发展注入全新动力。（2）数字货币和支付系统的创新，使支付更加便捷，进一步形成更加透明、平等生产关系，更有利于实现数字金融普惠化。（3）健康的数字经济有利于维护社会发展安全。为约束数字经济出现的不良行为，体现公平性和普惠性，陆续出台相关法律法规，治理数字经济发展，例如个人信息保护法。

（四）数字经济符合生态文明建设的具体要求

中国式现代化发展的本质要求之一，是人与自然的和谐相处，体现人类文明的发展智慧。数字经济发展过程是绿色、智能的，是符合生态文明建设的具体要求。推进数字经济和绿色经济、生态经济融合发展，对于推进中国式现代化具有重要作用。（1）中国式现代化发展，内涵之一就是可持续发展，要符合生态文明建设要求。数据和数字技术的应用过程符合绿色低碳发展要求，数字经济衍生的新业态、新经济形态能践行生态文明建设要求。（2）落实生态文明建设要求，可体现在数字产业化和产业数字化全过程，具体体现在全生态、全产业、全过程，通过数字技术赋能生态经济，将绿色、低碳、环保理念融入生产方式和生活方式。例如，电子媒体代替传统纸媒、电子照片云存储代替纸质照片等，减少纸张使用和印刷污染。（3）数字经济发展过程中，也应进一步倡导健康、可持续的数字生产、生活、消费方式，推进人与自然和谐相处，为中国式现代化发展提供更多生态供给，促进我国经济社会全面绿色转型，实现全社会健康可持续发展。

数字经济赋能中国式现代化，催生新业态、新经济、新模式，为经济发展提供全新动力，推动我国经济转型升级，数字经济的共享和普惠性解决为实现共同富裕提供解决路径，数字经济的智能化绿色化为我国经济健康、可持续发展提供了必要条件。

第二节　数字技术简介

未来学家凯文·凯利在《科技想要什么》一书中阐述，现在人类已定义生命形态仅包括植物、动物、原生生物、真菌、原细菌、真细菌六种，但技术演化和这六种生命体演化惊人地相似，技术应是生命第七种存在方式。技术是生命的延伸，并非独立于生命之外的东西。

科技无疑是经济增长、社会发展和美好生活构建的重要驱动力。随着尼葛洛庞帝的《数字化生存》一书热销，数字化概念悄然兴起。数字化是一次技术革命和产业革命，包括数字化、网络化、智能化深度融合。

一、数字技术概念

科学技术是第一生产力，未来的数字技术就像现在的电力一样，变成一种人人可用的基础设施。

数字技术的创新聚变，快速、高效、低成本的数据计算、处理及存储的新体系逐步建立，人类对客观世界的认知与探索从物理空间向信息空间急速迈进，在现实与虚拟之间、原子与比特之间搭建着可以彼此连接、精准映射、交互反馈、有效控制的通道、枢纽与平台。

数字技术实现物理世界到数字世界的抽象转化，是将客观世界事物转换成计算机能唯一识别的机器语言，即二进制 0 和 1，通过计算机、网络等设备表示、传输、处理所有信息的技术，是计算机技术、多媒体技术以及互联网技术的基础。数字技术是一种真正的通用技术，汽车、新能源、电气以及轨道交通等领域都能用到数字技术。数字技术好比魔法棒，它跟相关技术有效融合之后，就会发生化学反应，催生新型业态形成。

从技术视角，数字技术是支撑动力；从资源视角，数据是生产要素；从产业视角，数字技术是数字经济体系的核心组成部分。未来发展方式以数字经济为主导，以数字技术创新应用为牵引，以数据要素价值释放为核心，以多元化、多样化、个性化为方向，通过产业要素重构融合衍生而形成商业新业态、业务新环节、产业新组织、价值新链条。

从发展理念看，是以数据共享为主线；从参与主体看，是一种跨界融合的方式；从投入要素的角度看，由技术推动转变为数据驱动；从价值实现的角度看，价值溢出效应凸显。通过数字化管理、智能化生产、网络化协同、个性化定制、服务化延伸促进零工经济、共享制造、现代供应链、工业电子商务、产业链金融的发展。

二、数字经济技术特质——数字化、网络化、智能化

万物皆数据，一切都可以数字化。数字化已深入人们的衣食住行、工作生活、生产服务等方方面面，可谓无处不在、无孔不入、无所不能。数字经济的"数字"属性是区别于传统经济模式的最显著特点，而"数字"的技术特性决定其在不断推进中表现出数字化、网络化、智能化等特质。在这诸多特质中，徐宗本院士认为数字化、网络化、智能化是最为突出的特征。在人类社会、物理世界、信息空间构成的三元世界中，关联与交互决定信息化的特征和程度。其中数字化是感知人类社会和物理世界的基本方式，为社会信息化奠定基础；网络化是联结人类社会与物理世界（通过信息空间）的基本方式，为信息传播提供物理载体；而智能化是信息空间作用于物理世界与人类社会的方式，体现信息应用的层次和水平。

（一）数字化（Digitalization）

中国国际经济交流中心副理事长黄奇帆在《结构性改革》一书中认为"数字化"是大数据、人工智能、移动互联网、云计算、区块链等一系列数字化

技术组成的"数字综合体"。数字经济之所以被定义为"数字"，其内核自然源于复杂的物理世界可以以数字形式在计算机系统中被体现、被虚拟出来。从莱布尼茨那枚标志着二进制诞生的银币到中国国防科技大学研发的"天问二号"，这朴素简洁的 1 和 0，或因背后蕴含"有"和"无"的东方智慧而改变了

人类社会进程。这是世界上最普遍的，却又是最完美的逻辑语言。

数字化就是量化一切，用数据说明、解释、证实事物真相。日常工作生活中的一切事物，本质上都符合数学规律，都可数字化成为数据。数字化对大量数据进行采样、存储、挖掘、共享和分析，涉及所有的文字、图片、声音、图像、表格等，可谓处处是沙子，到处是黄金。如果你不去使用它，它就成了没有多大价值的沙子；如果你深入去分析，挖掘利用，它就是黄金。数字化核心在于对数据进行处理，挖掘数据自身潜在价值，数字化强调数据可还原过去、描述现实和规划未来。

时至今日，数字化如同基因一样影响信息技术成长走向。把复杂多变的信息转变为可度量的数字、数据，再以这些数字、数据建立合适模型，把它们转变为一系列二进制代码，引入计算机统一处理，信息变为可分析利用资源，这看似简单的数字化基本过程深刻影响着我们学习生产生活。

数字化背景下的政府变革，是数据驱动下的公共服务提升、是物联网基础上的城市治理、是精准定位的医疗卫生体系、是安全稳固的国防、是移动便捷的公民体验。

数字化背景下的企业变革，是战略、业务、运营全方面的数字化，是组织结构的调整、是新型创新模式的建立、是 IT 架构的匹配；是将数字化的信息进行条理化，通过智能分析、多维分析、查询回溯，为决策提供有力的数据支撑；是以业务流程的优化和重构为基础的信息共享和有效利用；最终得以提高企业的经济效益和市场竞争力，激活新动能，谋求可持续发展。

而数字化背景下的我们，或许有一天在身后留下的人生行为轨迹数据碎片得以被收集、还原，从而再生一个全新的栩栩如生的"我"。

（二）网络化（Networking）

当每一台计算机作为独立个体存在时，它们之间因没有任何交互而孤独存在，而人类欲望产生的交互体验需求推动技术突破。在互联网时代伊始人们的视线聚焦在浏览器上时，所有新鲜的想法都出现在浏览器上。一直到没有边界的互联网未来，任何载体都能实现互联网的终端功能。全世界万物互联终将成为现实，我们生存的物理世界因网络的存在而淡化了距离和隔膜。

在网络化背景下，任何一种社会组织，大到国家、小到一个团队都将具有扁平而多元的结构、充分共享的信息、分工更加柔性，而内部活动更趋于市场、更公开公平，而各个组织间更容易因契约而实现联盟与协作。

网络化更是在改善工作效率、丰富便捷生活的同时，有效消除信息壁垒，使人类社会协同发展更具可能性。

（三）智能化（Intellectualization）

通常所认知的智能一般包括感知能力、记忆与思维能力、学习与自适应能力、行为决策能力，使对象具备灵敏准确的感知功能、正确的思维与判断功能、自适应的学习功能，以及行之有效的执行功能。这是一个从人工、自动到自主的过程。这一过程实现途径从大数据智能、群体智能到跨媒体智能、人机混合增强智能，直至类脑智能。

智能化进程，无论是以代替人力为表现的弱人工智能，拥有和人类一样智能的强人工智能，到自主升级迭代完全超越人类的超人工智能，还是以技术路径区分的计算智能、感知智能到认知智能。终将加速赋能，并为人类的医疗、金融、安防、教育、交通、物流等各类传统行业带来机遇与发展潜力。而在智能化背景下传统产业上下游的链条逻辑，也将演变为椭圆形闭合逻辑。

三、常见数字技术

数字技术一日千里，如火如荼，数字产品日新月异。以 5IABCDE（5G、IoT—物联网、AI—人工智能、Blockchain—区块链、Cloud Computing—云计算、Big Data—大数据、Edge Computing—边缘计算）等为代表的数字技术以网络互联的移动化和泛在化、信息处理的集中化和大数据化、信息服务的智能化及个人化为基本特征。数字技术带来的感知、数据、连接无处不在，深度融合传统产业，不断改变发展理念，催生商业模式，赋能产业链条。数字技术正成为数字经济"硬核"技术，正加速渗透到金融、交通、医疗、教育、养老等领域，提高行业服务精准化、便利化水平，全面提升人民生活品质。

数字经济时代，数字化平台是主要载体。有专家用人类比喻数字化平台：互联网、移动互联网以及物联网像人类神经系统，大数据像五脏六腑等人体器官，云计算像人体脊梁。没有网络，五脏六腑与和脊梁无法协同；没有云计算，器官无法挂架；没有大数据，云计算变成空心骷髅。有了神经系统、脊梁、器官后，加上相当于灵魂的人工智能——人的大脑和神经末梢系统，平台就成型了。区块链如同更先进的"基因改造技术"，从根本上提升大脑反应速度、骨骼健壮程度、四肢操控灵活性。数字化平台有"五全信息特征"：全空域、全流程、全场景、全解析、全价值。（1）全空域是打破区域和空间障碍，从天到地到水下、从国内到国外可泛在连成一体。（2）全流程是人类所有生产、生活流程每一个点不间断地积累信息。（3）全场景是跨越行业界别，打通人类所有生产生活场景。（4）全解析是借助收集、分析数据，推测人类行为，产生全新价值。（5）全价值是打破单个价值体系封闭性，穿透所有价值体系，整合与创建新的价值链。

（一）人工智能

麦肯锡报告显示，人工智能指导下的自动化将为中国经济注入生产力，按照中国人工智能部署速度，其未来每年将为 GDP 贡献 0.8—1.4 个百分点。

美国心理学家、心理计量学家斯腾伯格（Robert Jeffrey Sternberg）认为，智能是个人从经验中学习、理性思考、记忆重要信息，以及应付日常生活需求的认知能力。《人工智能辞典》将人工智能定义为"使计算机系统模拟人类的智能活动，完成人用智能才能完成的任务"。

人工智能（Artificial Intelligence，AI）作为一门前沿交叉学科，其定义一直存有不同观点。人工智能是研究、开发用于模拟、延伸和扩展人的智能的理论、方法、技术及应用系统的一门新的技术科学，其研究包括机器人、语言识别、图像识别、自然语言处理和专家系统等。维基百科定义"人工智能就是机器展现出的智能"，即只要是某种机器，具有某种或某些"智能"特征或表现，都应算作"人工智能"。中国科学院院士谭铁牛更通俗地解释人工智能的目标为：促使智能机器会听（语音识别、机器翻译等）、会看（图像识别、文字识别等）、会说（语音合成、人机对话等）、会思考（人机对弈、定理证明等）、会学习（机器学习、知识表示等）、会行动（机器人、自动驾驶汽车等）。算力、算法、数据是人工智能核心三要素。如把人工智能比作一艘远航巨轮，算力是发动机，算法是舵手，数据是燃料，缺一不可。其中，算法是核心，把数据训练算法称作"喂数据"，数据亦可称作"奶妈"。

从思维观点上看，人工智能是逻辑思维、形象思维、灵感思维的融合发展。人工智能的最终目标是让机器代替人类去辅助或完成人类能完成的事情。

（二）大数据

1. 大数据定义。大数据概念早已有之，1980年著名未来学家阿尔文·托夫勒便在《第三次浪潮》一书中，将大数据热情地赞颂为"第三次浪潮的华彩乐章"。大量专家学者、机构从不同角度理解大数据，加之大数据本身具有较强抽象性，目前国际上尚没有一个统一公认定义。（1）维克托·迈尔·舍恩伯格在《大数据时代》一书中提出，大数据不能用随机分析法（抽样调查）这样的捷径，而要对所有数据进行分析处理。（2）麦肯锡在《大数据：下一个创新，竞争和生产率的前沿》中认为，大数据主要是无法在一定时间内用传统数据库工具对其内容进行获取、存储、管理和分析的数据集；（3）中国科学院院士梅宏认为，大数据是无法在一定时间范围内用常规软件工具进行捕捉、管理和处理的数据集合，是需要新处理模式才能具有更强的决策力、洞察发现力和流程优化能力的海量、高增长率和多样化的信息资产。

大数据是信息化发展到一定阶段之后的必然产物，源于信息技术的不断廉价化与互联网及其延伸所带来的无处不在的信息技术应用，大数据本质上汇聚、融合多个信息系统产生的数据。

2. 大数据时代的思维变革。维克托·迈尔·舍恩伯格等在《大数据时代：生活、工作与思维的大变革》中认为，大数据时代需进行三个重大思维转变，这三个思维转变相互联系和相互作用：分析与某事物相关的所有数据，而不是依靠分析少量数据样本；接受数据的纷繁复杂，而不再追求精确性；不再探求难以捉摸的因果关系，而是关注事物相关关系。（1）全样而非抽样。放弃样本分析这条捷径，选择收集全面、完整的数据。从可行性角度看，当前数据处理能力可支撑海量数据处理；从必要性角度看，数据分析的目的是从海量正常数据中"揪出"少数异常数据。（2）效率而非精度。信息缺乏时代执迷于数据精确性。但实际上只有5%的数据是结构化，如不接受混乱，剩下95%非结构化数据都无法被利用，只有接受不精确性，才能打开一扇从未涉足的世界的窗户。不执迷于数据精确性，以一种包容心态允许劣质数据混杂其中，大数据时代不可能实现数据精确性，而用概率来表示事物发展大方向，混杂性成为一种时尚。（3）相关而非因果。更关心相关关系，因果关系放到次要位置，很多情况下，"知其然"而不苛求"知其所以然"，"是什么"比"为什么"作用更大，甚至在一些不知道"为什么"的场景下，知道"是什么"有助于取得发现"为什么"的突破。

3.大数据特性。一般来说，大数据具有"4V"特性：规模性（Volume）、多样性（Variety）、高速性（Velocity）和真实性（Veracity）。（1）规模性（Volume）。大数据首要特征体现为"量大"，存储单位从 GB 到 TB，直至 PB、EB。数据的海量化和快速增长特征是大数据对存储技术提出的首要挑战，要求底层硬件架构和文件系统性价比要大大高于传统技术，并能弹性扩展存储容量。（2）多样性（Variety）。丰富数据来源导致大数据的形式多样性，大数据大体分三类：1）结构化数据，如教育系统数据、金融系统数据、交通系统数据等，该类数据特点是数据间因果关系强。2）非结构化数据，如视频、图片、音频等，该类数据特点是数据间没有因果关系。3）半结构化数据，如 XML 文档、邮件、微博等，该类数据特点是数据间的因果关系弱。格式多样化是大数据典型特征之一，要求大数据存储管理系统能适应对各种非结构化数据进行高效管理需求。在人类活动产生的全部数据中，仅有非常小的一部分数值型数据得到深入分析和挖掘，而大量语音、图片、视频等非结构化数据难以有效分析。（3）高速性（Velocity）。大数据对处理数据响应速度有严格要求，处理速度快，需对数据实时分析，数据输入、处理几乎要求无延迟。（4）真实性（Veracity）。前 3 个 V 涵盖大数据本身关键属性，真实性是实施大数据企业须严肃对待的重要维度，在实施过程中需保证数据的客观真实。

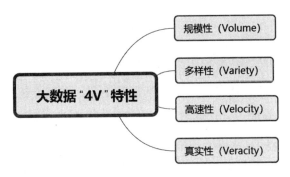

（三）互联网技术

互联技术包括移动互联网、物联网。

1.互联网。互联网实现数据的海量汇聚和高效归集。互联网时代是PC（个人电脑）时代，移动互联网时代是智能手机加笔记本电脑的时代。移动互联网是现代移动通信技术和互联网紧密结合的产物，是互联网科技进步的重要里程碑，它是传统互联网技术、平台、应用和商业模式与移动通信技术结合并实践的活动的总称。移动互联网是在传统互联网的基础上发展起来的，二者虽有很多相似之处，但因其依赖的移动通信设备的发展有其特殊性，移动互联网又具备许多传统互联网不具备的新特性。移动互联网的主要特征有：（1）快捷便携性。（2）移动定位性。（3）隐私性。（4）即时性和交互性。（5）应用轻便性。

2.物联网。物联网是利用智能设备感知物理世界信息，经过计算和处理后，通过互联网传输数据，以实现人与物、物与物之间的实时信息交互和连接的新型网络，其本质上是通信网络和互联网的融合。物联网依托于云计算、大数据技术才得以飞速发展，极大丰富现实世界可用数据范围，掌握细节从此变得容易，存在着全面感知、可靠传递、智能处理等特点。物联网层次根据功能可划分为感知层、网络层和应用层，其划分内部逻辑是对物理世界感知并收集信息，然后传输信息，并最终实现物理设备的协同工作，实现"万物互联"。（1）感知层实现对现实世界的识别、感知，并采集信息，是物联网实现应用功能的基础层级，一般需通过RFID（无线射频识别）、传感器、执行器等智能设备实现这一层级功能。（2）网络层用来对感知层收集的信息进行传递，通过通信网络连接各层基础设备。（3）应用层用来对网络层传输的信息进行处理、分析和展示，例如车联网，对车载传感器感知的交通数据进行处理分析。

（四）分布式技术

1.云计算。相关测算数据表明，商业银行一个账户一年平均IT成本50—100元，若采用云计算技术，成本可下降至1元，应用上线时间可由15—50天缩短到10—20分钟。云计算是一种将可伸缩、弹性、共享的物理和虚拟资源池以按需自服务的方式供应和管理，并提供网络访问的模式。通俗理解，可以将云计算服务类比于家庭日常使用的水电煤气，作为标准化、易计量、按需使用的公共资源，由云计算服务提供商为各使用方提供便捷、灵活的计算资源服务。目前，云计算已经成为包括金融领域在内的各领域广泛使用并持续深化发展的信息技术基础设施。云计算可被理解为一个系统硬件或数据处理中心或大量服务器的集合，具有强大的计算能力、网络通信能力、数据存储能力，常以服务器的数量衡量云计算的功能、规模。"云"是云计算服务模式和技术的形象说法，由大量基础单元组成，这些基础单元之间通过网络汇聚为庞大资源池。云计算利用分布式计算和虚拟资源管理等技术，通过网络将分散 ICT 资源（包括计算与存储、应用运行平台、软件等）集中形成共享资源池，并以动态按需和可度量方式向用户提供服务。用户可使用各种形式的终端（如 PC、平板电脑、智能手机甚至智能电视等）通过网络获取 ICT 资源服务。云计算物理实体是数据中心，由"云"基础单元和"云"操作系统，以及连接云基础单元的数据中心网络等组成。

云计算具备四方面核心特征：（1）网络连接，"云"不在用户本地，要通过网络接入"云"才可使用服务，"云"内节点之间也通过内部高速网络相连。（2）ICT 资源共享，"云"内 ICT 资源并不为某一用户所专有，而是可通过一定方式让符合条件用户实现共享。（3）快速、按需、弹性服务方式，用户可按实际需求迅速获取或释放资源，并可根据需求动态扩展资源。（4）服务可测量，服务提供者按照用户对资源的使用量计费。

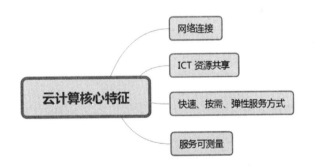

2. 区块链。第 46 届世界经济论坛达沃斯年会将区块链与人工智能、自动驾驶等一并列入"第四次工业革命"；《经济学人》在 2015 年 10 月封面文章《信任的机器》中介绍区块链——"比特币背后的技术有可能改变经济运行的方式"；IBM 公司 CEO 罗睿兰女士有一句著名论断："区块链对于可信交易的意义正如互联网对于通信的意义"（What the internet did for communications，I think blockchain will do for trusted transactions）。中本聪发表的"Bitcoin：A Peer to

Peer Electronic Cash System"一文最早介绍区块链，该文章未具体提及区块链定义，但指出区块链是用来记录交易的一种分布式账本。自此，作为比特币重要底层技术的区块链逐渐被人们重视。

区块链是一种能实现数据真实性（难篡改）、记账公正性（多方参与维护）、交易透明性（内容可查询）、数据安全性（数据安全）、经济价值性的分布式记账技术。区块链技术是"新瓶装老酒"，是多种技术包括分布式存储、点对点传输、共识机制、加密算法的综合应用。区块链有可能构建分布式、去中介、可认证、可信任、低成本的数字资产市场。（1）去中心化。在"中心化"系统中，中心节点处于控制位置，存在一个超级管理员，可修改系统数据。区块链是去中心化，区块链上的节点不存在这个问题，链上各节点处于平等地位。（2）难篡改。区块链把各个区块形成一块链来存储数据，可认为链上数据非常难篡改。（3）共识机制。区块链各节点使区块信息能达成全网一致的机制，可保证最新区块被准确追加到区块链上。当前主流共识机制包括：工作量证明、权益证明、工作量证明与权益证明混合。（4）透明可信。区块链中所有节点均为对等节点，发送和接收网络消息权利是平等的，系统每个节点都可完全掌握系统节点的全部行为，并记录所观察到的这些行为。（5）智能合约。早在1995年，跨领域学者Nick Szabo就提出智能合约概念，定义智能合约为："一个智能合约是一套以数字形式定义的承诺，包括合约参与方可以在上面执行这些承诺的协议。"智能合约是一套以数字形式定义的承诺，承诺控制着数字资产并包含了合约参与者约定的权利和义务，是"电子合同"，一套计算机代码，当满足触发条件时，计算机系统自动执行。举例来说，在大病理赔保险中，通过区块链实现"智能合约"，无须投保人申请，也无须保险公司批准，只要上传医院正规大病证明，投保人行为能"触发"符合规定的大病理赔条件，实现当即自动赔付。

（五）安全技术

常见安全技术包括密码技术、量子技术、生物识别技术等。

1.密码技术。密码技术是一种通过隐秘、安全的方式传递原始信息的技术。虽然平时生活中不能时时刻刻感受到，但密码技术几乎已融入每个人的日常生活中。人们能够享受移动互联网给工作、生活带来的安全，都得益于密码技术保障数据和资金的安全性，密码技术这个"幕后英雄"可谓功不可没。2019年颁布的《中华人民共和国密码法》认为，密码是指采用特定变换的方法对信息等进行加密保护、安全认证的技术、产品和服务。国家对密码实行分类管理，密码分为核心密码、普通密码和商用密码。常用认证和加密这两类信息保护手段。（1）认证是确认当前用户的真实身份，并且某指令确实是该用户所发、未经第三方修改，认证又分为用户认证和消息认证。用以核验其是否有相应权限进行相关操作（比如转账、查询流水等）。（2）加密，信息以密文方式传输，只有预期接收者才能将密文转换成明文以获得其中的真实信息。

根据加密密钥和解密密钥是否一致，可将加密技术区分为对称加密技术和非对称加密技术。（1）对称加密技术。加密密钥和解密密钥是一致的，加密算法和解密算法互为逆运算。这种算法加密速度一般较快，加密强度相对较高，适合海量数据的加密传输场景，或对通信速度要求较高场景。（2）非对称加密技术。加密密钥和解密密钥是成对出现，但是两者并不一致，加密算法和解密算法也不是互逆的。

2.量子技术。量子是构成物质的基本单元，是不可分割的微观粒子（譬如光子和电子等）的统称。赛迪智库电子信息研究所编制的《量子计算发展白皮书（2019年）》认为：（1）量子比特是计算机技术中信息量的基本度量单位，量子比特是量子计算的最小信息单位。一个量子比特可表示0、1或0和1叠加，其搭载信息量远超只能表示0或1的经典比特。（2）量子叠加指一个量子系统可处在不同量子态的叠加态上。在量子系统中，量子态是微观粒子所处的一系列不连续的恒稳运动状态。在无外界观测干扰时，量子系统可处于一系列量子态叠加态上。（3）量子纠缠是微观粒子在两个或两个以上粒子组成系统中相互影响现象。在量子系统中，存在量子关联的多个粒子即使在空间上被分隔开，也能相互影响运动状态，这是量子通信技术基础。

3.生物识别技术。每个人的指纹、虹膜、指静脉、人脸等生物特征是与生俱来并且几乎各不相同，通过识别生物特征来认证用户身份是相对较为可靠的技术。实践中，很难找到与某个人拥有一模一样的指纹或虹膜的另一个人，即使是孪生双胞胎也少有例外，因此生物特征比较难以仿冒。生物特征识别技术涉及的生物特征包括脸、指纹、手掌纹、虹膜、视网膜、声音（语音）、体形、个人习惯(例如敲击键盘的力度、频率、签字)等,对应识别技术有人脸识别、指纹识别、掌纹识别、虹膜识别、视网膜识别、语音识别(用语音识别可识别身份,也可识别语音内容,只有前者属于生物特征识别技术)、体形识别、键盘敲击识别、签字识别等。每种生物识别技术无优劣之分,彼此间并非孤立,而是相辅相成、互为补充、相得益彰。

四、产业元宇宙

元宇宙早在 1992 年科幻小说《雪崩》中就已提出,并非新概念,拓展人类宇宙概念,宇宙时空从自然时空"进化"为虚拟与现实的双重时空。

（一）含义

产业元宇宙是使用数字技术对现实世界中的社会属性和自然属性进行重构和再创造的能力集合,主要目标是构建引入数字能力到现实世界、实体经济的接口,打破虚实边界,实现数字世界与现实世界的深度融合。因此产业元宇宙是元宇宙的超集,可以看成是产业 + 元宇宙、元宇宙 +N,这里 N 指的是多种产业,例如,消费端的游戏产业、文创产业,供给端的制造产业、建筑产业。

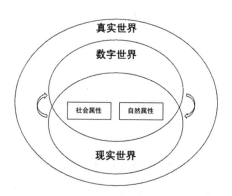

产业元宇宙既能用于构建数字世界,也能帮助实体企业高效、经济地模拟现实世界从而更好地做出决策,是实体企业实现硬科技转型的新型发现工具、效率工具和创造工具。未来的真实世界是由现实世界和数字世界共同构成的,数字产业和实体产业都需同时对数字世界和现实世界提供服务。产业元宇宙将扩展以泛人工智能为代表的数字技术与产业结合的广度与深度,通过数字模型实现知识经验的沉淀积累和无差别共享,重构产业链分工协作机制。

（二）构成要素

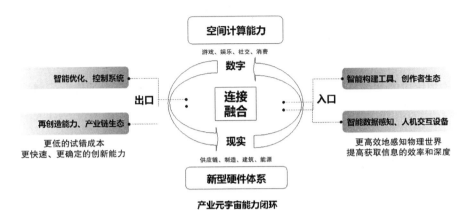

产业元宇宙能力闭环

1. 入口能力。构建产业元宇宙，首先需打通入口建立现实世界的信息到数字世界的映射。入口既包括"物"的入口，例如，收集现实世界各种数据的物联网设备、传感器，也包括"人"的入口，例如，AR/VR/MR 眼镜、柔性电子织物、脑机接口等新型人机交互设备。先进的数字基础设施、高度的信息化能力是产业元宇宙成熟的基础保障。值得注意的是，产业元宇宙建立需以庞大数字模型、数字内容体量为前提，需全社会、全产业链的共同参与。入口的构建还需提供一系列低学习门槛的数字模型构建工具，以及相应创作者生态，为数字世界源源不断地制作丰富内容，拓宽产业元宇宙边界。元宇宙的内容创作生态与现实世界的数字化程度同等重要。

2. 空间计算能力。空间计算能力是构建数字世界基础能力，包括渲染能力和仿真能力。入口为数字世界提供源源不断的输入数据、模型，而数字世界则需有能力还原这些数据、模型的自然属性（如反光、材质、弹性等物理性质）以及社会属性（如物与物关系、人与物关系、人与人关系等），并在还原基础上进行再创造。数字世界需理解这些自然属性背后的物理机理、社会属性背后的知识图谱，进而获得对这些信息进行加工、再创造的能力：小到生成一个符合中国古代礼仪文化的书房场景，大到仿真风洞（以人工方式产生并控制气流来模拟飞行器或实体周围气体流动）评估一架飞机模型的飞行性能。通过再创造过程，数字世界不仅能对现实世界进行精准描述，还能为用户创造新体验、提供新价值。

3.出口能力。产业元宇宙是数字世界到现实世界信息流通反馈的双向闭环，不仅能在数字世界进行再创造，还需把数字世界创造的成果作用到现实世界，在现实世界完成再创造过程的闭环。构建出口能力需积累产业元宇宙的智能优化能力和对现实世界的再创造能力，通过产业生态把优化结果在现实世界落地融合。例如飞机制造，通过在数字世界进行低成本、高效率仿真，制造企业可对飞机制造的设计图纸、工艺流程进行优化，大幅减少实际生产过程的调优试错环节和降低物料成本，同时提升企业创新能力。未来实体经济对数字世界的依赖程度将快速提升，其设计研发活动将向数字世界快速大规模迁移，甚至实体产业的主要活动都在数字世界完成，实体产业与数字产业边界将进一步模糊。值得指出的是，不只实体产业需要出口能力，游戏、文创等数字产业同样需要出口能力。产业元宇宙通过融合数字世界与现实世界，扩展数字产业的内涵和外延，能为用户在更多环节、场景，以更多元形式释放更大价值。

4.新型硬件体系。数字创造能力的提升对现实世界的硬件性能提出更高要求。产业元宇宙在现实世界的主题是开发新型硬件设备，提供满足定制化、柔性需求的生产制造能力，通过研发新材料、新工艺、新设备，构建新型硬件体系，加强现实世界对数字解决方案的硬件承载能力。新型硬件体系将无缝连接数字世界和现实世界，随着产业元宇宙、人工智能自主创造能力的发展以及新型硬件设备承载能力的提升，将延展泛人工智能技术在产业落地中的深度和广度，释放巨大发现力和创造力，催生新业态、新产业，带来社会总体生产力跃迁式发展。

（三）产业元宇宙影响

1.重塑人类认识世界和改造世界的能力。在产业元宇宙中，物理机理、人类社会行为能以统一语义空间进行表达。通过互联互通、共享共建的内容生态体系，产业元宇宙将大大提升知识沉淀、传播和复用的效率，重塑生产制造模式、服务模式、商业模式，催生新业态、新产业，人类社会将诞生全行业、全社会协同发展的新型生态体系，深刻改变人类认识和改造世界的能力。

2.改变现有生产方式和分配方式。产业元宇宙技术的广泛应用，将延展泛人工智能技术在产业落地中的深度和广度，加速技术与产业的深度融合，对现有生产方式、分配方式带来颠覆式影响。生产方式将由"设计定义制造"转变为"需求定义制造",最终演化为"计算能力自主创造"。分配方式将实现去中心化,劳动分配将由所有权驱动转变为使用权驱动、数据驱动。效率和公平性将得到进一步提升。

3.加速人工智能发展。产业元宇宙时代将会改变人工智能学习范式。(1)数字世界生成模拟数据训练人工智能后在真实数据集上调优。通过构建一个具备正确的自然属性、社会属性数字世界,研究人员无须再耗费大量成本从真实世界搜集数据集,而是通过数字世界生成大量模拟情景。例如自动驾驶,可在数字世界中以极低成本模拟海量交通事故场景用于训练自动驾驶算法,提高自动驾驶算法安全性。(2)强化学习范式成为人工智能主要学习范式。与监督学习等范式从数据集中学习知识不同,强化学习通过构建一个智能体,让智能体像人一样在与世界交互过程中通过不断总结成功和失败的经验教训进行主动学习,这也是目前被认为最有可能通向通用人工智能的学习范式。(3)实现学习统计相关性到学习因果关系的飞跃。当前人工智能理论建立在大数据、概率基础之上。由于收集数据时存在的偏差,数据集中可能存在诸多统计错误,人工智能学习到的只是统计相关性,难以从数据集中学习到因果关系。例如,假设股市数据集中可能90%时间股市上涨时刻都是晴天,人工智能很容易混淆相关性和因果性,得到晴天是股市上涨原因的结论。现实世界瞬息万变,人工智能难以通过重复可控变量实验验证因果关系。但在数字世界中,理论上所有环境因素都可被重置,人工智能通过控制变量、反事实推断等方法,在数字世界中"尽情"学习因果关系。因果关系学习将大大提升人工智能的泛化能力、智能程度,有可能促成人工智能的下一次飞跃。

五、数字技术应用

数字技术的逐步发展和融合,构成数字世界基础,运用越广越能发挥其深厚的运用价值,挖掘其潜在延伸价值。

管理学大师彼得·德鲁克说过,当今企业间的竞争,不是产品和服务间竞争,而是商业模式间竞争。埃森哲在《数字化颠覆:实现乘数效应的增长》中建议:(1)优先对高价值机遇进行数字化投资,即企业应慎重评估数字化投资的均衡性,对提升数字技能和技术的举措加以最优化组合,从而最大程度地提高数字化投资的回报率。（2）针对所处行业制定具体的数字化战略，企业应明确何种平台、何种定位，以及哪些数据是在其所处行业的竞争中脱颖而出的关键。（3）为企业数字化转型创建适宜的环境。提高企业的"数字化智商"，与政府联手开拓跨行业的合作关系，建立新的竞争规则。

数字技术应用通常包括数字化生产方式、数字化商业模式、数字化管理范式以及数字化产品形式。数字化进程不断将传统工业时代经济规模爆炸性提升，不断打破传统经济范围、降低交易成本，也自然"毁灭"一些传统行业的服务和产品，典型如微信对电信运营商们短信业务的毁灭性打击，很多人或许已经习惯只有手机界面上未读短信红圈圈中有两位以上数字时才会去简单翻看一下，已经彻底忘记那些熟练使用各种输入法欣喜于短信交流便利的日子。

（一）数字化生产方式

数字技术对各行各业生产方式改变有目共睹，制造型企业的智能设备替代人工从而降低人工成本、提高工作效率、使品质更有保障，例如，构件制造在设计阶段 BIM 技术精准出图、物料用量计算、模型化展示；服务型企业基于大数据分析进而精准定位目标客户、改善用户体验、引导用户消费，例如，贸易型企业的结合平台及终端门店的数据分析，调整配送及库存，根据客户行为分析准确预测销量、确保最小库存下的最佳资源配置。

（二）数字化商业模式

商业模式理解可简单看作一个组织赚钱的方式或做生意方式，是一种价值创造、传递和分配逻辑，也是把用户价值转换为企业价值方式。数字化时代传统的业务活动、交易主体、交易方式及盈利模式均发生颠覆性改变，从线下环节逐渐向线上迁移，到不断把线下与线上环节融为一体，甚至新业态产生都将成为常态。传统地产公司与客户黏性相对较低，房产交易"一锤子买卖"，数字化背景下地产公司利用房产数据、客户数据掌握房产服务周期、客户偏好，从精准物业家政服务、适时装修修缮、社区化电商平台，甚至婚丧嫁娶，建立线上线下社区活性，深耕客户资源，拓展经营方式、盈利范围不设限。

（三）数字化管理范式

数字化管理范式，不仅包括对组织结构、公司员工和企业文化等内部资源管理，也包括对客户、供应商、合作伙伴、银行、政府、媒体等外部资源管理。组织管理者可从传统报表和报告中抬起头来，思考流量、数据资源的深层价值在哪里？在哪些场景有价值？有多大价值，寻求不同管理范式以变现。

（四）数字化产品形式

数字化产品形式，不仅包括创造新的数字产品，如动漫、游戏、智能推荐服务，还包括传统产品的数字化，如电子书、数码音乐等，以及将数字技术融合到硬件产品中，如智能家居、无人驾驶汽车、智能生产设备等。在数字时代，大到我们生活的智慧城市、乘坐的高速铁路，小到智能手机手表、智能门锁，或者有一天，上天入地的马斯克真能把芯片植入人类大脑，彻底颠覆人类社会发展的知识传递方式，抛开伦理和社会公平不做讨论，从技术发展的可行性看，那将是人类社会多么精彩纷呈的时代。

第三节　数字化基础

英国演化经济学家卡萝塔·佩蕾丝在《技术革命与金融资本》一书中提出，建立在技术之上的包括硬件的、软件的和文化制度在内的一整套"工具"共同改变了所有人的最佳惯行方式的边界，这套工具的易扩散的主要载体就是"技术—经济范式"。数字经济作为一种新型经济形态，有它自身的运行原理和技术范式。

一、"计算力＋数据"是人类历史空前的产业动力

自 2008 年国际金融危机以来，中国经济增速持续放缓，人口红利逐渐消失，资源环境约束不断增加，依靠要素投入（土地、劳动力、资本等）拉动经济增长的传统动力趋于减弱。加快科技创新、优化要素市场化配置是转变增长动力、实现经济高质量发展的重中之重，其衡量指标是全要素生产率（TFP），但是，TFP 对中国经济增速的贡献偏低且最近十年持续走低。

美国经济学家罗伯特·戈登（Robert Gordon）在其著作《美国增长的起落》中通过研究美国的生产率增长史发现，1970 年之后的生产率增速不及 1870—1970 年"黄金世纪"的一半。他认为，第三次工业革命（信息技术）在过去 30 年对生产率增速的贡献远不如前两次工业革命，并推论第四次工业革命的

各类新兴技术（AI、大数据、新材料、无人驾驶汽车、机器人等）对生产率的贡献有限，所以生产率增速会长期看低。

生产率增速放缓与新一轮科技革命和产业变革形成悖论。那么技术创新是否能够显著推动生产率？创新驱动能否引领中国经济走上高质量发展的轨道？完全可以。第三、四次工业革命对生产率的拉动将叠加出现，第三次工业革命打基础、蓄势能，第四次工业革命则利用新科技把势能释放为产业动能。其核心逻辑在于，第三次工业革命的 IT 和物联网技术实现万物数字化，其在各个行业中的扩散创造了永不枯竭的新能源——数据。正在发生的第四次工业革命是由大数据、云计算、人工智能等底层通用技术引领，它们提供了崭新的生产力——计算力。而第三次和第四次工业革命的结合，"计算力 + 数据"将成为空前的产业动力，这是一场全面智力革命，在打破人脑智力物理极限的同时也赋予万物思考的能力。中国三次产业的劳动生产率远低于发达国家水平，利用新技术将使三次产业具有巨大的提升空间。深刻认知"计算力 + 数据"是纵贯第一、二、三产业的新动力，将为中国经济高质量发展找到新方向、新路径、新动能，创造经济新物种与产业新格局。

前两次工业革命分别通过蒸汽动力和电力突破了劳动者的体力限制；第三次工业革命以原子能、电子计算机、空间技术的应用为代表，通过信息化、自动化，大大提高了劳动生产率；第四次工业革命将通过"计算力 + 数据"极大提升人类的认知水平，形成智力驱动型经济。总体上看，前三次工业革命的动力源于自然界能量转化：热能与机械能、化学能与电能，而"计算力 + 数据"作为新动力是在第三次工业革命（信息技术应用）的基础上从非物质原料（数据）到智能的认知转化，在形式与内涵上有显著不同。

（一）"计算力 + 数据"推动智力革命

"计算力 + 数据"打破了劳动者与劳动工具的智力局限。人脑每秒钟能处理的并行信息有限，而且有疲劳极限，所以人脑的智力推演速度存在物理瓶颈。大脑容量限制了人一生能够消化吸收的信息总量，也决定了人脑的知识水平和可供开发智力的上限。计算力与大数据技术的发展推进了从海量数据中提取知识的深度、广度、速度。今天人工智能算法一分钟就能处理完一个人整个生命周期所接触的数据，大大超越了人类的认知。如果说前三次工业革命改变的是人类的生产、生活和工作方式，那么这次工业革命将提升人类的思考深度以及透过现象看本质的认知能力，例如，在基因层面研究各种疾病的根源。更重要的是，工具设备的数字化可以带来生产线的智能化，通过设备端的实时数据与计算力结合实现智能化返控。因此"计算力＋数据"既能突破人类的智力极限，又能赋予机器和生产线的智商，让生产线像人一样思考，同时提升万物智能（包括人与物），它是空前的产业动力。

（二）"计算力＋数据"是增值的永动力

1."计算力＋数据"是计算力的不断进化。承载计算力的各种硬件设备不断提升其计算性能（根据摩尔定律，电路上可容纳的元器件数目每隔18—24个月便会增加一倍，性能也将提升一倍），而云计算把计算单元聚合为大规模计算集群的计算力再以统一调度的方式形成合力，通过虚拟技术理论上可以无限扩容服务器集群，能提供的算力也将无限增强。

2."计算力＋数据"是源源不断增长的数据资源。英国《经济学人》杂志曾将数据比喻为新时代的"石油"，但石油是储量有限的不可再生资源，而数据却无时无刻不断增加。我们正处于一个"数据通胀"时代。随着数字技术发展以及传感器的普及，人类的劳动生产及社会活动被全面实时数字化。例如，农业生产的环境土壤传感（温度、湿度、墒情等）；工业生产线的实时状态监测（温度、压力、震动、转速、噪声等）；远程航班的发动机及飞行状态监控数据；全球近50亿用户在互联网上的行为记录等。类似于摩尔定律，有史以来人类创造的数据总量每过18—24个月将会翻一番。所以无限增长的计算力与数据共同推动"计算力＋数据"的动力不断增殖，取之不尽，用之不竭。

（三）"计算力＋数据"是提升生产力水平的全要素动力

生产力的四个基本要素为劳动者、劳动工具、劳动对象及管理水平。第一、二次工业革命主要通过蒸汽动力和电力改造劳动工具从而提高生产力水平。第三次工业革命则利用电子与信息技术实现劳动者和劳动工具协作的自动化程度以及推行现代化管理来提升生产力水平。而在第四次工业革命中，数字技术、智能技术等最终都殊途同归至以"计算力＋数据"的形式直接变革生产力水平。例如，通过智力革命突破劳动者的智力局限（类似Google眼镜实现人工智能与人的混合智能）；让劳动工具变得更聪明（工业机器人、自动导向搬运车、智能运维等）；优选及人造劳动对象（原材料配比优化、预加工过程优化、源源不断的数据）；让管理流程实现数字化、网络化与智能化（智能排产排程、柔性供应链）。

二、数字化含义及特征

步入数字时代，以数字化丰富要素供给，以网络化提高配置效率，以智能化提升产出效能，是实现经济高质量发展的重要驱动力，成为全球新一轮产业竞争的制高点。

（一）数字化含义

数字技术具有互联互通、即时高效、动态共享的特征，能够快速高效地把分散的优质资源聚合起来，突破时空限制，跨区域传播分享，让那些身处不同环境的人都能够拥有平等获得资源的机会和渠道。中科院院士徐宗本认为，数字化是将信息载体（文字、图片、图像、信号等）以数字编码形式（通常是二进制）进行储存、传输、加工、处理和应用的技术途径。数字化是信息表示方式与处理方式，本质上强调信息应用的计算机化和自动化。人类社会、物理世界、信息空间构成当今世界的三元。这三元世界之间关联与交互，决定社会信息化特征和程度。（1）数字化是感知人类社会和物理世界的基本方式，为社会信息化奠定基础，其发展趋势是社会的全面数据化。（2）网络化是联结人类社会与物理世界（通过信息空间）的基本方式，为信息传播提供物理载体，其发展趋势是信息物理系统（CPS）的广泛采用。（3）智能化是信息空间作用于物理世界与人类社会的方式，体现信息应用的层次与水平，其发展趋势是新一代人工智能。中国工程院院士王坚认为，数字化基石有三个要素：互联网、数据和计算；数字化实际是数据资源＋算力，算力成为数字时代的核心生产力。

马明哲先生认为，数字化是 21 世纪推动人类社会进步、提升生产力的基础工程，是人类跨越式提升认识水平和能力的革命性的进步。数字化不仅仅是一种技术革命，更是一种认知革命，是人类思维方式与行为模式的革命，通过科技的赋能，认识可以从表面到本质，从独立到联系，从感性到理性，从经验到科学，数字化将把人类认识客观世界、把握发展规律的能力提升到新的水平。对企业而言，数字化将在战略、组织、管理、运营、人才、服务等方面，带来思维模式上的巨大颠覆与产业实践上的系统变革。

日本学者梅棹忠夫定义信息化是"通信现代化、计算机化和行为合理化的总称"。信息化关注流程建立和业务标准化应用，数字化本质是将信息化产生的复杂多变的信息，转变为可以度量的数据，以计算机作为运算对象，再辅助以模型算法加工处理的过程。这个过程本质是通过信息重组、分析、提炼价值，驱动商业模式创新，重塑组织和提升价值链。数字化可视为信息化发展的高级阶段。

数字化概念可分为狭义数字化和广义的数字化。（1）狭义数字化主要利用数字技术，数字化改造具体业务、场景，更关注数字技术本身对业务的降本增效作用。（2）广义数字化利用数字技术，系统化、整体性变革企业、政府等各类组织业务模式、运营方式，更关注数字技术对组织的整个体系的赋能和重塑。

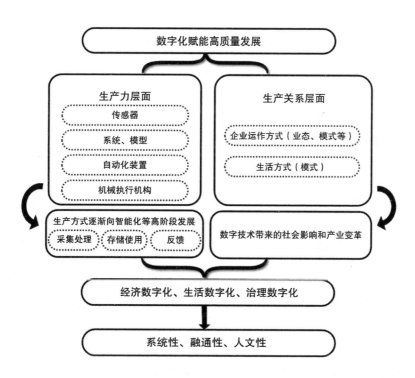

数字化是赋能高质量发展的重要抓手，数字化包含两层含义：一是生产力层面，即数字技术把各种信息变成数据，通过传感器、系统、模型、自动化装

置、机械执行机构等进行信息采集、处理、存储、使用、反馈，使生产方式逐渐向智能化等高阶段发展；二是生产关系层面，即数字技术带来的社会影响和产业变革，其中最重要的是企业运作方式（包括业态、模式等）和生活方式（模式）的变革。数字化进程涵盖了经济、生活、社会治理的方方面面，是一项系统的深层的融通的转型工程。通过数字化技术对生产力和生产关系进行迭代革新，推动全行业高质量发展。

（二）数字化特征

1. 颠覆性的数据基础。通过大数据技术，数据的"广度、宽度、深度"正呈几何式增长，人类认识有了更深更广的数据基础。其中，"广度"是指以标签化描述数据更多的特征；"宽度"是指数据类型除了量化数据，还包括了非结构化的图片、视频、文字等；"深度"是指通过知识图谱，形成了数据关系的认识网络。

2. 颠覆性的计算能力。得益于硬件的进步，机器的计算能力超越人类百亿倍，人类处理数据的方式发生了颠覆式变化，传统海量数据、非结构化数据难以处理等问题得以解决，人类可以对复杂事物进行更全面、更深入、更触及本质的认识。

3. 颠覆性的认识方法。传统认识方法以数学、统计学为基础，通过较简单的计算与描述，作为人类决策的参考。而人工智能、机器学习等技术的成熟，颠覆了认识方法，让机器在很多领域的认识能力超过人类，可以取代人类完成认识与实践，就像L4、L5级别的自动驾驶不需要人类时刻手握方向盘一样。

三、数字化意义

数字化意义丰富，以下主要从数字化对人类社会以及企业角度阐述。

（一）数字化对人类社会的价值与贡献

1. 提升人类历史的客观性、完整性、连续性。欲知大道，必先为史。人类历史源于文字记录，历史是人类主观性、选择性的记录，更多的历史却被遗忘和消失，人类现有的历史是孤立且碎片的。数字化让一切人类活动得以记录，没有取舍、没有遗忘、没有"偏见"，人类历史将实现真正的"客观化""完整化""连续化"。

2.发现万事万物之间原本难以洞察的复杂关联。物有本末，事有终始。通过知识图谱、复杂神经网络的分析，数字化改变了传统的因果精确性。当然，这并不意味着传统的机械单一的因果逻辑不复存在，而是以一种新型"因果关系"呈现：即一因多果、多因一果或多因多果，甚至多因多果的"多"也可能是无限的。其实，多因多果并非数字化时代才有，但数字化为人类认识多因多果提供了条件和方法。例如，传统糖尿病诊断的致病因子只有数种，通过建立知识图谱，可以找到多种健康风险因子，多种相关疾病及症状、多种相关药物，就可以提前找到高危人群进行预防。相信不久的将来，可研发出糖尿病、高血压、阿尔茨海默病、高尿酸等多种慢性病高危群体定位与管理模式的机构，通过对这些慢性疾病进行提前干预与预防，避免患病或降低患病的可能性。

3.觉察客观世界与人类活动的发展规律。孟子曰："天之高也，星辰之远也，苟求其故，千岁之日至，可坐而致也。"即是说，天再高，星星再遥远，如果探求到了它们的规律，就是一千年后的冬至，也可以推算出来。古人认识到了规律的存在，但难以从复杂的世界中归纳出规律。通过数字化，可以认识人类思维与实践活动的根源，用机器学习技术计算出客观世界与人类活动的发展规律，预测未来趋势。

4.提升认识对实践的指导作用。格物致知，知行合一。唯物辩证法认为，认识来自实践，又转过来指导实践，为实践服务。但认识过程不是一次完成的，而是一个多次反复、无限深化的过程。人类的寿命、脑力、记忆力有限，无法完成对复杂世界的充分认识，以个人经验对实践的指导难免片面、不足。通过数字化，人类在机器学习技术的辅助下，可以做出更科学合理的决策来指导实践。例如智能医生，虽然目前可能针对部分疾病进行辅助诊疗，但未来在诊断的准度、精度、速度上要超过三甲医院专科医生，在大多数疾病的诊疗范围与精准度超过绝大部分全科医生，推广到缺医少药的偏远国家与地区，有望大幅提升当地居民的健康水平，延长全人类的平均寿命。

（二）数字化对企业的价值与意义

1.聪明经营。"先知、先觉、先行"的经营决策。通过大数据分析，总结行业发展规律，找到相比竞争对手的差异，识别市场机遇与挑战，从而在纷繁复杂的环境中看清本质，提前做出正确决策。例如，公司年报可能涉及数十家专业公司，非常复杂，通过数据治理的书架化，数据传输与分析计算的自动化，实现提前好几个月、仅耗时很短就可完成年报，更早掌握公司全年的经营情况和未来趋势，为制定新策略，采取新行动，赢得宝贵时间。

2. 提升管理。提升内部管理与运转效率。通过数字化精简优化流程，用机器取代人工环节，或通过机器辅助人工降低流程耗时。例如，帮助交易所建设的智慧交易一体化平台，可实现全面无纸化上市及线上认购机制，把新股首发耗时缩短好几天。

3. 防范风险。"预测，预警，预防"的风险防控。通过对风险数据分析的前移，从财务数据，到业务数据，再到行为数据，凭借人工智能的精准监测与分析，从行为源头上预防风险。例如，通过微表情技术，分析客户面部表情的细微变化，从审贷入口就严控高风险客户进入，减少了大量信贷损失。

4. 优化服务。优化客户服务的体验。金融业无须通过实物进行客户服务，相对其他实体行业，更适合用数字化提升服务，优化客户体验。例如，推出"有温度的金融"颠覆低频、有限的传统金融服务，为海量金融客户提供医疗健康等有温度的服务，但服务如此庞大的客户群，人力不可为之，可依靠医疗科技的数字化能力，通过"AI 医生 + 真人医生"、打通线上线下医疗服务，为客户提供 7 x 24 小时的呵护与服务。

5. 降低成本。机器取代人工，降低人力成本。将简单重复的劳动力密集型工作，用人工智能替代。例如，车险极速理赔，通过人工智能学习、识别几万种汽车、几千万种零部件的图片，客户使用 App 拍照、上传受损照片，即可在几分钟内自助完成理赔，大量车险报案不再需要查勘员现场查勘。

四、数字生产力

近年来，以 5G、物联网、人工智能、区块链等技术为代表的数字技术加速创新，日益融入经济社会发展的方方面面，其变化速度之快、涉及范围之广、影响程度之深前所未有。

数字生产力是数字经济的能动力，是人类改造自然的新型能力，正引发人类认知新规律、发现新现象、创造新事物等方式的根本性变革，这种能力的释放，将直接促进农业、工业、服务业等实体经济的数字化升级，也将对产业创新、经济发展、社会治理等产生深层次影响。

（一）数字生产力的基本内涵

数字生产力是基于数字技术并应用于经济活动的生产能力。其中，数字技术是以5IABCDE（5G、IoT—物联网、AI—人工智能、Blockchain—区块链、Cloud Computing—云计算、Big Data—大数据、Edge Computing—边缘计算）等为代表的技术及其相关硬件设备构成的技术体系。

数字生产力是对作为生产力基本要素的劳动者、劳动资料和劳动对象"三位一体"的数字化。"三位一体"意味着数字技术与生产力三要素并非"简单相加"，而是"融入"生产力三要素中，是带来生产力显著提升的"催化"要素。

1."数字化"提升劳动者技能。数字生产力的主体要素是掌握数字技术的劳动主体。"数字化"的劳动者具有数字技术知识素养和应用技能，能进行数字技术和设备研发，实际操作、控制、维护数字技术和设备，在数字化生产经营平台和网络系统上从事数字产品和服务产品的创造和交易活动。具有数字技术的劳动者能动性体现在会进一步对生产工具实行数字化升级，也就是数字技术赋能于劳动资料，将劳动资料与劳动对象实现数字化结合，高效创造新的劳动产品。

2."数字化"升级劳动资料功能。社会生产力发展的重要标志之一是劳动资料特别是劳动工具取得变革和进步。数字生产力一个客体要素是劳动资料。数字生产力对劳动资料功能提升体现如下：（1）为数字生产劳动的基础设备的网络化、数字化，包括与之配套的工业互联网、商业互联网系统、现代计算中心和数据处理中心，以及为高效配置数字生产资源和数字化应用提供的各类技术和设备条件。数字经济基础设施将进一步改善，网络化、数字化程度将进一步提升，数字化劳动资料将再度升级。（2）为数字生产劳动的机器和工具的数字化、智能化。数字生产劳动大量应用现代通信设备、计算机、服务器、数控机械、智能运载工具、机器人等。如今数字化、智能化赋予机器和工具更先进功能，成为提高经济效率关键因素。

3."数字化"拓展劳动对象内涵。劳动对象是人类劳动作用其上的客观对象，传统劳动对象包括土地、原材料以及辅助材料等。"数字化"对劳动对象的拓展作用体现为：（1）数据要素本身成为劳动对象，作为人类劳动加工过的基础产品，数据要素为非自然物，但放在产业链中通盘考虑，对产业链下游来说，数据要素相当于传统经济的原材料和中间产品，通过与其他物质要素融合，在数据收集、数据分析、数据集成、数据处理或应用数据库、商业软件等生产过程中创造出新价值。（2）数字技术进一步扩展劳动对象的范围和领域。由于大数据和人工智能的应用，过去人力所不及的宏观领域，如太空、深海、地下的自然资源得到开发；由于采用互联网技术，数字服务业如数字医疗健康、数字教育培训、数字旅游、数字文化创意、智能厨房等新兴服务业如雨后春笋般涌现。

（二）数字生产力的影响和意义

数字生产力改变劳动者与劳动资料的传统直接结合方式，通过数字化、网络化、智能化实现资源加速优化配置，提升劳动者操控生产要素的规模和产出效能。

1.数字生产力赋能创新创业。其作用体现：（1）缩短创新创业迭代周期。主要是基于数字仿真的"模拟择优"，使产业创新活动在虚拟镜像中可以以实时高效、零边际成本的优势和方式快速迭代，实现创新活动在时间和空间上交叉、重组和优化，大幅缩短新技术产品从研发、小试、中试到量产的周期。（2）降低万众创新门槛，基于数字仿真的"模拟择优"，推动产生大量数字平台，使得大众创业者能依托平台以更低成本和更低门槛，直接参与到产品设计和制作等环节，让万众创新真正成为现实。（3）实现以消费为中心的创新导向。数据分析技术的快速发展，使消费端话语权和影响力不断提升，以生产者为中心的"正向摸索试错"创新流程正转向以确定的消费者偏好为中心的"定制化"流程。

2.数字生产力变革生产方式。（1）生产方式更智能，进一步节约劳动力，解放人类生产力。（2）生产方式更灵活，通过数据分析处理流程，使企业能根据市场变动灵活调整生产计划以适应市场。（3）生产方式更注重需求端，打破工业规模化与个性化的矛盾点，运用工业规模化效率制造个性化产品。

3.数字生产力优化组织管理。数字生产力发展使信息交流更及时准确，大幅降低沟通成本的同时，带来企业组织形态、流程、机制等方面深刻变化，形成更加以人为本的组织和工作方式：（1）将传统雇佣模式由"企业和员工"改造为"平台和个人"，以自组织模式取代传统管理模式，破除企业自上而下科层式架构，最大程度解放个人生产力。（2）推动柔性化组织的形成，更有利于快速响应市场需求和应对环境变化。（3）促使无边界化组织的形成，有利于构建跨行业、跨领域、跨主体的产业生态体系。

4.数字生产力催生服务新模式。数字生产力发展带来前所未有的跨界融合，信息技术融合深刻改变服务业商业模式，例如，餐饮行业衍生出外卖模式，医疗行业诞生互联网医院，互联网背景下零售和物流结合发展出电商这种改变生活方式的新业态。同时，制造业与服务业的产业边界开始融合，制造业由原本以制造为中心的价值链向以服务业为中心的价值链转变，服务要素和服务产品在制造业的投入产出中的位置越发重要。

（三）数字生产力的产业应用

从微观层面来看，数字生产力体现在数字技术与传统生产要素的结合，在数字化劳动过程带来更高经济效率；从宏观层面看，数字生产力主要应用于国民经济产业，包括农业、工业以及服务业。

1.数字生产力在农业领域的应用。农业数字化是利用数字技术推进农业生产经营和管理服务提质增效的过程。可通过数字技术融合于农业，创新数字农业。（1）推动育种制种数字化，建立资源信息库，搭建种业大数据服务平台、种子质量及转基因检验检测中心，建设制种生产力测定园区，开发一系列适用于育种环节的智能检测辅助仪器设备，构建制种实时监测能力。（2）推动农业生产加工数字化，利用物联网技术、智能管理软件系统和设备监控技术，实现种业、林业、畜牧业、渔业等行业农业生产加工的数字化。通过数字化跟踪记录农产品从"田间"到"餐桌"的全流程，提供可查询渠道，确保质量安全信息公开透明。（3）促进农村物流电商数字化，完善农村电商公共服务体系，积极培育多元化农村电子商务市场主体，推进务农设施数字化升级，持续巩固并提升电商进农村综合示范创建成效。（4）培育数字乡村新业态。培育智慧认养农业新业态，由消费者预付生产费用，生产者为消费者提供绿色、有机食品，包括田园种植认养、畜禽养殖认养、果树种植认养、鱼塘养殖认养等；数字化赋能乡村旅游，全方位改进营销、管理和服务，提升游客游览体验以及景区服务质量。

2.数字生产力在工业领域的应用。工业领域数字化既包括企业内部研发设计、生产制造、经营管理、运维服务等各环节数字化技术应用，也包括企业间供应链产业链数字化协同。（1）完善数字化基础支撑体系。重点完善数字化基础设施，积极推动工业互联网网络改造升级，构建健康有序的标识解析体系；引导工业设备"上云上平台"，实现生产设备智能化管理，提高设备运行效率和可靠性；构建数字化安全体系，建立健全安全管理制度和工作机制。（2）加快工业企业数字化转型，实现研发设计、生产制造、经营管理、运维服务全方位、全流程数字化。（3）推动产业链供应链数字化。结合产业特色，培育特定行业工业互联网平台，推动设计、制造、供应链、服务等各环节并行联动。大型企业可搭建资源和能力共享平台，在特定领域与中小企业实现设备共享、产能对接、生产协同。

3.数字生产力在服务业领域的应用。服务行业是数字生产力应用最广泛、影响最深入的领域，数字服务业新模式、新业态也最为显著。以交通、物流、金融、商贸、教育、医疗等与生产生活紧密关联的服务领域为例加以阐述。（1）在智能交通方面，打造旅客智慧联程运输系统，实现城市出行数字化；建立大数据支撑的决策与规划体系，实现交通治理数字化。（2）在智慧物流方面，推进仓储设施的智慧化改造，建成货运数字化运输体系和城乡配送智慧化体系。（3）在数字金融方面，推动区块链、大数据、人工智能、RPA（机器人流程自动化）等技术在客户服务、精准营销、身份识别、风险防范等方面的应用，实现金融服务数字化。各级金融管理、监管部门强化金融监管科技应用实践，加强数字监管能力建设，推动风控监管的数字化。（4）在数字商贸领域，针对营销推广、品类管理、订单管理等不同应用场景开展数字化建设；对于商圈业态积极发展智慧设施，智能监控商圈人流、车流、空气质量及设备运行等情况，建设智慧停车系统，完善智慧服务，发展智慧管理，实现商圈数字治理、商业智能分析等综合功能。（5）在智慧教育方面，用好线上教育教学资源，建设智慧课堂，开展在线教育，使线上学习服务更加便捷高效。（6）在智慧医疗方面，推动智能医疗设备以及智能辅助系统研制与应用；建设互联网医院，开展网上咨询、问诊、药品配送等网络医疗服务，不断拓展互联网医院服务功能；科学搭建医院智慧管理系统，实现医院管理智慧化。

第二章
新发展理念指引数字化赋能高质量发展

高质量发展是全面建设社会主义现代化国家的首要任务。新发展理念指引数字化赋能高质量发展，数字化赋能高质量发展进程中，各类主体可一以贯之地秉持"创新、协调、绿色、开放、共享"的新发展理念，理顺新发展理念同数字化赋能各环节的关系，明确数字化赋能中出现的问题，进而探索具体的实现路径。本书主题是数字化赋能高质量发展，自本章开始，将围绕数字化赋能高质量发展而展开讲解，可能会常把数字化赋能高质量发展简写为数字化赋能、数字化。

第一节　数字化赋能高质量发展

数字化与高质量发展存在着不可分割的密切联系，数字化赋能高质量发展，高质量发展反映数字化赋能。

一、数字化赋能与高质量发展的关系

实现高质量发展，需要多环节多要素的协调发展，新发展理念是重要的理论基础，数字化赋能是高质量发展的重要路径。

（一）数字化的形势与趋势

数字化是新技术革命以来不绝于耳的概念，同信息化、智能化等词汇共同反映了社会对互联网时代的一些认知与思考，从字面意义理解，数字化核心在于"数字"，数字化过程更多表现为将信息转为线上处理，表现最为简单或者突出的便是将档案或图书数据进行信息化处理及系统归类上传，比如，国家档案局有明确的《纸质档案数字化技术规范》《电子文件归档与管理规范》，概括了数

字化的主要特征，即信息数据化、数据标准化、流程模型化、处理智能化等。

受到社会分工日益精细、生产生活需求蓬勃发展、科学技术持续进步的影响，数字化得到越来越多的认可，政府、企业等逐步充分应用数字技术，各种类型的数据库、数据管理、数据应用技术纷至沓来，在深刻改变各行各业的同时，也在催生并推动数字经济的发展及数字产业的丰富。以金融行业为例，金融科技的应用业已成为各家金融机构的"拿手好戏"，也是各家银行同台竞技的焦点，中国信息通信研究院在 2022 年 11 月发布的《中国金融科技生态白皮书》中提到，随着数据技术深入应用，将会推进金融业数据要素倍增效应；随着算力网络转型提升，实现金融业数字底座增效扩能；随着技术架构创新演进，将提升金融业数字化敏捷建设能力。数字技术的日新月异，数字化转型越发平衡，少了早先起步时对技术的过度追求，而更多兼顾安全、合规、质量，恰是对新发展理念的回应。

（二）数字化赋能与高质量发展的关系

数字化与高质量发展存在着颇为有趣的辩证关系，国家统计局发布的《数字经济及其核心产业统计分类（2021）》对数字经济进行了划分，一是数字产业化，包括数字产品制造、数字产品服务、数字技术应用、数字要素驱动；二是产业数字化，也就是通过数字化提升产业运转的效率，数字经济的概念与数字化不完全一致，从分类可看出数字化转型本身就是高质量发展的组成部分，由数字产品服务、数据要素等组成的数字产业，是国民经济中不可或缺的组成部分，实现国民经济的高质量发展中的一项内容就是实现数字产业的高质量发展。另一方面，数字化也是实现高质量发展的内在要求与主要标志，创新、绿色、协调、开放、共享的新发展理念需要数字化赋能，高质量发展所包含的体制更新等要求也需要数字化助力创新，数字化赋能是高质量发展的重要路径。

二、数字化赋能高质量发展的路径

从高速发展向高质量发展迈进过程中，面临科技创新能力还不强，产业链供应链和防范金融风险等问题，这些问题将在高质量发展过程中解决，数字化方式支撑国民经济培育发展新动能，推动经济发展新变革，张鸿等在《数字经济背景下我国经济高质量发展路径探析》中分析了数字经济与质量、效率、动力变革的关系，数字化赋能高质量发展的具体路径可体现在质量提高、效率提升与动力增强方面。

（一）数字化推动质量变革，推进拓展生态场景

数字化赋能高质量发展首先体现在赋能发展质量上，表现为可持续发展与产品服务不断优化，随着现代社会发展，人民群众对于产品服务的质量要求逐渐提高，充分运用数字技术穿透到各类生产、经营、营销环节，利于产品与服务质量的稳健提升，带动国民经济发展质量的提升。

推动质量变革是以需求导向，依托数字技术、数据要素与数字基础设施，深度挖掘消费者的需求，进行类型化分析与针对性改造，在不同的生态场景中推出更加符合消费者需求与预期的产品服务，数字化基础上衍生出来的场景与生态的数字化，实打实地塑造生产生活方式和人文情怀。在现代经济高速发展时期，生态词汇被广泛引入各类具有社会意义的概念中，如"网络生态""政治生态""产业链生态"，随着数字化技术的应用，养老、教育、服务、工程等传统"生态"都被赋予了数字化的能力，实现了生态内容的拓展。例如，在智慧健康养老产业领域，数字化技术的应用，逐步打破了原有状态"数据鸿沟"，也刺激着各类主体不断衍生中高端的智能产品，满足老年人更加多元的需求。生态是生产生活依托的场景，是各类主体和各种行为的大舞台，生态的数字化转型是产业数字化和主体数字化的融合。高质量发展是要满足人民日益增长的美好生活需要，美好生活正是表现在各类各样的生态场景中，数字化塑造不断丰富的生态场景，是数字化赋能高质量发展的重要方式。在数字化生态场景不断拓展、产品服务层出不穷的同时，数字技术将会推进相关生态企业的转型升级，尤其是激发创新活力，催生出一批更高发展质量的市场主体。

（二）数字化推动效率变革，提升主体管理能力

数字技术的发展为政府管理与企业的生产经营提供更多科技工具，诸如大数据、人工智能、隐私计算、物联网、区块链等技术，可推动数据要素在管理、生产、经营、营销流程中的更高质量应用，也便于搭建更加高效、及时、准确的数据处理中台与管理终端，实现各类主体管理能力的综合提升，继而实现效率的变革。以银行信贷为例，原有的审批流程依托线下材料及人工审批，材料复杂而往返频繁，一项业务经过多次拉锯仍不敢轻言落地，而依托大数据

及人工智能技术，可搭建系统模型实现系统审批，实现了效率的几何级提升。

以数字化的方式提升政府主体的管理能力，提高市场主体的经营能力，是数字化赋能高质量发展的路径，管理能力与经营能力的提升，能够帮助各类主体更好参与到高质量发展进程中，更好发挥政府、市场和市场主体的作用，实现政府宏观调控和市场资源配置决定性作用的有机协调。（1）从政府角度来讲，通过数字化来提升政府"放管服"改革的成效，打造市场化、法治化、国际化一流营商环境，推动政府机关在高质量发展中角色转变，数字技术广泛应用于政府管理的方方面面，无论是办事服务，还是数据共享，无论是基础建设，还是流程塑造，数字化不断提升着政务治理的水平与能力。主体数字化所带来的高质量发展是更长远、更深刻、更具意义的，会给各类主体带来更多活力。在新一轮科技革命和产业变革的迭代发展中，主体数字能力的跃进是题中之义。数字政府建设便是其中代表，通过数字政府改革建设牵引带动全面数字化发展，通过数字化发展进一步带动数字政府建设。（2）从市场角度来讲，同产业数字化密切相关的便是市场主体的数字化。市场主体有其多元性，一些大型企业，尤其是独角兽企业在数字化转型中展示出不同的风采，腾讯、华为、百度等大型企业在数字化人才、技术、流程等战略思维和资源积累上，已经取得领先地位，带动了企业数字化能力的提升，提高了管理效能。中小企业在工业互联网、大数据、物联网等先进技术的推动下，逐步在管理、流程和技术上开展一定的数字化转型尝试。

（三）数字化推动动力变革，赋能产业转型升级

数字化为高质量发展培育新动能，数字经济与传统经济相结合，数字技术与传统流程相连接，数字产业与传统产业相促进，形成数字经济时代蓬勃发展的变革热潮。数据要素作为新的生产要素，数字技术成为重要经济发展支撑，还有政策倾斜、人才培养、合规文化建设的持续发展，推进传统创新体系、生产方式和产业结构的系统性重构，实现产业的转型升级。在交通强国、制造强国等重点领域，加大数字化技术应用，实现政府主体与企业主体在能力建设、技术创新、管理变革、模式转变等一系列转型创新，为产业转型升级提供了新动力、新方式。实现整体性转变、全方位赋能、革命性重塑，通过数据要素、数字技术加快企业组织模式创新、产业链延伸链接、大中小融通发展和生态圈

供需适配。

三、数字化赋能高质量发展的表现

数字化通过不同方式赋能高质量发展，在赋能具体表现上同数字化的内在要求一致，在技术变革、能力建设、价值重构和数据要素驱动等方面展现出对高质量发展的影响。

（一）技术引领实现流程再造

技术变革是数字化的先声与基础，微电子技术、光通信技术、大数据技术、人工智能技术、区块链技术、隐私计算技术等新技术的产生及应用，标志着数字化具备信息革命的基础，拉开数字化信息革命的序幕。技术的层出不穷与快速迭代为各类生产生活的数字化需要提供基础，也为数据要素的标准化、传输与共享创造条件，数字化技术实现文字、图形、影像、声音等标准化处理，可在系统中将数据要素应用在各种场景，实现数字化的广泛应用。新技术带来的流程再造一方面体现为新产品服务的诞生，另一方面则表现为流程管理的提升。

人的作用逐渐为机器所取代，很多致力于采用数字技术实现技术变革的研究人员一直在推动人工智能、深度学习、随机森林、神经网络等技术的应用，周才健等在《人工智能基础与实践》中提到，人工智能基础与实践的技术飞速发展，大幅跨越科学与应用之间的技术鸿沟，图像分类、语音识别、知识问答、人机对弈、无人驾驶等具有广阔应用前景的人工智能技术突破了从"不能用、不好用"到"可以用"的技术瓶颈，人工智能发展进入爆发式增长的新高潮。技术变革带来的流程变革是显而易见的，自资本主义诞生以来，历次工业革命带来的技术变革都带来生产流程的快速迭代，中国明代时期江南地区民族资本纺织业的勃兴，传统手工作坊逐渐演变成较为集中的资本主义萌芽式作业形式；到了蒸汽技术在英法等国应用的过程中，诞生了蒸汽机等新产品，工厂作业模式成为资本主义的主要作业形式；当第二次工业革命在美国蓬勃发展时，诞生了专业分工、细化流程和流水线作业式的福特体系，催生了汽车等新产品。到了信息时代，产生了物理和数字世界互动技术、数字化与智能化服务技术、信息化与云端迁移技术、增强信用安全技术等，直接将产业带入了新阶段，通过技术应用实现管理数字化，利用机器人、人工智能实现半自动或自动化生产，通过数据分析及技术统筹，实现安全生产及流程优化，将数字管理或信息化管理的印记打到各管理环节。

涉及与货币打交道的金融机构，技术手段带来的影响更加突出。各家金融机构持续推出线上类产品及服务，通过移动端为更多客户及用户提供线上可触达的金融产品，也通过分布式技术、安全技术等提升各个金融服务产品与流程环节的科技水平，达到了金融流程及风控管理的新高度，当然，这种形势也给金融监管机构带来了一系列管理难题。

（二）数据驱动激活生产要素

信息技术蓬勃发展时代，数据扮演非常重要的角色，如果说数字化在为高质量发展强身健体，那么数据则是数字化赋能高质量发展输出的"血液"。腾讯研究院在《网络法论丛》中指出，未来是技术主导、数据为王的竞争时代，这种竞争同传统的、营销领域关注的流量为王不一致。数据是数字化转型的基础要素，将生产、管理、经营中得到的数据进行清洗加工，实现数据的共享与应用，利用数据实现数字化转型驱动，是数据驱动的基本脉络，在这个脉络的"毛细血管"上，则是数据作为生产要素的应用与推广。

数据各个环节的处理、交易及最终应用，是数据使用的基本流程，各类市场主体参与其中，作为数据产生方的政府机关、大中型企业扮演着较重要的角色。2022年11月，国务院办公厅印发的《全国一体化政务大数据体系建设指南》提出明确建设目标：2023年底前，全国一体化政务大数据体系初步形成，基本具备数据目录管理、数据归集、数据治理、大数据分析、安全防护等能力，数据共享和开放能力显著增强，政务数据管理服务水平明显提升。大中型企业所代表的核心企业，以及工业互联网、物联网等万物互联理念引导下的机构，如平安壹账通等机构，在整合与运用企业数据中占据了显著优势的市场地位，企业的生产数据、经营数据，广泛应用在政务报税、人事管理及金融服务等方面。政务数据与企业数据两大类数据的"交相辉映"，使经济生产经营各环节的数据实现了要素化整合，不断激活各式各样的市场价值。

（三）理念重构带动能力转型

高质量发展同新发展理念密切相关，数字化赋能高质量发展的重要表现也是数字化转型所带来的理念重构。"技术引导＋数据驱动"的新特征，也催生了数据时代对新技术的推崇、对数据的重视、对隐私保护的关注，重构的理念也推动着数字人才理念的完善与提升，实现数字化能力的整体提升，助力高质量发展。"万物互联、价值共生、数据为王"等理念构成了"创新、协调、绿色、开放、共享"新发展理念的组成部分，在建立现代化产业体系，提升产业链供应链韧性和安全水平、推动城乡融合和区域协调发展方面深刻影响着人们的思想观念。

大数据时代价值理念的影响是深远的且广泛的，没有固定且统一的定性，随着信息时代的持续发展，价值理念调整与调整的内容不断增加，主要表现在以下方面：（1）对创新应用与信息化方式的推崇，越来越多的技术手段为解决传统问题提供新思路、新方法，各行各业开展的丰富数字化创新实践转变人们囿于常规或传统的思路，大家遇到问题，或解决难题，或提升效率，都会第一时间考虑系统方式，或信息技术方式，实现问题解决的更快方式。（2）对数据及其安全的重视，生产生活产生的数据，各种主体之间交集产生的数据，从原先的无人问津到如今的炙手可热，不断衍生的数据应用思考，都展示出整个社会对数据的越发重视，也衍生出数据的保护，对数据安全与隐私保护采取一定措施也成为一种共识。

第二节　新发展理念指引数字化赋能高质量发展的理论逻辑

理论是在发挥主观能动性的基础上，从丰富实践中提炼出的精髓，科学理论是认识世界和改造世界的有力武器。新发展理念指引数字化赋能高质量发展有其理论逻辑。

一、理论与实践：新发展理念与数字化赋能高质量发展的关系

理论是实践的先导，新发展理念是理论，高质量发展是目标，数字化赋能是重要的发展方式，从新发展理念到高质量发展，再到数字化赋能高质量发

展，有相当的逻辑脉络。数字化是一种手段、一种策略、一种方式，如何运用好数字化同新发展的关系，就要平衡好战略与策略、历史与未来、理论与行动的关系，新发展理念在这种价值引导上无疑扮演着重要角色。

合适理论引导是顺利开展各项实践活动的有利法宝，可清晰地看到历史发展逻辑，数字化赋能高质量发展是一种要开展的实践活动，毛泽东同志在《实践论》中也强调"实践"同"理论"的关系，要丰富实践，要有先进理论的指导，而这种理论实际上根植于已有实践精神的提炼与发展。

数字化赋能高质量发展有相当的实践与理论关系，数字基础、数字产业、数字治理、数据价值等多个维度也开始在数字经济方面崭露头角。新发展理念是针对我国发展中的突出矛盾和问题提出来的。新发展理念诞生时所面临的国内外环境是，世界处在国际关系和国民经济深刻变革的时代，原有的发展方式难以为继，而科技所带来的技术创新与经济动能正为多个国家和地区提出新的解决方案，广泛的科技实践与数字化转型积累的经验，越发证明数字化转型对于发展带来的客观增量。以新加坡为例，进入21世纪以来，就不断加强对数字化转型的应用场景，包括启动"数字政府""产业转型蓝图"，成立专门数字机构，推进数字贸易等方式，推动了新加坡当地数字经济的发展。自互联网应用以来，电子商务、金融科技、人工智能等逐渐衍生，数字化方式成为时代发展的重要选择，数字化转型的实践为新发展理念的诞生提供了鲜活的实践案例与发展基础。

二、历史与未来：新发展理念指引数字化赋能高质量发展的实践过程

数字化赋能高质量发展是时代的重要选择，新发展理念也是在历史发展过程中形成的。经济的发展是"量"和"质"平衡发展的过程，发展的总量和速度可以实现经济总量的规模扩张，而发展的"质"则可为经济的快速发展提供源源不断的动力，这种动力也可能倒逼发展方式的迭代与转型，在合适时间节点实现经济转型十分必要。

进入工业革命以来，各工业国发展工业、追求科技应用的过程也是不断迭代和优化的过程，从注重总量拓展，到陆续关注经济的整体发展，综合平衡的发展是历史的选择。有些国家受地理环境、历史因素和外部形势的影响，在工

业化的过程中过于关注经济发展的"量"，过于关注短期效益，而没有抓住转型契机，没有实现"量"与"质"平衡，就面临经济持续发展的压力。新中国成立以来，我国国民经济百废待兴，工业基础十分薄弱，为尽快改善国民经济与人民生活，强调发展的量成为一种选择，GDP 的考核指标要求高，国民经济较快发展，国民经济结构、生产效率、环境保护及产业升级等方面投入不足，发展的"质"无法跟上，导致发展的"量"也面临挑战。战略的选择要同历史经验紧密联系，新发展理念的提出、应用，为经济高质量发展提供了新的思路和战略选择，推动了经济发展质量变革、效率变革与动力变革。

数字化赋能高质量发展，无论是实现高质量发展的内容，还是具体方式，数字化在其中都扮演着相当的角色，这种转变包含着通过数字化转型实现政府治理的数字化、产业转型的数字化、经济机制的数字化，以此实现经济发展动能的新迭代，在新时代，面对环境保护、社会治理、对外开放等新难题新挑战，数字化赋能高质量发展必须有先进理念指导，实现数字化转型的系统化建设与质变式提升。全社会研发投入与国民生产总值的占比持续提升，云计算、大数据、区块链、人工智能等数字技术与传统产业深度融合。一定程度上表明新发展理念同数字化赋能高质量发展存在内在关联。

随着数字时代到来，数字技术的理论与应用的勃兴，全球越来越多的产业在转向数字化转型，数字技术在生产环节、销售环节、体验环节、优化环节到经营环节的全部应用，为各行各业进行高质量发展奠定基础。

高质量发展为数字化转型提供了更多的应用空间，如果是依照原有的发展理念，发展就是单纯比数字、拼总量，那么数字化应用的场景就可能单纯为了实现这种总量的提升，数字化转型的应用场景就会受限。以金融服务行业为例，作为现代数字化应用最突出行业之一，金融行业也在经历着应用场景的演变，传统银行业务以账户、产品进行区分，注重资产端、资金端业务的提升，注重线下物理网点的应用，国有大行的银行网点一直在万家以上并且持续增加，传统银行习惯使用人海战术、经验主义与线下服务方式，若银行仍沿用传统发展方式，则对数字化的诉求可能仅限于对于"量"的诉求，对数字化转型所能带来的发展诉求则是比较少的；从高质量发展的诉求看，银行需要满足用户多元需求的金融服务，需要把"创新、协调、绿色、开放、共享"理念嵌入服务中，数字技术应用于金融科技的场景就得到拓展，数字化技术嵌入产品服务、体验提升与流程再造的方方面面，数字技术的应用，商业银行的流程、规则与各种方式的活动形成了数字化表达，也提供了数字化服务，实现了对用户的快速服务。

新发展理念的应用，要实现数字化技术的发展，需要参考历史经验，在新的征程上，新发展理念能够引领高质量发展，尤其是指引数字化赋能高质量发展，提升产业创新力和竞争力，推进发展成果更好惠及全体人民。

三、从战略到策略：新发展理念指引数字化赋能高质量发展的理论脉络

新发展理念是一种发展的策略及方式，新发展理念是战略的选择，战略是一种长远的选择，战略注重长远的设想，策略则是聚焦具体问题进行思考，识别新发展理念同数字化赋能高质量发展的关系，要平衡好战略与策略的关系，要统筹好长远与当下具体问题的关系。"创新、协调、绿色、开放、共享"的新发展理念，为数字化赋能高质量发展提供了立足长远、统筹全局的发展导向，是一种战略性思维的体现，数字化赋能高质量发展处于理念不断更新、体制机制不断优化、创新方式与影响范围不断变化的重要阶段，新发展理念作为一种战略性思维的理论，能够指引数字化赋能高质量发展。

（一）创新发展是数字化赋能高质量发展的第一动力

数字化赋能高质量发展是实现高质量发展的重要方式，也是达成高质量发展目标的主要组成部分。创新是数字化的原动力，也是数字化赋能高质量发展的内在要求，推动数字化赋能高质量发展的水平提升，就需要不断依靠创新实现数字化方式的革新与拓展，创新体现在数字化赋能模式的创新，包括从理念上、思想上、机制上和体制上进行创新，打造此种数字化赋能高质量发展模式的服务支撑体系，提升数字化赋能高质量发展的基础内容。数字化的技术体系与应用模式也需不断依托创新思维提升，实现数字化某一项技术能力的提升突破数字化赋能高质量发展的"点"，实现某类行业或较为全面的市场主体的数字化转型达成数字化赋能高质量发展的"线"，实现数据共享及应用的全面应用构筑数字化赋能高质量发展的"面"，通过不断创新，不断积累，不断调优，

源源不断地为总数字化赋能高质量发展提供动能。

（二）协调发展是数字化赋能高质量发展的内在特点

数字化赋能高质量发展不是某项技术的突破，或是某个行业的转型，或是某种新模式的创新就可直接实现的，数字化赋能高质量发展的实践过程，是不断协调、不断整合发展的过程，整体的发展是协调共生的发展过程，而不是"跛足前行"。"协调"发展理念为捋顺数字化赋能高质量发展关系、实现平衡的数字化转型发展的基础，是同数字化赋能高质量发展的内在要求紧密相关的。各个地区、各个行业、各项技术应用与各项发展要求之间，是环环相扣、协同联动的，伴随数字化转型在各行各业雨后春笋般发展，数字化的理论模式与应用途径可能不同步，有的地方政府或大中型企业数据共享与数据治理的能力强一些，诸如大数据及云计算等技术应用更多些，另一个侧面就是有些地方的数据共享能力偏弱一些，诸如隐私计算、人工智能等技术的实践更弱些，区域之间、行业之间、技术类别之间存在的不同步情况是现实，也说明在推动数字化赋能高质量发展的过程中，要始终秉持"协调"发展的理念，识别问题与解决问题的过程中看到长处也是识别短板，补齐短板，平衡发展，实现数字化赋能高质量发展的效果提升。

（三）绿色发展是数字化赋能高质量发展的重要形态

绿色发展是以效率、和谐、持续为目标的经济增长和社会发展方式。高质量发展要关注发展的"量"与"质"，绿色发展所代表的可持续性发展是高质量发展的关注点之一，数字化赋能高质量发展也需将绿色发展纳入实现高质量发展的条件，这也为数字化赋能明确了必要条件，在数字化赋能高质量发展的过程中，人与社会和谐共生的绿色发展理念，实现数字技术对经济高质量发展的全面可持续的支撑，绿色发展理念在人才培养体系建设中也是要关注的重要价值，打造一批数字化的专业人才队伍，构建专业的数字化赋能合规管理与标准评价体系，培育数字化转型良性竞争与和谐发展的市场氛围，这些绿色发展的措施恰可为数字化赋能高质量发展创造必要的发展条件。

（四）开放发展是数字化赋能高质量发展的必由之路

高质量发展是实现高水平的对外开放，在发展过程中实现规则、制度、标准的逐步开放共享，不断提升开放的水平，在数字化赋能高质量发展的过程中，要解决很多技术问题、应用问题、转型问题，就要坚持走开放的道路，不断提高开放的水平与质量，既要逐步实现内外资源的开放，也要聚焦先进经验的互通有无，取长补短，目前表现明显的就是解决"数据孤岛"的问题，实现真正的信用信息共享，打通政务数据之间、产业数据之间的关系，在更大范围内实现真正开放共享、互通有无的开放式的数据交易架构，而非严防死守，抱定自己数据不撒手，无心分享也不引入外部数据，保守的想法在数字化赋能高质量发展的环境中是不可取的，应抱着开放的心态，实现数字化转型的开放式发展。

（五）共享发展是数字化赋能高质量发展的根本目的

共享的理念同社会发展道路紧密相关，我们所要实现的发展，是让广大人民共享改革发展的成果，正确处理效率与公平的关系，实现资源共享与发展共享，是数字化赋能高质量发展的根本目的，背离这个目的，数字化的方式与高质量发展的目标都有可能会走弯路。数字化应用的过程是科技不断创新与积累的过程，也是数据资源与科技手段不断发挥作用的过程，在发展过程中，前期会出现一些科技实力强、数据资源积累多的主体主要应用数字化技术提升发展质效，而一些本身资源较少、科技力量较弱的主体，如小微企业，缺少数字化转型的动力和能力，就势必会在信用共享与发展成果共享方面面临跟不上或者用不了的问题。数字化赋能高质量发展，就要在发展中将共享放在根本目的上考虑，转型有先后，共享却要尽量缩小差距，将公共资源开放给全社会共同使用，成果惠及更多人。

第三节　新发展理念指引
数字化赋能高质量发展的实现路径

受数字化转型的方式、经验与现实的影响，数字化赋能高质量发展存在一些问题，有些源于数字化赋能高质量发展的认识不足，有些源于新发展理念具体实践应用能力有差距，综合来看，这些问题集中表现在创新驱动不充分、协调整合有差距、绿色发展欠重视、开放发展不彻底、资源共享不到位五个方面。

明确了新发展理念指导数字化赋能高质量发展的理论逻辑，厘清了新发展理念指引数字化赋能高质量发展的问题与挑战，可知实现数字化赋能高质量发展，可从"创新、协调、绿色、开放、共享"五个维度解决理念上、实践上的问题，打造新发展理念指导下的数字化赋能"新业态""新模式"与"新理念"，充分应用数字技术、充分激活数据要素、充分实现国民经济的高质量发展，提出新发展理念指引数字化赋能高质量发展的实现路径。

一、弘扬创新精神，增强数字化转型的创新力

创新精神的弘扬是要在全社会形成鼓励创新、拥抱创新的氛围，数字时代创新是数字化的灵魂，信息技术领域一直是创新活跃、创新价值影响广泛的领域，要弘扬创新价值，就要在体制机制、资源要素上进行建设，充分发挥"技术—产业"的迭代效应，锚定重点行业与领域，实现特定行业的特定发展。

一是充分发挥要素创新的效果，将数据要素作为新生产要素对待，利用新的生产要素实现产业和社会的创新发展，通过实现数据要素的市场化流转，打通数据质量的提升，实现各项技术同数据要素的协调发展，更好地发挥数据要素价值，使得各项技术要素成为业务发展中的主要组成部分。作为市场重要主体的企业，要重视数据要素，并善于利用数据要素推动经营活动转型，例如，企业可通过生产经营数据积累，分析生产经营可完善的流程节点，通过数字技术加以提升；企业可通过数据要素的流转实现数据要素变现与增值，可通过自身的信用数据向金融机构申请信用融资，通过信用数据向政府机构申请政策倾斜与特色支持等。

二是引导实现重要领域与关键项目的科技攻关，尤其是对于数字产业化或者产业数字化影响较大的技术应用方式，可建构创新的引导机制与创新的氛围，引导各类主体积极创新，运用技术化手段实现关键领域的创新。企业可发挥好主体作用，尤其是国家政策重点支持的行业，更要深刻认识到技术转型的重要价值，运用数字化转型技术进行关键领域的攻关与创新。

二、发挥协调作用，提升数字化转型的平衡力

协调就是要实现各项数字化转型内容之间与数字化转型要求之间的协调

发展。

一是实现各类数字化转型的协调发展，推动数字产业化和产业数字化协调发展，数字产业化是数字化变现方式，能通过产业化方式为数字化提供创造价值的空间，实现一定程度的数字化价值变现，在丰富国民经济维度的同时，也能刺激各个产业体系实现数字化转型，引导更多企业从面临数字化转型的"彷徨无措"到"主动参与"，转型意愿与能力大幅改善，推动数字经济与产业经济的共同发展。

二是实现理念引导与政策支撑的协调发展。当前数字化转型存在区域间协调能力不够的情况，企业、产业、集群、园区、政府等主体和对应生态空间中，不同数字化转型所能争取到的资源有差别。要加强顶层规划引领设计，根据不同的行业、不同产业的类型制定相关发展战略，在财政支撑、平台建设、数据流通、技术基础方面发挥"集中力量办大事"的优势。推动数字经济的发展，政府可通过营商环境的持续优化、知识产权保护的支撑，使用市场化手段破解数字化转型中的资金、技术等难题。

三是建构完善的数据安全与合规管理体系。数字化赋能高质量发展过程中，要平衡好业务发展与安全合规的关系，打造一条数字化转型中的合规"护城河"，让数字化赋能高质量发展在规范中运作、在合规中发展，要根据制度建设中的薄弱环节，探索符合运行规律与趋势的法律法规体系，明确数据流转、技术转让、新技术应用与新业态拓展的法律边界，用法律约束好各类市场主体在数字化转型中的权责边界，同时"法无禁止即可为"，在法律允许的范围内鼓励主体勇于创新，通过创新创造新价值，实现新发展。

四是结合数字化发展的目标导向，完善数字化发展与评估指标体系，数字化转型发展评估指标体系建立不单是对数字化进行科学量化的简单处理，而且是以指标建立为出发点，实现对不同区域、不同行业、不同领域数字化转型的综合评估，弘扬先进经验，同时引导相对落后地区通过对应指标的补充提升，实现数字化转型的价值共生。

三、深化绿色理念，推动数字化转型的可持续发展

深化绿色理念，要在价值观念上强化对数字化转型中"低碳"与"可持续

发展"等理念的价值弘扬，通过配套指标考核与创新文化培育等方式，明确数字化转型的"绿色"含义，即数字化转型过程与数字化转型的技术应用，都要有流程优化、"低碳环保"理念贯穿其中。

深化绿色理念，要充分运用数字化技术促成"双碳"（碳达峰、碳中和）目标的实现。"双碳"目标是我国重要的发展目标，在能源结构调整与产业结构转型大趋势下，数字技术与数据要素要发挥更加重要作用，引导能源类型企业、加工制造业、软件硬件类企业等重点领域的优化升级，例如，可充分发挥"碳排放权"等数据的标准化与流通性，挖掘各类市场主体节能减排的潜力，实现特定行业的绿色、高质量发展。

四、提升开放水平，增强数字化转型的开放性

开放水平的提升既是创新、协调、绿色等要素的要求，也能为共享创造目标，提升开放水平要破除"不愿开放"理念难题，要破解"不能开放"实践难题。

一是破除"不愿开放"的理念难题，就是要规避"赢者通吃、收益独占"的局面，通过文化、体制与机制等方式，引导技术方式、数据要素，以及承载要素的数字化人才实现更加高效的开放流动，实现数字经济生态领域的"开放共生"，消除或破解数字化转型中的"垄断"属性，推动各类市场主体与平台之间的互联互通。破解"不愿开放"的理念，可重点关注数字科技的"普惠性"，实现数字化赋能普惠服务能力提升符合高质量发展要求，教育、医疗、文体、金融、科技等基础公共服务的普惠化水平恰可借助数字化工具，实现服务能力与开放水平的提升。

二是破解"不能开放"的实践难题，主要解决数据与技术在开放过程中的"不标准""不统一"等问题，行业之间、群体之间、区域之间数字鸿沟仍然广泛存在，因早期对接标准的不统一、硬件管理的差异化、社会需求的类型多等历史因素，这种数字鸿沟并不会"天然"随着时间流逝得到解决，而需不断提升特定区域，尤其是农村及偏远地区的网络覆盖与数字化管理水平，加大对普惠群体的数字化服务力度，提升全面数字化管理能力的同时，也逐步规范已有数据的治理与已有平台的整合，填平数字鸿沟，实现数字化转型的有效管理。

五、健全共享机制，促进数字化转型的共同成长

实现数字化的技术共享与数据共享有助于解决数字化赋能高质量发展不均衡、不充分的问题，成果共享也可推动数字经济更加平衡发展。

一是健全共享机制，首先坚持系统观念统筹推进。要充分发挥对数字产业化和产业数字化的引导作用，对特定行业、领域、方面数字化转型进行规划时，要统筹考虑参与主体的诉求，设定整体发展目标，"既谋全局，也谋一域"，将整体观念与共享理念穿透到数据归集、加工、共享、开放、应用、安全、存储、归档各环节全过程，营造数据共建共治共享氛围，打破地域、行业的限制，通过理念的转变实现数据资源配置效率的提升。

二是健全共享机制，推动基础平台体系建设。数据要素作用的发挥与信息技术功能的发挥都需要依托系统平台落地，平台可承载上云的数据，发挥数据中转与流通功能，有效区分通用系统功能与个性化定制功能，较为完善的平台具备共享开放模块、数据管理模块、安全管理模块、硬件设备模块等，建立区块链、人工智能、大数据分析、隐私计算、物联网等特色技术服务模块，为数据共享提供技术支撑。基础平台体系建设可有效处理好平台内部总分关系、与外部平台的关系，发挥应用云、互联网等方式加强平台之间的共享与联动，并通过加解密方式协调好平台交互之间的合规管理问题。

三是健全共享机制，推动数据共享的规范机制。数据要素是数字时代的重要生产要素，数据要素的充分共享是数字化资源共享的组成部分，健全共享机制，要实现数据要素的充分共享。实现数据要素的共享就要推进建立数据共享的规范机制，要建立数据资源与数据标准的规范化体系，推动各类政务数据、产业数据等"数据上云、应归尽归"，根据不同阶段、领域区分数据标准的不同数据分类，根据数据类型和所属领域类型编制标准的数据菜单及数据规范，打造对应领域的标准化数据规范。实现数据要素的充分共享，着力推动建立活跃、合规的数据流通平台或市场，在数据整合与标准化处理基础上，引导或推动各主体进行数据共享与流通的积极性，符合要求的数据可探索通过数据交易所或工业互联网平台实现数据的流通与共享。

第三章　数字化赋能高质量发展的新思维

数字化赋能高质量发展，机遇与挑战同在，发展和风险并存。科学思维方式有利于增强工作的科学性、预见性、主动性和创造性，掌握科学思维方法可防止数字化赋能高质量发展过程出现"新办法不会用，老办法不管用，硬办法不敢用，软办法不顶用"的情况，更好推进数字化赋能高质量发展工作。本章主要运用战略思维、赛道思维、系统思维、创新思维、辩证思维和底线思维剖析数字化赋能高质量发展的新思维。

第一节　用战略思维描绘数字化赋能的愿景

战略思维是一种站在全局性、长远性的角度来筹划和指导发展的思维。古人讲："谋先事则昌，事先谋则亡"。运用战略思维可以很好地解决企业数字化赋能"在哪里、去哪里、怎么去"的问题，提升企业看未来的能力。因此，企业应该强化战略思维，保持战略定力，把谋事和谋势、谋当下和谋未来统一起来，从全局和长远的角度描绘未来发展愿景，指导数字化赋能高质量发展。

用战略思维描绘数字化赋能的未来愿景，需要做到以下三点：一是认清数字经济下生产方式的变化趋势，二是关注关键技术和核心能力，三是前瞻未来发展新机遇。

一、准确研判数字化发展趋势

战略思维的具体体现之一，是准确研判变化趋势，明确战略目标。随着数字经济的发展，数据成为新的关键生产要素，推动数字化生产方式变革，塑造了"平台"等新的产业组织形态。准确研判发展趋势，把握这些趋势下的发展机遇，才能更好地赋能高质量发展。

（一）趋势一：数据已成为并将持续担任关键生产要素

在数字经济时代，数据的作用不仅仅记录经济活动，而且可以作为一种商业工具，更深入地参与到经济活动中来。数据逐渐成为和现金、房产、土地等具有同等价值的"资产"，是新的关键生产要素。但是，数据这一生产要素与土地、劳动力、资本等传统生产要素相比，对生产活动的作用模式存在差异。数据一般不能单独对生产活动产生影响，而是与土地、资本等要素相结合，通过在生产、分配、交换和消费等各个环节的应用来促进传统要素生产率的提高。数据作为新的关键生产要素，对于经济活动的作用模式主要包括三类：（1）创新商业模式：数据的大量使用颠覆传统商业模式，创造新的商业模式，例如，金融科技公司利用数据进行商业分析获取盈利、传统银行业利用数据优化客户信用画像降低风险、传统制造业企业利用数据进行流程优化降低成本等。（2）细分现有行业：数据价值不断被发掘并应用到电商、金融、交通、咨询等各个行业，在创新模式的同时，细分扩展了现有行业的维度。（3）促进产业协同发展：数据的不断积累，为大数据平台的应用提供了可能，帮助迅速提高不同产业间的协同效率，也会提高产业链上下游的系统效率。

（二）趋势二：数字化推动产业融合发展

在数字经济时代，由于生产市场和消费者市场的数据可以被统一纳入大数据平台中进行整合，企业和消费者之间的距离更近了，传统的产业链被迅速缩短，参与产品的生产制造和销售过程中的各个企业可以通过产业互联网进行充分的信息交流，并以产业互联网为基础开展统一协作，产业内部的企业协同水平可以得到迅速提高。同时，行业之间通过这种模式也可以实现产业链上下游之间的协作共赢，避免出现产业链某一环节产能不足或者过剩，使得行业之间的壁垒被不断打破，社会整体生产力水平得到迅速提高。数字化也促进了国际研发产业的合作，比如，全球设计平台为设计师、设计公司、设计用户搭建设计信息流通平台，有设计需求的用户可以发布设计任务，平台快速匹配设计方案，通过设计信息的自由流通，提供便捷、专业、全球化的设计服务。

（三）趋势三：数字化催生新的产业组织形态

数字经济催生出一种新的产业组织形态——"平台"，例如，三大互联网巨头企业阿里巴巴、腾讯、百度，都是互联网平台企业。根据陈永伟的《如何发展数字经济》，平台具有以下两点特征：（1）平台同时具备市场和企业的特征，即平台既具有对内资源配置和对外参与市场竞争的企业特征，又拥有供需匹配、撮合交易的市场特征，如P2P租车平台撮合汽车拥有者和租车用户的交易。（2）平台具有"跨边网络效应"，即平台一端用户获取的价值取决于另一端的用户数量，比如，电商平台通过补贴等优惠活动吸引更多消费者使用，更多商户入驻电商平台，消费者选择更加丰富多样，因此能够吸引更多消费者。而先进入的平台具有明显的先手优势，能够抑制后发平台，导致"强者更强"。

企业在制定数字化发展战略时，应充分认同数据生产要素的重要价值，认清数据和数字化对于商业和经济活动的作用模式，从产业、平台、生态等角度找准自身定位，结合企业自身发展目标和资源禀赋，科学合理制定数字化长远发展道路。

二、关注关键技术和核心能力

从业务发展角度出发，最需要关注的三类对象为客户、企业和场景。客户是产品和服务的消费者，企业是产品和服务的提供者，场景是产品和服务的触点。因此，用战略思维看待未来数字化赋能业务发展，除了关注数据这一关键要素外，也必须关注客户、企业和场景。保证数据、客户、产品和场景这四个在线能力，才能更加全面、有重点地抓住发展的核心能力。四个在线能力具体如下：

1.客户在线能力。即企业可便捷触达和有效感知客户的能力。例如，通过物联网和5G技术，实现客户位置和行为信息的感知。

2.产品在线能力。用武学的角度，能够更加形象地展示何为产品在线能力，主要包括三种：（1）讲究招式，中规中矩。数字经济时代，是非接触服务的时代，产品可以实现线上提供。产品线上化，是中规中矩的产品在线能力。（2）琴棋书画，皆为我用。即打造生态，将多个、复杂产品，嵌入融合各个消费场景。（3）无招胜有招。即实现产品供给无界化，客户对产品供给无感，而是喜欢和感受到产品所依附的场景。

3.服务在线能力。企业需要主动触达、随时感知客户，进行产品供给。而客户也需要有反馈的、有温度、有效率的全生命周期服务，提供这种服务，就要求企业有服务在线能力。

4.数据在线能力。企业要用好数据这一生产要素，就需要具备数据资产化、资产服务化和服务价值化的能力，对数据的价值挖掘才能更加有效。

以上四个在线能力，是企业制定未来发展战略所需要重点提升的能力。

三、前瞻未来发展新机遇

（一）洞察客户价值，提高生产效率

数字化不仅促进产业和企业间的交融，也增强了企业与用户之间的互动，从而便于企业洞察客户价值，提高生产经营效率。

1.数字化支持用户直接参与产品生产流程。在传统生产关系中，用户作为产品的被动接受者，难以参与到设计流程中。数字技术的发展，让用户有机会深度参与产品设计和生产，从而获得个性化定制产品，市场力量也由供给方向需求方转移。

2.数字化加强用户需求与市场供给之间的匹配。用户需求具有多元文化特性，数字技术可以在用户需求和企业生产决策之间建立联系，明确企业产品制造与创新的方向，帮助企业降低试错成本，企业可以集中精力在特定产品的供给与迭代上，提高市场供需匹配效率，增强竞争优势，并进一步打破低效及无效的供给。

3.数字化在企业与用户间建立实时互动。数字技术搭建起一座桥梁，为桥梁两端的企业和用户提供了实时互动和价值反馈的机会，从而有效提高生产效率。

（二）企业和用户共创价值，提高产品和服务的附加价值

数字技术可以让企业及时感知用户需求，用户也可以便捷地参与到企业市场活动中，企业和用户之间形成一种共创体验。企业可以从中获得更高的用户黏性，用户可以赋予品牌和产品更多的价值认同。共创体验是一种开放的互动体验过程，用户参与企业研发、生产、营销等活动环节，通过体验共创，实现产品价值共创。在共创体验中，用户不再作为一个被动的参与者，而是扮演一个积极主动的决策者。而企业可以将用户视为一种操作性资源，获得更多直接

的市场反馈。数字连接实现了用户和企业之间的随时随地的一对一的交流，帮助用户获得个性化的体验。提高与用户之间的交互频率，帮助企业掌握用户的最新需求，促进企业完善产品和服务，提高产品和服务的附加价值。

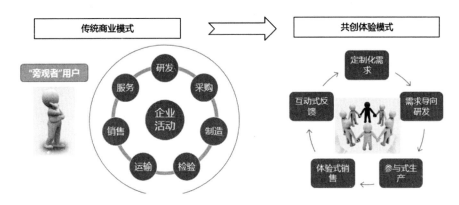

资料来源：结合肖旭、戚聿东《产业数字化转型的价值维度与理论逻辑》中的内容整理。

（三）构建数字化生态，形成规模效应

在数字经济时代，不同企业以同一用户价值为连接组成了一种新的组织模式，叫作数字化生态。产业组织基本单元不再是企业，而是数字化生态。数字化生态从用户实际需要出发，引入和整合更多的生态参与者，提高产品价值，改善用户体验。数字化生态通过生态参与者之间的协同，进一步满足客户更加细微而千差万别的需求，覆盖更多"长尾"需求，进而提高客户忠诚度。数字化生态所能创造的价值远超任何一个企业，也为形成产业规模经济创造了条件。

数字化生态主要构成为创造用户价值的基本商业活动，以及其他实现用户价值传递和维护的辅助活动。参与者的不同行为决定了其在生态环境中的作用差异。生态中的参与者可以分为两类：（1）核心企业，通过在系统内开放资源，如资本、知识产权等生产要素，建立合作关系，发挥主导作用，引导价值创造，发挥连接客户、整合碎片化价值和价值供给作用。（2）辅助企业，负责根据核心企业的指引，创造碎片化的价值，负责做好业务协同和配合。为实现用户价值创造的生态系统目标，各参与方作为子系统除了发挥其自身的业务作用外，还需要与其他参与方加强业务协作，形成价值创造的范围经济。

第二节　用赛道思维明确数字化赋能的方向

何为"赛道"？如果市场竞争是一个竞技场，企业是参与竞争的选手，那么企业的发展方向就是赛道，选择哪一条赛道对于竞争结果也非常重要。因此，赛道思维是一种竞争思维，企业可以运用赛道思维，选择差异化的发展方向，获取错位竞争，从而在市场竞争中存活和胜出。在数字经济时代下，企业应运用赛道思维，充分挖掘数字化新产业、新业态背后的新机遇，培育新模式，布局新赛道，增强竞争力。

一、从 0 到 1，创新赛道

近年来，一些知名科技公司通过技术创新，创造发展全新赛道，发掘了巨大的商业价值。例如，科大讯飞从事智能语音、自然语言理解、计算机视觉等核心技术研究，研究能力一直处于国际前沿水平，积极推进核心技术转化应用，发布的讯飞翻译机、"语音识别方法及系统"等广受业界认可，持续深耕人工智能核心技术，通过赛道创新，实现了从"领先一步到领先一路"。再如，大疆打造了"手机＋飞行器＋相机"的全新产品方案，为人们提供更加方便的天空视角，开辟了家用无人机的全新赛道。

在新发展格局下，科技变革提速，市场竞争加剧，企业为应对内外部挑战，应当事先洞悉市场，进行赛道创新，增强自身竞争力。比如，可重点突破新技术、新制造、新能源、新生活等赛道，在 6G、量子计算、卫星互联网、工业互联网等细分领域做优做强。再如，可围绕广大城乡居民消费升级需求，积极布局新零售等新赛道。或如，可积极探寻国际发展新赛道，推进跨国企业和业务合作，拓展国际市场。

二、从 1 到 N，扩展赛道

市场竞争空间是具有弹性的，技术变革、模式迭代、场景创新等都可能扩展原本的竞争空间，创新的产业生态圈，从而创造新的竞争机遇。例如，小米以手机为长板，自营发展电视、智能音箱、路由器和笔记本，并积极布局周边生态链、产业链和场景链，通过与链上企业的合作，布局智能芯片、智能家居、智能汽车、文娱等市场，为自己和链上合作企业创造新的增量市场。再如，电子商务领域赛道中，美团的出现，是从 1 到 N、创新产业生态圈的典型例子。电商领域巨头为阿里巴巴，但阿里巴巴主做实物电商，美团没有与阿里巴巴正面交锋，而是选择扩展电商服务领域，选择生活服务电商赛道，最终在这个电商细分领域做到了首屈一指的地位。

在新发展格局下，应进一步提高对资源的充分整合能力，创新培育高质量的产业生态圈。（1）可与高新技术、专精特新等科技型企业合作，利用其在专业领域的技术优势，与传统产业相结合，打造共生共赢的产业生态命运共同体，提升产业生态圈内各企业协同作战能力。（2）可以收购和兼并方式，纳入掌握关键技术的相关企业，提速产业链资源整合。（3）可以对接科研院所、职教机构，加强科教与产业的深度融合，建立人才精准培养和输送机制，加强产业链各环节的专业人才培养。

三、从 1 到 1+，延长赛道

赛道本身有其长短之分，企业可以通过技术创新和模式变革，延长所在赛道的生命周期，创造"第二成长曲线"。比如，传统家电企业海尔，为应对信息时代发展，推出海尔智能家居，运用数字技术打造了 U-home 平台，将家居设备通过信息传感设备与网络连接，实现"家庭小网""社区中网""世界大网"的物物互联，构建了智能家居体系。再如，邮政储蓄银行运用数字技术，创新小微易贷线上产品，并打造小微金融服务 App，为小微企业线上化的综合金融服务，提高了金融服务的便捷性和可得性。

在新发展格局下，应完善创新机制支撑，从而增强赛道韧性和竞争力。（1）完善科研支撑机制，聚焦强链补链，与一流科研院校合作创立研发机构，为产业链科技创新提供科研支撑，或对企业原有产业研究机构进行优化改造，促进科研创新和支撑。（2）优化融资支持体系，聚焦创新成果转化，健全完善政府引导性投资基金、天使投资、风险投资、债券融资等投融资体系建设，引导创新成果向产业发展成功转化。（3）解决各自为战问题，如建立创新联盟等形式，整合产业链上下游企业的创新能力，协同攻关技术难题，发挥协同创新能力。

四、从 1 到 New 1，颠覆赛道

有时，技术变革和创新，在发展出一条新赛道之时，会颠覆旧赛道的发展模式，传统产业的"饭碗"被新入场的"野蛮人"打破。比如，报纸、纸质杂志、广播等传统媒体，市场份额被以短视频 App 为主的新媒体大量侵蚀，传统媒体的用户数量大幅度萎缩。短视频平台逐渐成为人们接收信息、发表信息、展示信息的主要场所之一，催生了自媒体从业者这一庞大群体。音乐软件颠覆传统唱片行业、手机颠覆传统胶卷行业等，都是新赛道颠覆旧赛道的生动体现。

在新发展格局下，企业应完善管理机制，应对被"颠覆"的风险。（1）充分发挥董事会和战略规划的智慧"大脑"作用，做好市场竞争和创新研判，提升企业发展的稳定性和可持续。（2）紧跟市场发展，推动财务、人力、风险等部门职能下沉，充分考虑创新风险和实际业务发展。（3）打造企业创新文化氛围，将创新意识和风险意识深刻融入员工文化，建立员工合伙机制和容错机制，增强员工主人翁思维，让员工和企业发展"荣辱与共"。

第三节　用系统思维强化数字化赋能的保障

系统思维就是坚持整体性、全局性观念，对整体和局部之间的相互联系进行系统认识的一种思维方法。企业数字化赋能是一项复杂的系统工程，可能会面临顶层设计、生态建设、数据共享、迭代升级、安全保障等诸多问题，运用系统思维，科学谋划发展全局，为企业发展保驾护航，尤为重要。

一、以系统整体性思维规划全局发展

系统思维的内核是整体性，即从整体利益出发，从整体与局部、整体与环境的相互作用过程来认识和把握整体。企业进行数字化赋能时，首先应该明确整体发展目标，局部任务目标和路径要服务于这个整体目标。在设计局部目标时，关键是要搞清楚局部所处的位置以及如何对企业整体发挥作用，坚持将局部协同贯彻始终。在此基础上，坚持问题导向，实事求是，推动企业数字化赋

能的整体性优化和系统性重塑。

二、以系统结构性思维建设数字生态

系统思维具有结构性特征，意思是要从系统的结构出发，认识系统的整体功能，实现系统整体功能最优，即实现"1+1>2"的整体效果。企业作为产业组织中的最基本要素。按照结构性思维，推进数字生态建设，生态中不同企业应首先提升自身的数字化能力和水平，推进自身内部跨部门的协同发展，在此基础上，主动推进与数字生态内不同企业的横向联系、纵向连接，从而推进数字生态一体化建设。

在数字生态内，核心企业的数字化赋能，除了基于自身的内在需求建设通用性的基础性信息技术和服务，也要考虑数字生态内其他辅助企业的数字化赋能需求，推进公共信息技术和服务。数字生态内的中小企业应紧跟核心企业，利用产业链供应链协同帮助自身转型，不断提高企业价值链的数字化水平。

三、以系统开放性思维推进数据共享

系统本身应具有开放性特点，即整体系统与外部环境之间、系统内各局部要素之间必须不断进行数据交换，系统才能可持续运行。企业既是数据的需求方，也是数据的供给方。在企业数字化过程中，与不同企业、不同行业的数据交换共享是非常关键的，需要做好数据归集、存储、共享、流转的相关工作，系统设计开发时应预留标准化的数据开放接口，并探索选择多样化的数据共享方式。但当前，不同行业、不同企业之间存在数据流通不畅、共享困难的问题，为推进数字化进程，必须统一规范数据标准，统筹协调解决数据共享问题。

四、以系统动态性思维支持迭代升级

系统如个体一样，也会面临诞生、成长、成熟、消亡的过程，系统与外部环境之间、系统内各局部要素之间的联系也会出现动态变化。因此，数字化要从系统角度考虑迭代升级问题，对未来的数字化发展变革进行科学预判，并做出提前安排。应做好提前设计，围绕迭代升级的未来需求，建立易升级、易扩充、易维护的柔性平台。比如，系统基础技术架构要有一定的柔性，企业软硬件的配置要为未来变革留有余地，确保方便升级调整。

数字化赋能本身存在迭代升级的过程。早期，企业数字化赋能工作主要为网络化和智能化。中期，企业数字化赋能工作重点转变为品牌建设和渠道拓展。后期，企业数字化赋能的工作重点升级为整合资源。在不同时期，企业数字化赋能应抓住当前时期重点，为升级下一时期做好准备。

第四节　用创新思维增强数字化赋能的实力

古语有云："明者因时而变，知者随事而制。"数字化发展面临的条件、机遇和挑战等外部环境时刻发展改变，企业数字化赋能的目标和任务也会发展改变。创新思维是从实际出发，立足当前发展实际，准确识变、科学应变、主动求变，冲破旧体制、旧观念、旧框架，推动社会不断向前发展，从而改变人类的生产、生活和思维方式。创新思维为数字化赋能高质量发展提供行动路线，通过技术、管理、生态和文化等方面的创新，增强数字化赋能高质量发展的实力。

一、技术创新提升核心竞争力

技术创新是企业数字化赋能的关键，是市场竞争力的重要支撑。企业应从创造价值角度出发，洞察新技术趋势，用新技术提高生产效率。（1）企业应该明确技术在数字化赋能过程中的核心地位，以技术变革影响业务的数字化赋能。（2）企业要保证对成熟通用技术的敏锐度，促进成熟通用技术的内化以及与业务场景的深度融合，通过技术对产品和服务的创新，以及对商业模式进行变革。比如，传统医疗卫生行业，可以借助成熟的互联网技术，实现"智能＋医疗"的数字化赋能，支持线上看病问诊、开立药房、订购药品等业务功能。（3）企业要重视数字化赋能过程中的组织架构设计，要推动 IT 部门从成本中心向利润中心转化、从运维角色向赋能业务转型转变。例如，银行加大科技力量投入，推动 IT 建设提质增效，建设小微金融服务 App，以企业手机银行为服务触点，通过线上综合金融服务产品，为企业客户提供融资、融商服务。

二、管理创新提升综合实力

（一）产品管理创新

数字化时代的产品形态主要体现为：（1）一次性交易产品，即客户单次购买，即可与企业实现价值交换的产品。（2）数字化增值产品，即传统产品通过数字化渠道销售，如通过淘宝购买零食；或利用数字化手段提供增值服务，如在线客服。（3）数字化产品，即产品本身为数字化形态，比如，通过视频软件购买电子影音、订阅电子新闻等。（4）数字化体验与服务，即基于数字技术的体验与服务，比如，企业租用办公软件，通过使用量和时间长短向供应商付费。

数字时代下，企业可在产品全生命周期管理中融入数字化思维，提升产品与服务的设计、开发、生产、管理、销售、服务等全周期的数字化能力。重视产品的定制化服务属性，提供定制化服务产品，同时重视客户反馈，敏捷迭代完善产品，形成产品闭环管理思维。

（二）运营管理创新

运营管理创新主要体现在四方面：（1）运营体系要透明化，打通各部门之间的壁垒，实现对全环节无障碍运营管理。（2）支持数据和流程共享，支持运营体系内各成员随时、同时查看进程。（3）实时反馈和接收终端客户的需求变化、体验反馈，迅速响应，执行纠偏。（4）系统实现与产业链上下游企业的联通，保证合作企业之间信息沟通和反馈机制的高效畅通。

（三）人才管理创新

1. 培养数字化领军人才。管理创新首先需要一流的领导力。领军人才必须能够践行创新变革，需要对数字化具备前瞻性、创新性思维，不惧挑战，勇于破局。领军人才必须具备开放包容心态，领导者不再是一家之言，而是打开边界，尊重每一个贡献者，并分享财富和上升机会。同时，领军人才能够对数字化有深层次的理解、应用和再创造能力。

针对数字时代领军人才的培养，一是制定个性化、定制化的人才培养路线图，二是充分授权，提供能力发挥舞台，允许发挥主观能动性，进行自主管理和激励。三是重构评价和激励体系，向激励显著型、结果导向型和动态调整型逐步转型。

2. 建立人才合伙机制。在数字时代，大量的重复性劳动，体力性劳动，简单的知识劳动，都要被人工智能取代。知识型人才才是真正创造价值的来源。人力不再仅仅受货币资本雇佣，也不再受资本剥削。一种新型的平等合作伙伴关系得以建立，在这种关系下，知识型人才更具有主人翁意识，不仅会获得工资收入，还会参与企业利润分享和企业经营决策。因此，与知识型人才建立人才合伙机制，是数字化赋能的创新人才机制。

（四）财务管理创新

在数字时代，财务部门应从财务数据的记录者，转变为数字化商业价值的挖掘者。一方面，财务模型搭建应更多考虑数字化商业模式，考虑数字化产品的设计创新，分析数字化产品的业绩和风险，帮助企业保持在竞争中的优势。另一方面，可以加大对新业务、新技术、新团队的收购力度，迅速提升企业数字化赋能能力。

三、场景创新再造获客渠道

场景是基于时空维度以及触点产生的特定行为事件，显性或隐性连接产品与人、人与人的方式。比如，个人的交通出行、医疗就诊、消费支付、教育投资等，企业的纳税、贸易、商务合作、投融资等，都是不同场景的体现。场景带来触点，带来流量和用户，从而可提供产品和服务。因此场景的获客、活客、黏客意义重大。科技企业早早布局场景争夺战，比如，京东、拼多多布局电商场景，腾讯、微博布局社交通信场景，滴滴布局个人交通场景等。

四、价值创新培育创新土壤

（一）客户价值创新

管理学大师彼得·德鲁克曾说过，企业的根本目标是创造客户。企业应强化以客户为中心的价值观，围绕客户价值开展创新，以数字技术为支撑改善客户体验。比如，数字化赋能能够帮助企业获得实时服务海量客户的能力，为客户提供全场景、全周期的运营服务。再如，运用数字技术建立用户体验快速反馈机制，站在客户视角而非产品视角，围绕客户需求进行敏捷迭代。

（二）文化价值创新

数字化赋能离不开文化创新，企业可以从三方面着手建立创新文化：

（1）打造学习创新型团队，通过差异性的绩效考核机制，引导和激励员工进行创新。（2）鼓励内部创业，鼓励良性竞争，设立创业奖项。（3）建立有效的容错机制，鼓励员工大胆试错，容忍失败。

第五节　用辩证思维看待数字化赋能的矛盾

《古诗源》中有云："甘瓜抱苦蒂，美枣生荆棘。"在自然界和人类社会中，优点缺点是相互依存的，这种矛盾是普遍存在的，是对立且统一的。辩证思维则是利用对立统一的规律，来发现问题、分析问题、解决问题的一种思维方式。只有批判看待矛盾的一体两面，抓住事物发展的本质和主要矛盾，才能在危机中看到新机、在变局中开新局。

一、数字化要注重发展和风险的平衡

数字化进程中，发展和风险是相互共存、对立统一的，危和机一直是孪生兄弟。一方面，数字化发展提升企业的产品创新能力、风险管控能力和精准营销能力，也为经济发展带来诸多便利，比如，交易便利、支付便利、融资便利、跨国贸易便利等。另一方面，数字化发展的偏航和失衡，衍生了一系列技术风险、安全风险、道德风险等挑战，比如，信息盗用、网络欺诈、技术滥用等。最为生动的一个案例则是数字技术在新冠疫情暴发后的"功"与"过"，在这场疫情中，运用于科技防控的数字技术在疫情研判、疫情追踪、人员排查、资源调配等方面作用巨大，支付宝、腾讯等多家互联网公司和移动、联通等通信公司通过运用数据分析技术迅速提供全国人员流动情况，便利防疫部门通过大数据进行疫情排查、人员追踪，也方便老百姓轻松查到自己生活和活动范围内是否有确诊病例。与此同时，网络造谣、网络欺诈、网络攻击、网络煽动等一系列涉及社会安全与稳定的问题，在疫情期间也都集中性地暴露在我们面前，这是重大疫情这一特定时期和环境诱发和映射的挑战。

要辩证看待数字化过程中的发展和风险，把握以下三点，最终实现"发展中的协调"和"进取中的有度"：（1）平衡发展和风险，抓住主要矛盾，兼顾次要矛盾，发展要以不发生重大系统性风险为前提；（2）以发展眼光看问题，在时代的篇章中认识问题、解决问题；（3）完善数字化相关的法律法规和规章制度，让数字化在法治和道德标准的笼子中健康发展。

二、数字化要注重竞争和合作的协调

根据市场竞争的"721"法则，竞争与合作注定并存。一方面，企业通过合作来细分市场，深耕细作，以拓展市场领域，把蛋糕做大。另一方面，竞争也无处不在，在竞争中只有越来越强，才能不被市场淘汰。数字化发展中，科技公司与传统公司的冲突和融合，最终能够实现双方各自利用比较优势，专注发挥自身核心能力，实现共赢，这是竞争和合作的协调，也是辩证思维的具体体现。

最为鲜活的案例，就是数字科技与金融的竞争融合。在互联网行业兴起的初期，互联网金融科技公司凭借客户至上、价值创造和唯快不破的理念，拥有雄厚的科技实力、强大的流量和丰富的场景，在互联网金融的上半场，一系列新金融产品喷涌而出，比如，消费金融、快捷支付、P2P融资等，向传统金融提出挑战。而随着银行等企业审时度势，对内强化金融科技能力打造，注重人才队伍建设，培养创新文化，推进机构改革。对外转变态度，积极拥抱金融科技企业，深化合作。互联网平台和银行逐步在流量、资金、数据、风险能力等方面优势互补。在国家层面搭建宏观审慎监管框架、防范跨界行为和风险的大环境下，金融科技企业纷纷宣布"不做金融"，回归"科技公司"本质属性，转型向服务金融机构提供科技服务。

三、数字化要注重整体和个体的统一

毛泽东同志曾提出"十指弹琴"的思维方法，指出"弹钢琴要十个指头都动作，不能有的动，有的不动。但是，十个指头同时都按下去，那也不成调子。要产生好的音乐，十个指头的动作要有节奏，要相互配合"。整体的谋篇布局离不开个体和局部的统筹协调，因此，要认识整体和局部的客观矛盾，从全局出发把握数字化发展进程，做到整体和个体发展的协调统一。从整体层面来看，数字化是发展趋势，行业和企业未来的谋篇布局必须结合数字化发展。但从个体层面考虑，数字化发展要考虑到个体的适应性，不能以抛弃数字时代中的弱势群体为代价。比如，关注老年群体在数字化发展进程中的个体幸福，让数字化更有温度，数字技术的掌握和运用壁垒给老年人带来了生活不便，但可以通过加强数字教育、打造"适老化"友好环境等不做"一刀切"的安排，从人文关怀的角度为老年人提供便利生活，从而实现数字经济发展整体和局部群体的平衡。

第六节　用底线思维厘定数字化赋能的边界

善于运用"底线思维"方法，从最坏处打算，向最好处争取，未雨绸缪、有备无患，牢牢把握主动权。底线思维是一种前瞻意识的体现，是对潜在的风险、生成的原因和应对措施做好全面、科学的研判。有道是，"守乎其底而得乎其高"。只有做到心中有数、处变不惊，才能对症下药。底线思维为数字化赋能高质量发展厘定了边界，要坚守道德底线、不越法律红线和把牢安全防线，只有清楚认识底线，才能够积极有为。

一、坚守道德底线

不恰当的数字技术应用，会带来道德和法律问题。例如，一些"AI换脸"、虚拟主播等新奇有趣的产品受到网民的追捧，这些场景使用了深度技术，也让普通用户可以自己制作换脸视频产品。但深度合成技术也被用来制作虚假视频，用于传播虚假信息和实施诈骗，甚至有些被用于色情内容制作，造成传播乱象。因此，为促进数字化健康发展，个体和企业应坚守道德底线。

企业应承担社会责任感，不以营利为唯一发展目标，还应实现企业社会价值。例如，银行业金融机构应发展数字普惠金融，发挥金融助力实体经济作用，运用数字化手段，服务广大农村地区的薄弱金融客群，为消除贫困、实现共同富裕做出努力。

参与个体应遵守职业道德，遵从合规文化，不因个人因素造成道德风险。例如，从业人员不应过度收集客户个人隐私数据，也不应该因为谋求个人私利而出卖客户隐私信息。

二、不越法律红线

网络与实体经济的融合发展，在带来正向效益的同时，也为违法犯罪行为提供了保护伞，近年来数字犯罪行为持续高发。比如，虚拟货币具有匿名性的特征，犯罪分子在通过电子虚拟货币进行交易时通常不会留下明显的痕迹和记录，有关部门很难进行追查，因此成为跨境洗钱的重要通道，为反逃税、反洗钱监管带来新的挑战；虚拟货币也为赌博、地下钱庄等违法犯罪活动提供了资金结算支付通道，成为不少犯罪分子的支付工具，助力其进行经济犯罪。再如，信用卡套现灰色产业链、消费者信息违法贩卖等行为，严重损害了消费者利益，扰乱了市场秩序。为实现数字经济健康可持续发展，必须出台一系列与时俱进的监管制度和法律法规，严厉整顿数字犯罪行为，规范数字化正向发展。同时，也可以利用数字科技本身来便利数字监管，比如，可以利用区块链的公开透明、不可篡改的特性，管控合同履约风险，提升监管便利性，也可以将区块链技术运用于反欺诈、反洗钱风险控制、征信体系建设等。

三、把牢安全防线

进入"万物互联"的新时代背后，潜藏着很多风险，个人和企业信息安全、行业发展安全、国家和政府机构安全等方面都会面临安全威胁。

（一）个人和企业信息安全方面

对个人手机等智能终端、企业办公网络的窃密攻击，或是对个人和企业信息的过度收集，都可能会造成个人和企业信息泄露或被非法交易，导致个人和企业财产和隐私遭受严重损失，甚至引发网络金融诈骗、非法集资等犯罪发生，对经济安全构成威胁。

（二）行业发展安全方面

互联网行业的快速扩张催生了很多全新的数字商业模式，比如平台经济，但在资本的助推下，互联网平台的垄断问题越发严重。超级互联网企业利用其市场支配力量和先发技术优势，构建起互联网行业的围墙，对"后来者"的创新行为进行扼杀。这种垄断和不正当竞争行为严重破坏公平竞争秩序，严重损害消费者切身利益，严重威胁数字经济和国家经济的健康发展。

（三）国家和政府机构安全方面

当前政府机构的信息系统建设逐步完善，覆盖了各部门各环节，信息系统的安全性也直接关系到政府机构的正常运转。一旦信息系统不能稳定运行，出现网络瘫痪或者数据丢失等问题，将会给政府机构带来巨大损失，甚至对国家的数字安全构成威胁。例如，据环球时报消息，2018 年 4 月，美国政府发布公告称未来 7 年内禁止中兴通讯向美国企业购买敏感产品。核心芯片的"断粮"，导致中兴通讯主营业务被迫中止，中兴通讯及产业链上下游损失重大。这让我们深刻认识到，在数字化信息时代，若在核心技术上处于落后地位，在关键领域被别人"卡脖子"，数字经济将难以顺利蓬勃发展，也将对我国经济安全带来严重隐患。因此，数字化赋能必须兼顾安全，以底线思维，认清发展边界，建设数字化发展安全防线，"护航"高质量发展。

第四章
数字化赋能高质量发展的方法论

《中华人民共和国国民经济和社会发展第十四个五年规划和 2035 年远景目标纲要》设置专篇"加快数字化发展　建设数字中国"。数字化如同空气和水，无处不在，正赋能各行各业应用，是世界各国大势所趋，是迈向数字社会重要方式，是数字技术与业务深度融合的重要进程，应用遍布工业、农业和服务业。

中科院院士闻邦椿说过，使科学方法论真正成为指导一切工作的利器，使它成为一把开启成功之门的钥匙。分享数字化赋能高质量发展的科学方法论具有重要意义，能更好指导数字化如何赋能各行各业、各领域的高质量发展。

第一节　数字化转型概述

数字化是人类社会发展的大势所趋。数字经济时代，数字化转型是企业全面实现数字化时代的客户价值、转型数字化运营和数字化商业模式的必由之路，数字化转型的本质是企业的业务变革。现在管理学之父彼得·德鲁克说，企业存在的价值在于创造客户。数字化转型核心目标之一正是激活客户数据创造新价值。因数字化转型概念经常提及，本章先介绍一下数字化转型。

一、数字化转型概念

数字化转型是建立在数字化转换、数字化升级基础上，进一步触及公司核心业务，以新建一种商业模式为目标的高层次转型，是开发数字化技术及支持能力以新建一个富有活力的数字化商业模式。数字化转型表明，企业对其业务进行系统性、彻底的（或重大和完全的）重新定义和重构，对组织活动、流程、业务模式、IT 和员工能力的方方面面进行重新定义和重构。

数字化转型已被引入全新内涵：数据代替传统物理材料，成为重要生产资料；"数字外场"彻底压缩时空，改变生产关系。企业通过转型，提升竞争生存能力，寻求新经济增长点，使企业获得新生机。

转型是事物结构形态、运转模型和观念的根本性转变过程，是从一种经济运行状态转向另一种经济运行状态。不同转型主体的状态及其与客观环境的适应能力，决定转型内容、方向。转型就是主动求变的创新过程。

1. 金蝶认为，企业数字化转型是企业借助数字化解决方案，将物联网、云计算、大数据、移动化、智能化技术应用于企业，通过规划及实施商业模式转型、管理运营转型，为客户、企业和员工带来全新的数字化价值提升，不断提升企业数字经济环境下的新型核心竞争能力。

2. 华为认为，数字化转型是通过新一代数字科技的深入运用，构建一个全感知、全链接、全场景、全智能的数字世界，进而优化再造物理世界的业务，对传统管理模式、业务模式、商业模式进行创新和重塑，实现业务成功。

3. 艾瑞咨询认为，企业数字化转型是企业利用新一代数字技术，将某个生产经营环节乃至整个业务流程的物理信息链接起来，形成有价值的数字资产，通过计算反馈有效信息，最终赋能到企业商业价值的过程。将数字价值叠加到企业的商业价值，增强自身竞争力。数字化转型的核心本质是利用数字"复制、链接、模拟、反馈"的优势，实现企业转型升级。企业数字化转型要回归企业本质，从"降本、增收、提效"等企业核心目标出发，思考如何选型、组织、实施。

4. 陈劲等在《数字化转型中的生态协同创新战略——基于华为企业业务集团（EBG）中国区的战略研讨》一文中认为，可从三个不同阶段理解"数字化"内涵。（1）Digitization，信息的数字化，以"0""1"比特形式即二进制形式读写、存储、传递信息。（2）Digitalization，流程数字化，将工作流程数字化，提升工作协同效率、资源利用效率，如企业资源计划（ERP）系统。

（3）Digital transformation，即数字化转型，开发数字化技术及支持能力以新建一个富有活力的数字化商业模式。数字化转型完全超越信息数字化或工作流程数字化，致力于"业务的数字化"。

数字化转型旨在价值创新，用数字技术驱动业务变革，构建数据的采集、传输、存储、处理和反馈的闭环，打通数据壁垒，构建全新数字经济体系。数字化转型的驱动力是数字技术；转型对象是业务，转型本质是变革；数字化转型作为企业发展战略，不是短期的信息化项目，而是一个长期推进过程。数字化转型的实质是改变生产力，进而带动生产关系的变革。

二、数字化转型目的

在整体目标层面，数字化转型对内提升企业运营效率，对外提升企业用户体验。阿里研究院副院长安筱鹏认为，数字化转型本质上颠覆了传统产业几百年来赖以生存的"传统工具 + 经验决策"的发展模式，给企业带来两场深层次的革命：工具革命和决策革命。工具革命通过自动化提高组织和个人的工作效率；决策革命以人工智能等手段优化提高决策的科学性、及时性和精准性，系统能把正确数据在正确时间以正确方式传递给正确生产载体。

数字化转型的基本出发点是"虚实融合"，物理世界与信息世界的数字化融合正在改变制造、零售、金融、建筑和房地产等行业，新制造、新零售、新金融、新服务等数字化的新产业生态正在加速形成。数字化转型对于微观层面的企业和宏观层面的国家都具有重要意义。对于企业而言，数字化转型对于激活行业生命力、促进企业的优胜劣汰具有积极作用。数字化转型已经不是某些行业的"特色"了。对于国家而言，数字化转型是提升整体竞争力、增强整体实力、重塑整体风貌的有效手段。对经济发展产生放大效应，对推动我国经济的高质量、低消耗、可持续的发展具有重要意义。

很多新兴产业与生俱来自带数字化基因，在此不做过多讨论；而对于传统产业而言，数字化的目的较为明确。传统产业数字化转型是运用数字技术突破企业与产业的发展瓶颈，实现业务的创新和持续增长，具体包括强化企业的价值创造模式、转变企业的资产管理模式以及重构企业与行业的协作模式。

（一）强化企业的价值创造模式

企业的价值创造模式正在发生重大变化。传统的经营模式中，企业根据自身的能力和条件生产产品，并销售给合适客户；而现在这种生产驱动的模式，正向着消费驱动的模式演进。后者具有以下特点：

1. 捕获客户偏好。移动技术、物联网等手段能够细致地获取用户行为，大数据、人工智能等技术能帮助企业精准识别消费者的需求，为"按需生产"打下坚实基础。

2. 生产定制产品。当对客户的偏好和需求有了精准捕获之后，就可按需生产产品了。这种模式下，企业不需要为产品卖不出去而犯愁，因为产品完全是按照消费者的需求生产的。

3. 提供全面服务。在传统理念中，卖出了产品似乎企业的目的就达到了，企业就是靠卖一件件产品而生存、发展。在新型模式下，消费者购买企业的产品只是价值创造的一个步骤，一方面企业可以基于产品持续提供后续服务，延长企业价值创造环节，另一方面企业可以细心收集用户的使用反馈对自己的产品和服务持续改进。

4. 鼓励客户参与。构建消费者社区，吸引消费者参与产品设计与定制过程，在进一步提升消费者体验的同时，赋予消费者参与感与主人翁意识。在这种模式下，数字化技术强化了企业与消费者之间的情感链接，企业进而有能力更好地为消费者提供产品和服务，形成以客户需求为中心的价值创造体系。

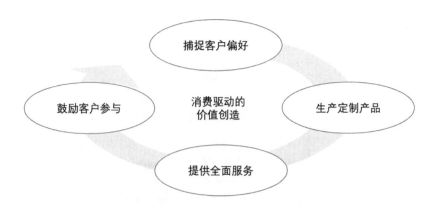

（二）转变企业的资产管理模式

数据是数字化时代的一个核心生产要素，在转型过程中会将数据资产管理融合进企业管理模式，并作为资产纳入企业的资产管理体系中。呈现以下特点：

1.企业收集并应用数据，让其成为支撑企业经营的资产。传统模式下，企业重视数据可能只是为了解传统经营指标，比如销售情况、库存情况；而进入数字化时代下，数据能够为企业的决策提供更精准、更细致的依据。

2.企业有选择性地收集、管理并使用数据。不同渠道、不同领域的数据所蕴含的价值是有区别的，企业在转型过程中识别出各类数据的价值性、数据与经营管理活动的关联性，并意识到数据治理的重要性。企业重视数据运营，围绕数据的采集、加工、存储、应用、销毁这个全生命周期进行规划与建设，提升数据资产价值。

（三）重构企业与行业的协作模式

数字化转型会颠覆企业间、行业间的协作模式，催生出一种更具效能的业态。没有一个企业善于包办产业链上所有的事情，每个企业都有自己的"基因"，这决定了企业适合做什么、不适合做什么。转型会推动企业聚焦自身最擅长的事，而不拿手的事情则选择与外部合作。对于一些巨头企业或者平台型企业而言，也通过向中小企业输出技术甚至整体解决方案的形式，赋能物理世界的业务实现"虚拟"与"现实"的融合，高效地整合产业链上的各项数据资源，既基于数据辅助中小企业经营决策，也服务自己进一步打开市场实现业务创新，在加速各行业整体数字化转型的过程中实现共赢。

三、数字化转型机制

数字化技术推动数字经济的持续发展，也深刻改变了经济参与者之间的关系和联系，原有完全基于物理世界的商业模式已经逐渐通过数字技术进行了改造甚至重构，企业的生产经营效率也会发生质的飞跃。企业数字化转型机制具体表现在以下方面：业务模式转型、产品服务转型、经营理念转型、组织结构转型。

（一）业务模式转型

1. 数字化技术的运用会促使企业的业务模式和业务状态发生革新。（1）许多低技术含量、耗费体力、重复性的劳动工作已经在上一代机械化的浪潮中被机器取代，而在数字化时代，有更多的工作岗位需求会被压缩，诸如产品质检员、票据审核员等都会逐渐地被具有人工智能算力的计算机所取代，劳动力会释放到更需要创造能力的岗位中。（2）充分运用数字技术的企业，其产能更加高效、产品质量也更加可控，通过物联网等技术收集并汇集数据后，管理者可以实时看到一个工厂内的状态甚至所有上下游生产线、库存的状态，对于管理而言这些数据更加及时、更加精准；此外计算机也不会走神、不会犯困、不会被情绪化因素干扰，它们从事这些工作更可靠，业务输出更稳定，对于决策执行而言更为有保障。

2. 数字化技术的推广还会推动企业重构其传统业务的价值链。传统业务模式下，企业生产的产品品种是有限的、预定的，其价值体现在挖掘出能够匹配其需求、愿意为产品买单的客户，有些价值需要通过帮其维系客户的经销商来体现；此外，库存管理、物流管理也是一门艺术，通过影响企业的资产周转效率来直接影响企业的经营效能。而到了数字经济时代，企业可以通过数字技术打通产品需求调研、设计、研发、生产的链条，能够通过有限的成本快速匹配海量客户的小规模、定制化需求，产品就是按照客户的理想状态生产的；此外，企业通过数字技术打通其资金流、物流、信息流，及时响应客户需求、为客户创造价值，客户当然高高兴兴地买单；对企业自身而言，这种"找到买家再生产"的模式也是进一步提升企业资产周转效率、降低企业经营成本的手段。

（二）产品服务转型

数字化时代，企业应积极转型提供差异化的产品服务。曾几何时，市场是一个"我卖什么，您买什么"的情形，消费者被动接受厂家生产的产品。人们可能经常会感觉，某个产品大部分都挺好，就是总有点遗憾——有那么一两个模块看着多余，或者产品缺了那么点功能，或者造型看着别扭、颜色不够满意，但消费者只能在接受或拒绝两个选项中做出抉择。在如今技术的推动下，消费者有渠道评价产品的优缺点、表达对产品或者厂家的意见、分享自己对理想产品的观点。这个新媒体盛行、营销为王的时代，正倒逼着企业珍惜每一位消费者、注重客户的行为数据和显式或隐式的反馈、认真对待每一项个性化诉求。消费者正在抛弃千篇一律、追求独具一格，未来谁能高效率、低成本地从"千人一面"到"千人千面"响应消费者们的需求，谁才可能树立起优异的口碑，在这个崇尚多元、倡导个性的时代"捕获"消费者芳心，才能够立足于数字化时代。

（三）经营理念转型

数字化也在影响企业的经营理念转变。传统企业的工业化经营理念下，一般爱盯着"金主"大客户，不太爱搭理"穷酸"小客户。这种理念并不是因为企业经营者有"嫌贫爱富"的人格，而是传统经营模式所决定的：为了营销、维系小客户关系，厘清、满足小客户五花八门的需求而显著增加企业的运营成本，甚至怠慢大客户，很有可能"得不偿失"。

数字化技术运用后，这种理念有了很大的改观，并催生出了互联网思维。对于这些中小客户的称呼，互联网有个很形象的词"长尾客户"，意思是数量庞大但单位价值低的客户。数字技术能够帮助企业获得新客户、营销客户、挖掘客户的真实意愿、匹配客户的定制需求，进而降低服务客户的单位成本，使得原本企业"瞧不上"的中小客户也成了"香饽饽"。从经济学角度上讲，只要企业降低了客户获取产品和服务的成本、满足了客户的个性化需求，客户是愿意做出额外付费的，因此，无论是对于交易的买卖双方，都会因为效用的提升而变得更好。这正是经营理念转变的原因所在。

（四）组织结构转型

企业的组织结构需要转变，以适应当下的新型业务模式。传统企业组织架构都会构建一个森严的等级制度，比如，依据人员数量构建与规模相对应的部门、处室、科室等；大大小小的机构都有明确的职责范围，机构间按照公司规定进行交互和协作；在许多问题决策上，都需要组织各相关方参与讨论表决，商议计划和行动。这种制度能够避免某些个体、机构对企业经营产生过于重大的影响，但在数字化时代，外部需求需要快速响应，各机构之间的边界也逐渐模糊，原有制度在日新月异的内外部因素作用下已较难高效运转。企业需要在组织架构上做出改变，以应对复杂的、动态变化的大环境。比如，以 BAT 为代表的许多互联网公司纷纷祭出"扁平化"的组织结构，以业务流程再造驱动变革，打通原有的机构间壁垒，建立中台沉淀、复用和统一管理标准化的业务、技术和数据，敏捷、高效、积极地响应外部变化。

四、数字化转型路径

2018 年日本经济产业省发布的《数字化转型报告》指出：公司在应对外部生态系统（客户、市场）的破坏性变化时，推动内部生态系统（组织、文化、员工）转型，使用第三方平台（云、移动性、大数据分析、社交技术），通过新产品和服务、新商业模式，在互联网和现实方面通过改善客户体验来创造价值并建立竞争优势。

从数字化转型实践来看，企业的数字化转型是系统性工程，各企业选择的转型路径有相似之处，但落到实战层面会因为内外部因素不同产生较多的差异性。一般而言，要想在数字经济时代中破局并成功完成转型，需注意以下几个方面：

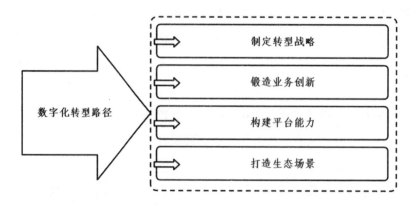

（一）制定转型战略

管理学大师彼得·德鲁克很早就提出"做正确的事而不是把事情做正确"。数字化转型非常考验企业领导对全局的认知和把控能力。企业着手开展数字化转型工作之前，一定要根据自身情况合理制定发展战略。如果在战略层面出现认知偏差、方向失误，结果可能就是南辕北辙，即使再如何坚定、努力地执行战略，最终效果都不会很理想。

企业决策者认真思考并构建出正确、合理、可行的数字化转型战略，是转型工作开展的首要条件。（1）对标行业内外数字化转型典型企业分析本企业数字化转型的意义和必要性，预估转型工作以什么样的代价获得多少价值，并在企业决策层面拉齐认知达成共识。（2）制定转型战略蓝图，明确转型工作分几步走、每步投入什么资源、预计产出什么成果，内部组织架构如何设定、外部各项资源如何协同。（3）做好数字化转型的保障工作，如何确保战略能按预定思路和节奏推进，如何制定企业的变革机制、创新机制等。

（二）锻造业务创新

业务创新主要分为业务数字化和数字化业务两个方面，而这两个方面都强调业务与数字化技术紧密相关。（1）业务数字化要求企业将数字化技术运用到原有经营活动的各个业务中，互联网企业、新兴企业由于具备此类基因，相关能力可能与生俱来，因此这点对于传统企业而言尤为重要。比如针对制造企业而言，通过运用云计算、物联网、大数据等技术将原有生产工艺、仓储存货、物流管理数字化、网络化，并基于此有一整套生产、协同、管理的流程，保障企业高效的生产效率和可控的产品品质。（2）数字化业务是要求企业基于数字化技术提供创新的业务模式，比如，使用大数据、人工智能等技术深挖企业数据价值、改进业务流程，建设智能流水线、智能车间、智能工厂，进一步降低人工的参与和干预，打造智能产品、智能服务；深入了解客户并提供定制化解决方案，想客户之所想，急客户之所急；鼓励客户来参与设计、创新产品，对传统业务模式进行革新，促进行业整体变革。整体思路如下图所示。

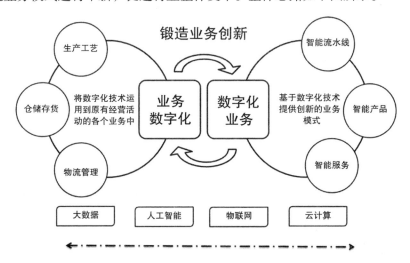

（三）构建平台能力

构建以平台为核心的新型企业架构也是数字化转型的有效途径。数字化时代的平台本质上是各个方向高内聚、可复用能力的集合，虚拟世界中，搭建以人工智能、大数据、云计算、区块链、物联网、边缘计算等能力组成的技术平台并按需迭代升级，推动企业内的统一数据采集、数据整合、数据治理、数据应用并以整合的方式服务于业务发展和创新；实体世界中，对企业组织结构进行优化革新，打破原有部门之间的"故步自封"、消除机构之间的"高墙铁网"（业务壁垒、信息壁垒、协作壁垒），调整为较为扁平化、网格式、自驱动的敏捷、高效的管理模式，强调各机构之间的开放与互联，彼此形成良好的协同效应。围绕企业的采购生产、运营管理、营销销售等企业经营各个环节使用业务与技术双轮驱动，以适应当下千变万化的外部环境和客户需求。

（四）打造生态场景

数字化转型绝不是单个企业个体的单机游戏，不是"独角戏"，生态场景才是整个行业、整个产业发展的重要载体。诸如供应链核心企业、制造业风向企业、互联网龙头企业等具备主导能力的行业领军企业，可使用数字技术拉紧其上下游等业务相关方的关系、推动数字化行业标准的制定、对业务伙伴进行赋能，通过打造业内标杆生态场景推动行业整体的数字化进程；而对于中小企业而言，也要积极加入数字化生态场景建设中，在快速提升自己实力的同时，确保不落伍于这个时代。这种模式不仅可以整合行业上下游全流程的数据实现深挖价值、对行业进行全方位的提升，还有助于激发行业创新、孵化新的业态，构建一个个具备正向反馈的数字化生态，使数字化链条上的每一个参与方都能切实受益，众人"皆大欢喜"。

五、数字化转型面临的问题

数字化浪潮几乎已经影响到每一个行业和企业了，可以说，几乎没有哪个行业或企业能够两耳不闻"数字化转型"，一心只做自己的业务。有部分龙头企业已经开启或者已推进数字化转型并持续获得正反馈，但有更多的企业由于自身以及外部环境等各方面因素，面临着转型各个阶段所带来的问题或困扰。本书将企业在不同阶段面临的问题总结为三类："转不来""转不起""转不动"。

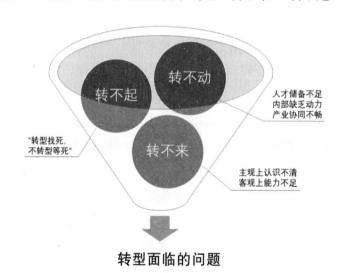

转型面临的问题

（一）"转不来"

要推进数字化转型，首先当然要做好战略与规划。在这一阶段，许多企业由于主观或客观的原因，会觉得数字化转型工作极其复杂，甚至都无从下手。

1. 主观上认识不清。数字化转型工作既不是简单如买几台设备或者是搭建一个系统，也不是投入后就一定能在短期内见到可观效果。开展转型工作要求企业在经营理念、战略规划、组织架构、企业文化、运营保障等全方位的深层次变革，对企业领导层的素质要求极高。有些企业领导者可能对转型工作整体认识不足，认为与企业关系不大，或者认为转型是战术层面的工作。此外，还有些企业管理者可能对转型战略推进的信念不够坚定，一旦没有达到预期效果就会感受到来自外部的质疑和内心的摇摆，导致转型工作无法保质保量推进。

2. 客观上能力不足。管理者在主观上对转型工作有了整体认知后，也可能会面临能力不足的情形，包括：（1）企业自身的数字化积累不足。部分企业（尤其是中小型企业）的信息化、数字化程度不高，有些企业的生产管理、销售管理、财务管理等还大量依赖人工填表、收集、统计，甚至是纸质的文档或表格。缺少对企业核心数据的梳理、采集和运营，对于需要企业持续积累的数字化转型工作是一只巨大的"拦路虎"，直接导致数字化转型工作成了"巧妇难为无米之炊"。（2）转型战略分解和推进的能力不足。管理者对企业如何规划出顶层设计、目标分解、工作推进、成果检验、举措修正等一系列落地方案，缺乏深刻而细致的计划会影响转型工作的可操作性、可追溯性、可评估性。引入外部力量会是一种弥补这一短板的方式，比如，第三方咨询公司的介入。然而，数字化转型工作不存在标准答案，每个企业、行业的基本面不同，其他公司的经验或者外部建议未必一定能适合本企业。

（二）"转不起"

有些企业可能有能力解决"转不来"的问题，但又会碰到"转不起"的困境。经验表明，数字化转型工作确实很"烧钱"，数字化的投入不仅需要购买 IT 基础设施、运维保障，还要持续投入于软件采购、系统研发和服务支持等来支撑数字化的发展。然而，并不是所有企业都有实力能花很大投入大刀阔斧地推进数字化转型工作，对于中小企业而言，这种规模的投钱、投还要保证自己能存活到若干年后才能见到效果，很可能分分钟就把自己"作"死了；但如果企业管理者坚持不转型，可能又如温水煮青蛙一样，看着企业的竞争力被一点点吞噬，最后被时代淘汰。许多企业面临的正是"转型找死，不转型等死"的两难困境。如何平衡数字化投入与预期收益产生的周期，降低数字化转型对企业经营的负面影响，是企业需要解决的难题。

（三）"转不动"

当企业决策层终于有了深刻的转型意识、做好了长期投入并艰苦奋斗的打算后，仍然可能要面对"转不动"的困扰，主要分为三个方面：

1.数字化人才储备不足。人才可以算是当今数字化转型工作中极为重要的因素，成功的数字化转型离不开人才的发掘、积累和合理运用。然而从人才市场上来看，技术类人才的招聘与培养不仅费时费力，其供给和需求很可能在相当长一段时间内无法匹配，有部分企业无法招募到充足的数字化人才，最终成为它们数字化转型瓶颈之一。

2.企业中低层缺乏转型动力。数字化转型对于企业执行层面的自发性、敏捷性等特质要求与日俱增。许多人都有安于现状的惰性，倒逼自己跳出"舒适区"的转型会遭到来自广大员工心底的抵触；此外，有些企业搭建的组织架构和业务流程较为复杂，比如，决策无论大小都要层层汇报审批、多部门相互制约而割裂、数字化转型工作权责不明晰，这都是转型工作的障碍。如果没有构建合适的考核与激励制度，转型工作也很容易流于形式而无法按计划推进；在竞争无处不在、商机转瞬即逝的数字化时代，这种内耗很容易动摇企业可持续经营的根基。

3.产业协同水平不高。数字化转型不仅仅是一个企业内部的事情，良好效果需要产业多方参与并共同协作。然而在传统产业中，数字化技术运用存在不均衡情形，即使某个企业自身有强烈愿望和充足实力，但其相关企业或行业的数字化程度与其不匹配、其他参与方的开放意愿不足，抑或是数据标准口径不统一，都会导致不具备良好协同的基础。仅仅靠企业的自身投入，可能面临回报与成本不成比例的尴尬局面。

第二节　数字化赋能价值

肖旭等在《产业数字化转型的价值维度与理论逻辑》一文中认为，产业数字化转型的价值维度体现在驱动产业效率提升、推动产业跨界融合、重构产业组织的竞争模式以及赋能产业升级四个方面。数字化赋能的主体现实需要是产业实现高质量发展，客体是数字化技术。

诺贝尔经济学奖获得者罗纳德·科斯（Ronald H. Coase）认为，市场交易是有成本的，通过形成一个组织，并允许某个权威（通常是企业家和管理者）支配资源，就能节约某些市场运行成本。企业运行也有管理成本。企业规模越大，管理成本越高，甚至一些企业会出现官僚主义，当企业运行的管理成本高于内部协作带来的收益时，企业就会变得规模不经济，组织规模有边界。数字技术都在重塑组织，数字化降低了组织之间的交易成本，不必像以前那样追求规模，灵活和敏捷比规模更重要，组织越来越趋向于小规模化，甚至让组织变得无边界。数字化也降低了组织内部的沟通成本，扁平的网状结构将取代传统的金字塔结构，组织越来越扁平化。

数字技术改变了传统的产业经济理论，梳理数字化赋能下产业经济理论逻辑，充分认识数字化赋能的价值，对于推动传统产业数字化转型升级具有指导性意义。

一、数字化改进产业组织效率

数字经济时代，由于大数据技术的"去中心化"，多主体、多元化的管理成为主流。组织普遍呈现小型化、融合化的特征，小型科技型组织，通过网络连接在一起的"轻组织"大规模出现。在产业组织管理中，"智慧管理"催生，互联网、物联网、大数据、云计算等信息技术手段深嵌至产业组织管理的方方面面，极大地改变了组织效率。

数字经济时代，由信息资源转化成为经济资源的新的社会驱动模式诞生。数据作为生产过程中的重要"工具"，演化为生产力要素中的生产工具。社会发展不再单纯地依靠土地生产力的产出，不再单纯依靠太阳能源的发展，数字技术，数据资源对社会发展呈现出越来越强的驱动态势。与蒸汽革命、电气革命和能源革命给社会带来巨变一样，大数据技术对我们当前的经济发展、产业结构、组织管理方式等都带来了深层撼动性的改变。

（一）数据资源赋能企业管理

当今世界，几乎全民上网、万物互联，互联网的"触角"几乎触达世界的每一个角落。电子货币、电子支付、网络购物等，使人类的社会交往和经济实践得到了前所未有的便利、便捷。同时，今天的生活空间、生产空间都为数据所构建、为数据所左右，传统生产形式和贸易形式均已被数据改变，人类进入了一种"数据化生存"的时代。IDC（国际数据公司）发布的《数据时代2025》称，预计到2025年全球数据量总计约175ZB，如果将这些数据全部存储于DVD（高密度数字视频光盘）中，那么这些DVD可以环绕地球222圈。在数字经济时代，数据资源犹如21世纪的石油资源，成为国家发展的战略资源。"数据即是财富"，数据逐渐成为资本新宠，对数据的积累和应用成为企业和产业提高效率的重要引擎。

数字化赋能就是利用数字技术，将传统生产流程转化为定量的数据，构建信息物理系统（CPS），通过数字技术再造流程，重构业务模式和生产模式。在企业生产经营活动中，数字技术可以赋能到如研发、采购、制造、检验、运输、销售、服务等各个环节，为企业带来更高的经济价值。

1. 产品研发环节。（1）研发试验上，企业可以通过对历史试验的大数据分析及人工智能的模拟测试，有效降低试验试错成本，简化试验过程，提高产品研发效率。（2）研发组织上，企业可以使用云存储工具，收集、管理和存储研究活动数据，高效管理研究成果、知识产权和其他专有机密数据。（3）研发设计上，企业可以通过采集分析用户的海量购买评价数据，掌握市场需求和用户偏好，降低企业生产和用户需求的信息不对称，提高产品研发的市场精准度，减少研发风险。

2. 采购管理环节。大数据可以根据以往的采购数据和当前的实时数据，对市场的交易情况做出预测与趋势模型，帮助采购人员做出更高效合理的采购选择。一些"一站式"云端采购平台或供应商资源池，能够很好地实现"去中心化"，资源和信息互联互通，帮助企业更便捷地进行采购寻源，再造供应链。

3. 生产制造环节。大数据应用于人工智能领域，带来了智能革命，以数据积累为基础的机器学习技术，可以替代重复性高的机械化作业或精细度要求特别高的工作，有利于降低人工造成的信息误差，提高生产运行效率，也可以用智能机器人替代高危人工作业，减少员工安全事故的发生；在生产流程中，通过对各流程的不断参数优化，可以有效降低次品率和物料损耗。

4. 质量检测环节。大数据溯源是可以帮助消费者建立对产品信心的一种有效方式，也是企业持续改善产品质量、提高产能的有价值的有效手段。海量的质检数据可以帮助企业摸清产品质量的整体情况，使企业针对性地对设计、生产环节进行改进，达到提升质量管控能力、提高生产效率的效果。例如，运用质量监控智能环境技术，利用物联网条码和射频识别等技术，对生产各环节进行信息记录和质量安全的跟踪管理，通过建立全流程可追溯系统，满足企业精益化的生产需求。

5. 物流运输环节。企业可以通过算法对运输配送的需求和供应者进行在线匹配，降低运输耗时和运输成本。货运商更可以通过数字平台实时获取公开透明的货运报价并可以在线预订订单，获取订单之后更可以通过数字平台实时追踪货物的运输状态。

6. 销售推广环节。大数据通过分析个体访问网站的喜好以及人脸识别技术，分析顾客的年龄、性别、需求，发送精准广告。通常来讲，营销的本质就是发现并满足需求，而精准投放的广告投放能够提升消费者对产品的好感度和认知度，精准捕捉到潜在目标客户，大幅度降低商家的获客成本。企业通过数据收集和数据挖掘，直接制定针对目标客户的个性化、垂直化营销方案。针对短时期内客户需求，制订生产计划，在社交平台和门户网站上进行"B2C"的商务交流模式，不仅实现了产业价值，而且缩短了管理流程，拓展了营销能力。

7. 用户服务方面。企业可以通过对用户使用状态的远程监测，为客户提供个性化、差异化的售后增值服务，提高客户忠诚度，也可以更好地向研发制造端反馈用户需求。例如，现阶段许多汽车4S的数字化服务体系建设就在不断提升车主用车及售后服务的体验。互联网新势力汽车制造企业大量涌现，并取得了不错的成绩，网红新车层出不穷。数字化赋能使得商家更关注客户需求，对车辆状态的监测可为客户提出适时的保养检修提示，使得客户用车体验更加贴心便捷，满足客户需求的同时，也有助于品牌方赢得客户信任、增加客户黏性，进而提供更多增值服务。

（二）数字化提升行业产出效率

1. 数字化赋能通过新一代信息技术的应用，构建数据的采集、传输、存储、处理和反馈的闭环，破除不同行业的数据壁垒，提高产业运行效率。（1）数字化赋能为信息化、高效率的物理生产系统创造条件。在投产前，经过数字化赋能的传统行业企业可以通过建造虚拟工厂，不断模拟调试优化生产流程，提高流程作业效率，提高产业化能力。（2）数字化赋能有利于拓展产业链和服务渠道。通过区块链、物联网等手段，向产业链上游追溯，可以溯源至产品原产地和上游供应商，有利于对产品进行质量评估和供应链管理，避免供应链断裂和风险问题；运用互联网、物联网、移动终端等技术，连接生产行业与产业链下游服务行业，让生产企业第一时间获取用户的反馈信息，不断提升产品价值。

2. 技术升级带来协作方式的改变，为传统各领域运行带来新模式，提升新效率。（1）在教育领域。线上学习从零星补充变成一种常态，而且越来越发挥其重要优势。线上教育，内容包罗万象、方式自主灵活、分类清晰精准、时间选择可以更加自主碎片，疑难知识点可以反复播放学习，还可以线上团队共创，共享知识文档。在线教育能显著降低大家获得优质教育资源的成本，起到了一定的推动教育资源均衡分配的作用。新冠疫情期间线上教育迎来新的发展机遇，无实际接触的教学方式做到了"停课不停教，停课不停学"。（2）在医疗领域。越来越多的医疗服务机构利用计算机信息技术及人工智能等现代化手段进行数字化赋能，医患在线交流平台就是快速发展的一个医疗数字化赋能例子。尤其是新冠疫情暴发后，无接触式的在线诊疗受到了广大患者欢迎。不必前往医院便能得到医生的专业诊疗服务，既方便了患者的就医，又能避免医院中人与人之间的密集接触。医药电商则是医疗服务快捷化的另一个体现，足不出户就能获得所需药品，这种全新的服务模式更是给予了很多年长患者或行动不便患者极大的便利。当前利用 5G 和 VR 技术，远程手术已经成为现实。数字化技术进行远程诊疗为推动医疗资源的平衡分配作出了贡献，使得边远地区的患者也能得到一流医师的诊疗服务。病例的数字化管理则为病人个体的慢性病情监控提供了技术支持，同时通过大数据监测分析，卫生健康主管部门可高效地获取最新流行病学数据等。医保系统的数字化建设则可满足患者的异地结算等需求，降低患者负担，为人们的健康多提供了一份保障。（3）在政府管理领域。政府的数字化赋能全面提升了政务治理水平。数字化工具，大幅提高了决策的科学性和精准性以及政务服务的便捷性和有效性。数字化赋能使得政府政务工作更加规范化，提升了政务服务的透明程度。优化、简化政务处理流程，为广大人民提供更加便利的政务服务，也很大程度上优化辖区的营商环境。在监管方面，借助数字化赋能政府打通了各平台之间的数据信息，彼此之间的数据核对也更加便捷，部门协同，政府服务效率大大提升。

二、数字化促进产业融合

（一）数字化使企业边界变得模糊

在数字经济时代，市场的交易方式也发生了巨大转变，如淘宝、京东、拼多多等电子商务平台的蓬勃兴起，改变了传统线下购物方式。为应对这些变化，企业边界也变得逐渐模糊。

罗纳德·科斯（Ronald H. Coase）在《企业的性质》中指出，企业之所以存在，是因为相比于市场，企业更可以节约"交易费用"，而当市场交易费用减少的边际成本等于企业内部管理费用的边际增量时，企业的规模不再扩张，此时的企业规模就是企业的边界。企业边界模糊的重要因素是交易费用的变化。而这主要是数字技术的应用所带来的。在数字经济下，数字技术的应用极大地降低了交易成本，主要体现在以下几方面。

1. 数字技术降低了资产的专用性、促进资源开放共享。信息不对称、替代资产少、转移难度高等因素，都会造成资产的专用性较高。数字技术的应用，打破了信息壁垒，寻找资产替代品变得更为方便，资产地域专用性的限制得到了极大缓解，资产专用性得到缓释，交易费用进一步降低。依托于大数据技术和移动终端的共享经济的出现，闲置资产得以为更多人服务，降低了资产专用性，降低了交易成本。如在P2P租车平台上，汽车拥有者可以将闲置的私人车辆，租赁给有用车需求的人，在提高闲置资源利用效率的同时，也降低了环境污染。

2. 数字技术缓解了企业之间的信息不对称问题。信息不对称会导致市场资源配置效率下降，甚至影响社会公平。信息技术的发展，让企业信息实现实时互联，降低搜索成本，极大地缓解了信息不对称问题。"电子眼"、个人征信记录等信用信息的有效记录，一定程度上抑制了欺诈犯罪行为。

3. 数字技术能够降低企业发展的不确定性因素，避免无效生产。通过数字技术应用，企业可以实时获得用户信息，结合最新的用户需求调整产量及价格，减少库存积压和产能过剩。

（二）数字化生态成为产业组合的基本单元

在现代化经济中，任何一家独立的企业都不能完全满足用户需求衍生的一系列业务活动。现代化的商业环境是一个相互依存的网络，网络中的个体相互连接，共同创造价值，满足用户需求。数字技术能够帮助企业间建立联系，促进数据实时共享，实现业务无缝对接，提高企业对用户需求的响应速度，为产业发展提供新动能。数字化连接既可以在上下游企业之间进行，也可以在跨行业企业之间进行，这种连接可以突破传统行业壁垒对企业发展的束缚，推动产业跨界融合，促进数字化生态的形成。

数字化生态是由一群利益相关企业通过数字技术相互连接，创造用户价值的生态组织体系。随着数字技术的发展，企业不再将数字化生态视为提高效率和产能的工具，而是实现自身发展的全新模式。数字化生态聚焦用户实际需要，通过引入和整合更多的生态参与者，增加产品的附加价值，为用户提供更高质量的体验。在数字经济时代，产业组织的基本单位不再是单个的企业，而是不同企业以同一用户价值为连接的数字化生态。

数字化生态所能创造的价值远超任何一个单一企业，也为形成产业规模经济创造了条件。王晓玲等在《数字产品及其定价策略》中指出，数字产品具有固定成本高、边际成本低的特点。随着固定成本投入后转变为沉没成本，提高信息产品的使用频率，降低产品的平均成本，创造更多的产品价值，成了企业经营的主要目标。互联网经济具有极强的外部性，随着参与者数量的增加，网络价值呈指数级增长，有利于促进用户价值的供给，提升产业生态的活力，形成数字生态的规模经济。

数字化生态可以满足用户的碎片化需求，并凸显"长尾效应"，由合作参与者产生的网络协同能进一步提高用户黏性。利用数字技术，用户可以摆脱单一企业供应产品的限制，自主地选择数字化生态所提供的产品性能，并决定如何将这些性能结合起来。现如今，用户需求日趋多样化和个性化，在数字技术的帮助下，用户个性化差异化的需求得到满足，相关产品和服务市场得到巨大释放。

一个完整的数字化生态包括创造用户价值的基本商业活动，以及其他实现用户价值传递和维护的辅助活动。参与者的不同行为决定了其在生态环境中的作用差异。生态中的参与者可以分为两类：（1）核心企业，通过在系统内开放资源，如资本、知识产权等生产要素，建立合作关系，发挥主导作用，引导价值创造，发挥连接客户、整合碎片化价值和价值供给作用。（2）辅助企业，负责根据核心企业的指引，创造碎片化的价值，做好业务协同和配合。为实现用户价值创造的生态系统目标，各参与方除了作为子系统发挥其自身的业务作用外，还需要与其他参与方加强业务协作，形成价值创造的范围经济。

三、数字化变革产业组织竞争模式

（一）数字化使企业间竞争变得更加激烈

竞争机制是商品经济的最重要经济机制，能够最大限度地刺激市场主体的能动性和创造力，是市场经济发展的重要动力。市场主体之间通过竞争，市场经济体制和自发调节机制逐渐自发建立起来。近几十年来，中国通过改革，实现了产权有效激励、要素自由流动、价格反应灵活、竞争公平有序、企业优胜劣汰。进入数字经济时代，数字技术引发的科技革命和产业变革，又迅速重构了国家与国家、区域与区域、行业与行业、企业与企业之间的竞合关系。

数字化赋能重塑了企业竞争模式和业务模式。一方面企业的业务数字化，数字技术对业务流程的再造提升了整体效率，产品服务、资产、商业流程等通过数字化方式连接，让企业的运营更加快速高效。另一方面，数字化业务也在蓬勃发展，企业通过数字化赋能创造出大量的新的商业模式和数字化产品和服务，创造额外价值，以数据为核心的存储、传输、交易等一系列新型的业务形态出现。

在数字化赋能背景下，资本趋向数字经济和数字化程度高的、盈利能力强的热门行业；企业方面，企业间虚拟连接建立，物理空间等传统因素对企业发展的束缚大大减小，传统的行业壁垒为跨行业企业带来的"陌生的困难"消除；用户方面，用户对产品和服务的追求更加个性化；渠道方面，数字化带来了去中介化，生产商通过数字渠道直接与中小客户打交道，倒逼了分销商采用快速的数字技术和数字渠道，为其委托人和客户提供更多价值。这些变化都给经济增长带来了压力，使市场竞争更加激烈。

（二）数字化生态成为新的竞争主体

数字化赋能打破了传统产业边界限制，降低了企业协作成本，为产业组织演化为生态体系提供了基本条件，数字化生态竞争成为新型的产业组织竞争关系。用户价值创造的质量和效率成为数字化生态竞争的核心指标，围绕用户价值，数字化生态之间的竞争关系可以分为三种，分别是产业组织内部生态竞争、生态内部的参与者竞争和产业组织内外部生态竞争。

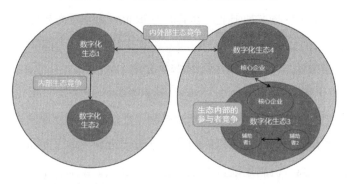

1.产业组织内部生态竞争。产业组织内部存在多个数字化生态，这些生态主体围绕同一用户价值进行直接竞争。在数字化生态的竞争中，核心企业至关重要。数字化生态的竞争优势由核心企业的用户连接、碎片化价值整合、价值供给方面的综合能力决定。此外，生态中的辅助者在竞争中的作用，是与其他参与者协同合作，创造碎片化的价值。（1）核心企业在用户数据获取的量、质、面上具有绝对优势，能够采集丰富多维的用户数据，用于用户行为的分析预测，在用户连接上具有相当优势。（2）除了用户连接，核心企业还需要扩充数字化生态的规模和多样性，争取更多辅助者参与生态，增加生态创造碎片化价值的能力。（3）核心企业可以按照用户需求，对辅助者创造的碎片化价值进行高效整合，为用户创造个性化的价值。（4）核心企业可以通过数字技术和数字化生态网络实现用户价值的高效供给，为用户创造更多的时空价值。近年来，腾讯公司借助互联网的快速发展，以微信、QQ 社交产品起家，投资了美团、拼多多、京东和小红书等电商平台企业，打造了"新型社交生态圈"，并以"兴趣＋社交"策略布局电竞、游戏等垂直领域，更精准、快速地触达用户需求，为用户创造了社交产品供给的时空价值。

2. 生态内部的参与者竞争。为提高生态本身的竞争优势，数字化生态内部必须源源不断地进行自我迭代，在内部升级过程中，优胜劣汰的竞争机制同样适用。（1）对于核心企业来说，为了维护核心优势和枢纽地位，需要持续扩大用户连接范围，增强数据获取能力，提高用户价值的供给效率，并通过不断更新生态内部共享的重要技术来提高辅助者的协同作用。如果在用户价值供给和技术贡献两方面缺乏优势，核心企业不再具有竞争优势，将会被更有优势的企业所替代。（2）对于辅助者来说，其竞争优势的关键在于能够在核心企业的引导下创造满足用户需求的碎片化价值，同时能够与其他参与者形成高效协同的合力，这两方面的竞争优势是决定辅助者是否会被替代的关键。

3. 产业组织内外部生态竞争。数字化赋能打破了传统产业间的"围墙"，外部参与者进入产业组织内部的阻力减小，内部生态将面临更多的外部竞争压力。随着规模经济、沉没成本、技术优势等产业进入壁垒被削弱，企业为了降低协作成本而采取横向和纵向一体化发展的战略被取代，企业跨界合作成为产业组织发展的常态。在数字经济时代，企业生存和发展的重要理念是做好用户响应。为了应对外部生态的竞争，内部生态选择的策略应是强化数字化赋能，通过整合供应链、产业链和价值链，建立高效的价值网络，实现更有效的价值创造、传递、协同和交付。例如，阿里巴巴、京东、拼多多等互联网企业通过跨界整合，持续扩张，对传统线下零售产业造成巨大冲击，传统零售企业需要通过数字化赋能，强化价值网络建设，做好用户响应和用户价值供给，以缓解互联网企业进入零售行业的竞争压力。

四、数字化推动产业结构升级

我国经济进入中高速增长时期以来，面临着"产能过剩"和"供给缺口"

两大结构性问题，推进产业升级已是当务之急。（1）数字技术的发展，引爆信息产业的兴起，缔造了数字经济发展新模式，为我国国家经济发展提供了新引擎。在数字技术的发展机遇面前，应以数字化赋能为动力，推动产业组织结构升级，助力产业实现高质量发展。（2）数字赋能提升了产业效率，促进了产业跨界融合，加速了要素流动，优化了资源配置机制，推动产业技术升级。（3）数字化赋能重构了产业组织的竞争模式，强化生态竞争机制，有利于提高资源利用效率，推动产业组织优化。（4）数字化赋能也改变了传统产业的经营理念，为我国产业结构升级提供了解决方案，包括洞察用户价值、提高全要素生产率、增加产品附加价值。

（一）数字化帮助企业洞察用户价值

1.数字技术不仅强化了企业与企业之间的联系，促进企业跨界融合，同时也加强了企业与用户之间的互动。（1）数字化赋能使用户直接参与产品生产流程。在传统生产关系中，用户作为产品的被动接受者，难以参与到设计流程中。数字技术的发展，让用户有机会深度参与产品设计和生产，赋予了用户对产品自主选择的权利。用户通过参与到企业的生产活动中，获得个性化的产品供给，市场力量也由供给方向需求方转移。（2）数字化赋能加强用户需求与市场供给之间的匹配。用户需求具有多元文化特性，数字技术可以在用户需求和企业生产决策之间建立联系，明确企业产品制造与创新的方向，帮助企业降低试错成本，企业可以集中精力在特定产品的供给与迭代上，提高市场供需匹配效率，增强竞争优势，并进一步打破低效以及无效的供给。（3）数字化赋能在企业与用户间建立实时互动。在新型生产关系下，用户价值成为影响产业发展的核心因素。数字化技术为企业与用户建立了实时互动、反馈价值的联系，提高了企业的生产效率。

2.数字化经济下，寻找市场缺口，快速供给，是企业获得竞争优势和提高用户黏性的关键。企业级用户数据的实时分析，有助于企业迅速掌握用户需求的变化，做出合理的反应。通过用户体验过程中产生的大量数据，为产品迭代升级和用户价值增长提供了支持，同时，用户群体的扩大也给产品创新带来了规模经济效益。公司抓住每一次市场机会的同时，也带来了许多新的机会。而发现新机会比升级现有产品能创造更多价值。

3.数字化赋能创造了新的商业运作模式。当企业的经营重心从供给侧转移到需求侧时，生产服务模式也由批量生产转向了个性化定制。通过数字化连接，用户端的价值流对企业物流和生产活动的调度产生实时影响，从而降低运营成本，提高库存管理效率。一种新的商业理念随之兴起，即从发现需求到快速供给和扩大规模再到产品升级，最后回到发现需求的价值循环。而人工智能等数字技术的应用加速了信息流的传递，提高了生产效率，通过需求侧推动供给侧质量提升，促进了产业结构升级，符合我国目前供给侧结构性改革的主要思路。此外，基于数字化连接实现企业间闲置资产的共享，为化解过剩产能提供了解决方案。

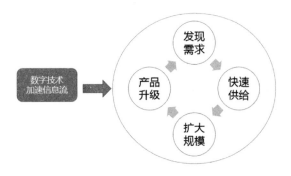

（二）数字化提高全要素生产率

数据作为数字经济的核心生产要素，在促进产业效率提升的同时，可以通过引导土地、资本、劳动力、能源等传统生产要素由低效率行业向高效率行业流动，优化生产要素配置效率，带来全要素生产率的"加成反应"。企业可以利用实时采集的数据，及时持续地修改反馈分析结果，据此第一时间调整和优化生产要素配置。以数据为基础的人工智能技术虽然可以替代程序性业务中的劳动力，但劳动力不会丧失价值。因为人工智能具有一定的局限性，只能结合已发生的数据进行分析，无法对组织战略进行解读，也不能对组织活动进行重要性排序。基于机器算法的资源配置具有显著的时效性，对于机器常识的过度依赖会使组织陷入战略困境。在已有程序的约束下，人工智能对异常信号的判断会产生偏差，增加不必要的管理成本。因此，企业可以将劳动力配置到需要创新创造的非程序化工作中，让员工可以更好地发挥主观意识的优势，并增强组织的创新能力。

　　用户数据的积累，可以帮助企业实现对用户价值的挖掘以及对竞争对手行为的分析，提高产品创新能力，增强企业对市场需求变化的反应能力和调整能力，提高企业资源要素配置效率与竞争力。但用户数据的规模对于预测是否准确具有直接影响。数据规模大、层次多、来源广泛，可以减少数据分析带来的误差，提供更广泛的分析维度和角度，反之，数据规模小、层次少、来源单一，只能反映有限的数据价值，分析结果就会不准确。因此，数据能够发挥价值的必要条件是数据规模大、维度多、来源广泛。为此，数字化生态系统内部需要加强数据流通和开放源代码，通过共享技术协议和算法，促进生态内部参与者之间的技术协作，共同提高数据技术能力，保证生态系统内部数据处理能力的平衡。

　　（三）数字化增加产品附加价值

　　创新是提高产品附加价值的必要条件，"人无我有、人有我精"的创新精神是企业获得竞争优势的关键，是推动产业创新升级的重要引擎。在数字经济时代，产品供给速度飞快，为抓住日新月异的市场变革机遇，企业不得不紧跟时代发展步伐，提高创新速度。但生产线等硬件设备创新往往周期较长，难以满足高速创新需求。而软件业务升级所需周期短于硬件设备，更有利于企业抓住新的市场机遇。通过加强软件创新来增加产品附加价值，成为企业实现创新的一把新"钥匙"。

　　互联网的发展为企业和用户之间的沟通交流创造诸多便利，也塑造了共创体验这一新的商业模式。数字技术可以让企业及时感知用户需求，用户也可以便捷地参与到企业市场活动中，企业和用户之间形成一种共创体验。企业可以从中获得更高的用户黏性，用户可以赋予品牌和产品更多的价值认同。共创体验是一种开放的关系互动体验过程，用户参与企业研发、生产、营销等活动环节，通过体验共创，实现产品价值共创。在共创体验中，用户不再作为一个被动的参与者，而是扮演一个积极主动的决策者。而企业可以将用户视为一种操作性资源，获得更多直接的市场反馈。数字连接实现了用户和企业之间随时随地的一对一交流，帮助用户获得个性化的体验。交互频率的提高还有助于企业更准确地把握用户的需求趋势，而交互性所产生的数据可以促使企业不断更新产品和服务，提高产品附加价值。例如，一些商家开启了个性化产品定制服务，消费者可以在官网或实体店提交自己的个性化需求，如依据自己的喜好选择不同颜色和材质的原料、自主设计鞋子或服装的图案等，就可以获得独一无二的自主定制产品。在产品推广环节，一些商家建立了网上社区，允许消费者在平台上互相讨论、对优秀产品进行投票，增加产品人气的同时，也为用户提供了一个社交平台，增强了用户深度黏性。数字赋能促进了制造业服务化和现代制造服务业的发展，对调整产业结构、增强制造业自主创新能力具有重要意义。

五、数字化赋能治理创新

当今，数字技术的更新迭代、普及渗透，深刻影响和改变着人们的价值观念、行为方式和生产生活。数字技术的应用，构建了社会生活新场景，为社会治理的智能化转型提供了现实支撑，塑造了新技术时代的社会治理模式。因此，数字化技术赋能社会治理创新便成为现代化社会治理的应有之义。

近年来，我国加快建设以新发展理念为引领、以技术创新为驱动、以信息网络为基础，面向高质量发展需要，提供数字转型、智能升级、融合创新等服务的基础设施体系，为数字技术快速发展提供了有力支撑，也为社会治理模式创新带来了新机遇。网络社会、数字社会已经到来，为发展数字政务提供了强大的社会基础。数字经济、数字社会的蓬勃发展，使数字乡村和智慧城市的融合发展成为数字时代新型城乡关系建构的焦点议题。数字技术的兴起和发展不仅促进了城乡社会资源的挖掘、放大和利用，而且助推着传统城乡经济发展关系、政策赋值关系、文化观念关系和治理空间关系的解构与重构。建设数字中国，消弭数字鸿沟，以数字实践促进城乡融合发展，是推进城市进步与乡村振兴协同发展的关键环节。

社会治理现代化是国家治理现代化的重要组成部分。数字技术在社会治理中的广泛应用，使当代中国社会治理体系出现了一种新的科技支撑力量。一方面，数字技术具有独特的工具性价值，其融入社会治理体系，有助于破解系统治理、综合治理、源头治理等方面的难题。另一方面，数字化并不意味着只要拥有数字技术就能实现目标，数字技术应用是一个社会实现过程，受到制度环境、组织机制和社会基础的影响，需要与传统的治理要素发生互动。

从推进"数字政府建设"到"加强数字社会、数字政府建设",深刻反映了国家对数据赋能国家治理的认识在不断深化。信息基础设施是实现社会智治的根基。要站在统筹数字经济、数字政府、数字社会建设的高度,进行系统谋划,结合智慧城市建设,持续推进交通、物流、医疗、教育、农业等领域的传统基础设施数字化升级,加快形成以科技创新为驱动、以信息网络为基础,支撑数字转型、智能升级、融合创新的新型基础设施体系。

第三节　数字化赋能方法论——SOCIAL

在各行业的数字化建设过程中,业界关注到其对企业顶层战略设计、架构规划等方面产生了深远的影响,并且根据建设经验总结出了一些理论、方法、工具。

牛顿说过,如果我看得更远一点的话,是因为我站在巨人的肩膀上。为了提供一个实践指导性更好的方法论,本书研究了不少业界知名公司提供的数字化转型方法论。限于篇幅,列举两个经典例子。

一是华为公司数字化转型方法论。基于海量的行业数字化转型的案例情况并结合华为公司自身的实际经验,摸索并总结出了一套帮助实现数字化转型的战略框架与战术工具集,基于许多实践案例提炼出具有普适性的要点,并形成"1—2—3—4"的方法,即坚持 1 个转型战略、创造 2 个保障条件、贯彻 3 个核心原则、推进 4 个关键行动。该方法旨在帮助企业结合自身的特性和行业的基本情况,通过制定出战略规划并付诸行动来实现企业在数字化浪潮中的自我进化。

二是艾瑞咨询数字化转型方法论。艾瑞咨询在《2020 年中国企业数字化转型路径实践研究报告》中指出,数字化转型较为可行的路径是从"局部"到"总体"。企业先自己或者借助外部力量梳理公司业务流程,找准数字化手段的提升点和实施路径,从具体的业务需求和痛点出发,找到数字化解决方案并付诸实践,根据行动效果不断调整和更新策略,推广到其他业务环节和领域;企业可在总体成本、风险可控的前提下,最终实现数字化的飞跃。

本书在研究许多业界成功数字化建设的基础上,结合团队多年数字化建设的实践经验，提炼并总结出了一套行业数字化赋能的方法论。其中，行业数字化转型有两个关注层面，每个关注层面分别有3个要点，我们称之为"SOCIAL"模型。

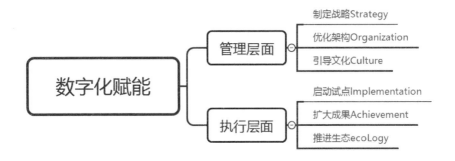

一、管理层面——制定企业战略、优化企业架构、引导企业文化

数字化赋能的管理层面关注的是站在全局的视角进行统筹，具体包括制定企业战略、优化企业架构、引导企业文化。

（一）制定企业战略

企业数字化赋能战略，要求企业内部开始意识到这一重要趋势，认真思考、筹备面向未来的数字化赋能战略，达成共识后全员自上而下地付诸行动，并根据行动的结果和外部因素变化不断调整。这里面有几个重点：思维的转变、战略的制定、战略的更新。

1.思维的转变。企业领导者要想成功推动数字化赋能，首先要从思维方式上进行彻底转变。战略制定需要充分认识到数字化的力量，发挥数字化的价值。在数字化经营中，最大的特点之一是数据成了一种生产要素。围绕着企业的客户和最终消费者，认真运营企业自身数据和客户数据，结合一切对业务有帮助的外部数据，使用技术手段帮助思考和挖掘出真正需求，从"有什么就卖什么"的传统思维，向"客户需要什么，我们就提供什么"的思维方式转变。转变思维会打开我们的脑洞，发现其中的价值，明确"做什么"的问题。而驱动这种供给端变革的重要力量，就来自数字技术——云计算、大数据、人工智能、移动互联、物联网等。最终突破传统模式的天花板，为企业经营带来"第二曲线"，形成属于企业的可持续发展道路。

2. 战略的制定。战略是体现企业经营方向性的方略，需要企业的中高层管理者共同参与制定。优秀的战略能够指导企业选择其适合的赛道，并在赛道上占得先机。数字化赋能战略应当在方向性、全局性的重要问题上体现决策，战略一般是如"某某技术必须重点突破自主可控""底层基础设施采购云服务"之类的有所为、有所不为的形态；而诸如"一年业内领先""三年全国第一"都不能称为战略。而为了不让战略像"空中楼阁"一样无法落地，一般需要更了解经营细节的企业管理层共同参与制定工作，这样能够尽量避免战略制定思想和执行环节不脱节。

战略制定可以有外部顾问加盟，但更需要企业自身发掘答案。顾问的优势在于"见多识广"和"旁观者清"。咨询顾问并不是在一个公司内持续观察和思考，他们一般都会服务于多家公司，甚至多个行业，因此他们了解企业的各种特点和领导者的各类风格，了解足够多的企业成功和失败的案例，能基于丰富的经验为企业提供少走弯路的建议；此外，他们站在旁观者的视角，也更容易跳出企业领导者"当局者迷"的困境，观察和建议一般更为真实、客观。然而，数字化赋能背景处在当今日新月异的环境下，很难讲过去几十年，甚至过去几年的经验放在今天是否依然适用。一百年之前就有造电动车的车企，外卖也并不是近十年才有的发明，然而如今的特斯拉、美团，没有穿越百年的历史，却运用数字的力量在市场内立足、成为行业标杆。诚然，相比削足适履的生搬硬套，当代企业更需要边行动边学习，企业的领导者和管理者可能更能掌握真正的答案，优秀的顾问能够像老师一样启发他们找到答案。即使没有顾问参与，路数可能也并非出身"名门正派"的 MBA 教材或者是商学院案例，但只要本着"实践才是检验真理的唯一标准"的精神，经过这样归纳、积累产出的战略，一般都会更为符合企业自身，也更顺应数字时代的特性。

3. 战略的更新。战略并不是一成不变的，而是要基于自身能力的情况、外部条件的变化不断调整以适应新的环境。一百年前可能一项战略能持续十年以上，现在由于发展节奏越来越快、市场竞争持续加剧，我们已很难准确预料两三年以后会变成什么样子，确实可能存在前期制定的战略预判与当下的实际情况有出入的情形。这就需要企业管理层的价值观相同或相近，基于内外部客观环境出发、基于企业一段时间内总结的经验教训，不断对原有的战略进行修正和优化；除此之外，也需要持续从市场上发掘出适合企业自身的新机遇、新赛道。比如，2020年的新冠疫情对企业的经营模式、人们的生活方式都产生了深远的、不可逆转的影响，有些数字化程度较高的零售商逆势增长，而数字化程度不高的商家经历了漫长的寒冬。无论之前企业战略如何，都需要不断基于后疫情时代的时代背景来调整自身的战略。

数字化赋能是企业层级的战略，是企业总体战略的重要组成部分。以战略为指引开展数字化赋能，将大大提升赋能成功的概率。

（二）优化企业架构

数字化赋能需要有与之相适应的企业组织架构来支撑。对于许多现有企业的组织机构而言，赋能是痛苦的，因为人的本性都是"懒惰"的，赋能会让许多部门、管理层和普通员工跳出自己的"舒适区"而进入一个全新的运作模式。因此，在战略执行层面上，必然要通过改变组织架构以击破层层阻力。

经验告诉人们，新的战略很可能会与原有企业各部门的职责和协作产生冲突。对于所谓的"美差"而言，许多部门都为争相牵头打得"头破血流"，有些"苦差"又没有部门给予足够重视而"无人问津"。这都可能导致企业内耗严重，高层的意志无法传导和执行。要想成功破局、推进数字化赋能战略，需要配套地将企业组织架构进行调整，明确每个机构的定位、职责和边界范围，明确重要事项的责任主体，将战略分解到每个机构的目标，给其制定出合适的考核措施和奖惩机制。

除了上述方法之外，在适当的时机，还可以成立专门的数字化赋能组织。该组织独立于原有的业务或者技术部门，拥有公司领导层赋予的较高权限，其职责是站在企业整体运营角度考虑，统筹各个部门共同构建技术与业务的协同运作机制，推进数字化赋能的落地。如果由业务部门主导，可能会把满足业务需求作为高优先级，而忽视使用的技术标准差异或者接口差异，导致可能会有系统能力重复建设或者系统间无法有效协作的风险。而技术部门主导此类项目时，可能会过于强调数字化技术的运用，而忽视对业务整体的考虑，存在"碎片化"的风险。数字化部门统领赋能是强调业务与技术的双轮驱动，可能会是权衡之下更能融合业务领域目标与数字领域战略的优选方案。

（三）引导企业文化

要想成功推行企业数字化赋能，少不了每一位员工的悉心付出。因此，企业文化也是务必重视的要素。优秀的企业文化，可以为员工营造良好的赋能环境、充分赋能个体员工、激发他们的活力，形成数字化赋能的中坚力量。为支撑数字化赋能，企业文化中必不可少的是数字文化、变革文化和创新文化。

1. 数字文化。数字文化要求企业文化中改变传统企业管理中凭经验或灵感"拍脑袋"的管理决策方式，而是使用客观的数字为决策提供依据。积极拥抱数字化，建立起基于数据进行决策、管理和创新的文化。大到是否进入一个新的业务领域，小到一次营销活动是否值得开展，基于数字的决策总比基于经验的拍板更加有理有据、令人信服。

比如，A公司的高层要求今年公司发展100个企业客户，作为销售部门的管理者和员工，如果使用了数字化的思路，把历史的营销记录都详细记录后，调取A公司以前的营销数据就可以得知，每拜访10个客户，平均有3个感兴趣；每3个感兴趣的客户里，平均又能够发展1个客户；每个客户的平均拜访成本是500元，那么这个经营目标就会被分解成：本年度要拜访1000个公司客户，拜访客户的成本是50万元。这一目标再按10个销售人员分摊，就能得出人均拜访客户100的目标数和人均拜访成本5万元的控制依据。可以很容易地想象，有这样清晰的数据作为决策依据，拜访任务的目标和成本不再靠经验估算，这个数据可以使每位员工对其自身的工作目标有更细致、更深刻的认识。

2. 变革文化。企业文化中要鼓励员工拥抱变化、大胆探索，通过不断的自我颠覆来持续变革。对于企业的员工而言，变革意味着未来不确定性大大提升了，对于人类与生俱来对变化的恐惧和抵抗心理而言，变革势必会遭到来自既得利益团体的阻挠；然而，如果变革文化不推行，企业的赋能将无从谈起。

举个简单的例子，在传统的人力资源管理中，人事证明开具这一简单工作可能会耗费企业大量的经营资源，员工对制度不熟悉、对流程进度不了解，人力资源部门设置一套管理流程也会占用HR和管理人员许多的时间精力。如果把这个人事证明的业务流程线上化、无纸化、自动化，可能人力资源岗位员工在一定程度上会认为自己的"权力"缩小了，可以"卖人情"的手段没有了。

然而，这样的变革最终受益的是整个公司，人力资源部门需要自我颠覆来完成此次变革，最终会让人事证明的开具从几个工作日缩短到半天，甚至"秒批"，这将显著减少员工和 HR 的不必要工作，给公司带来新的气息，员工对公司的体验感、归属感也会进一步提升。

企业高层领导也应当以身作则，通过其言语和实际行动来向员工们传达新的文化，让大家切实感受到变革文化的影响。当员工适应了新的文化后，员工就会与企业达成一种新的默契，这会极大地提升企业赋能工作的推进效率。

3. 创新文化。创新文化要求企业文化中具有创新精神、冒险精神、容错精神，不能害怕创新、害怕失败，只有这样，企业才能在数字化赋能过程中更加积极和主动。阿里云现在是中国的云服务"一哥"，也是世界范围内第三大云服务提供商，而回顾其发展历程也并非一帆风顺，而是经历了无数的质疑和否定。在 2008 年，王坚挂帅的阿里云前身"飞天"团队正式组建成立，在 2010 年阿里云团队正式对外公测其云服务，而一直到了 2012 年该业务的产出仍然远远比不上投入，用通俗的话说就是个"无底洞"；这个时期，在阿里巴巴内部，要撤裁阿里云的声音也不绝于耳。然而，公司高层多次从态度上、从资源上力挺阿里云，对云计算这一新生事物予以鼓励，对彼时的挫折予以宽容，对阿里云的冒险旅程予以了肯定和支持。自 2015 年起，阿里云渐渐有了起色，阿里巴巴自身的重要经营系统的存储和计算都成功"上云"，2016 年其业务开始扬帆出海。现在阿里云已是阿里巴巴集团的核心业务之一，阿里云不仅是云服务行业的标杆、每季度营业收入已突破百亿元，也是支撑阿里系数字化技术体系和业务发展的重要"底座"。可以说，阿里的创新文化帮助其在数字化进程中成功蜕变，在行业内占尽先机。

二、执行层面——启动赋能试点、扩大赋能成果、推进赋能生态

企业数字化赋能的执行层面关注的是站在实施落地视角如何进行赋能工作的计划和推进，具体包括启动赋能试点、扩大赋能成果、推进赋能生态。

（一）启动赋能试点

企业推动数字化赋能，首先需要找准切入点，迈出战略执行的第一步。"不积跬步，无以至千里；不积小流，无以成江海"，第一步的成功至关重要，需

要组件合适的团队、打造企业内典型案例，为后续"大部队"的规模化赋能做好"前哨站"与"排头兵"。

1.组建一个合适的团队。企业数字化赋能工作并不仅仅是发布一个产品，构建一个系统，而是对企业原有的经营理念、组织架构、企业文化的全方位变革。对于变革的效果，许多人会抱有一定的怀疑态度，或者对于最终价值认知的高度不够。因此，赋能工作需要树立一根"标杆"来标识赋能工作确实对公司有显著的正向影响。为了保证初期执行工作顺利开展，一般需要找到对赋能工作有成功信念、对新事物有开放和拼搏精神、对企业基本面熟悉、对外部环境敏锐的人。让这个"先锋队队长"按照自己的思路组建团队，保证团队内部沟通协作的高效；此外，领导层还需充分赋予其权限，让其能不拘束于公司现有框架和约束条件，确保数字化赋能试点工作的顺利开展。

2.找到一件合适的事情。企业有了"先锋队"之后，还需要找到一个"灯塔项目"。这个项目就是让他们通过新的方式能够在短周期内快速见效的场景，效果较容易进行量化，并且说服力、号召力足够强大。如果数字化赋能"灯塔项目"成功，能够让反对的人闭上嘴巴、让摇摆的意志逐渐坚定、让平静的心情变得澎湃，这会大大促成数字化赋能的成功率和效果。需要注意的是，虽然所选项目一定要能大概率成功，但还是要坚持通过数字化手段来体现业务价值，不能舍本逐末地把效果定义为上架了一个产品、建设了一个系统或者运用了某项新技术，而是需要为公司拓展了客户规模、扩张了营业收入、节约了生产成本，抑或是提升了运营效率。

采用中台思维。中台是一种方法论，有标准和机制，解决资源复用问题，即减少"重复发明轮子"。"中台思维"将项目建设过程中具有复用性的技术、数据和业务流程进行整合，从而形成一个个具有标准功能和机制的服务模块，从而应对多样化的应用场景。以金融行业为例，商业银行积极应用数字化技术，通过整合基础数字服务能力，建立支持业务快速创新的数字化业务中台，打造"一切业务数字化、一切数字业务化"的数字业务回环，从而沉淀可复用的核心数字资产，降低开发运营成本，提升功能交付及内部运作效率，形成智能化创新产品及解决方案。"中台思维"带来的技术创新、业务创新、产品创新、场景创新帮助商业银行快速响应市场需求，并提供多样的创新型综合金融服务。

随着数字中台概念的普及，行业内中台类型多种多样，业务中台、数字中台、技术中台、安全中台等，核心是抽象、组件化共性的能力，以降低成本、避免重复建设浪费资源。在这些中台概念中，提及较多的是数据中台和业务中台，数据中台和业务中台是既有联系又有区别。无论是数据中台还是业务中台，它们都是在 IT 技术架构不断演进中形成的。数据中台通过工具、流程和方法论，实现数据能力的全局抽象、共享和复用，赋能业务部门，降低开发成本，形成通用数据服务能力，提升全域数据价值，提高实现数据价值的效率，让整个数据场景更为智能化。业务中台偏向于业务流程管控，将业务流程中共性的服务抽象出来，进行包装和整合后形成通用的业务服务能力。便于前台核心业务能力可复用，后台业务资源易于转化，提升构建面向终端用户的前台应用搭建的速度和效率。数据中台与业务中台是相辅相成的。数据中台获取业务中台的相关数据，系统化治理后去支撑业务中台的智能化应用，智能化应用再将业务使用后产生的新数据流形成闭环。数据中台的价值在于可以利用数据展示业务的进展及方向，用数据推动业务的发展、管理的提效。从数据层面看，业务中台是数据中台的数据源之一，可以将这些数据的价值直接赋能于现有业务或某个创新业务。从服务层面看，数据中台的数据服务可以经过业务中台服务业务，通过数据中台赋能，使业务系统拥有"全维度""智能化"的能力。

每个企业都是独一无二的，有不同的外部环境、不同的内部条件、不同的基因、不同的文化，所以可能无法"依葫芦画瓢"地照搬外部行业的经验，甚至模仿业内企业的经验也不见得奏效。因此，在这个数字化赋能试点工作中，同样可以有外部力量的加盟。他们的职责是赋能教练与合作伙伴。他们帮助企业选择合适的数字化手段在生产、销售、管理、运营等一个或多个方面进行提升，或者将原本割裂的过程有机融合起来。此外，他们也帮助发现试点工作中的问题、及时引导团队找到适合的解决方案，并帮助总结赋能工作的经验教训，因为数字化赋能是长期而持续的工作，后续的赋能工作尽量避免重蹈覆辙。

（二）扩大赋能成果

有了初期的成功试点作为领航标后，接下来就需要将成功经验复制到企业的其他业务、其他工作中，即"扩大战果"。

1.路径规划。企业数字化赋能消耗资源相对较高，因此需要将赋能战略分解为一个又一个可计划、可追踪、可评估的任务。分析每个任务所需要的先导约束、资源需求、保障条件，对成效进行预估和评价，并据此给出较为详细的实施时间计划。在每项赋能工作阶段性工作完成后，不要忘了对工作开展过程进行复盘和反思，分析哪里做得较好、哪里做得不足，不足之处怎么改进，以此分析结果不断对在开展和未来将要开展的工作进行优化。以敏捷的方式认真对待每一项任务，步步为营。

相比传统的KPI，现在也有许多企业倡导OKR的方式，即定义清晰的目标O，分解为关键任务和其相应的预期结果KR。OKR的核心并不是像KPI一样以考核指标来"胁迫"员工达到"最低分数线"，而是强调对整体工作目标的认同、局部工作视图的公开，激励员工尽力达到一个个具有"挑战性"的"小目标"，从而推动整个组织实现熠熠生辉的"大目标"。

2.数据为王。在赋能过程中，企业需要清晰地意识到流量和数据的价值。在数字化的时代，流量是一个非常值得重视的神奇指标（尤其是直接或间接服务于个人客户的企业）——它本身可能并不赚钱，但是没有它一定不怎么赚钱。拥有新进客户、活跃客户，就能产生用户数据、行为数据这类新型资产，沉淀了这些数据资产能够为企业带来后续的业务价值，比如，精准营销、智能风控或者拓展新的商业模式。因此，重视数据的运营，进而影响企业固有的思维理念和经营模式，也是数字化赋能的重要特点。

3.平台赋能。平台并不是纯技术或者业务概念，而是企业在数字化过程中的刻意总结和持续积累。数字化赋能的时代背景，企业需要思考如何在稳健经营的前提下合理应对外部环境的快速变化。这是一项极其有挑战性的工作，技术上日新月异，业务上瞬息万变。实施层面上，企业既要重视业务的沉淀、赋能升级，也要重视技术如何对业务形成支撑力。而平台是这样一种支撑体系，基础设施按需统一建设或者统一购置弹性服务，可复用的业务或技术能力变成一项项服务或者组件，数据使用统一的工具、标准进行采集、融合、管理、使用——总结成一句话，就是以平台能力的"少变"，应对内外部环境的"万变"。重视对平台的建设，在业务调整时，可以复用这个支撑体系中的各项能力；而后像玩搭积木游戏一样，基于这些能力以"组合＋定制化"的方式快速顺应业务变化，在市场中占得先机。

（三）推进赋能生态

生物学中，有一种共生关系，这种关系中的各类个体或群体因为共生才变得更为舒适或更为强大；如果去掉这种共生关系，各参与方都无法从中获益，甚至都无法生存下去。数字化时代下，企业与企业之间的关系也是如此。某个企业要想从鱼头独吞到鱼尾已经变得不太现实，并且传统的单一上下游供应链模式可能也会变得不那么稳固。新的业内共识是形成"网状互联"的结构，每个企业由于其独特的基因、内外部环境，导致其可能在某一个领域的一个环节做得非常出色，但它从事其他环节工作的优势却不如其他企业。对于单个企业来讲，一定要清晰地识别自己的核心竞争力，对于非核心的部分，寻找外部力量快速补齐自身短板才是高效运营的方式；而对于整个行业生态而言，这种企业间的高效协同、同舟共济的良性生态体系，才能够为数字化赋能后的各方提供健康发展的保障。

正因为数字化赋能是共同体的形态，不是企业个体的形态，企业在数字化赋能的时候，也需要把握好赋能的步伐与节奏。如果合作方的数字化进程与自身不匹配，也可能会使得数字化的功效不及预期，赋能的巨额投入无法匹配其获得的收益。选择值得信赖的合作方，加强上下游企业之间的联系，包括理念、数据、技术等的合作与交流，建立"齐步走"的生态是破局关键。而对于有能力主导生态的企业，还可以通过帮助其共生企业进行数字化赋能的方式来促进整个生态的繁荣，生态的成熟反过来又能进一步壮大自身的实力。有些公司为其他客户免费提供其通用、成熟的数字化解决方案，就是为了换取其貌不扬却又贵重无比的数据，进而能够帮助自己或者盟友们发掘机会、探索价值。"友盟＋"就是这样一种经营模式的代表，该公司长期为各类移动端 App 提供免费而强大的 SDK（开发工具包），App 开发企业使用 SDK 对用户行为的收集、分析、统计变得简单而高效，但交换条件是与"友盟＋"共享这些数据。"友盟＋"服务了众多 App，也帮助自己成为国内第三方全域数据服务商的龙头。目前，国内对数据权属、数据交易、数据管理等机制还在逐步完善中，无论后续监管态度是否会更为谨慎，可能数据的采集、存储、使用会变得更加规范，然而"数据就是金矿"这个思想仍不会过时。

执行层面上，这三个步骤就像是由点到线、由线到面的循序渐进的关系，尽力做好每一个阶段性成果，重视量变引起质变的机遇，把握公司个体对行业生态的感知与融合，实现长足的、可持续的发展。

三、注意问题——业务痛点数据化、技术锚点价值化、赋能拐点连续化

企业数字化赋能的规划需要直面几个根本问题：转什么？用什么转？转成什么样？而这些问题不能靠服务商及咨询公司从技术供给侧单方面努力，企业要从需求侧积极引导，毕竟数字化赋能不是简单的甲方/乙方采购行为，而应是企业与服务商的长期共同深入研究、合作、创新的结果。

以上三个根本问题可以转化为：业务痛点、技术锚点、赋能拐点。其答案也不是孤立的，而是"三点一线"，即以"价值创造"这个主线，一以贯之串联这三点。本书结合实战探讨传统企业在构建"三点一线"过程如何发挥引领作用。

（一）业务痛点数据化

1.企业要讲得出业务痛点，并且讲得透彻。几乎所有企业内部各个业务部门都有痛点与痒点，简单罗列只是原始信息收集，还需分析归纳整理，尤其要甄别哪些痛点在业务流程中产生了串联反应并通传到最终的业务指标上。把孤立的各部门痛点按照业务逻辑的因果关系梳理成为痛点循证链条，从而形成清晰的业务流程图谱。例如，生产苹果汁的企业，其业务流程可以按照逻辑聚类为：第一，上游原料果的"种植—采购—运输"；第二，中间生产环节"排产—灌装—封装—质检"；第三，下游销售的"发货—物流—营销—渠道管理"，在此逻辑聚类的基础上再逐层下探细化其局部业务环路，从而形成业务流程的多层次透视图。

在业务流透视图上，各个节点对应的叠加企业信息化系统采集数据，形成的数据流，则是数字化赋能的基本前提。这种具备业务逻辑架构的数据流完美实现了从企业组织架构/业务单元的静态结构到业务运转动态协作的映射，帮助企业按图索骥，定位并量化各个痛点循证链条的因与果，从而判断哪些痛点具备用数字化技术解决的可行性。

2.业务专家对痛点显性化要主动引领，而非被动应答。很多企业的业务专家会先入为主地对来自其他领域的专家有不信任感，会认为业务流的数据化会分散精力，拖缓当前主要业务。事实上业务专家完全可以成为数字化赋能的主动引领者，利用熟悉业务流程逻辑的优势，结合企业前期的 IT 建设，推动把各个 IT 系统的内容（数据）按照业务流贯穿形成数据流，从而实现业务数据化，推动数字化赋能启航。因为基于海量的数据流，则可能应用各种数据技术（DT）探索解决痛点的规律。

（二）技术锚点价值化——新价值而非新技术为导向

当前人工智能（AI）、深度学习、大数据和云计算等新技术名词盛行，企业选择数字化赋能的技术路径也容易陷入"追星"的陷阱。

其实，最新技术或者学术明星，并不一定是企业数字化赋能的最佳选择，原因有二：（1）最新技术往往在特定的先决条件下才可能发挥作用，在具体业务中的适用性与稳定性有待验证，如同每一种新药上市前都要广泛的临床试验。（2）具体业务场景中的挑战与学术研究大为不同，学术明星擅长在前人研究基础上找到创新点，但不保证创新点一定能够带来足够大的实战价值，而具体业务场景里应用新技术则需要有最低价值门槛，至少投入产出比要足够。

而如何甄选合适的新技术作为锚点，可以从以下两个维度分析：

1.采用 ROI（投资回报率）相对高的技术。对于选定数字化赋能拟解决的痛点，企业的业务专家可以给出期待的收益价值，技术服务商提出的解决方案实施成本则包括开发实施成本和企业内部业务线的配合成本，基于收益与成本的考量、按照投资收益比 ROI，综合选择适合的技术方案。实践表明新鲜出炉的明星理论往往有相当长的开发试错周期，导致赋能项目的夭折。

2.采用嵌入式成本相对较低的技术实施方式。大部分的数字化赋能项目都需要把新技术与现有的系统做某种程度上的兼容对接，所以可着重考虑新技术的嵌入式成本，在保证新技术向后兼容的同时，应避免技术选型与现有系统之间产生无法共存的排斥反应，尽最大可能实现"无缝对接"。

例如，某新技术要求数据源 A 实现每秒更新一次，而数据源 A 的采集系统一直是每分钟更新一次，强行上马则可能造成采集系统的崩溃，显然这是一个嵌入式风险高的选项。某工业大脑团队实施恒逸石化改造项目，当时目标是通过 AI 提高己内酰胺锅炉燃烧效能。如果想要追求极致，工厂希望实现自动反向控制，即工人不需要操作，生产线能够自动根据算法的结果调节工序关键参数。但这种方式需要打通现有系统，集成成本过高，还可能有未知的控制风险。最终采用了折中的解决方案：将 AI 计算的参数，即时推送至业务流程中，再由业务操作者来决策是否应用该参数。这种方案减少了嵌入式成本并且降低了风险，最终实现了方案快速上线，提升燃烧效率 2.6%。

（三）赋能拐点连续化——从量变到质变的渐进过程

数字化赋能一定是持久战，而非毕其功于一役。实践中，一些企业满怀热情启动数字化赋能项目，在成功完成一两个项目后就开始做财务核算，判断是否要追加投入继续做大。而此时最容易陷入用成人百米赛跑成绩选拔少年选手的误区，只看到眼前而忽略了蕴藏的潜力。

评估前期的数字化赋能项目成功与否，不仅要看其创造价值是否明显，更要关注其方式和路径是否能再度放大持续创造新价值。

例如，某数字化赋能实践，首期项目以数据中台的雏形为基础，然后开发了一两个示范应用。如果通过示范应用的业务价值了解数据中台的威力，继而加码投入，则会创造出更多的示范应用，解决业务痛点甚至是创造新的业务模式，用数字化技术打造连串的价值创造点，从而触发质变的赋能拐点。

传统产业的数字化赋能之路漫漫，成功的路径不可能复制，因为各家企业的现状迥异，但是选择成功路径的方法论是可以借鉴的，"三点一线"就是多个企业实践的提炼的经验，希望对还在求索中的前行者有所启迪。

第四节　数字化赋能常见误区及其防范

数字化转型过程中艰难险阻重重，但价值创造始终是检验数字化赋能成果的重要标准。

数字化赋能是技术驱动下的企业产品、业务、商业模式的创新转型变革，其本质是通过数据技术和数学算法显性切入业务流，形成智能化闭环，使得企业的生产经营全过程可度量、可追溯、可预测、可传承，最终在新的产品、业务和商业模式下，实现价值创造。

过去几年，从互联网跨界到实体经济的行业，应用源自互联网的新技术解决生产车间及田间地头场景下的痛点，在多个行业里打造了具有明确可见价值的成功案例。例如，在杭州萧山，城市大脑技术为 120 急救车"一路护航"实时开通绿波带节约路途时间 50%，给生命带来更多希望；在江苏协鑫，新技术优化光伏切片流程的工艺提升良品率 1 个百分点，每年创造上亿元的净增效益；在恒逸石化，通过算法实时调优燃烧过程的给风量，提升燃烧效率 2.6%；在浩丰集团，通过 AI 技术解析追踪每块土地上的生菜长势，帮助实现"千亩千面"的个性化施肥灌溉，平均节省水肥成本 150 元 / 亩，全集团可节省超过 1500 万元 / 年。

这些实践证明了一种可能性：以数字化为前提的新技术（人工智能、大数据、云计算）与传统行业结合可以创造巨大的可衡量价值。而要把这种可能性推广并落实为具体企业的可行性，需要把握"价值创造"这个目标，既要避免"故步自封"与"叶公好龙"，也不能"东施效颦"与"邯郸学步"盲目照搬。数字化赋能带来的显性化价值创造激发广大企业的积极性，如何以正确认知、路径选择、实现方法拥抱数字化新技术，则是思考与探讨的问题。

一、数字化赋能常见误区

（一）数字化转型被 IT 系统主导

昔日的霸主面对新事物却不能透视其本质，结局自然是从"看不懂"到"跟不上"。数字化赋能需要以数据技术为主线，而 IT 系统是采集存储传递信息的基础设施，是数字化赋能的必要条件，绝非终极目标。从 IT 到 DT 的转变可能带来颠覆性的业务模式，而非简单的 IT 运维成本节约。

从 2009 年开始，新加坡乘客可以通过电话与呼叫中心预约 Comfort Taxi 与 Citycab 出租车，随后乘客通过短信收到分配的出租车信息与预计等候时间。整个流程虽然比传统的乘客路边扬招模式方便，但几个关键环节没有做到数字化、智能化。（1）需求传递靠语音对话，各种方言口语识别率不高。（2）需求录入靠调度员基于对话的理解在后台人工输入，容易出错且慢。（3）需求分配依赖调度员的直觉与经验，在地图上基于出租车队的实时位置信息就近选择，在繁忙时刻（尤其是暴雨时刻）根本应接不暇，导致丢单率很高。2012 年初，

117

外部咨询团队与这两家出租车公司的母集团康福德高企业（ComfortDelGro）沟通，提议用类似互联网广告点击率预测模型的智能算法自动化解析需求并调配车辆，并且给出了业务效果预期（成单率提升，客户等待时间缩短，降低司机放空时间）。遗憾的是康福德高企业（ComfortDelGro）当时安排 IT 部门对接评估，最终没有采纳。

今天这种技术已经不再新鲜，各大主流叫车 App 已经普遍采用了类似的智能化派单调度系统。康福德高企业（ComfortDelGro）当年错失这个机会的根源是惯性思维，安排传统 IT 部门从系统运维升级的角度评估投入产出比，却没有理解这个背后 DT 技术带来的业务模式变革。

无独有偶，2008 年诺基亚安排专项组研究了刚刚诞生的苹果公司并且得出了"不可能成功"的结论。昔日的霸主面对新事物却不能透视其本质，结局自然是从"看不懂"到"跟不上"。

（二）缺乏顶层规划，照葫芦画瓢

技术改造与人员赋能之间的节奏如果失调，将成为"形似而神不是"的失败转型。

数字化赋能是一门艺术，它以各种技术为要素并结合企业特点做设计创作。成功转型后的佳作可能雷同，但设计路径和创作节奏则是"千企千面"。如果照搬或者依葫芦画瓢，往往得到拙劣的临摹品。

新零售热潮下无人店、电子货架、刷脸支付等新生事物涌现，但是这些新事物是否增加了店面的流量、转化率、日均销售额？投入产出比是否合理？答案是"未必"。零售业的全链条涉及销售预测、进货补货、定价促销、售后管理，如果只在单一环节引入数字化技术而缺乏对全链路的顶层设计，这种半新半旧的模式相距数字化赋能的终极目标甚远。传统零售业需要以数字化的技术重构人、货、场的互动，帮助提升零售效率，刷脸支付未必是统一的切入点，不同细分零售行业可能的路径也不同。

丰田精益生产管理方式在日本制造业取得极大成功，但是国内企业在引入精益生产后却并未广泛获得红利。尽管装备了类似的自动化产线及 ERP、MES 等工业软件系统，还需要生产流程各岗位人员能深刻理解精益生产的理念并践行，产线改造与人员赋能之间的节奏如果失调，则成为"形似而神不是"

的转型。

（三）孤注一掷全链路出击

数字化赋能切入点需要在业务链路中选择具体的场景，立项并设计明确可衡量的价值闭环。以恒逸石化的探索为例，在乙内酰胺的多个生产环节都有痛点，但是并不是每个痛点都是致命性的，或者造成的影响局部可衡量。该公司从数据密集和价值密集的双标准出发，选定锅炉燃烧作为首个场景，定下通过优化燃烧控制来提升燃煤效率的业务目标。最终利用产线设备自有的数据，没有对产线做物理改造，只是附加了实时优化控制推荐引擎，最终提升燃烧效率2.6%。

在一个环节迅速取得了明确的价值，企业就有信心和动力在生产链路上下游横向推广。先纵深打穿一个垂直场景的价值闭环实现从 0 到 1，再横向增强扩展由 1 到 N，逐步放大智能化的价值。

切忌孤注一掷地全链路出击，all-in 的决心不等于 all-in 动作。有限的资源分散投入太多的环节，必然导致各个环节的动作都是捞浮油，不够深入就很难攫取价值。

英国广播公司BBC在2007年启动了面向数字媒体内容的数字化转型项目，结果耗时数年无疾而终。事后 BBC 组织独立委员会复盘，教训之一就是项目牵扯太多部门造成巨大的协同成本延误进度。

（四）硬件规划缺乏柔性

"先硬后软"的做法造成前期投入太多且不确定回报，还没达到目标就已经失去动力。

立足当前的信息化及数字化基础，先"由软及硬"、再"由硬及软"是正向循环的合理路径。基础物理设施等硬件提供了动态感知能力与服务下行渠道。但是过去几年，硬件的发展往往依靠计划性的规划，缺乏动态适配和柔性，这既无法衡量硬件建设的合理与否造成浪费，又为企业带来了沉重的成本压力。

以工业物联网为例，多年来尽管有各种扶持政策及专家疾呼，但是其发展速度远逊于移动互联网。遗憾的是，相当部分专家鼓吹工业物联网首先要布设传感器改造产线，结果为通信模块厂商创造了商机而未证明给企业创造的价值，企业主不愿先投入资金布设传感器做链接。这种"先硬后软"的做法造成前期投入太多且不确定回报，自然很难推行下去。

阿里云 ET 城市大脑提供了一个新思路。不新增城市物理设施，只是利用好既有数据就可以提升城市运行的智能化程度，例如，通过智能化算法研发了特种车护航弹性绿波带、人工智能信号灯等多个创新应用，在杭州、广州、上海、吉隆坡等多个城市落地。

在开发这些应用的同时，城市大脑发现，在特定的路口、路段，如果能增加硬件信息采集设备，可以有效提升特定区域的智能化水平。于是开始辅助职能部门改善城市的硬件基础设施，避免盲目建设资源浪费，让城市"优生优育"。实现了软—硬的进化。而在这样的智能规划的硬件设施建设下，数据、算法、算力的价值也将得到进一步的快速释放，在新的起点上实现从硬到软的价值创造。

二、走出数字化赋能常见误区

（一）务必是 CEO 工程

数字化赋能，对外需要有全局的视野，对内需要有全组织、资源的协同威信。唯有公司最高决策者亲自抓，定位为 CEO 工程，才是数字化转型成功的重要组织保障。

麦肯锡在 2018 全球数字化转型调研中发现，由高层管理团队构建清晰的数字化转型计划的公司，数字化转型成功的概率是没有做到这一点的公司的3.1 倍。麦肯锡的调研还发现，如果高层管理者能够推进组织产生数字化转型的紧迫感，其成功的概率是没有做到这一点的公司的 1.9 倍。因此，CEO 还需要帮助公司将数字化的理念和文化深入人心，以宗教式的狂热，在遇到挑战与失败时能坚持。

（二）方法论＋工具缺一不可

切忌唯工具论，全球大部分企业还在摸索由信息化到智能化的数字化赋能之路，并没有成熟的灵丹妙药式的标准软件在企业部署就可以实现数字化赋能。

方法论是指引转型前进的重要地图，而针对性的工具是转型前进的重要加速器。例如，手机淘宝 App 的"千人千面"就是以数据中台提供的客户画像做实时个性化推荐，极大提升了购买体验和转化率。

任何一个企业数字化赋能的探索都将依赖方法论＋工具，方法为主，工具为辅，二者缺一不可。既有的成熟软件，是数字化赋能的重要基础，但不是价值创造突破点。价值创造的"最后一公里"需要方法论指引，以行业经验与数字化技术结合的咨询问诊找到发力点，为企业找到价值洼地。

（三）小步快跑分层迭代

数字化赋能是由 0 到 1 到 N 的逐步进程。由 0 到 1 的关键是聚焦细分场景找到最具有价值的痛点，这个痛点一定不能是孤立的单点，须是链式反应的引爆点，能牵一发而动全身。例如，一家光伏企业，光伏切片许多工序，需要通过数据分析选择合适的工序入手。ET 城市大脑在改善交通拥堵方面的入手点选择了关键路口的红绿灯控制配时，对城市道路交通流实施智能化点穴。在首选场景从 0 到 1 成功后，从 1 到 N 则是在两个维度上同时展开，既在相似场景下的结果复制也在其他场景下借鉴经验。

数字化赋能切忌一口吃个胖子，起步就落入大平台宏伟蓝图的陷阱。一定要以需求为导向小步快跑地成长起来。GE Digital（GE 数字集团）在 2015 年高调发布 Predix2.0 平台，宣称打造工业通用平台，并面向行业全面开放；而 2018 年，其战略收缩从开始提出的"Predix for World"退缩"Predix for GE"聚焦 GE 核心业务方向，以电力、航空等领域为核心，打造更具商业价值的解决方案。2018 年 12 月，GE 成立一家独立运营的工业物联网软件公司，Predix 被纳入该公司，继续在数字化转型的道路上摸索前行。同样，有不少工业物联网平台自诞生就竖起了"平台"的旗帜，几年下来其活跃链接规模还不及冬天卖烤红薯的金属桶里的红薯数目。

（四）经验与数据的平衡艺术

一味地依赖业务经验，不免会错过新趋势；而完全信赖数字化技术，又可能会被片面的数据所误导。企业数字化赋能，既不能唯经验论，也不能唯数据论，需要在经验与精准的天平上寻找动态平衡的支点，将行业专家的经验知识，与数字化的新技术、新思维、新方法，形成合力。

一方面，行业专家的知识通过新技术更容易沉淀并工具化，利于将知识快速传播、复制；另一方面，新技术，尤其是来自行业外的新技术，很可能助力行业专家有更好的感知能力、更快的分析能力，减少日常重复的工作，进而产生更多行业知识，发现行业内潜藏的宝藏，突破现有的经验壁垒。

行业专家在"隔行如隔山"的认知下倾向于忽视行业外的新技术新视角，但当谷歌 AlphaGo（阿尔法围棋）一夜之间成为围棋绝顶高手后，行业专家们不应该再迷信于所谓的行业壁垒。

阿里巴巴集团聚划算业务，起初单纯依赖运营小二的经验决定热门版面的选品策略，响应迟缓且主观性大。利用数据技术后，由数据发现客户与商品的匹配度，自动生成选品策略，并辅之以人工校准，提高页面流量转化效率，使得商家和平台的价值都得到提升。

数字化赋能是技术与思想全面协同的系统性变革，在生产制造、社会治理各方面都会带来深刻的变化。

与前几次技术革命不同，数字化赋能所依赖的数据资源是不断再生几乎无穷尽的，所以它具备了自驱的可能性，一旦开始就不会停下。而每次赋能都会有新陈代谢，这一次也不例外。苹果公司让诺基亚手机成为历史，最终胜出者一定是那些能顺应趋势并以价值创造为目标的智者。而积极拥抱数字化的主体不仅能获得内生性价值，还能创造外延性价值，并最终实现全社会范围的价值创造。

第五章　数字化赋能农业高质量发展

农业已经站在了新时代发展的十字路口，机遇与挑战并存。目前，农村数字化建设取得了一定成就，但仍面临数字化人才短缺、数字化与小农户衔接不畅、农业企业数字化滞后、农业数字化技术成果转化不畅等实际问题。农业生产经营在高质量发展总体目标的统领下，可进一步发挥数字技术创新引领作用，推动制度、机制、模式和技术创新，不断促进农业商业模式转型升级、农业生产效率提升和农村金融服务体系的完善。

第一节　数字化赋能农业高质量发展面临的问题与挑战

农业数字化发展面临诸多问题与挑战，当前我国农业数字化技术蓬勃发展，在大型农业生产企业的全链路过程中都得到有效应用，但在农村地区大范围推广转化的过程中却面临着农业数字化人才稀缺、小农户与农业数字化发展衔接不足、农业企业数字化滞后、农业数字化技术成果转化不畅等问题，造成了农业数字化技术成果没有得到大范围推广应用。

一、农业数字化人才缺乏

国家统计局相关数据显示，农村劳动力正在大量涌入城市，农村地区劳动力严重流失。

（一）农村青壮年劳动力大量流失

农村人才的储备是推进乡村振兴的必要条件，是推动数字化农业发展的保证。但在我国城镇化稳步推进的大背景下，青壮年大多涌入城市，以城市作为个人发展主要阵地，导致农村人才外流现象较为严重，年龄结构越来越趋于失衡；而农村主要以老年人、妇孺为主，缺乏数字化农业技术的学习与实践能力，导致农村数字化建设发展出现了日渐衰弱的态势。

（二）数字化农业要求学习大量专业技术知识

数字化农业涉及的知识范围十分广泛，其并非科技知识和技术的简单堆积，需要了解农业生物科学及工程科学原理与方法，以及各项农业生产相关技术，例如，土肥、水药和光热等资源利用技术，同时还要求对科学、经济、技术、管理和环境等要素都有深度的理解，这对农业人才提出了更高的要求。

目前，满足数字化农业发展的高素质现代化人才处于紧缺状态。尽管近年国家和地区一直提倡和鼓励高校大学生及务工人员返乡，但真正愿意投身和参与到农业发展中的高素质人才还十分稀少，进一步导致了数字化农业发展缺乏高素质人才支撑。

二、农业数字化与小农户衔接不足

从可持续的角度看，数字化农业是传统农业在数字技术要素的引入下发展起来的技术型农业，其应用须满足一定的资金和技术要求。而小农户具有靠天吃饭、自给自足、与自然交换、相互隔离的特征，导致农业生产附加值很低，难以支撑其自身实现数字化转型，尤其是边远农业产区和贫困乡村地区，资金和技术短板更为明显。

（一）经济因素

小农户自身经济效益及经济水平不高，自主购买数字化农业相关设备需要投入大量的资金，而政府部门给予的支持资金及优惠力度也有限，进而导致了农业数字化转型中小农户资金不足、农业智能监测设备成本高的问题，缺乏技术和设备阻碍了农业数字化的发展与推广。

（二）技术因素

技术因素体现在两个方面。（1）小农户缺少数字技术设备和技能。数字化对农业的赋能需要专业设备的支持，农户没有农业专用传感器和农业机器人、农业智能设备，加上后期运维管护跟不上、智能农机装备适应性较差等问题，都在小农户与农业数字化衔接上形成了阻碍。（2）农业数字基础设施存在短板弱项。农业资源大数据平台建设不完善、地区土地流转不畅、农业基础设施不完善、5G网络建设缓慢、计算机网络覆盖率较低等问题，进一步限制了数字农业的技术应用和推广，造成了数字农业在个体农户中建设不足的困境。

三、农业企业数字化滞后

当前我国农业企业中仍有超半数企业没有数字化转型计划，整体进度相对较慢。主要原因可分为客观和主观两方面。

（一）客观原因：转型成本高

对于小型农业企业来说，数字化转型成本较高、外部环境制约等客观问题较为突出。例如，农业生产区的互联网基础设施落后、数字技能培育体系不完善、数字化人才缺失等问题，限制了农业企业中数字技术的应用与普及，从而造成农业企业数字化转型的滞后。

（二）主观原因：管理层战略意识受限

农业企业管理层的知识水平落后与竞争意识缺乏，会造成企业对数字化转型的重要性和迫切性的认识不足，对新技术和新模式的接纳态度较为消极，从而造成农业企业数字化转型进度迟滞等问题。

当前我国农业企业数字化转型仍处于计划或初级阶段，企业自身固有局限性、市场环境的不确定性以及激烈竞争迫使农业企业在推进数字化发展时面临着企业内部及外部市场的双重挑战。

四、农业数字化成果转化不畅

数字化科技成果转化不畅表现为科技成果产业化率低和专利实施率低，而农业科技成果在转化为直接、现实的生产力后才能发挥其作用。农业数字化技术成果转化不畅导致数据要素在农业生产、农产品销售物流、农产品精深加工智慧化作业等具体环节应用不足，造成数字技术与农业生产深度融合受限，产业链升级受阻。

与此同时，受地区发展条件差异与地理区位因素影响，农业数字化成果转化效率受地区影响较大。地形复杂、劳动力稀缺、基础建设不足等因素都制约了数字化技术向小型农企和农户的延伸应用。

第二节 数字化赋能农业高质量发展的目标与路径

针对农业数字化所面临的挑战，借助数字技术全力推动农业高质量发展成为现代化发展的当务之急。要推动农业高质量发展，需要根据我国农业现状制定目标以及切实可行的路径，从而加快我国农业数字化转型的步伐。

从顶层制度设计来看，国家正积极推进数字技术驱动农业高质量发展。近几年先后出台的《关于推进农业农村大数据发展的实施意见》《数字农业农村发展规划（2019—2025年）》等政策措施中均表明了可利用数字化补齐农业现代化发展短板，实现农业高质量发展。农业高质量发展的基本目标是实现由低技术、低附加值农业到高技术、高附加值农业的转型，同时要兼顾好经济效益、产业结构、生态环境等不同维度不同层次的高质量发展目标。实现路径可包括数字化促进农业商业模式升级转型，数字化促进农业生产效率多方位提升以及数字化促进农村金融服务体系的完善。

一、数字化赋能农业高质量发展的目标

数字化赋能农业高质量发展的目标可从多维度、多角度进行分析。

（一）经济效益的目标：由高成本、低效益转变为低成本、高效益

提高生产经营的经济收益，切实推动农业农村经济高质量发展。在经济效益上，新农业的商业模式不仅体现在第一产业范畴内，现在需要完成模式的整体设计，打通一、二、三产业，利用深加工、利用有附加值的产品，为消费者提供更多服务和体验，才能促进成就新农业。

（二）产业结构的目标：由依赖资源消耗型、劳动密集型为主转变为依靠科技进步、提高劳动者素质为主

产业结构升级，有助于生产规模扩大，生产效率提高。在生产规模的扩大上，数字化生产力的提升加快了农业数字化发展步伐，助力农业产业降本、提质、增效，推动农业高质量发展。

（三）生态环境的目标：由高污染、高排放转变为环境友好、实现双碳可持续发展

在"双碳"及可持续发展路径上，推动全面乡村振兴的重点在于加快农村金融机构数字化转型进程。农村金融服务体系的完善，有助于促进农村金融机构数字化转型，为实现双碳可持续发展提供了坚实的经济基础。

二、数字化赋能农业高质量发展的路径

（一）数字化促进农业商业模式升级转型

1. 模式升级：不光卖产品，还可以卖服务。农旅有机融合是现代农业新业态的体现，不仅能丰富农业观光资源，提升配套服务，而且能有效地拓展农业产业链条，促进农民们增收致富。"农旅双链"是现代农业产业园的主要商业模式之一，该模式以旅游开发吸引人气为起点，借助于每年上百万游客量的无形品牌宣传效应，倾力打造成功的农业品牌，将旅游地转化为农产品产地，带领农民跳出农家乐的局限，走入车间工厂，成为品牌农产品加工业的主力军，从而实现农旅模式的升级，形成旅游、现代农业两种产业相辅相成、共同发展的联动效应。

定制化体验式农业是农旅融合的形式之一。注重定制化的体验式农业能为消费者提供更好的服务，并使农业品牌火速出圈。"认养农业"是国内近年来出现的一种定制化体验式农业。

示例：农企推出认养模式，创造营销佳绩

广为人知的认养企业"认养一头牛"推出创新的认养模式，打造"认养"故事，使它迅速成为互联网网红品牌并在行业内占据一隅之地。（1）实现方式：消费者可以亲自耕种，体验田耕的乐趣，也可以选择全权交给农户来按照他的需求培育种植。他们远程监控自己认领的土地、菜园或者禽畜的生长情况。（2）优势：这种新型模式将私人定制、休闲旅游、订单式种植多元集合，不仅打破了消费者和农民链接的壁垒，使得消费者能全程监控追踪，保障种植透明化和食品安全化，而且还促进实现产品从田间到餐桌的无缝对接、大大降低了农产品滞销难卖的风险，提高了农民的收益。

2. 价值升级：不光卖产品，还要做品牌。价值升级是发展农业商业模式新

形态的重要路径。随着我国经济的快速发展和国民消费水平的大幅提高，农产品消费需求呈现多元化、个性化特点。打造农产品品牌可以优化农业生产结构和产品结构，提高农业产业发展质量和竞争力。当前我国农产品品牌建设面临种种障碍，如品牌意识薄弱、不重视对农产品品牌建设的投入、持续建设能力差和国际品牌知名度低等。想要打造农业品牌，为农产品增值，有以下几个法则。（1）讲好品牌故事。打造品牌的起点是产品要有"含情量"，而"含情量"可以故事作为载体。故事具有低成本、高触达性、高接受度和高转发率的特点，能自然而然地将产品卖点和情感引发出来。（2）用文化塑造品牌。将文化变为品牌的价值源泉，体现自己产品与同类竞品相比具有的特色与优势。例如，消费升级带动消费者对高品质猪肉的迫切需求，很多消费者怀念儿时在农村过年时吃的香喷喷的猪肉，而现在已经很难寻觅。"小时候的味道"是深埋在消费者内心的美好记忆和能打动他们的"软刀子"。企业通过"湘村的猪，儿时的味儿"品牌口令完美地将品牌灵魂传达出来。建立品牌名、个性、图案、口令等体系化品牌表现，创造出入眼入心的品牌魅力、价值认同的同时，还可以更高效更有力地做到品牌的连锁复制。加快品牌的打造，有利于实现农产品优质优价，让农民享受到品牌溢价，促进农民增收，有助于优化提升农产品供应，以高质量供给创造和引导需求，拉动消费升级，促进消费扩容提质。

例如，在品牌商标的产地溢价中，地理标志具有产地独特的自然环境和历史人文特性，可以与同类产品形成显著的不同点，产地越好越特殊，越能创造产地溢价。

3. 渠道拓展：不光靠自己卖，不只在店里卖。数字经济的快速发展给农产品营销提供了转型和渠道拓展新方向。现代化的销售渠道已经不仅限于传统的个体户门店销售，随着数字技术不断进步，网络可及性不断升级，农民可以在互联网上更加灵活高效地销售农产品。农产品销售是农民最主要的收入来源之一，因此，解决好农产品销售中存在的问题，制定适合当地的农产品服务销售策略，是农村脱贫致富、实现乡村振兴的关键。（1）构建多元化的销售渠道。随着互联网的发展，消费者可以选择的购物方式越来越多样化，例如，通过直播电商销售农产品，这种形式打破了农户对接经销商、经销商对接消费者的传统销售模式，开辟了农户直接对接消费者的新销售模式，开启了农产品销售的新时代。农产品直播这一全新销售模式，可以让消费者随时通过互联网感受产品的外观和品质。与传统的线下门店进货方式不同，农产品直播带货采用线上查看、直购、送货上门的方式。消费者仅通过电子产品就可观看和购买，并自由选择丰富的产品种类，由快递员负责送货上门。这种购物方式节省了人力和时间，观看过程非常有趣和愉快，对消费者具有吸引力，也符合现代社会人们的生活习惯。随着电子商务的快速发展，产品销售信息的传播可以超越地域限制，山区的农产品也可以通过电商平台卖给消费者。当下农产品电商直播为一种发展日趋成熟的新型销售模式，在操作便捷、趣味性与互动性强等方面具有显著优势。农村电商的发展拓宽了农产品的销售渠道，改变了原来"只顾生产，不顾销路"的传统农产品产销模式，有效地提升了农产品销售额，激活地方经济发展活力。（2）乡村元宇宙营销玩法推进农产品增长。随着全链路数字化升级及农村电商的发展，借助虚拟现实等技术，将各个渠道的顾客数字化，通过乡村元宇宙的销售形式，为农产品流通全面拓宽渠道。乡村元宇宙是指基于人工智能和虚拟现实技术，以农民为中心，通过虚实交互的增强现实体验模式，对农民生产、经营、生活场景的一系列数字内容的创新应用。在移动互联网时代，虚实融合的领域可能是未来农业高质量发展的最大增长点。乡村元宇宙的出现恰逢其时，能为农业和农产品发展提供坚实的信息资源支撑，农产品可在乡村元宇宙中获得销售增长的机会。该模式的具体做法为，通过开发乡村元宇宙系列的线下体验空间，把虚拟空间孪生到线下项目，消费者和农民都可以到这里去体验和感受先进的元宇宙技术，并随同挂钩线下交流的机会，每个人都可以构建属于自己的乡村元宇宙社交圈。沉浸式的元宇宙商城不仅可以用来休闲娱乐，也可以用来学习。消费者在乡村元宇宙商城里可与农业基地和大棚实时交互，选择角色装扮并跟随数字人参观农场，通过摄像头看到生产实景，购买农产品后，农场将送货上门。这种模式实现了农业的虚拟与现实融合，进一步拓展了农业功能，提高了农业商业的附加值。广东已率先实现了农业元宇宙探索，推出了首个农业虚拟人"小柑妹"，打造了真人与虚拟人的互动场景。南昌市红谷滩区元宇宙·VR 数字农业示范基地也建成了元宇宙商城。（3）特色农产品销售线上线下融合形式。在智慧经济时代，特色农产品营销可以充分利用互联网的优势，实现个性化定制营销，尤其要充分利用网络的互动性和趣味性。"互联网＋特色农产品"个性化定制营销模式将发挥重要作用。从消费自身需求的角度出发，对消费者的消费习惯和消费行为进行数据分析，挖掘出迎合消费者消费行为的特色农产品营销模式。

示例：阴山燕麦营销案例

选择壹钱包作为新的营销平台，充分利用移动终端的多元化互动，创新构建了消费者在线下单，线下体验的服务模式。他们可以到指定农场进行草原游，体验农耕过程，这类制定个性化的产品包装方案，将消费需求与农产品的生产、运输、终端配送进行有效结合，让消费者获得特色农产品的全新消费体验，为消费者提供全套的特色农产品服务。

（二）数字化促进农业生产效率多方位提升

数字化已经成为推动农业高质量发展的重要路径，数字技术对农业生产提质增效作用主要体现在三个方面：（1）促进农业生产技术进化，提高农业抗风险能力。（2）促进农业生产经营方式升级，让农业"看得到、管得好、防得住"。（3）数字化促进农业全要素生产率的提升，以信息流带动资金流、技术流、人才流、物资流等向农业集聚。

1.数字化促进农业生产技术进化，提高农业抗风险能力。环境因素如光、温、水等都对农业生产有很大的影响，数字化技术的运用可实现精准化的过程管控，为预测和解决生产风险提供了更切实可行的实践方案，从而推动了农业生产技术的进步和生产的稳定性。例如，物联网技术支撑下的农作物病虫害智能识别系统可以拍照并将作物虫害情况上传到平台上，平台可以根据灾情确定具体的防治方案。物联网技术被运用到害虫性诱自动诱捕器中，设备集数据传输、数据分析、环境信息采集以及害虫诱捕和计数于一体，实现害虫分类统计、定向诱集、远程监测、实时报传和虫害预警智能化等效果。

2.数字化促进农业生产经营方式升级，让农业"看得到、管得好、防得住"。数字化可以为农业生产管理监控提供以下三点支持：（1）"看得到"：数字化、可视化的产品平台，使得农业生产过程中产生的评价数据都能随时可见。（2）"管得好"：针对生产过程的数据收集，进行数据分析，什么时候该进行什么生产操作，帮农民进行指导，并通过智能硬件的设备可以智能化、自动化进行作业操作。（3）"防得住"：传统农业因为受自然原因的影响，经常出现"看天吃饭"的局面，不仅风险大，而且风险不可控。通过数字化平台的介入，风险因子可以纳入监控范围，通过历史风险数据和当前数据监测，建立风险预警体系，做到风险早知道，早准备，从而减少农民的实际损失。构建数字平台，以实时推送的方式让种植户精准掌控田间生长和环境的状况，并按时发送最优化的田间管理方案。农资经销商和农机服务商也可根据平台推送的农作物生长情况，为农户提供精准农事服务，提高了资源配置和农技服务效率。

3.数字化促进农业全要素生产率的提升，推动传统农业向现代农业加速演进。数字化技术作为农业生产的工具之一，为农业生产降本增效。以人工智能为代表的数字化技术具有强大的溢出效应，可为传统生产要素赋能，来推动其自我升级和迭代更新。以现代数字育种技术为例，该技术根据综合基因型、表型和环境等因素建立模型，并运用人工智能和云计算技术，帮助科研人员迅速找到最佳的组配方式。对比传统人工育种环节，这样的方式大幅减少了人工和时间成本，助力精准高效筛选高产优质品种。

物联网技术也常被应用于农业生产中。以"菜篮子"现代农业生产技术为例，其背景是在北京大兴区的特色蔬菜基地，将人工智能和机器人等技术融入菜篮子生产当中。通过人工智能和物联网技术，大棚内的温度、光照、虫害检测和生长状态可以被自动远程分析操控，从而精准控制农作物生长环境。这样的精准作业不仅能实现较传统农业数倍的产量，还能很大程度上节约人力、水肥等成本投入，推动传统农业向现代农业加速演进。

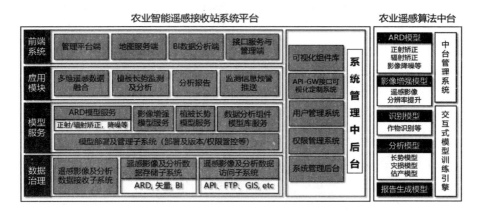

人工智能、云计算、物联网技术等各项数字化能力，业界往往通过搭建数字化平台来集成，以便快速实现对业务场景的赋能，相当于创建了一个"数字化应用能力工厂"。数字技术应用能力量产，并与智能算法及训练工具系统结合，可快速落地数字应用。

ARD 是 Analysis Ready Data 的缩写，是将原始遥感影像经过辐射校正、正射校正等一系列数据处理后，把原来不清晰、位置有偏移的影像处理成可满足业务实际需要的影像数据。

示例：智慧农业数字化平台

（1）平台功能。智慧农业数字化平台由智能农业遥感影像分析技术引擎、智能农业图像识别分析技术引擎等多个 AI 技术能力引擎构成。平台具备耕地识别、作物识别、病虫害识别、长势监测、作物受灾受损预警等功能，通过 5G 网络，在云端面向农业企业、个体农户、政府等各类型客户提供智能化的种养殖业生产经营管理、监测、预警、预测等服务。（2）实现方式。平台集成天（遥感卫星）—空（无人机航拍）—地（各类型的监测传感器）一体化数据采集设备，组成从宏观到中观再到微观三位一体的信息采集网络。结合 5G 传输网络，平台将采集到各类型数据，高效、近实时地回传到部署在云端的技术引擎。技术引擎在云端进行实时计算，输出高精度耕地识别、作物识别、长势监测结果、作物的病虫害发生情况。同时，系统会结合气象等数据，对农作物的生长情况、受灾损失情况形成及时提示和反馈，进一步地通过深度学习引擎对作物的产量进行有效的预估。（3）平台优势。该平台可为农业的生产、经营提供有效性指导，通过数据自动化精准分析，帮助当地政府及农业生产单位深入了解农作物生长情况，更合理地、有针对性地进行生产经营规划。

（三）数字化促进农村金融服务体系完善

数字经济在农业领域，对于政府、农户农企、金融机构的价值意义，主要体现在其促成了三方共赢的合作成果。

1.对于政府而言，数字化解决方案相当于政府的智能大脑，全方位、全流程的农业数据收集、监测和预警能够高效反映政策效果，帮助政府和监管部门优化决策，更好地实现规划与治理。

2. 对于农户农企而言，数字化解决方案赋能普惠金融，缓解了过去小微农企农户融资难投保难的困局。农户农企可以通过互联网，以更低的成本、更便捷地申请金融服务，同时，以大数据为技术能力支撑的精准人物画像和定位，使农户可以选择更灵活多样的信贷和保险产品。

3. 对于金融机构而言，数字化解决方案帮助金融机构风控和展业。人工智能、大数据、云计算等技术能力贯穿贷前贷后／保前保后全流程，使风险更可控、流程更高效、用户定位更精准、获客成本更低，从而覆盖更多小规模农企农民，积少成多，放大规模。

第三节 数字化农业建设经验分享

农业数字化带来经营理念、消费观念、金融观念的深刻变化，促进我国农业生产流程优化、产业生态再造和金融体系完善。

一、数字化生产经营应用

在农业数字化转型发展的大趋势下，国内企业不断推陈出新，提出解决方案与想法。多家科技公司推出智慧农业平台助力农业数字化转型，这类农业数字化平台可以集合技术能力，主要包括：长势监测、产量预测、作物识别、土地分类、碳汇监测、长势分析报告自动生成等。

示例：智慧遥感认知平台

（一）平台功能

实现全地域、全波段数据覆盖，多样化地物识别、垂直行业应用分析等端到端的服务。在场景应用化分析中，以遥感反演、交叉关联行业场景，支持数据关联核验、风险预警等，极大增强行业应用价值。

（二）实现方式

该平台将卫星遥感和 AI 技术相结合（卫星影像分析叠加计算机视觉分析），对地球地物（如道路、耕地、作物、建筑等）进行高精度解译分析。

（三）应用场景

种植户、农业专家、农险机构、农业生产单位等可以通过该平台掌握目标区域的作物长势及受灾情况，时刻洞察农作物生长情况。在农作物播种前的规划环节便可以基于逐年作物结构进行分析，对农业生产规划进行指导，全面覆盖规划、播种、出苗、生长、成熟、收获的各个环节，了解作物实时分布情况，实现农业生产全流程监测，提升农业生产智能化水平。真正做到足不出户，也能完成田间作物生长情况的处理。

（四）案例介绍

湖北某市及相邻县市已率先和企业开展合作，做出了将智慧遥感认知平台投入小麦监测实践中的数字化尝试。

该平台对四期小麦长势情况进行了分析。平台通过对小麦各物候期的长势情况进行往年同比、区域对比、波动风险评估等维度的综合分析，并结合专家经验和小麦自身生长情况，为当地种植农民提供了有价值的农事操作建议，还为当地政府和农险机构做好防灾防损工作进行辅助建议，其总结性报告还结合特定城市历史天气数据分析出了小麦长势变化原因的高价值分析结果。随着分析内容的正确性、前瞻性得到验证，平台的价值也得到了认可。

二、数字化监管决策规划

除了在农业生产经营领域，数字化在政府农业规划和治理领域也非常重要，主要体现在如下两个方面：（1）政府规划有依据，即线上大数据平台为政府在进行决策时提供数据支持。（2）资金投放更科学，即通过数字化监管让政府资金投入更科学、更高效。

通过搭建统一开放的农业农村大数据中心，实现数据资源共享、智能预警分析，提高农业农村领域管理服务能力和科学决策水平，实现对农业生产和农村环境等全领域、全过程、全覆盖的实时动态观测。

数字化监管决策规划的作用可以在以下方面发挥作用：

（一）遏制骗取补贴等违规行为，降低合规风险

针对识别重复投保、重复理赔、承保数量异常等问题，数字化管理平台可以汇集土地确权、防疫检疫、各家经营主体承保理赔数据等资源，并将数据信息在线上共享公示，不仅可以确保承保理赔数据真实性，帮助政府部门实现农业保险监管目标，也通过数据共享公示，充分保障广大农户的知情权。

（二）减轻各级政府补贴资金人工核算工作量

传统政策性农业保险的补贴资金拨付需纸质逐级上报农业保险数据，经村委、乡镇、县—市—省农业、财政局／厅等线下审核拨付流程，存在大量手工统计、审核等工作。针对以上问题，农业保险综合信息平台可加速上报审核拨付流程：保险公司线上上传数据—各级政府在线审批、公示—市县拨付财政资金—数据自动汇总分析，实现农险财政补贴全流程线上化动态监测。

三、数字化农业保险服务

在新一轮科技革命和产业变革的背景下，人工智能、大数据、云计算、物联网等信息技术在农业保险领域得到一定程度的应用，取得了许多成果，为我国农险高质量发展提供了"科技农险"解决方案。

具体来说，"科技农险"解决方案的优势主要体现在以下几个方面：

（一）科技提升农险承保验标精准化程度

大数据、物联网、卫星遥感和人工智能等现代科技手段，常被应用于农业保险精确承保场景，通过打通国内卫星遥感、土地确权、自然灾害、动植物疫病和保险业务数据的共享服务渠道，可以降低农业保险数据获取成本，加速农业数据与农业保险业务深度融合。

示例：在种植险领域自动化核验承保地块

卫星遥感、无人机、物联网等技术的综合运用，可清晰识别每一种植地块，自动绘制出承保地块的形状和四至边界，自动计算地块面积，核准承保面积与实际面积的差距，为保险公司构建"按图承保、以图管险"的新型承保模式提供技术支持，有助于消除虚设农户、夸大面积投保的违规行为，提高农险承保验标的准确性。

（二）数字化提升农险理赔效率

传统农业保险理赔时需要耗费大量的时间和人力成本收集数据，且需判断数据真伪及其可用性，流程长、耗时长、效率低。为了解决以上痛点，商业保险公司一直探索运用科技提升农险理赔效率。

示例：区块链技术保证数据可信

一是利用区块链技术去中心化的特点，通过在智能合约中事先设定理赔触发条件，出险时一旦触发理赔条件，将自动赔付。二是利用区块链技术不可篡改的特点，记载投保人的参保数据、保险标的在各个时期运营数据等理赔定损时所需数据，即使投保人丢失了提交保险索赔所需的基本文件，基于区块链的智能保险合约依旧可以对投保人赔付。

其技术优势主要有以下两点：（1）利用区块链去中心化特点，实现指数保险自动化理赔支付。（2）区块链不可篡改特点，保证了参保数据、保险标的在各个时期运营数据和相关触发指数数据真实可靠，为关联方建立信用体系提供了有效的参照平台。

（三）科技提高农业保险覆盖率

数字化可以融合物联网、卫星遥感多方数据，通过人工智能、大数据等算法助力商业保险公司建立风控管理体系，创新农险产品，使越来越多的小微农户不再囿于征信数据缺失、农险产品可选择范围小等问题，也能享受到优质的农业保险服务，从而帮助商业保险公司扩大农险承保覆盖面。

示例：多维度数据打造智能风控模式

通过高分辨率的卫星遥感影像、以地理信息系统为平台，以全球定位系统为辅助，内嵌大量 AI 人工智能算法，并且辅助以实地查勘采集数据、无人机航拍数据以及物联网数据等全方位多角度的精准数据，实现一张图的农险综合信息展示，打造"天空地"一体化保险科技服务体系。通过智能提取地貌边界信息，自动生产数字地块，高效实现地、物、人的一一对应，开发"按图承保"的风控模式，精准定位风险，节约理赔成本。基于承保数据定制保险产品，触发机制明确、成本较低，有助于提升农业保险普及率。以前因为规模较小、风险不可控的险种也可以广泛铺开，支持更多小规模农户触及适合他们的金融保险服务，积少成多，从而放大规模。

四、数字化涉农普惠金融

数字化除了帮助农业保险迅速发展，同时也可以通过打通农业生产链全链路数据、金融服务线上化、赋能银保合作等方式，让更多小微农户接触到更便捷、更灵活的金融服务，享受金融给农业发展带来的益处。

（一）农业供应链金融平台帮助金融资金精准滴灌

银行业通过打通农业生产链、供销链、消费链全链路数据，分析供应链上下游的资金需求，为其设计专属金融产品，提供符合其发展态势的优质金融资源供给。

示例：农业供应链金融平台

该平台的主要功能为承接汇聚全链路上下游企业、农户的生产经营数据，以及当地农产品价格等市场和舆情数据。平台接入人工智能、云计算等技术能力，可为银行机构提供自动计算分析服务。银行机构通过与涉农电商平台、农户、小型农业企业、集体供销社合作，建立农业供应链金融平台。银行利用人工智能、大数据、云计算等技术，对平台记载的数据进行建模分析，分析贷款农户上下游的财务、经营等数据，结合当地市场实际情况，识别出真正有资金需求的农企农户，为其提供专属涉农金融信贷，支持其发展生产经营，盘活资产资源，增强农民自身"造血"能力。此类供应链金融平台已涉及农林牧渔业、涉农批发业、粮食加工业等众多涉农行业的数据，可以帮助银行将金融资金精准滴灌至农业产业链各环节，将涉农金融服务嵌入农资和农产品生产、流通、消费各个环节。

以苹果产业为例，银行通过分析供应链金融平台的数据，发现小型农企在苹果收储、整理过程中存在流动资金短缺问题，有针对性地推出小微农企信贷产品，匹配专项授信额度，实行专项利率，以覆盖苹果产业不同主体、不同时期的融资需求。

（二）数字化推动银保合作，缓解贷款难、贷款贵问题

区块链、大数据、云计算、人工智能、物联网等技术，近年来被广泛应用于涉农金融场景中，在政府、保险机构、金融机构、担保机构和广大农户（特别是新型经营主体）、农业企业之间建立起农村金融服务平台。

示例：农企保险＋贷款风控平台

该平台可解决农村普遍存在的贷款难、贷款贵问题。过去农企贷款需求强，但是存在抵押保证少、贷款流程缺监控等问题，导致小微农户难以获得涉农金融服务。农企保险＋贷款风控平台可以帮助实现农业保险与信贷、担保等金融工具的对接与联动。平台对同一套用户信息精准定位用户画像，进行金

融服务需求分析，通过对用户的历史履约行为等可得数据进行信用评级，建立完善农村信用体系。平台记载了参保农户的保单信息，广大农户可以通过农业保险的保单质押等征信功能提高信用等级，向银行申请低息农业贷款，降低农户贷款成本，帮助农企获取发展资金。

第六章　数字化赋能制造业高质量发展

　　制造业作为立国之本、强国之基、兴国之器，覆盖国民经济各个方面，事关国家核心竞争力与安全。"十四五"时期是我国由"制造大国"向"制造强国"跃进的攻坚期，制造业高质量发展是确保我国跻身世界级制造强国的重要支撑。当前，以"数字化、网络化、智能化"为核心驱动的第四次工业革命蓬勃兴起，数字化赋能也成为制造业高质量发展的主要热点之一。制造业数字化作为第四次工业革命的重要基石，是新一代信息技术与制造业深度融合的产物，正日益成为现代工业发展的关键支撑，对未来制造业将产生全方位、深层次、革命性影响。

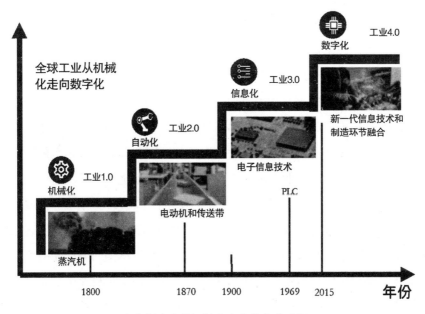

全球制造业从机械化走向数字化进程

从国际上看，世界发达工业化国家都将数字赋能制造业发展视为抢占新工业革命的先机、打造未来工业竞争新优势的重要手段。数字经济赋能制造业，可显著提升制造业生产效率和产品质量，重塑制造业的核心竞争优势。改革开放以来，中国制造业持续高速发展，但是仍然面临"大而不强、全而不优"的突出问题，制造业产值规模庞大，但核心技术不可控、产品处于价值链低端、自主创新能力较弱、生产管理效率低等问题依旧存在。在制造业全球化趋势下，对工业企业的设计研发、生产制造、物流仓储、经营管理等环节提出了前所未有的挑战。在劳动力人口红利逐渐消失，制造业成本显著提升的大背景下，制造业的转型升级刻不容缓。数字经济的高速发展，使制造业价值链的创造和分配逻辑发生本质改变，工业生产制造由能量驱动转为信息驱动，柔性化、智能化成为重点发展方向。数字化赋能制造业，既拓展了数字经济发展空间，又为实体经济数字化、网络化、智能化发展提供必不可少的关键基础设施和创新要素。把握时代契机，通过数字经济"鼎新革故"已成为制造业企业高质量发展的必然选择。

第一节 数字化赋能制造业高质量发展面临的挑战

当前，数字经济高速发展与新工业革命正处于历史交汇期，制造业迎来新一轮产业变革机遇，全球制造业格局加速重构。为抢夺产业链、价值链高端环节，美国、德国、英国等发达国家加速布局智能制造重振制造业，构建了以数字为核心驱动的产业新生态，各国参与制造业数字化发展的国际竞争态势日趋激烈。与发达国家相比，我国依托超前布局的数字基础设施及丰富的制造业应用场景，在数字赋能制造业发展方面具有一定的基础优势，但制造业数字化总体渗透率较低（19.5%），低于发达国家平均水平（33%），与数字化渗透率最高的制造强国德国（45.3%）差距巨大。数字经济的高速发展为我国制造业转型升级翻开新篇章，也使产业支撑能力不足、核心技术和高端产品对外依存度较高、关键平台综合能力不强、标准体系不完善、中小企业数字化、网络化水平有待提升等产业短板日益凸显，与建设"制造强国"和"网络强国"的需求仍有较大差距。

一、要素层面：企业数据基础差，数据要素价值未得到有效挖掘

数据要素是贯穿整个高端制造业价值链的关键要素，被誉为"21世纪石油"，具有可复制、易传播、强流动等特点，在推动中国制造业数字化转型及高质量发展方面占据重要地位。随着数字经济的发展，数据已经成为关键生产要素渗透到制造业各个环节，成为经济复苏新引擎，支撑和引领制造业高质量发展。具体来看，工业数据主要从直接和间接两方面赋能制造业高质量发展：（1）数据要素能够提高企业综合管理和制造能力，提升自动化、智能化生产水平，实现"降本增效"，直接赋能制造业高质量发展。（2）数据要素能够通过优化生产要素的资源配置及效率，间接赋能制造业高质量发展。但一般意义的数据采集、治理体系难以被制造业领域直接应用，导致当前数据要素对制造业的驱动作用未得到全面体现，具体瓶颈体现在如下几个方面。

（一）数据采集能力有限，企业"无数可用"

数字技术赋能制造业高质量发展，首先要有工业数据支撑，要对制造业全流程数据进行全面采集。工业数据的采集与集成是指通过数据的采集、传输、存储、计算和应用，将各类复杂多变的信息转变为可以度量的数据，并加以处理的过程。其本质是利用感知技术对多源设备、异构系统、运营环境、人等工业信息要素，进行大范围、深层次的采集并进行异构数据的协议转换与边缘处理，是构建数字赋能制造业发展的基础，实现物理空间隐形数据在"赛博空间"的显性化。工业数据采集广义范围既包括生产制造现场设备的数据采集和工厂外智能产品/装备的数据采集，也包括对 ERP（Enterprise Resource Planning，企业资源计划）、MES（Manufacturing Execution System，制造执行系统）等应用系统的数据采集。工业自动化数据具有海量、时序化、多源、高噪音、异构、价值密度低等特点，采集难度较大，是困扰制造企业数字化发展的痛点，主要发展制约因素有以下三方面：

1.制造业企业数字化基础薄弱。（1）制造企业数字化起步晚，硬件基础较差。制造业企业在早期基建时未考虑数字化问题，设备层老龄化、型号不统一等问题广泛存在，工厂内部底层设备的数据获取、设备之间的有机融合很难实现，导致难以对制造现场生产流程数据进行实时采集。在工业企业实施大数据项目时，数据采集往往不仅是针对传感器或者 PLC（Programmable Logic

Controller，可编程逻辑控制器），而是采集已经完成部署的自动化系统相关机器数据，由于厂商水平参差不齐，大量现场装备没有数据采集装置，设备协议与接口类型不尽相同，通信接口缺乏兼容性，导致大量数据无法采集和保存，工业流程大数据不完整且滞后，"无数可用"导致数字赋能无从谈起。（2）企业数字化进程慢，数据管理能力弱。企业通过服务器、存储、网络等信息资源的虚拟化，支撑海量工业数据的存储和计算，实现信息基础设施的资源池化。目前大部分制造业企业，仍停留在 ERP（Enterprise Resource Planning，企业资源计划）、CRM（Customer Relationship Management，客户关系管理）、OMS（Order Management System，订单管理系统）等管理软件阶段，造成企业级生产制造流程相关数据采集、存储和分析的成本较高，海量工业数据管理能力薄弱。现存大多数公共平台也不具备基于大数据架构的数据存储与计算能力，无法对云端数据进行高效管理。

工业大数据采集方式、数据分类及数据应用

资料来源：工业互联网产业联盟编著的《工业数据采集产业研究报告》、华经产业研究院编著的《2022—2027 年中国工业大数据行业市场深度评估及投资前景预测报告》。

2. 数据缺乏深度利用和价值化转换。工业数据治理是打通人、机、料、法、环等全过程价值闭环的关键，是一个完整的体系，也是一个复杂的系统工程。因大量工业数据是"脏"数据，采集的数据无法直接用于分析，必须进行处理后再进行数据保存。数据处理技术难度高，导致目前数据应用集中于简单的数据采集统计和对比，无法深度利用实现价值转换。

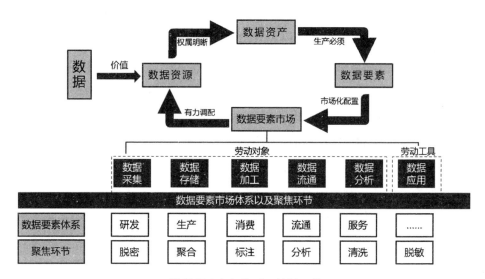

数据要素市场体系及关键环节

资料来源：国务院印发的《"十四五"数字经济发展规划》，头豹研究院发布的《中国"十四五"数字经济发展规划简报》。

（二）数据孤岛难打通，企业"无数可治"

打通数据孤岛，将全域业务数据和系统数据汇聚在一起，让企业"有数可治"，是数字化赋能制造业企业发展的首项挑战。数据是数字化发展的基础，大部分装备制造虽然有相对完善的业务系统，但尚未建立覆盖全流程、全产业链、全生命周期的数据链。具体问题体现在：（1）企业数据信息化系统开放性低，数据共享难。企业内部数据资源散落在各个业务系统中，形成多个"数据烟囱"，难以实现信息联通和流程联通。（2）数据获取、融合难。制造业参与主体过多，设备制造商、设备代理商、材料供应商、生产制造工厂等多方角色，企业配合度不高、数据不共享，外部数据无法及时全面地同步与更新，数据的收集与融合难点重重。（3）数据互联互通难。设备类型繁多、数据多源异构、数据质量参差，不同采集途径、同一采集途径不同采集工具、同一类型工具不同厂商的数据协议不同，数据间互联、互用困难。（4）数据治理技术要求高，生产相关数据的高实时性、强关联性对模型开发及应用要求高，同时工业数据的安全性要求高，需技术与政策双保障。

（三）标准体系不够健全

1.标准协调管理机制有待健全。（1）标准制定缺乏系统性。工业设备通信标准"七国八制"，数据标准多，难以统一匹配，没有形成统一有效的互联互通标准。目前，尚没有专业机构开展数字化标准的协调工作，标准与标准之间的先后关系、紧迫程度等方面尚无明确规则，使现存标准体系系统性欠缺，未形成协调统一的标准化发展局面。（2）相关领域标准协同性差。据统计，目前网络安全相关国家标准已发布294项，制定中的有416项；信息技术相关国家标准已发布949项，制定中的有969项。现行标准较多，且制定过程中未明确标准之间的协调推进机制，甚至存在重复研制的情况。（3）标准制定尚未走出"计划经济"模式。现存标准大部分由政府、研究机构、高校等发布，严重缺乏OT（Operational Technology，操作技术）产业界参与标准制定，产业需求与标准供给脱节。

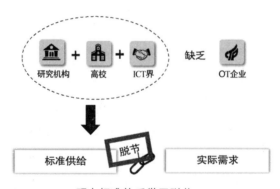

现存标准体系供需脱节

2.相关领域协议打通困难。互联网数据采集一般采用常用的HTTP（Hyper Text Transfer Protocol，超文本传输协议）等协议，但在工业领域，全球各国政府机构、各类自动化厂商、行业协会、标准化组织等围绕智能制造装备上云上网推出了多种现场总线协议、工业以太网协议和无线协议，主流存在40多种工业协议（ModBus、OPC、CAN、ControlNet、DeviceNet、Profibus、Zigbee等）。这些协议标准众多且相对封闭，数据接口不开放，目前在工业装备领域尚无行业通用的标准和协议体系，不同设备与设备之间、设备与其他数字化系统之间无法互联互通，严重制约了设备上云。

二、企业层面：数字化赋能投入周期长，经济效益难以快速显现

随着数字化赋能制造业发展步入快车道，我国制造业企业的数字化能力日益分化。领军企业具备一定的数字化认知和基础，利用数字化手段稳步推进自身发展，在供应链管理、生产管理、数据分析等方面均已有较为成功的实践经验，市值超过千亿元上市公司均已开展全面数字化升级，部分龙头企业实现技术外溢，由需求端向平台型服务商演变，向外提供综合服务。但总体来看，企业数字化水平仍然较低，根据中关村大数据产业联盟数据，我国超69%的上市公司已开始数字化战略，但大多集中在局部推广（23%）和单点试验阶段（18%），仅有14%的企业开始广泛进行数字化战略。大部分中小企业战略缺位，根据中国电子技术标准化研究院发布的《中小企业数字化转型分析报告（2021）》显示，2021年我国约79%的中小企业仍处于数字化初步探索阶段，仅12%的中小企业处于数字化应用践行阶段，数字化赋能依然存在重重难关需要跨越。

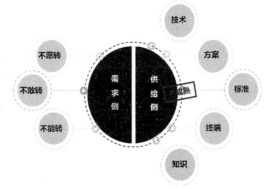

- 依赖原有路径导致企业"不愿"数字化
- 能力不足、技术储备不足导致企业"不能"数字化
- 数字化投入风险大、效果不可预知导致企业"不敢"数字化

数字化赋能制造业发展过程中企业面临的困境

（一）战略层面，缺乏高度前瞻性和系统性规划

企业在顶层规划制定中普遍面临挑战，但对不同阶段的企业，挑战的优先级也不尽相同。大型企业从长期竞争力提升和投资回报出发，更加注重"抬头看路"；而中小企业往往面临更大的短期生存压力，忽视顶层规划价值和发展的可持续性，更加注重"低头干活"。

1.数字化赋能初期成效不明显，影响了企业转型的信心。制造业企业的数

字化是一项复杂的系统工程，在研发、人才及生产的各个环节都需要大量投入，然而组织能力的缺乏带来的长期高成本投入，短期内导致数字化部署"失灵"，数字化投资持续性弱，形成恶性循环。数字化赋能制造业，需实现跨环节、跨领域集成，价值效益才能呈指数级增长，目前大多数企业数字化仍处在向综合集成跨越阶段，无法实现从量变到质变的飞跃，价值效益尚未显现，影响企业信心。受近两年宏观经济形势影响，市场预期不稳定、下游需求端疲软，企业面临产量下降、订单量下滑等问题，加之中小企业与大型企业相比融资较为困难，造成中小企业信心不足，在生存压力下中小企业多存在成本顾虑。

2. 数字化赋能效果难现，导致企业数字化发展意愿不强。目前传统制造业企业设备数字化联网率低，需要安装传感器等硬件进行数字化改造，前期投入较高。面对非刚性需求，在收益不确定的背景下，企业转型意愿不强，投入力度较小。面对刚性需求，通常价值链的单个环节迈的步伐大，但其他环节没有介入，导致达不到最终转型效果，加之后期回报不明确导致企业的转型意愿不强。因此，很多企业尤其是中小型企业不愿意在设备数字化改造及"上云平台"增加投入，而更愿意把钱投入对供应链、现有产品的简单技术升级上。同时，中小微企业经营由于经营维度低、经营角色单一、利润微薄，受到自身产品和空间的边界限制，从而无法打破行业、产品等边界，不能实现跨界经营，获得跨界复合利润。中小企业多以科技型企业为主，很多初创公司仍处于发展初期，此类企业公司更多重视的是技术研发、市场拓展以及成本控制，对于数字化赋能需求不大。

3. 战略缺位，中小企业对数字化发展如何盈利缺乏准确认知。数字化初级阶段要应对新兴信息技术对商业模式的冲击，对于如何利用新一代信息技术实现企业跨越式发展，企业普遍缺乏清晰的战略目标、实践路径和实施步骤。在这种情况下，企业往往孤岛式盲目部署数字化，难以从数字化投入中看到价值。数字化发展是大方向，刚开始的战略意图和市场洞察，要锁定中长期收益，进行资源配置。由于缺乏明确的战略转型和实施路线图，导致企业对未来数字化的方向与愿景不明晰，对当前数字化水平认知不足。以深圳为例，深圳中小企业发展促进会数据显示，深圳仅有约 20% 的中小企业已开展数字化战略，约 70% 的中小企业仍在探索尝试中，300 家工业企业中有近六成企业对数字化认识和实施路径模糊，认为数字化仅仅是简单的设备联网或机器换人。

（二）策略层面，受技术和资金制约转型难度大

1.数字化方案尚不成熟，数字赋能沦为"数字负能"。现有的数字平台都是通用性大平台，大部分围绕制造业和大型机构，缺乏根据中小企业灵活调整功能，很难发挥对中小企业的赋能作用，对中小企业而言，转型方案"不接地气""纸上谈兵"，虽然建了很多平台工具，对业务产生却没有促进，数字赋能沦为"数字负能"。

2.技术难度大，导致企业对上云望之却步。数据要素赋能制造业高质量发展要打通制造业全流程各个环节，需要大量技术储备，同时也需要具备信息技术专业储备及对工业场景认识深刻的复合型人才。对于传统制造业企业，应用系统需要经历多年才能积累构建完成，企业数据上云势必导致业务构架发生大幅改变，需重新梳理业务流程和业务系统，协调各方利益关系。单一企业独立完成传统构架的重构耗时耗力且技术难度过大，对企业技术开发人员和管理人员都是巨大挑战。尤其是广大中小企业缺乏数字技术供给，不具备专业化人才团队，依托自身力量难以完成数字化发展，并且也难以理解与适应云端业务模式，导致企业只能对上云望之却步。

3.受资金限制，中小企业自身的资本投入难以支撑数字化发展战略。数字化发展涉及环节众多，改造成本高，如果企业自身"造血"能力偏弱，加之外部"输血"机制滞后，企业在难以利用资金杠杆和借助专项扶持的背景下，靠企业自身的投入难以支撑数字化发展的改造成本。从2015年至今，华为打造智能工厂投入超20亿元；比亚迪为搭建具备数字化管理与柔性生产的5G智慧工厂，改造咨询费投入近500万元。这些资金的投入持续性强，短期内无法实现回报，中小企业往往难以负担。受制于资金、技术等条件约束，中小企业无法获得低成本解决方案，数字水平相较大型龙头企业被越甩越远。

三、行业层面：制造业领域复杂，数字化发展难以取得规模效应

我国制造大国地位逐步稳固，但我国制造业"大而不强、全而不优"，在制造业增加值跃居全球第一的同时，我国制造业仍处于价值链的中低端，附加值率较低，关键核心技术受制于人，低端产品过剩、中高端产品不足，发展不

平衡、不充分的状况依然显著。制造业体量庞大，加之核心技术短板明显，导致制造业数字化发展困难重重。

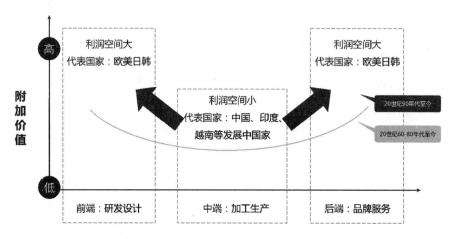

中国制造业仍处于"微笑曲线"底部

资料来源：亿欧智库编著的《灯塔工厂白皮书》。

（一）细分领域众多，行业差异较大

我国制造业已基本形成门类齐全、独立完整的产业基础体系。我国是全球唯一一个拥有联合国产业分类中所列全部工业门类的国家，其中220多种工业产品产量居世界第一位，是名副其实的制造大国。制造业细分领域多，且行业差异大，不同的制造行业都需要不同的个性化解决方案。从现状看，目前技术密集型产业如高端装备制造业等数字化发展程度较高，劳动密集型产业分化较大，资源密集型企业数字化程度总体偏低。面对我国制造业高度精细化分工（39个工业大类，191个中类，525个小类）数字化行业服务商无法形成一个普适性、可复制的解决方案，导致数字化发展难以规模化推广。

（二）供应链体系庞大，企业协作难

制造业原材料品类复杂性，导致面向众多原材料供应商的采购协调的难度大。一部手机有超80个零配件，汽车有超一万件零件，空客A380有约600万个零件，相应产业的制造业企业供应链体系庞大。据VDI（Association of German Engineers，德国工程师协会）的统计，每增加1种新零部件，将增加年固定成本600—1000德国马克。据IBM（国际商用机器公司）的统计，每减少 1% 的冗余部件，可使公司增加 2 亿美元以上的产出。可见，对制造型企业而言，实现高度结构化、高复用度的产品结构，是极其重要的。但对制造业企业而言，做"加法"容易，做"减法"难，导致大部分企业供应链体系庞大，连接众多规模不一、信息化程度不一制造业厂商，实现数字化的难度较大，也因此成为诸多核心企业供应链管理的痛点。

四、技术层面：国产数字技术基础弱，体系化供给支撑能力不足

（一）制造数字化 IT 与 OT 割裂"两张皮"问题亟待解决

在工业 3.0 时代，OT（Operation Technology，操作技术）和 IT（Information Technology，信息技术）具有相互独立的界面，二者没有融合倾向。进入"互联网+"行动和工业 4.0 时代，OT 与 IT 的融合趋势已经显现，但二者的关系界面决定了融合的程度、方向和难度。随着云时代和移动时代的到来，操作系统仍然是 IT 系统的核心，但却一定程度上限制了数字化发展的高度。过去几十年，不同领域有不同的发展阶段，形成了多样化的操作系统生态。如 PC（个人电脑）时代的 Windows 生态，智能手机时代的 iOS、安卓生态，服务器领域也有基于服务器的操作系统生态。云时代各个云厂商也形成了不同的面向云的操作系统。除此之外，不同领域的众多操作系统之间相互割裂，形成"软烟囱"，如通信领域的嵌入式操作系统、工业场景操作系统、物联网方面的物联网操作系统等。应用在不同的"软烟囱"上，操作系统之间的生态无法打通，不同的场景难以协同，是目前企业数字化发展面临的最大挑战。大量现存工业互联网方案重在"上云、用平台"，并没有切实解决制造现场面临的数字化难点。

（二）行业知识缺失，大量行业"Know-How"缺乏集成

行业 Know-How（机理模型）是数字化赋能制造行业的关键要素，基于微服务架构，可以对工业 Know-How 封装、复用和软件 App 服务化，打造开放创新价值生态。现存主要问题包括：（1）工业领域行业 Know-How 是工业生产的核心，近代工业无论是信息技术的引入还是自动控制的革新都紧紧围绕工业机理模型（Model Based）进行，但承载的机理模型开发、分享比较困难。（2）工业机理是基础根基，缺乏对工业机理的深刻理解很难构建出满足工业需要的模型及应用。对于制造业来讲，大数据或人工智能一定要与工业机理、工

业模型相结合。但实际的情况是，由于工业机理模型开发专业性强，加上模型开发者"各自为战"导致模型杂乱适应性差、行业知识和数据壁垒使得工业机理模型存在着"孤岛效应"，开发者或应用端想找到符合要求的工业机理模型非常困难。（3）大量行业 Know-How 缺乏数字化集成，零散分布于各行各业各处。工业机理和工业 Know-How 量多又复杂，如何融合，如何清洗，如何建模等，这些环节的难度也很大。

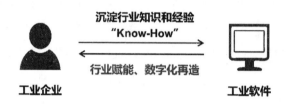

制造业数字化的核心是工业软件，工业软件的基础是行业 Know-How

（三）工业软件"卡脖子"，数字赋能制造业急需"软"支持

工业软件尤其是设计研发软件被国外企业垄断，"卡脖子"问题严重。工业软件落后，就难以把线下能力快速迁移成线上模型，导致工业数据建模能力不足，数据分析能力较弱，难以支撑用户挖掘海量数据的应用价值。德、美、日各自采用包含软件＋硬件平台＋标准规范＋技术体系等内容的复杂系统，其核心技术就是工业软件。在以德国工业 4.0、美国国家制造创新网络（NNMI）、日本工业价值链为代表的工业强国的国家／企业发展战略中，软件定义制造理念已经体现得淋漓尽致。

科技领域成为重点打击领域，"脱美自强"迫在眉睫

1.我国企业大量核心工业软件依赖国外产品。以研发设计类软件为例，国外研发设计类工业软件市场规模占全球90%，EDA（Electronic Design Automation，电子设计自动化）等软件已形成高度垄断，95%国内集成电路设计公司严重依赖Cadence、Synopsys等美国公司。企业外购大量工业软件，每年需要支付高额使用费用，华为被禁止使用美国芯片设计软件、大疆被设计软件Figma封停账号、哈工大被禁止使用Matlab（矩阵工厂）等制裁事件频发。

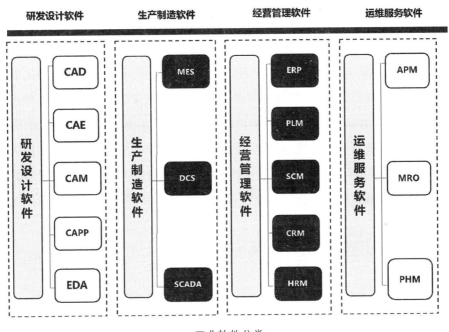

工业软件分类

2.平台应用开发能力不足，落后于发达国家。在应用开发方面，目前我国大部分平台工业应用开发能力不足，提供的开发环境、开发框架和开发工具数量和种类不足，GE Predix（美国通用电气的工业互联网平台）平台已经构建了数万个Digital Twin（数字孪生）模型，让使用者可以站在巨人的肩膀上，利用现有的模型进行训练，快速实现实例化，而国内平台在设计、仿真、构建数字孪生体等方面能力不够。同时，工业微服务组件库覆盖不全，将工业技术原理、行业知识、基础模型规则化、软件化、模块化，封装为可重复使用和灵活调用的微服务是一项系统性工程，相比 GE Predix 和西门子 Mind Sphere（开放式物联网操作系统）等全球巨头在工业细分领域已深耕多年，拥有丰富的知识机理与成熟的软件技术。受制于基础沉淀不足与工业软件落后的约束，我国目前现有的机理知识线性化、代码化、模型化技术仍不成熟，微服务组件库各类工业知识组件、算法组件及原理模型组件体系仍不全面。

（四）数字化装备国产化率低，核心技术亟待自立自强

国内装备尤其是高端装备数字化核心组件依赖进口，亟须突破核心技术，进行国产化替代。在数字基础设施和关键核心技术方面，中国在基础软件、高端芯片、智能传感器、分析仪器（电子显微镜、质谱仪等）、电子测量仪器（高端示波器、频谱分析仪等）、工业机器人、高端数控机床等领域与国际先进水平存在较大差距。以高端数控机床为例，中国数控机床产业规模庞大，但高端数控机床国产化率不到10%。西方国家对以五轴联动数控机床为代表的高端数控机床出口进行了严格管制，我国急需的五轴联动数控机床等高端数控机床面临全面封锁。美、日、德等主要生产国，对高端数控机床使用进行限制，我国高端机床领域亟须实现自主可控。

类别		技术重要性(1-10分)	主要国外企业在国内市占率	国内外技术差距（年）	技术所在国	具体差距	国产化率
主轴	机械主轴	10	45%	10~15	德国、瑞士、英国	加工稳定性及运转寿命差，高精加工稳定性差，组装工艺水平差	45%
	电主轴		90%	5~8		国内先进水平：CNC加工中心电主轴转速20000r/min，其他用途转速达150000r/min 国际最先进水平：CNC加工中心电主轴转速75000r/min，其他用途转速达250000r/min	3%
	高速主轴		80%	5~8		整体数控加工水平低，轴承质量低，组装水平差，本体刚性不足	10%
数控系统		9	70%	8~10	德国、日本	国产数控系统在高精度、高速等性能方面与国际存在较大差异，主要缺少实际数据和加工经验，软件算法缺少自主研发能力	5%~20%
丝杆导轨		8	80%	5~10	日本、德国、美国、瑞典	加工水平一般，原材料质量较低，后处理方式不良	10%
刀具		7	35%	3~5	瑞典、美国、日本、德国	刀具分类不完整，批量生产质量有差距，刀具寿命短（平均寿命只有国际先进水平1/2）且效率低，产品稳定性差，在新材料、高性能涂层、耐高温、高硬度、智能刀具方面存在差距，高端产品仍然需要攻克	65%
整机（高端数控机床）				8~13	德国、日本、美国	精度和稳定性差，故障多发，耐用度低	7%

高端数控机床国产化率低，与发达国家相比差距较大

五、政策层面：政府配套政策有待完善，制度保障待进一步强化

智能制造是我国制造强国战略主攻方向和必须把握的战略机遇。自 2015 年《中国制造 2025 发展战略》政策的出台后，我国对数字经济赋能制造业发展支持力度逐渐加强，从中央到地方出台了一系列的政策措施。近几年，国务院及相关部委陆续出台支持政策，总计不下 20 项，平均每年不少于 3 项，充分体现了政策层面对制造业举足轻重地位的确认，以及国家对数字化发展的迫切需求。

2015—2022 年数字化转型相关政策支持

但现行政策仍存在一定问题，主要表现为：（1）缺乏引导性，企业拿到政府补贴往往用以购买国外软件进行单点改造，并不具备数字化能力。从需求侧看，数字化发展是系统工程，单靠补贴企业采购云服务、工业软件等，无法有效形成数字化发展的能力。（2）缺乏针对性，政策制定的核心应围绕数字化发展中的痛点。（3）缺乏系统性，现有政策往往是散点鼓励，缺乏系统性的一揽子政策促进数字化发展生态建立。供给侧的核心是生态，单点技术突破无法有效打通制造业全流程，难以形成端到端方案供给能力。

第二节 数字化赋能制造业高质量发展的目标与路径

过去几十年，我国制造业飞速发展"从无到有，从小到大"，从以规模化驱动制造业爆发式增长的"增量时代"，进入以数字化驱动制造业高端化发展的"存量时代"，制造业高质量发展已成为我国从"制造大国"迈向"制造强国"的"必答题"。随着新一轮信息技术与实体经济的不断融合，我国经济发展的数字化程度不断提高，数字经济时代制造业价值的创造和分配逻辑发生本质改变，数据作为新生产要素打破边际效益递减规律，从要素、价值、技术、资源全方位为数字化赋能制造业高质量发展提供新思路。数字化赋能制造业发展的核心目的是实现价值增值、降本增效，以数字作为核心驱动，带来制造业流程、模式的演变，形成制造业发展创造出新业态、新增量、新动能已成为行业共识，无论是供给端还是需求端，制造业企业数字化发展的核心诉求已从"需不需要做"转向"如何做"。

全面互联互通

■ 以云计算、大数据、物联网、人工智能、5G、数字孪生等新一代信息技术为基础

■ 人与人、人与设备、设备与设备之间无死角的全面互联互通

数据成为核心

■ 数据成为继土地、劳动力、资本、技术之后的新生产要素

■ 数据投入未来的生产经营活动及产业活动中

生态持续演进

■ 平台化的生态体系持续演进完善

■ 市场产品与服务的供需模式逐步由纯粹的垂直一体化向开源式的平台化转变

形态持续变革

■ 制造业生产方式和企业形态持续变革

■ 生产方式向网络化生产不断演进

■ 企业组织形态向扁平化、自组织、无边界转变

新一代信息技术与制造业的融合表现出四大特点

一、从"产业数字化"基础设施出发，筑牢数字未来坚实"底座"

数字基础设施是以数据创新为驱动、通信网络为基础、数据算力设施为核心的基础设施体系，是"新基建"的核心。加强数字赋能能力，围绕基础设施

不完善、设备通信协议不互通、平台建设不完善、安全保障体系不健全四方面基础设施能力痛点，布局"产业数字化"基础设施建设，是推动制造业企业高质量发展的必由之路。

新基建数字基础设施

（一）加强数字基础设施建设，打通信息通信"大动脉"

数字基础设施以数字技术或知识产权为核心价值，主要包括5G、云计算、大数据中心、区块链、人工智能、量子科技、物联网以及工业互联网等不同领域和不同类型的新一代信息技术。数字基础设施是连接万物互联的数字世界空间和机床、机器人等物理世界基础设施的桥梁，是数字经济的坚实底座，其重要性已经成为广泛共识。

1.企业方面，加速工业网络升级改造，实现工业全环节的泛在互联。建设或改造现场总线、工业以太网、面向工业过程自动化的无线网络、时间敏感网络（TSN）等通信协议，实现企业内生产装备、信息采集设备、生产管理系统和人等生产要素的互联互通。优化升级软件定义网络（SDN）、互联网协议第六版（IPv6）、低功耗广域网（LPWAN）等新型网络技术，构建满足高可靠、低时延、广覆盖、可定制等要求的工业网络，实现生产企业与智能产品、用户、协作企业等工业全环节的泛在互联。

2.政府方面，重点开展标识解析体系建设，实现全行业信息共享。通过政府牵头，建设公共标识解析服务平台及产品信息数据库，提供面向制造业的标识注册、解析、查询、搜索、备案、认证等服务能力，推动标识解析体系推广应用。同时，借助工业互联网标识解析系统，实现跨地域、跨行业、跨企业的信息查询和共享。

 更强大的网络性能

■ 上行大带宽、低时延的需求在工业4K/8K高清回传及远程控制应用中将越来越突出。

 更好的数据隔离与网络自治能力

■ 工业互联网行业应用对数据私密性、网络运维和业务运营提出了新的更为严格的需求。

 更加多样化的行业终端

■ 工业现场应具备基础型（通信）、智能型（通信+应用支持能力）、全能型（通信+应用+天线设计）等多样化的终端设施。

构建工业环境下人、机、物全面互联的网络基础设施

（二）建设工业互联网平台，打造完备的平台支撑体系

1.加快传统工业云平台升级改造。在传统工业云平台软件工具共享、业务系统集成的基础上，加速企业底层设备和产品等硬件上云，实现跨企业间设备和机器资源的优化配置。重构工业知识创造和传播新体系，降低创新成本与风险，提高研发效率。整合平台提供商、应用开发者、海量用户等生态资源，形成"智能机器+云平台+工业App"的功能架构，最终形成工业互联网海量开放App应用与工业用户之间相互促进、双向迭代的生态体系。

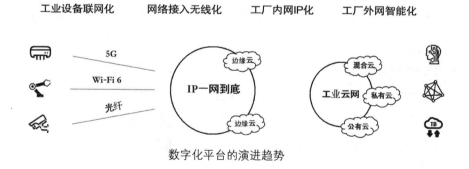

数字化平台的演进趋势

2.政府牵头平台建设，构建工业互联网开放生态是未来产业升级的锚点。工业互联网是新一代信息技术与制造业深度融合的新型基础设施，为制造业乃至产业数字化、网络化、智能化发展提供了重要支撑。工业互联网促进了产业资源快速集聚、有效整合和高效利用，成为工业企业培育竞争新优势的重要手

段。工业互联网以开放模式，整合各个领域资源，促进产业生态各方供需对接，优化各方资源配置，成为制造业转型升级的关键举措。

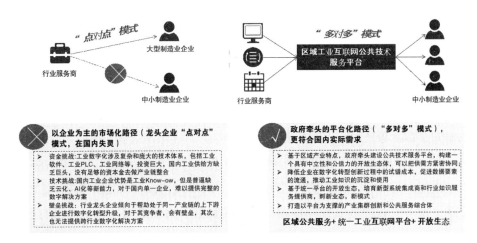

工业互联网平台建设路径

工业互联网由网络、平台、安全三大要素构成，其中网络是基础、平台是核心、安全是保障。包含六大重点领域，即基础网络与标识解析、工业互联网平台、工业控制与传感、工业软件、系统集成和安全保障。通过智能化生产、网络化协同、个性化定制、服务化转型等新模式新业态，实现工业生产的资源优化、协同制造和服务延伸，使各种要素资源得以高效共享和优化利用。工业互联网构建了新型生产制造和服务体系，深度渗透至制造业企业的生产制造流、产品生命周期流和价值创造流三大业务流。

以"建平台"与"用平台"为双轮驱动，"建生态"与"补短板"相互协调为总体原则，围绕重点行业，依托优势企业，鼓励装备与自动化企业、工业制造企业、信息通信技术企业、工业软件企业跨界合作建设工业互联网平台。构建工业 App 资源池、开展工业互联网平台适配性、可靠性、安全性等方面试验验证，提高平台运营能力，推动平台功能不断完善，提升大型企业平台创新及应用能力，鼓励中小企业上云平台，打造资源富集、开放共享、创新活跃、高效协同的工业互联网新生态。

3. 打造安全防护体系，保障工业数据全链条安全。加强工业数据安全体系建设，技术和管理相结合，建立涵盖设备安全、控制安全、网络安全、平台安全和数据安全的工业互联网多层次安全保障体系。（1）通过设备及运维用户的身份鉴别、访问控制，以及设备的入侵防范、安全审计等技术，确保设备安全。（2）通过控制协议的完整性保护控制安全。（3）通过网络与边界的划分隔离、访问控制、机密性与完整性保护、异常监测、入侵防范、安全审计等技术确保网络安全。（4）通过平台入侵实时检测、网络安全防御系统、恶意代码防护、网站威胁防护、网页防篡改等技术实现工业互联网平台的代码安全、应用安全和网站安全等。（5）通过数据机密性保护、完整性保护、数据备份恢复、数据安全销毁等技术，保障数据安全。

（三）推进关键标准研制，增强标准供给的国际竞争力

依托政府部门、产业联盟、龙头企业、高等院校及科研院所等主体，制定统一、综合、开放的基础共性和行业应用标准，推动优秀企业标准向行业标准、国家标准和国际标准转化。支持领军企业开展标准试验验证、标准专项申报、标准应用部署，同步推进试验验证环境建设、仿真与测试工具开发和推广。鼓励各类主体积极开展标准研制工作，参与国际标准、国家标准、行业标准制定。积极引进培育国际标准与产业组织，增强标准供给的国际竞争力。

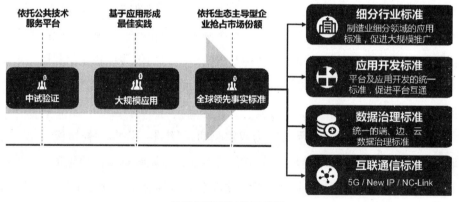

关键标准研制体系路径

二、从"产业数字化"技术要素出发，破除"卡脖子"技术封锁

当前，以5G、大数据、人工智能、云计算、AR/VR、区块链等为代表的新一代信息技术正在日益成为全球经济发展的重要驱动力。我国加速追赶全球先进水平，探索技术创新与工业场景深度应用。

底层核心技术	边缘计算 先进传感 云计算 人工智能（AI） 大数据 5G 区块链 物联网 工业设计	工业硬件	重大技术装备 工业母机 工业机器人 3D打印 激光 智能网联汽车 XR ……	工业软件	研发类：CAD、EDA等 生产控制类：MES、MOM等 信息管理类：ERP、SCM等 其他：BI类、SaaS类

"产业数字化"核心技术

（一）加强核心技术攻关，夯实产业基础

1. 强调攻关共性技术，提升制造业核心竞争力。产业共性技术具有通用性、关联性、系统性、开放性等特点，是产业高质量发展的"底盘"支撑，部分产业共性技术不可控已成为制约我国制造业核心竞争力提升的一大瓶颈。在核心技术攻关方面，主要路径包括：（1）提升智能传感器、智能装备、芯片与智能模块、工业控制系统、高端控制软件、工业机器人、高端数控机床等关键软硬件产品自主供给能力，为产业数字化发展提供全面可靠的源头供给。（2）加快数据采集、数据集成、虚拟化技术、数据处理框架、数据清洗、数据存储与管理、应用开发等基础技术研发与产业化，深化工业场景海量大数据价值的挖掘与展示。（3）加强数据建模、数据分析、应用容器技术、微服务等关键共性技术持续攻关，形成微服务组件的灵活调用与复用，为海量开发者汇聚、开放社区建设提供保障。（4）面向未来应用需求，开展边缘计算、5G、人工智能等前沿性技术部署，部署工业场景探索应用，实现新兴信息技术在数字化发展过程的赋能使能。

2. 面向重点领域提供高质量公共技术服务，赋能制造业全流程业务。重点面向电子信息、装备制造领域，先期聚焦模具、机床装备、AI机电、复合材料、电子智能检测等典型痛点场景，依托各个垂直领域的数字化行业服务商，向广大中小制造业企业提供新技术中试验证、认证检测、方案集成、工业软件、工艺包、数据治理等数字化技术服务，覆盖从设计研发到生产制造再到产品服务在内的全生命周期、全流程业务领域。

（二）以前沿技术为引领，实现制造业全方位变革

1. 以5G为引领，促进OT与ICT的深度融合。以封闭为特征的传统工

业体系架构正迎来剧烈变革，数字化新型体系架构正加速孕育。制造业数字化的本质是在以 5G、AI、云计算、物联网和边缘计算为代表的新一代信息技术推动下，OT（Operational Technology，操作技术）与 ICT（Information And Communications Technology，信息与通信技术）实现深度融合，进而通过打通数据价值化的全链路，实现智能控制、运营优化和生产组织方式变革。

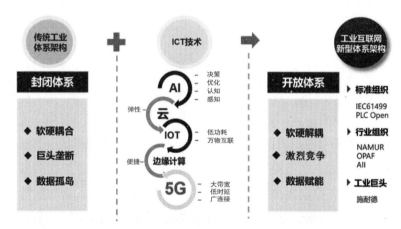

ICT 技术赋能传统制造业体系转型

构建基于 ICT（信息通信技术）的场景竞争力是中国发展数字化的切入点。欧洲工业巨头在电气化、自动化传统优势基础之上切入智能制造构建数字化竞争优势。美国在云计算 /IT（信息技术）领域构建了全球优势，从 IT 端切入工业互联网，继续巩固其全球 IT 产业优势。中国具有全球最完善的制造业场景、以 5G 为引领的全球领先的 ICT 产业与全球最丰富的工业数据，巩固和构建基于 ICT 技术的场景竞争力是中国制造业发展数字化的切入点。

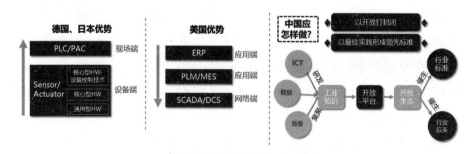

ICT 技术赋能传统制造业中国路径

2."5G+工业互联网"打造现象级应用。工业互联网成为互联网发展迈入新阶段,5G进入应用导入期的标志产物。消费互联网是4G时代的现象级应用,以面向消费者、标准单一为特点。工业互联网是5G时代的标志性应用,以面向行业、场景多元、标准多样为特征。智能物联是面向业务的智能化的应用与服务,具有智慧,感知、交互、智慧的特点。在5G低时延、高可靠、移动性和高密度的性能下,5G将开启一个万物互联的时代。通过5G IoT(Internet of Things,物联网)覆盖泛在互联、边缘计算、网络切片,赋能制造业高端化发展。

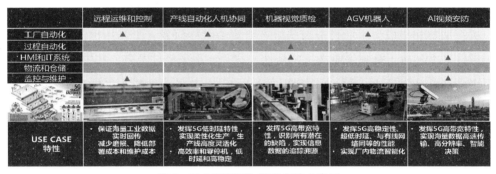

"5G+工业互联网"赋能制造业发展

3."AI+工业互联网"激活研发创新能力。AI(人工智能技术)和算法与工业互联网的结合主要体现在边缘计算层、工业PaaS(Platform as a Service,平台即服务)、工业App和设备终端层。(1)在边缘计算层,借助人工智能算法,面向制造设备、生产线、智慧工厂等不同层级,实现边缘智能应用(如实时监测分析、智能补配、能耗管理等)。如格林科技利用西门子工业互联网平台,每30秒进行一次实时监测分析,极大地提高了失效报警效率。(2)在工业PaaS层,人工智能为工业PaaS层提供TensorFlow、Pytorch、Caffe等多种开源开发框架,基于这些框架提供人工神经网络、贝叶斯、决策树、聚类分析、联合训练等丰富算法,对工业大数据的高级整合和数据价值深度挖掘(数据清洗、数据治理、隐私安全管理等),实现工业知识的积累和迭代。如中建钢构借助中国电信工业互联网平台,进行工业数据采集、清理和分析,实现生产效率提高20%,运营成本降低20%,产品交付周期缩短20%。(3)在工业 App 层，通过模块化、组件化、软件化为可复用的算法工具，并结合工业 Know-How，形成可复用、可执行的工业 App。如商飞将部分客机综合设计方案迁移到工业互联网平台，打通前端设计和后端制造，形成产品结构树，通过以工业 App 为核心的设计平台进行设计优化，实现设计工具的互联互通，加快迭代速度，提高设计效率。

4."产业元宇宙"虚实结合，打造下一代生产力工具。产业元宇宙，是数字世界对现实世界中社会属性、物理属性的精确重构与再创造，其内核技术变迁将制造业从"数据互联网时代"带入"空间互联网时代"，数据互联网的核心是对线上数据的采集和集成，而产业元宇宙则是对物理空间的海量数据进行采集和集成，由此形成新的生产要素，赋能研发、生产运维、供应链管理等各个环节，对制造业产生革命性变革。如小米黑灯工厂，基于数字孪生、虚实融合仿真技术（CPS）、全连接技术的 1.8 万平方米智能工厂几乎没有工人，却能每秒生产一部手机；吉利汽车使用 CPS 技术赋能新车设计、工艺开发、试产验证等各个流程，大大缩减了新车研制的周期。通过虚实融合仿真技术（CPS）、计算机视觉（CV）、虚拟现实（AR）、增强现实（VR）等技术，联通物理世界工业装备，构建产业元宇宙软硬件产业生态，将产业元宇宙作为"新型生产力"充分赋能产业发展，是未来制造业高质量发展的重要路径之一。

三、从制造业全流程出发，为制造业高质量发展注入"新动力"

数字技术正成为制造业不可缺少的发展驱动因素，贯穿制造业产品的全生命周期。从制造流程来看，数字化、智能化发展有助于打通价值链，促使商业模式创新，为产业高质量发展带来新动力。20 世纪 80 年代，在封闭的价值链中，通常企业只将部分零部件的生产制造分包给供应商。到了 21 世纪，在开放的价值链中，企业逐步开放，开始将工业开发等核心环节外包，并开始使用供应链管理、产品生命周期管理等软件建立系统的管理体系。价值链的不断延伸，数字化已经覆盖研发设计、生产计划、生产制造、物流运输、售后服务等全环节，为制造企业和赋能其数字化发展的解决方案商开辟了新的创新发展模式。

资产智能化	生产智能化	产品全生命周期管理	网络化协同
· 设备健康管理 · 预测性维护 · 能耗管理 · 远程运维	· 生产管控 · 工艺优化 · 质量管理 · 自主操作	· 产品溯源 · 产品设计反馈 · 用户体验反馈 · 供应链管理	· 产业链协同 · 资源配置优化

数字化赋能制造业全流程在垂直行业的应用

制造业企业数字化发展是在传统企业信息化基础上，实现研发设计、物料供应、生产控制、仓储物流、用户服务、产品追溯等全链条互联互通，能够全面提升企业数字化、网络化、智能化水平，提高企业市场反应速度，提升企业竞争力，使制造业发展上升到新台阶。总体来说，数字赋能制造全流程发展路径以生产流程（包括研发、生产、监测等环节）和非生产流程（战略决策、业务、服务、供应链管理等）的智能化、数字化切入，在缩短研发周期、增加采购实时性、提高生产效率与产品质量、降低能耗、及时响应客户需求等方面赋能。最终扩展到整个价值链，促进供应链协同，最终推动商业模式和制造方式的全面变革。

数字化赋能企业发展的价值体现

资料来源：麦肯锡DDC（北京）发布的《全面赋能制造企业数字化转型》。

（一）数字化深度渗透至制造业企业"三大"业务流，实现有机融合

通过工业互联网、人工智能、5G、大数据等技术，使数字化赋能制造业

全流程将企业的生产制造流、产品生命周期流和价值创造流三大业务流实现有机融合。通过三个"流"的集成和优化，实现软硬件和数据渗透交互，打造人、机、物全面互联的网络基础设施，聚合工业机理模型和工艺经验的沉淀，实现从数据到知识再到工业智能的价值化挖掘。从而，重新定义工业生产关系与组织方式。（1）通过打破产业、企业之间的边界，促进制造能力、技术、资金的共享流动，实现制造技术与生产能力的共享协同，不断优化先进制造与生产运营。（2）通过优化整个价值流程，改变设计、生产、管理和服务方式，驱动产品创新，通过多渠道深度交互，精准洞察用户需求，并借助数字化的先进设计工具和网络化的创新资源，组织打造智能新产品。（3）对客户的个性化需求实现更深入精准的把握，用实时的大数据分析来进行市场预测以指导生产和销售，并通过众包、众创来加速产品创新，高效驱动生产运营与持续创新。（4）借助工业互联网先进的数字化技术和强大的工业数据分析能力，支撑供应链协同和智能化决策，改进提升生产过程的效率和质量，优化工艺参数、降低生产能耗，并进行原材料供应的协同，驱动商业模式变革，推动金融业、物流业与制造业融合创新，促进原有产品体系和服务方式演进转变。

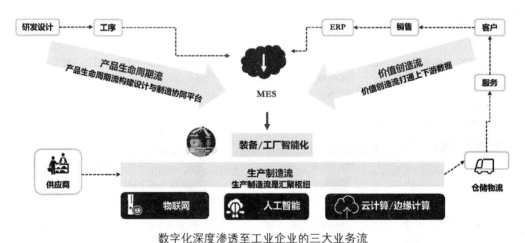

数字化深度渗透至工业企业的三大业务流

（二）数据赋能创新全流程，推动研发从实物验证转向虚拟仿真优化

提升技术革新速度以及缩短产品设计周期正是推动中国成为设计和工程活动中心的两大主要力量。根据麦肯锡调研报告，未来五年企业在优化研发方面

的三大优先举措包括：一体化的产品研制流程，更为敏捷的研发（软硬件研发，尤其侧重软件）和数字化研发。主要路径包括：

1. 数据驱动研发创新全流程。利用数字化技术替代或辅助研发全流程，在缩短研发周期、平台化和虚拟验证能力的基础上利用数据流动实现研发流程的变革，推动研发设计从实物试验验证转向虚拟仿真优化。通过协同设计，打破物理和时间限制，进而迈向基于数据的设计空间探索、创新方案发现和敏捷迭代开发。如整车制造领域，通过软件构建汽车三维模型和模拟驾驶环境，取代实际组装测试的开发过程，快速验证并改进设计，可将原有造型评审设计周期由16个月缩短至8个月以内。宁德时代结合工业 Know-How、大数据分析和人工智能算法探索各种材料基因的结合点，加速电解液、正极、包覆等电池材料的开发，缩短研发周期30%，降低研发成本30%。创维依托 SWICO 工业互联网平台，生产效率提高27.5%，运营成本降低20%，产品研制周期缩短32.3%。

2. 基于数字孪生，建立数字模型和复现产品设计，提升产品研发效率。数字孪生（Digital Twin）是由 NASA（美国航空航天局）于2010年提出，被认为是驱动未来飞行器发展的关键技术，初期主要应用于航空航天领域，包括机身设计与维修，飞行器能力评估，飞行器故障预测等，目前已被广泛推广应用到各行各业。通过集成多物理量、多尺度、多概率的数字化物理实体的虚拟实体，借助数据及算法模型等，实现优化物理实体产品的设计研发全生命周期。最终实现在数字空间完成设计方案的仿真分析、功能测试、性能验证，做到数据可回溯、系统仿真、协同验证，加速设计迭代。在相同试验标准下，通过数字孪生可节省约20%左右的时间和40%—45%的研发成本，其多维度、多领域的虚拟验证方式令其成为研发数字化关键。如波音公司通过数字孪生技术赋能波音777客机初期的研发设计，帮助波音公司返工量减少50%，研发周期缩短40%。东风公司通过数字化的设计工具，基于数字孪生技术，将经验技术和数据有机结合，将产品研发周期从36个月缩短至24个月，工艺设计成本下降15%，新产品质量提升13%。

（三）数据驱动赋能生产全流程，构建新型工业生产制造和服务体系

随着数据要素成为新的生产要素，制造业研发设计、生产制造、运行管理

等业务逐步向数字化迁移，构建"采集、建模、分析、决策"的数据优化闭环，应用"数据+模型"对制造业各环节进行状态描述和预测优化，已成为制造业数字化的关键路径，在各个领域展现出巨大赋能潜力。

1. 智能化赋能生产制造全流程，推动柔性化制造。通过信息系统的全面深度感知，数据的实时传输交换、快速计算处理，仿真系统的高级建模分析，实现定制生产、虚拟生产、协同生产，从而促进生产组织的全方位变革。在生产过程智能化方面，通过工业大数据的采集和集成，挖掘数据价值，融合工业Know-How，实现工业流程的闭环优化和动态调整，构建具有分析和洞察能力、自决策和自优化的智能化生产全流程。在制造过程监测方面，利用数字孪生等技术，建立生产装备、产线等虚拟模型，在虚拟空间实现生产过程监测。在柔性生产方面，利用数据对单件或小批量产品进行精准识别、资源匹配和生产全过程的精确控制，重构柔性产线，进而实现工艺流程不同，作业内容差异的多品种批量定制产品的柔性生产。根据"灯塔工厂"统计数据，利用大数据进行智能分析和维护，可使工业机器人故障率下降近10%，产品质量提升约70%。

数字化发展在生产全流程对人、机、物全面连接

2.数字驱动打造供应链运营全新模式，实现最优成本和供应效率。我国经济发展环境的复杂性、严峻性、不确定性上升，这要求企业重构端到端的业务流程，并做好基础保障和数字化支撑两方面能力，供应链作为企业与上下游相交的节点，是企业受到外部压力时首先产生问题的环节，也是体现敏捷韧性能力的关键。（1）企业内部通过开展全供应链的横向集成，实现供应链的协同。（2）同行业企业间，协同产业链上下游企业，统筹上下游资源，实现供应链各环节的高效运转。（3）推进跨产业、跨企业的供应链协同运营，形成可视、可追溯的集成智能供应链体系。

四、从制造业数字化发展主体出发，助力企业实现"降本增效"

从企业视角来看，数字化发展是指在新一代信息技术和数字技术等赋能下，将生产制造、经营管理等业务流程等物理信息转化成有价值的数字资产，从"降本、增收、提效"等企业核心目标出发，通过数据等处理、采集、集成、应用，最终赋能企业的商业价值提升的整个过程。

（一）领军企业整合全产业生态要素，引领制造业高质量发展

1.从外部驱动力来看，链主可以带动产业链的上下游企业数字化。大型企业率先实现数字化发展，但由于其供应商信息化水平参差不齐，常常导致需求无法及时响应。因此产业链中的核心企业（"链主"）往往不仅满足于自身业务的数字化需求，还希望对供应商进行数字化赋能，由自身数字化发展示范带动中小企业协同配套，链式带动集群产业数字化发展。例如，美的集团打造高效协同、深度互联的厨电产业链协同集群平台，有效带动了产业上下游，包括核心装备供应商、核心软件开发商、核心系统集成商及厨电供应链体系整体数字化水平的提升。

2.充分发挥"有为政府"对产业的引导作用，整合全产业生态。由政府、产业公共服务机构、龙头企业牵头整合全产业生态要素，赋能企业数字化发展中面临的基础性难点、断点问题。引导华为公司、阿里、腾讯、富士康等龙头企业的工业智能资源向整个行业外溢。通过"产业公共服务机构＋行业龙头企业"模式，建设公共技术服务平台，探索"平台＋机构＋基地＋基金"产业集群创新路径，推动电子信息、装备制造等核心制造业

产业集群数字化发展。同时创新联动，可以有效打通"政—产—学—研—用"，服务于创新链、产业链，探索出一条在新型举国体制下具有特色的新型工业化道路，为我国制造业集群数字化发展和产业高质量发展开辟新的路径。

（二）营造企业联动的产业生态，赋能中小企业的数字化发展

中小企业是我国国民经济和社会发展的重要力量，促进中小企业发展是关系科技进步、民生改善和社会稳定的重大战略任务。数字化开放性、普惠性的特点在某种意义上实现了大中小企业"平权"，是中小企业乘势突破的重要契机。（1）从企业需求来看，中小型企业的数字化需求愈来愈强。利用"链主"发挥大企业引领作用，促进中小型企业注重数字化发展，以实现生产制造的提质增效及供应链管理的高效运行。以龙头企业为抓手，带动产业链、供应链上下游中小企业"链式"数字化发展。（2）加强政府引导，相关资源适当向中小企业倾斜，促进各类服务要素向中小企业的需求集聚，通过强化财政支持，撬动龙头企业、社会资本合力推动中小企业数字化发展。

第三节　数字化赋能制造业高质量发展的经验分享

当前，随着数字经济的高速发展，全球数字赋能制造业高质量发展的临界点即将到来，把握数字化窗口期刻不容缓。各国抢抓新一轮科技革命和产业变革机遇，加速抢夺制造业发展制高点，数字化赋能制造业高质量发展成为各国带动经济增长的重要战略布局。制造业企业数字化发展也已从引导期进入成熟推广期，加快数字化布局是全球制造业企业的大势所趋。

一、国家层面：各国抢抓制造业数字化发展战略机遇，强化顶层设计

近年，世界主要经济体美国、德国、日本和中国等充分发挥政府导向作用，根据自身经济基础、产业特色，聚焦数字化推动制造业转型升级。纵观全球各主要工业国家和龙头企业的数字化路径，"政府引导、市场主导、企业主体、联盟支撑"的发展路径逐步明确，形成合力共同推动数字化创新发展。

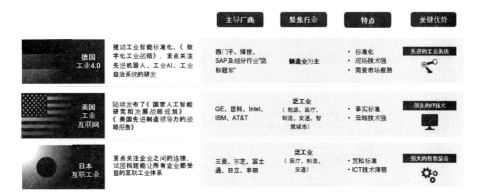

全球制造业大国竞相谋求制造业数字化新规则、新标准、新版图

（一）发达国家数字化发展领跑全球

美国是全球最早布局数字化的国家，在密集政策支持下，2021年，美国数字经济规模高达15.3万亿美元，占GDP比重超65%，蝉联世界第一。美国制造业企业处于产业链中上游环节占比较高，且行业龙头企业多，资本市场活跃，数字化战略为企业牵头"自由探索"模式和顶层设计"政府干预"模式并行的二元路径。2008年国际金融危机后，美国政府基于自身技术领军优势，先后发布《智能制造振兴计划》《美国机器智能国家战略》《先进制造业美国领导力战略》《关键和新兴技术国家战略》等一系列国家级战略，重点在"先进制造"和"企业回归"等方面推动制造业转型升级发展。2021年美国通过《美国创新与竞争法案》，将包括物联网、5G在内的数字化关键技术纳入资助范围，加速数字化战略落地。通过一系列政策支持、预算支持、智力支持等方面强力支撑，美国将其强大科技基础和信息技术与先进制造业相结合，加快技术密集型先进制造产业聚集，构筑了先进制造业高端化发展"护城河"。

欧盟则利用成员国众多、产业基础扎实等优势，主要通过"政府干预"全力推进数字单一市场。如德国作为欧盟的主要引领者，通过"工业4.0"等一系列国家战略强化其制造业竞争优势，在全球数字化技术标准及行业规则制定中占据主导地位。从2014年至今，德国围绕数字化德国先后发布《数字纲要2014—2017》《数字化管理2020》《数字化未来计划》《数字化战略2025》等一系列政策，强调利用"工业4.0"推动德国传统产业的数字化。2019年德国进一步提出"国家工业战略2030"发展战略，并将中美两国在"平台经济互联网公司全球独揽"作为德国工业发展的挑战之一，意在通过加大政府政策的附加力量，巩固新形成的相对优势。从德国系列战略部署来看，其目的是进一步打造工业生产全要素、全价值链、全产业链全面连接的生产制造服务体系。

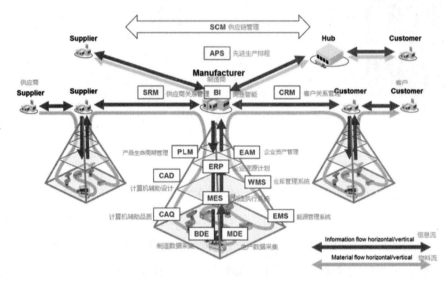

工业 4.0 框架体系

资料来源：雷万云、姚峻等编写的《工业4.0：概念、技术和演进案例》。

日本利用自身汽车产业及机器人产业优势，以"工业互联网"为核心抓手，重点推动基础研究和技术研发，提升工业装备的互联互通水平。日本是全球最早制定数字化战略的国家之一，于2017年提出"互联工业"战略，通过数据要素流动实现生产设备、研发技术、生产及管理人员等互联互通，涵盖自动驾驶、机器人、生物材料、工厂基础设施和智慧生活五大领域，旨在打造"社会5.0"，创造新附加价值。

（二）其他主要国家和地区紧随推出发展战略

其他主要国家和地区结合本国制造业发展现状及优势，也纷纷出台数字化发展战略。新加坡作为亚洲经济的引领者，具备良好的创新环境，率先实践"工业4.0"，紧跟全球数字化发展动向，加大对本国数字化技术突破、中小型企业转型升级的支持力度。韩国以建设"智能工厂"和"智慧园区"为主要抓手，积极布局制造业数字化发展，提出"科学技术基础计划"和"人工智能产业发展目标和投资计划"，成立专项产业支持基金，重点建设 3 万个智能工厂及 10个智能产业园，推助产业数字化发展。俄罗斯依托自身强大的工业基础、科技水平和军事实力，在数字化方面，着重信息基础技术的自主研发，通过《2024年前俄联邦发展国家目标和战略任务》《俄罗斯联邦数字经济规划》等一系列国家战略，部署新一代信息技术、平台解决方案等与智能制造、机器人等制造业领域深度融合，保障其科技领先地位。

（三）中国以政策推动，积极构筑数字化赋能新蓝图

我国是制造大国，制造业数字化任务重。在数字化发展战略方面，我国利用制造业规模庞大、底盘坚实的产业优势，积极构筑数字化新蓝图。在发达国家实施"再工业化""工业4.0"战略，不断推出发展数字化的新举措，通过政府、行业协会、领军企业等协同推进，积极培育制造业未来竞争优势的背景下，我国立足国情、着眼长远，积极应对挑战，抢抓全球制造业分工调整和我国智能制造快速发展的战略机遇，统筹谋划系列政策。印发《中国制造2025》《"十四五"国家信息化规划》《工业互联网创新发展行动计划》《"十四五"智能制造发展规划》等一系列国家级战略，从产业需求、技术标准、应用推广、安全保障、国际合作等多方面，引导企业在数字化方面走出一条具有中国特色的发展道路。

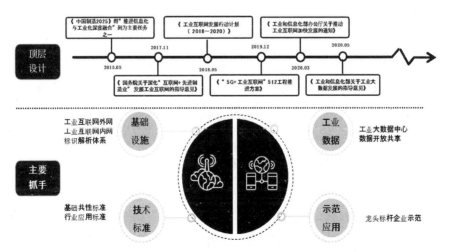

我国高度重视数字化发展战略

二、行业层面：数字化赋能制造业全流程，构建开放的数字产业生态

随着人力资源成本逐步攀升，各国陆续推出"智能制造""无人工厂""黑灯工厂"等制造业数字化发展策略，产值规模较大、附加值较高、依赖定制化的行业，如工程机械、汽车工业、电子信息制造业、高端装备制造业等，率先实践行业数字化发展。通过当前各行业实践数字化发展的经验，数字化发展可构建以底层技术为核心支撑，赋能制造业全流程，最终形成开放的全球化数字化产业生态圈的发展路径。

（一）注重底层技术支撑，打造产业"软实力"

通过人工智能、云计算、区块链、大数据、数字孪生等核心技术赋能制造业发展，助力产业实现商业、制造、管理与决策模式的全面转变，是打破行业信息壁垒，实现制造业高质量发展的重要路径。数字技术的广泛应用，是行业创收的新动能，加大底层技术研发投入，强化软件研发与硬件应用创新能力，提升企业核心竞争力，是对制造业企业高质量发展的必然要求。以数字化程度较高的汽车制造业为例，根据北大光华管理学院报告显示，汽车行业企业的数字化技术应用比例远超其他行业，如物联网（20.4%）、大数据（18.5%）和云计算（14.8%），数字化为行业带来的实际收益正逐步显现。德国大众集团，投资70亿欧元搭建软件研发部门，通过自有底层软件系统，全力推进数字化业务，打造"领先的汽车软件公司"，强有力地支撑自身企业实力提升。

（二）数字化赋能制造业全流程，实现"降本增效"

数字化赋能制造业发展，是目前制造业企业寻求升级转型的必由之路。面临全球数字化浪潮，同时得益于充足的技术和资金储备，各行业龙头企业纷纷布局数字化发展，通过数字技术赋能管理决策、研发设计、生产制造、供应链管理、售后服务、远程维护等全流程，最终实现"成本控制、质量优化、效率改善、价值提升"的发展目标。以工程机械行业为例，我国工程机械产业处于全球领先水平，三一重工、中联重科、徐工等企业位列全球十强，龙头企业以"远程运维"为切入点，积极推进"智慧工厂"建设，在数字化方面引领行业发展，如三一重工"18号厂房"为行业内第一个满产"灯塔工厂"，实现贯穿设计研发、生产制造到远程售后、运维等环节的全流程数字化。

（三）共创协同创新发展格局，构建开放的数字化产业生态圈

构建大小企业通融发展、产业链协同创新、价值链价值共享、企业能力开放的全球化产业新生态，是制造业实现全面数字化发展的关键。（1）以龙头企业为抓手，引导企业能力开放，实现优势互补，形成共生、互生和再生的利益共同体。（2）优化现有技术体系，构建以海量底层数据、共享模型、微服务框架等为基础的共享平台，实现知识共享。（3）培育开放共享生态，优化现有标准体系，保障参与方基础战略资源（数据、技术等）安全，保障数字化生态可持续发展，引发全行业变革。（4）加大全球技术合作，形成市场化、全球化的数字化发展新机制。

三、企业层面：领军企业争相布局数字化，"自下而上"引领产业发展

全球领军企业基于技术优势，早早意识到自动化、智能化、数字化的重要性。产业供给端，数字化"垂直服务商"向"平台型服务商"迈进。产业需求端，数字化要具有可持续性。

图标	企业	对数字化转型的看法	强调点
＞	埃森哲	埃森哲认为数字化转型是指物理产品在虚拟空间中的数字模型，包含了从产品构思到产品退市全生命周期的产品信息。埃森哲提出数字化转型是手段不是目的，转型的初心是帮企业解决问题创造价值。以终为始，企业首要要清楚自己业务或管理的瓶颈所在。有针对性地引入数字技术予以改造。	从产品全生命周期出发
McKinsey & Company	麦肯锡	麦肯锡数字化转型报告中指出数字化已经极大地改变了组织的运作方式，要想建立数字文化，做到真正的转型，只有通过改变领导团队和一线员工的思维方式和技能来实现。从传统企业到数字化企业的转型，需要变革公司文化、策略、组织架构和合作伙伴方方面面。	从人的思维及技术出发，建立数字文化
BCG	BCG	波士顿咨询（BCG）董事总经理陈果对于企业数字化的愿景则是仿生型企业。在他看来，数字化不仅仅是业务流程的数字化、智能化。更重要的是再造企业的商业模式和价值链网络。	再造商业模式和价值链网络
Deloitte.	德勤	德勤2020年发布《国企数字化转型全面提质增效》，认为"数字化转型"是运用新兴技术重新想象商业、组织面向未来的一个发展过程。数字化转型不仅仅局限在新技术的实施和运作，通常会对企业战略、人才、商业模式乃至组织方式产生深远影响。	新兴技术的应用
IBM	IBM	数字化转型实际上就是利用技术来重塑和改进企业。	技术应用，重塑和改进企业
HUAWEI	华为	华为发布《行业数字化转型方法论白皮书》，强调数字化转型是企业战略，强调新一代数字技术深入应用和物理世界与数字世界融合。	技术应用，物理和数字世界融合
(-)阿里云	阿里云	阿里云《新一代数字化转型》中，重视数字驱动，并将数字化转型按照平台、产业链、生态协同相关指标进行分级，阿里巴巴研究院认为，信息化改造和数字化转型的主要区别在于技术架构、需求特征、核心诉求、核心目标和技术体系实现五个层面。	数字驱动
SAP	SAP	数字化转型不仅是一个技术转型，通过彻底重构客户体验、业务模式和运营，采用全新的方式交付价值、创造收入并提高效率。	技术应用提升效率和价值

企业对数字化发展的看法

资料来源：艾瑞咨询发布的《中国制造业数字化转型研究报告》。

从全球来看，龙头企业"自下而上""自由探索"引领制造业数字化发展。GE（通用电气）作为制造业巨头，在金融危机后，率先开启全面数字化之路，GE于2011年成立软件中心，目标是打造工业领域的Windows操作系统，2012年提出"工业互联网"概念，并于2013年推出Predix基于云计算的工业互联网软件平台，全面推进数字化业务。全球重工业巨头卡特彼勒，于20世纪80年代末开始了对无人驾驶矿车的研制，2013年提出"精益制造"，2015年"智慧工厂"落地，带动了全球重工业企业的转型升级。日本小松，以"智慧施工"为切入点，利用ICT（信息与通信技术）、AI（人工智能）等先进技术实现将传统工程机械装备改造为物联网装备，通过工业互联网平台实现装备的远程监控、技术支持及维修，极大地提升了企业核心竞争力。2012年，德国将"工业4.0"上升为国家战略后，西门子开启了疯狂收购，不断加码工业软件，以支撑其数字化业务。2021年，西门子数字化业务年营业收入高达149.97亿欧元（约占集团总营业收入的25.44%），已成为全能型数字化制造解决方案供应商。

我国链主企业，如华为公司、美的、阿里巴巴、腾讯、富士康等，向内优化自身数字化路径，向外外溢其工业智能资源赋能产业链上下游企业。华为采用对象数字化、过程数字化、规则数字化思路，通过把现实世界中的对象进行数字化，将业务流程、业务规则纳入了数字化轨道，采集海量生产、管理数据，再通过算法和人工智能高效地支撑运营和决策。目前，华为不但实现了自身的全面数字化，也利用自身转型经验与行业深度融合，实现了技术外溢，成功转型平台型服务商。

纵观各类企业数字化之路，制造业企业的数字化目标可归纳为：（1）实现"横向集成"，贯穿供应商到客户不同企业，主要实现企业与企业之间、企业与售出产品之间的协同。（2）实现"纵向集成"，生产制造系统自上而下，解决企业内部的集成，解决信息网络与物理设备信息孤岛问题。（3）实现"端到端集成"，从设计到服务，围绕整个产品生命周期的价值链上的管理和服务，集成信息、物流、资金流。

第七章　数字化赋能矿业高质量发展

数字技术变革改变了生产力和生产关系，极大提高了社会生产效率和我国经济发展动能。与其他行业（尤其是金融、互联网等行业）相比，矿业数字化任重道远，波士顿咨询公司2021年发布的《数字化加速发展指数报告》指出，与冶金或化工等行业相比，矿业的数字化成熟度要低30%～40%。数字化赋能，帮助矿业企业更加有效获取矿产资源，降低生产和运营成本，通过各环节智能化和数字化转型，推动矿业实现绿色、高质量发展。

第一节　数字化赋能矿业高质量发展面临的挑战

矿产生产过程具有品种繁多、原材料来源繁杂、工艺流程长、工况环境苛刻等特点，这些特点对矿业数字化赋能转型带来更大挑战，主要体现在技术挑战（如开发条件、数据获取、技术融合等）、转型意识、"双碳"战略、预算能力和人才等方面。

一、技术方面挑战

（一）矿业开发条件对技术的挑战

随着工业化开采，地球浅部资源正面临枯竭或消失。为了工业经济发展，必须进行深部开采提高工业资源供给率，但深部开采面临着各种各样的技术难题，包括安全、效益等综合平衡问题。同时由于开采品位下降，在高原高寒地区新开发项目越来越多，对勘探、采矿、选矿等的技术越来越具有挑战性。

（二）矿业数据获取方面的挑战

1.矿产资源数据源的不确定性较高。矿业的核心是矿产资源，大部分稀有资源分布在地下，现有的地质勘探技术一般按照一定的勘探网度进行钻孔，再进行岩心（岩粉）取样、化验，通过建立地质模型指导后续的采矿设计、生产。因此矿产资源取样数据相当于抽样数据，不能百分之百确定矿石品位分布情况。在这个过程中，数据的准确性和模型的准确性都存在较大不确定性。

2.采掘生产过程数据无法实时获取。在采矿生产过程中，很多采掘设备本身是传统机械装备，无法进行联网通信以及数据传输，导致采掘数据缺失或需人工填报。

3.选矿生产过程数据不够精确。有色矿山金、铜等金属元素的含量很低，在百分之几至千分之几之间，如何实时获取矿石品位的精确数据从而更好组织后续工作是一大技术难题。

（三）IT 与 OT 融合方面挑战

矿业行业的基础数据大很多来自自动化的操作技术（OT），主要来源于边缘侧控制系统如组态控制系统、边缘智能系统（卡调系统、视觉识别等）、数据采集与监控系统（SCADA）、分布式控制系统（DCSs）、可编程逻辑控制器（PLCs）等。目前，矿企比较重视现场自动化的操作技术（OT），但对信息技术（IT）作用的认识和相互融合程度不够，许多矿业公司处于数字化转型的初始阶段，信息技术（IT）层面的生产信息化缺乏统筹推进，不能有效支撑业务开展，与上层管理信息化融合应用缺乏基础数据，数据质量不高，无法支撑运营管控和分析决策。

二、转型意识方面挑战

矿山普遍分布在偏远地区，矿企工作对于年轻人吸引力不足，导致矿企劳动力主要由中老年人构成，且呈现老年化趋势，作业方式以传统线下手工操作为主，技术支撑及基础设施较差。员工的数字化意识较为薄弱，有些员工甚至一些高管认为投资信息化建设不如购买装备见效快、有实物感。信息化建设周期长、新技术对人员素质要求高，还涉及业务和流程重组、组织和管理模式变革、跨部门多元主体参与和协调困难，导致矿企对数字化推进的动力不足。因此矿业领域，精细化管理的理念、建设智慧矿山的意识等，存在明显不足。

三、"双碳"战略方面挑战

随着全球气候变化对人类生存和社会发展构成严重威胁，越来越多的国家将"碳中和"上升为国家层面的战略。很多国家大力推动绿色低碳技术实现重大突破，抓紧部署低碳前沿技术研究，加快推广应用减污降碳技术，建立完善绿色低碳技术评估、交易体系和科技创新服务平台。未来，中国将着眼于建设更高质量、更开放包容和具有凝聚力的经济、政治和社会体系，形成绿色、高效和可持续的消费与生产力为主要特征的可持续发展模式。因此，数字化赋能和双碳发展成为当前矿企比较确定的发展趋势，也为企业带来多维度挑战。企业需将绿色低碳发展融入产业链和产品价值链全生命周期，利用数字技术推进企业的绿色低碳转型，先行者将获得未来行业市场竞争的"制高点"。

四、预算与能力方面挑战

目前，我国矿企信息化投入普遍偏低，例如，紫金矿业集团每年信息化投入大致占公司营收的 0.2% 左右，与必和必拓、力拓、嘉能可和巴里克等矿业巨头每年约 1.5% 的实际投入相比有不小的差距。主要原因在于信息化投入产出往往是滞后的、隐性的，短期内难以见到成效，有些理想化的预期也较难实现，容错氛围并未形成，无论是决策者还是实施者普遍保守，在短期利润与长期效益的竞争下，失败的往往是长期效益方。

矿企在数字化过程中面临自身能力与实际需求不匹配、数字化与实际业务的融合深度不够、缺乏数字化架构的深度理解、数字化应用存在分歧等挑战。同时，在信息化建设方面"重建设、轻应用"的情况仍然比较普遍，数字化发展不平衡、不充分的问题较为明显，不同板块、不同企业、不同业务领域数字化发展水平差距依然较大，建设与应用存在脱节的情况。

五、人员素质方面挑战

矿山生活相对枯燥乏味，随着市场化进程的持续，年轻人都喜欢在城市生活，不太愿意到矿山工作生活。矿业转型发展要求的人员素质与当前就业人员的结构存在一定的矛盾。以前资源开采属于劳动密集型产业，对员工的技术水平需求不高，矿业产业从业人员知识结构单一，大部分文化程度不高，学习新知识的能力较弱，对于数字化转型要求具备的能力不足，这与转型要求的大量高素质人员需要形成鲜明的差距。

第二节　数字化赋能矿业高质量发展的目标与路径

数字化为矿业的科技创新和运营管理模式带来颠覆性变革，不仅是对技术装备和工艺流程的变革，更是对矿企经营管理理念的颠覆。数字化赋能矿业是利用数字技术实现矿业生产、运营、管理、营销和服务全面的数字化，借此推动业务模式重构、管理模式变革、商业模式创新与核心能力提升实现矿业高质量发展，包括内部打通全流程、各环节数据采集、传输和共享，支撑敏捷生产、动态维护、精益管理、实时监控、高效决策；对外改善用户体验、支撑远程维护、构建产业生态等。

一、数字化赋能矿业高质量发展目标

通过深度数字化赋能，革新矿山开发和冶炼生产模式，突破矿业原有信息化的固定思维，从数字化赋能的支撑和赋能两个维度入手，有力促进矿业高质量发展目标的达成。通过生产和经营的深度数字化和智能化，助力打造"新环保＋新能源"的新方向。自主研发通用的数字化资产（矿业大数据集、AI模型、矿业数字化产品），基于区块链引擎，实现数据资产的确权、可信保存、安全交易，打造数字资产管理和交易平台。在落实"双碳"战略大背景下，建立和完善绿色低碳的可预测能源管控平台，以数字化转型带动生产的"减排"和"低碳"转型，同时建立碳资产和碳交易平台。通过数字化转型实现产业链上下游的业务一体化融合，实现矿业工业范式的根本转型。全面实现矿企所有生产经营与管理活动的数字化和平台化，即"三全"（全业务、全员和全过程）的数字化、智能化。建成矿业数字化生态大平台，打造新时代的矿业云工厂，打造新一代矿业智能化的新标准和新体系。

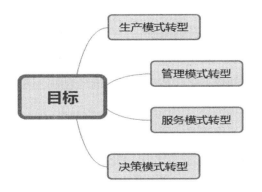

1. 生产模式转型：由传统生产模式转向基于工业仿真驱动工程设计、依据工程设计制订生产计划、生产计划指导生产过程、实际结果反馈仿真优化的闭环模式。

2. 管理模式转型：由传统的线下管理方式转向数字化管理、扁平化管理、移动式管理、赋能式管理等方式。

3. 服务模式转型：由出现情况后的被动式现场服务，转向基于物联网的智能监测服务、设备远程运维和预测性运维等主动服务模式。

4. 决策模式转型：由经验决策为主转向数据驱动决策、人工智能决策等决策方式。

二、数字化赋能矿业高质量发展路径

（一）数字化赋能矿业的实施原则

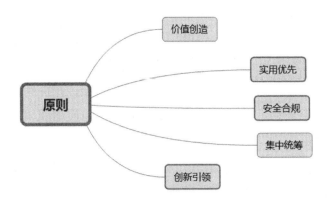

1. 价值创造原则。数字化赋能发展规划优先解决业务痛点、实现降本增

效、数据不落地、减少人工操作、避免人为干扰,围绕业务分析、流程优化、效率提升和价值挖掘推动业务的数字化。

2.实用优先原则。根据国内外同行和相似行业最佳实践,按照成熟、稳定、实用、性价比高的数字化转型发展方案进行规划,同时考虑未来的可开发性和扩展性。

3.安全合规原则。信息系统及数据应受到保护,确保安全可靠;信息安全措施应与国内外标准对标,同步考虑行业特点;各单位信息化工作要因地制宜,符合所在地法律法规。信息系统的使用,原则上应进行隔离,国外全面隔离划清边界,国内至少在数据层进行隔离。

4.集中统筹原则。自上而下集中统筹规划,完善数字化发展的体系机制,加强顶层设计、统一标准、统筹协调、各司其职、分步实施,在集团范围内最大限度地统筹资源,突出重点,避免盲目投资和重复建设。

5.创新引领原则。要从业务和管理需求出发,保持适度的前瞻性,充分发挥数字技术创新,引领企业实现高质量发展目标。

(二)数字化赋能矿业的关键业务环节

矿业包括黑色矿业与有色矿业,以有色矿产为例:有色矿产资源从开发到利用包括"地、测、采、选、冶"五大环节,在整个过程中涉及各种技术,包括基于移动互联网的生产任务下发和生产实绩收集,通过远程遥控和无人驾驶为采矿运输环节赋能,通过在线品位分析仪提升品位检测效率,通过图像识别提高选矿控制效果,通过磨、浮专家系统提升选矿整体智能控制能力,通过数字化赋能实现冶炼环节的自动化,等等。

1."地"指地质勘探,通过物探、化探等数字化的勘探技术确认矿产资源是否达到可利用级别以及具体分布情况。在勘探和取样环节,通过数字化技术编排打孔位置、密度以及矿石相关特性等数据,在得到矿石的化验数据后,将其与位置信息相结合,通过数字化支撑地质建模,形成三维地质模型。

2."测"是测量,指开采过程中进行各个炮孔位置、采掘(剥)工程量测定工作。测量环节与地质、采矿环节紧密结合。

3."采"指采矿环节。以露天采矿为例,分为穿孔、爆破、铲装、运输和排土等环节。通过数字化赋能实现生产计划的数字化编排，基于移动互联技术的任务调度系统，将每日的生产任务下发至工作人员的手机，安排相关作业任务，使员工到场后能够井然有序安排工作，实现移动化的采矿数据填报和数据收集。

4."选"是选矿工序，主要包括矿石破碎、筛分、磨矿、分级、粗选、精选、扫选，浓缩脱水等诸多环节。通过皮带秤、激光扫描系统等各类自动化装备，提升入磨数据、精矿产出数据的采集及精准度；通过在线品位分析仪、X荧光分析仪与实验室化验相结合的方式，提升矿浆品位检测效率，补齐实验室化验效率较低的短板；此外，基于人工智能的选矿控制系统，能够对泡沫进行图像识别，通过分析泡沫大小、移动速度和生存时间，自动控制加药量和吹气量，提高现场选矿效率。

5."冶"是冶炼，冶炼环节是一个相对连续的过程，自动化程度较高。基于生产管理系统和自动控制系统，可对熔炼、电解、制酸等环节以及各个子环节进行生产管理及自动控制，提升各环节的生产效率。对于需要人工参与的运输、装料以及吊装阳极板等环节，通过开展行车远程遥控等实践，加强数字化赋能，逐步提升冶炼环节的生产安全水平以及生产效率。

（三）数字化赋能矿业的"三步走"路径

数字化赋能矿业高质量发展可分为三步走：

1. 数据化。将线下手工为主的业务通过信息系统进行业务标准化、业务数据化，实现矿业核心业务的全面线上运转，全面建立数据采集通道；建立适应矿山生产管控和集团运营管理的数据平台，确保不同业务系统之间及境内外数据互联互通，支撑矿业生产模式和管理模式变革。

2. 数字化。应用云计算、大数据、物联网等新兴数字技术进行矿业数据全面汇聚、数据处理和数据提供，并与财务的人、财、物等模块打通，实现"业财一体"，支持全面预算；信息系统全面建成并持续优化，基本建成数据治理和运营体系；以业务创新为引领，带动流程和管理变革。

3. 数智化。运用人工智能、大数据、虚拟现实等技术进行数据智能分析和可视化展示，实现高效先进的数据治理和运营体系并持续优化，支撑运营的风险预测、全面预算等战略目标，带动服务模式和决策模式变革。

第三节　数字化赋能矿业高质量发展的经验分享

数字化浪潮下，一些优质矿企高度重视信息化、数字化建设，通过成立信息化工作委员会，并审议通过信息化工作发展规划，着力构建矿业现代化信息系统。例如，紫金矿业经过多年建设，已将数字化技术应用于矿产资源从勘探、开发到利用的各个环节，全面提升生产效率；成立紫金智信（厦门）科技有限公司、紫金智控（厦门）科技股份有限公司，专注于基础架构、运维保证、生产信息化、管理信息化，自动化和智能化相关业务，快速培养自主设计、研发和实施能力；自主研发的紫金方舟平台大幅提升自主可控能力，并向工业互联网平台演进；研发新一代人工智能应用技术、过程建模与优化技术、数字孪生技术，发展自主可控能力，逐步从基于流程驱动的业务系统建设模式转向适应专业化整合、平台化运营、产业化发展和生态化协同的系统建设模式。紫金矿业曾发布《关于五年（2+3）规划和2030年发展目标纲要》，提出建成先进的全球运营管理体系，建设绿色高技术超一流国际矿业集团的目标，强调将全面提升自主系统技术和工程研究、设计和实施能力，强化行业技术竞争优势，加快采矿技术与工程突破，全面推广应用"矿石流五环归一"矿业工程管理模式，构建全球化信息系统，实现所有生产经营与管理活动数字化和平台化。

一、基于矿山全生命周期的优化设计实现矿山综合效益最大化

从矿山资源开发利用的全生命周期管理角度出发，利用三维地质信息系统和三维可视化工具软件，实现地质资源管理、测量管理、采矿设计等功能于一体的矿山资源数字化系统，实现矿山地质资源模型的精确构建与实时更新，并通过数据存储、传输、表述、深加工和融合等数据处理环节，使地质资源信息在矿山地质、测量和采矿之间数字化流转，实现矿山地质资源信息的精准统计、高效处理和实时共享，支撑矿山规划设计，形成矿山智能生产的基础条件。另外，在生产过程中可以结合市场上大宗商品价格趋势以及生产成本，进行边界品位测算，动态进行境界优化和工程设计，提高资源利用率，最大程度实现"吃干榨尽"，达到矿山综合效益最大化。

二、智能装备与系统提升采矿生产效率和安全

露采矿山的穿孔环节，联合研发具备自动定位和穿孔能力的智能钻机，铲装环节，逐渐向远程遥控过渡，运输环节逐渐向无人驾驶过渡。通过建设露天矿卡车智能调度系统并结合矿山资源数字化系统，利用三维建模技术、算法逐步实现智能调度、智能配矿，同时建设边坡监测监控系统、地质灾害监测系统等安全监测系统，通过对设备集中管控、优化调度，提高设备利用率和矿山生产量，降低矿石损失和安全风险隐患。

地采矿山在凿岩、铲装、运输的主要动态性强的作业环节，实现采矿装备运行状态监控和高精度定位，通过实现无轨装备作业过程远程操控、有轨装备远程控制等功能，达到主生产作业自动化、危险区域设备自主运行、作业现场少人化无人化。辅助系统围绕按需通风自动化系统、无人值守排水自动化系统、充填自动化系统、提升自动化系统、操车与信号自动化系统、井下运输信集闭自动化系统、矿山安全避险六大系统的逐步完善与升级，建设地压监测、微震监测系统、实现井下人员精确定位，保障措施按需供给，作业自动化无人化，提升本质安全程度。

三、基于数据驱动和专家模型控制提升冶炼资源利用与绿色制造水平

立足冶炼企业多元素资源共生、来料品质波动大、选冶工艺流程复杂等特点，在已有自动化、信息化建设基础上，以"绿色发展"为导向，逐步实现冶炼生产、设备、能源、物流等资源要素的数字化汇聚、网络化共享和平台化协同，具备在工厂层面全要素数据可视化在线监控、实时自主联动平衡和优化的能力。建设全流程自动化/网络化智能控制系统、数字孪生AR（增强现实）工厂，建设智能化冶炼工厂，提高难选冶产品生产效率、减少资源流失、提高金属矿产资源的综合回收利用率，有效降低能耗。提高高性能电解铜箔、黄金加压预氧化等过程自动化控制水平，助力工业领域碳达峰行动，提高有色矿山选冶工艺的整体技术水平，提高国际竞争力。

四、智能生产管控平台助力矿企精细管理和降本增效

聚焦矿山和冶炼单元生产和运营的管理层面，对实时生产数据的全面感知

和收集，实现以"矿石流"为主线的生产过程优化，围绕设备、能耗、检化验、仓储等矿山核心业务主线，建设集成、智能、协同的矿山和冶炼业财一体生产运营管控平台。通过实验室管理系统，实现检化验工作的标准化、无纸化和数据贯通，工作效率有效提升；通过仓储车间库管理实现对二级库的统一管控，工厂原辅料、成品等物资仓储库存明显下降；基于合同规则结构化处理，形成合同单价数据库，同时打通业财数据壁垒，业务端产生工程量直接用于财务结算，各类成本暂估、费用结算流程所需要素及审批均实现线上无纸化，成本暂估和费用结算进程和效率大幅提升，实现业财一体。

通过对生产、能源、成本等数据的分析及生产全流程管控，实现精细化管理决策优化。以爆堆（矿房）为中心打通地、测、采、选、财务业务流程，实现设计、计划、施工、物能耗、人工、财务等生命流程闭环管理，辅助各类指标数据关联、根因分析，实现数据价值挖潜，提升生产工艺流程效率。通过矿山业财一体管控平台实现各类信息自动收集汇总，降低人工报表统计工作量；系统自动推送各厂处各级人员所需信息和数据，提升综合管理效率明显；各类审批程序均实现线上无纸化和可追溯，大幅提升各级管理者履职能力和合法依规能力。

冶炼实现计划执行与反馈、物流跟踪与平衡、资源平衡与调度、质量跟踪与追溯、成本核算与绩效分析、风险预测与控制、安全生产与环保管理，使得生产和管理过程透明化、可视化和高效化。通过精确的计划生产组织以及数据贯通，企业的各项生产和决策信息及时下达生产第一线，生产更加平稳，成本进一步降低，工厂整体有效生产能力大幅提升，通过全线数据在线贯通，降低生产资源成本及生产过程中的错误率，生产效率明显提高。全要素数据可视化在线监控、实时自主联动平衡和优化，对设备运行状态和参数进行监控和预判，设备运行效率提高 5% 以上，通过整体能源平衡和优化，降低能耗 10%以上。

五、业务系统与运营平台助力构建"简洁、规范、高效"管理体系

建设覆盖人力、财务、供应链，OA（办公自动化）、合同、建设、地质信息等业务的系统，实现业务全部线上运行。数字运营平台，基于大数据基础平

台，汇总生产经营管理中各环节数据，测算相关模型以指导生产经营实际情况，助力实现精益生产，建设生产财务统一的综合数据分析、监控平台。服务权属企业的经营管理基础上，结合行业内同类型企业相关信息，通过大数据从成本、产量、利润、库存等不同维度分析、监控，推动矿山、冶炼企业聚焦价值创造，实现公司整体价值最大化，助力公司运营管理体系优化，提升管理效率 30% 以上。通过业务系统及数字运营平台建设，实现各业务数据可查询、可检索、可审计，实现业务流程固化并持续优化，数据获取便利程度大幅提升。

六、全球供应链管理系统支撑高效和成本最优的供应链管控

供应链管理系统以 SAP 为中心，MDG（主数据）为数据底座，以 SRM（供应商管理系统）智能采购平台和 CPS（大宗商品购销管理系统）平台为核心，以 EM（紫金商城系统）作为补充，WMS（仓储管理系统），LE（智汇物流管理系统），TMS（贸易管理系统）等协同，涵盖从大宗商品、原材料、设备、工业品费用化的采购，仓储、报关、清关，转运，最终到产成品的销售，并与金融系统、海关监管系统、财务共享系统、合同系统、OA 系统、企企查等系统集成，打造完善的端到端的矿业物流供应链整体流程，为矿产上下游产业提供在线采购、销售、大数据分析、应用推广等一站式深度价值服务，提高整体工作效率，实现更加规范与高效的运作。

数字化供应链管理平台通过对价格、技术、品质等进行全面分析，辅助管理者快速作出评价，缩短上下游协同时间，并充分利用供应链物流上下游企业、用户的商流、资金流、信息流，为可检查、可追溯、可对比、全流程的大数据报表提供实时准确数据，提升管理数字化和决策智能化能力。

七、全面预算系统提升总体战略管控能力

全面预算管理系统从业务端发起，横向覆盖生产、采购、融资、建设、销售、资金投资等各生产运营领域，纵向满足从总部到班组各层级的管理需求，实现业务财务之间紧密联动，建立"全业务、全闭环、全内容"的全面预算管理体系，支撑集团全面预算管理需求。各级业务部门可借助全面预算管理体系汇总运营结果、分析执行差异、预测运营趋势等管理动作。

以全面预算管理项目的建设为起点与重点，将生产要素和生产条件形成全新组合，帮助建立起更加简洁、规范、高效的管理体系。通过预算模型及模拟测算与经营分析模型，打通战略—预算—分析三大模块数据壁垒，简化计划流程、辅助战略目标落地，实现及时传递数据、追踪数据来源、定位问题、及时调整生产经营方向。全面预算管理系统包括目标设定，业务计划，预算编制，预算执行，预算调整，预算分析，考核评价等各个关键节点，实现全面预算全闭环管理，让各子公司、部门之间的业务、财务指标联动，穿透业务流程实现资源的最优化配置，助力集团长期战略目标实现。

第八章　数字化赋能建筑业高质量发展

当前，世界百年未有之大变局正在加速演进，世界之变、时代之变、历史之变正以前所未有的方式展开。世界充满了不确定性，全球知名管理咨询大师拉姆·查兰对此做了详细化描述："我们这个时代的不确定性远远超过了以往任何时期，无论是在变化规模、速度还是迅猛程度上，都与过去根本不在同一数量级上。"正视不确定性，以数促实、用数字化赋能千行百业成为确定性的共识。建筑业，既是实体经济的典型代表，也是公认的数字化程度较低的产业，加快数字化转型成为必然选择。

第一节　数字化赋能建筑业高质量发展面临的挑战

数字化赋能建筑业实现高质量发展，已成为行业共识。国际数据公司的信息简报显示：全球约 72% 的建筑企业表示，数字化转型是推动其业务流程、业务模式及生态系统变革的关键优先事项；约 64% 的中国建筑企业将数字化转型列为当务之急。但有别于其他传统行业，建筑工程具有资金投入大，多专业、多关系方、管理分散、标准化程度低等特点，增加了建筑企业在各个层级、维度中的转型难度；同时，其典型的项目特征也使得建筑企业难以借鉴或复制其他企业的成功模式，在自上而下系统性全面数字化转型之路上还任重而道远。

一、转型定位模糊，计划部署受限

随着数字化转型成为"十四五"时期建筑业的重要改革内容，建筑企业正在加快深入开展数字化转型。其中，变革定位的准确与否直接会对企业的整体转型产生重大影响。但在实际执行中，一些企业管理层在数字化愿景和转型定位方面存在目标不清晰的情形，即使意识到数字化转型的重要性，但如何找准定位、制订合适的转型计划，许多企业高层感到束手无策，导致在推动转型中感到困难重重。

要想数字化赋能达到预期，企业的各个组成部分需要进行全面的数字化变革，而不仅仅是某一个部门或业务体系，需要从高层开始，涉及思维、流程、结构乃至整个商业模式的变革。在一些建筑企业转型过程中，对于数字化转型缺乏系统性认知，定位过低，未将其定位至顶层架构上，仅对部分 IT 系统进行优化和升级，或只在职能部门等局部单位引入信息化管理软件，从而导致转型无法深入，浮于表面，数字化赋能的价值无法真正显现。

此外，建筑业所具有的独特性，涵盖产业广，生产周期长，发展脉络重资产等特点与其他行业不同，因此难以借鉴或学习其他行业的成功案例。在此情况下，对建筑企业管理层战略部署和转型计划的创新能力有更高的需求和要求，需探索属于自己的转型之路。同时，新南威尔士大学商学院管理与治理学院教授乔治·申克尔（George Shinkle）认为，建筑行业的特点是资金投入大、利润低、财务管理较松散，整体管理较为传统，这给创新改革环境提供了较小的自由度和容错率。这种相悖的行业特点使得高层在制订转型计划时，要受到更多的限制和承担更高的风险，导致实施时放不开手脚去推进数字化。

二、外部标准各异，内部系统割裂

1.外部标准各异。企业转型过程中需要产业链上下游同步转型进步，才能实现数据流通，产生数据价值，而建筑行业的产业链长，跨专业领域广，参与方众多，对于数字化转型的协调一致性和发展同步性要求较高。但是，在实际生产过程中，各单位诉求不一致甚至可能相悖，各专业数字化发展进程不同，标准参差，缺乏明确统一的规范标准，使得工程项目全生命周期内各个阶段的数据协同难以开展和进行。

2.内部系统割裂。建筑企业内部的数字化转型也面临相同困境，没有打通数据，以碎片化的单点系统建设，无法支撑系统性转型需求。数字化面临业务分割和组织割裂导致数据孤岛：筒仓效应导致各业务线相互独立运行，无统一标准；分层级和分专业的业务组织之间术语不统一等。数字化呈现单点碎片化，未形成有效的连接和协同，致使公司内部各层级的管理和业务不通，数据和资源共享困难，协同化决策受阻，无法形成整体价值最优。

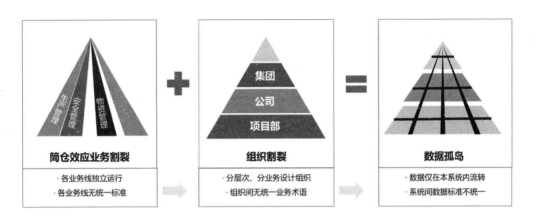

三、工具国产化滞后，自主可控待加强

因国产建模软件起步晚于国外，到目前为止，建筑项目中数字化建筑信息模型建模涉及的软件依旧较大程度依赖于国外大型厂商，标准也主要由国外厂商主导，这导致了国产建筑信息模型软件缺少数据标准，在开发过程中提高了技术壁垒，加大了核心技术的研发难度。与此同时，除了国内少数大型厂商，当前已开发应用的国产建模软件虽在一定程度上实现了自主化，但是更趋向于完成项目内各阶段各专业的独立作业，应用场景较单一，一个项目中可能涉及多个厂商的不同软件介入来分别解决问题。而由于知识产权、合规协议、数据标准等关键标准的缺失和管理混乱，造成了各个软件厂商不同数字化工具间衔接困难，数据共享不畅的局面，限制了工作效率的提升，增加了项目中的出错概率和交流成本。

另外，建筑信息建模管理平台，作为建筑业数字化的重要支撑之一，其集成应用与管理也存在困难。因建模各参与方采用五花八门、参差不一的建模软件，其接口不一，兼容程度低，导致管理平台无法及时且全面地收集项目各阶段各专业的数据，难以形成畅通的数据和信息交换，无形中给建筑项目数字化的进程设立了又一道关卡。

四、数字人才短缺，培养制度待建

数字人才短缺的困境，是多数行业开展数字化面临的显著挑战之一，建筑业也不例外。市场调研集团益普索与优达公司联合发布的一份《人才转型报告》显示，将近一半的企业（46%）由于内部缺乏数字人才，导致无法实现全面和系统的数字化转型。这份报告还指出，56%的企业在过去的六个月里很难招聘到具备他们想要的经验水平的新员工；其中包括了寻找具有相关经验或合适技术技能的求职者，雇用和保留高技能员工的竞争加剧，以及长期空缺的高精技术职位。过去两年的疫情加重了这样的人才缺口，随着人才稀缺情况的严峻，企业的关键成长能力首当其冲。为了保持竞争力，企业需要跟上不断变化的技术进步，然而目前的企业内部人才缺乏数字技能，转型和进步就会停滞不前。

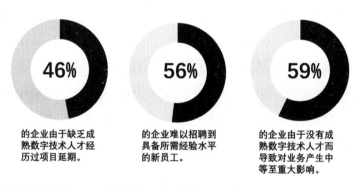

资料来源：益普索与优达公司联合发布的《人才转型报告》。

此外，咨询机构知识点在其发布的报告《在大流行后的世界中重建：重建技能》中强调，在大流行后的经济重建努力中，需要投入更多的精力和关注在重点行业相关的数字技能构建上；作为一个分支庞大的行业，建筑业涉及的领域和人员众多，企业更应该重视从业者数字技能的培养。该公司渠道服务主管托马斯·卡尔松（Tomas Karlsson）表示，数字技术是设计工程的关键。需要注意的是，提高从业者数字技能的基础水平时，还应该确保开发和培养雇主真正需要的技能型人才——对于建筑工程和施工行业来说，即建筑信息建模和其他数字化技术。概言之，建筑企业亟待加强对转型所需的数字技能人才的培养力度。

第二节　数字化赋能建筑业高质量发展的目标与路径

建筑业在科技发展驱动、企业低效倒逼、"双碳"要求推动、消费升级拉动下，产业转型升级促进高质量发展大幕已经拉开。数字化赋能建筑业高质量发展是将新一代信息技术与工程建造相融合而形成工程建造创新模式，从建造方式、经营管理、市场形态、产品形态以及行业监管等多方面重塑建筑产业。

一、数字化赋能建筑业高质量发展目标

建筑业发展的手段和方式不断创新，但围绕工程项目开展生产和经营活动始终是建筑产业的主要特征，项目成功代表了建筑企业的核心竞争力，影响着建筑产业的可持续发展，因此"让每一个工程项目成功"是数字化赋能建筑产业转型升级的核心目标。参照"英国政府对建筑业2025的策略和要求"，"让每一个工程项目成功"是指工程项目在满足质量和安全的前提下，建筑进度加快50%，建筑成本降低1/3，二氧化碳排放量降低50%，并实现质量零缺陷，安全零事故。

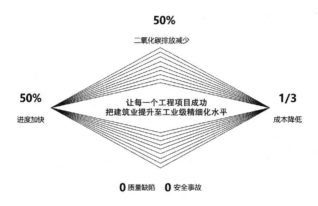

*项目成功指标，参考英国政府对建筑业2025的策略和要求

资料来源：广联达科技股份有限公司编写的《数字建筑白皮书（2019）》。

1. 项目进度加快50%：对建筑企业而言，进度加快就是减少工程成本。当前的工程项目规模越来越大，所需资金量多，资金成本高，加快进度将有助

于资金快速回笼，获取更多投资效益。此外，对建筑业而言，工程进度的加快意味着施工带来的影响时长缩短，可减少施工对社会的干扰，让生活更加便利。

2. 项目成本降低 1/3：对建筑企业而言，企业成本偏高是造成利润率普遍偏低的重要原因，倘若项目的成本能降低 1/3，建筑企业的利润将大幅上升；对建筑业而言，成本降低 1/3 意味着减少了物资、人力等浪费，节省了对资源的消耗。

3. 二氧化碳排放量降低 50%：《中国建筑能耗与碳排放研究报告（2021）》显示，2019 年我国建筑全过程碳排放总量占全国碳排放比重 50.6%。降低建筑领域碳排放，对实现"力争 2030 年前实现碳达峰、2060 年前实现碳中和"目标具有深远意义。

4. 质量零缺陷：对业主而言，交付一个工业级品质的建筑产品是满足人们消费升级，提升客户满意度的关键。对建筑业来说，绿色、健康和智慧的高品质建筑产品也是满足人们对美好生活和工作环境的追求，实现美丽中国美好愿景的重要支撑。

5. 安全零事故：建筑业是高危行业，每年的安全事故死亡人数相比其他产业来说一直居高不下。安全零事故对改善建筑业的从业环境，提升产业生产力水平有重要意义。

二、数字化赋能建筑业高质量发展路径

在数字化赋能建筑业高质量发展过程中，经历了些许挫折，实际效果与期望存在一定差距。归其原因，当前建筑业数字化业务分割、组织割裂，导致出现数据孤岛；单点碎片化应用，难以形成有效连接与协同；偏重流程驱动，未能形成数据驱动的有效预判和决策，亟须通过"系统性数字化"推动全要素、全方位、全链条数字化转型，实现产业链一体化、业财一体化、项企一体化，打造全生命周期数字化管理能力。因此，数字化赋能建筑业高质量发展应聚焦系统性数字化，围绕项目、企业、产业三层重塑新场景。

（一）"数据＋连接＋算法"是系统性数字化本质

系统性数字化的本质，是在确保数据质量的前提下，用最小的代价获得准

确、及时、全面的数据，建立责、权、利清晰可靠的业务连接，利用"数据＋算法"，驱动现场精细化管理、支撑企业乃至建筑业精准决策。

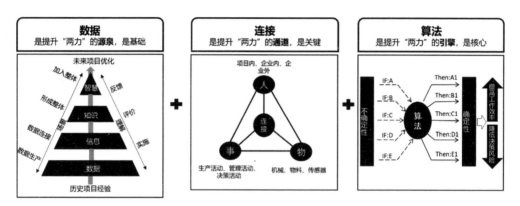

资料来源：广联达数字建筑研究院编写的《建筑企业数字化转型之路：从战略规划到落地执行》。

1. 数据是数字化赋能建筑业高质量发展的源泉，是基础。在数据采集过程中，需要保证数据的准确性，无修改、无掩饰、自动收集；保证数据的及时性，无延时、无丢失、无地理限制；保证数据的全面性，覆盖核心业务的生产要素、生产活动、管理活动。

2. 连接是数字化赋能建筑业高质量发展的通道，是关键。连接的最终目标，是实现责权利清晰可靠的业务连接。需要明确的是建筑业习惯仅仅从技术角度考虑数据连接，没有考虑责权利问题，这样所谓的"连接"是存在问题的，数据连接应与业务结合，实现数据与业务的双连接。

3. 算法是数字化赋能建筑业高质量发展的引擎，是核心。由于"数据＋算法"不仅能够驱动业务管理，还能有效支撑企业经营决策。例如，基于数据＋AI 的项目大脑，能够实现业务层面的智能调度与控制；通过描述性分析、诊断性分析、预测性分析、指导性分析等方式，反馈数字决策与控制中心，让系统判断变成现实，并实现 PDCA 循环。

（二）系统性数字化驱动建筑新场景

围绕建筑业高质量发展，系统性数字化将带来建筑业全产业链的全面升级，对项目层、企业层及产业层的场景进行重塑。

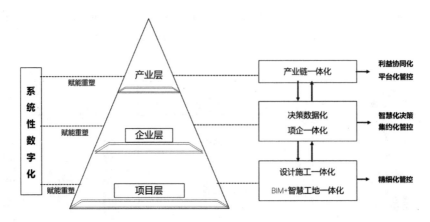

资料来源：刘刚在中国—东盟建筑产业互联网发展高峰论坛上的演讲。

1. 在项目层，数字设计平台以施工组织和资源配置最优化为目标，通过"数字虚拟建造"，提升设计方案的可实施性。在建筑模型基础上，通过附加工程建造所需的工艺工法、定额、工料等信息，形成施工信息模型，对施工活动中的人、财、物、信息流动过程进行全面的仿真再现，以"虚拟试错"的方式避免实体建造中的各种问题，降低成本、缩短工期、减少风险，增强施工过程中的决策、优化与控制能力。

设计施工一体化在设计阶段可贯穿概念设计、方案设计、初步设计、施工图设计等各阶段设计和分析应用；在施工阶段可用于各专业深化设计、施工策划与场地规划、方案比选与优化，施工过程中的进度、质量、安全、成本等各方面管理，以及人员、机械、物资、环境等要素管理等。

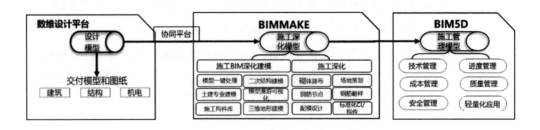

BIM（Building Information Modeling，建筑信息模型）+智慧工地一体化管理系统则是以工程项目为载体，聚焦工程施工现场，紧紧围绕人、机、料、

法、环等关键要素，综合运用 BIM（Building Information Modeling，建筑信息模型）技术、物联网、云计算、大数据、移动互联网等信息化技术及相关智能设备，与施工过程相融合，对施工生产、商务、技术等管理过程进行赋能，提高了施工现场的岗位效率、生产效率、管理效率和决策能力等，实现了工地的数字化、精细化、智慧化管理。

2.在企业层，项企一体化能够实现企业整体管理效能升级。"管理"上的"项企一体化"是指通过企业横向各部门之间和纵向企业与项目之间数据的互联互通，打通项目与企业数据，以及业务与职能数据，实现作业可控、指挥高效、决策精准。"数据"上的"项企一体化"关注于从数据本身挖掘更大的管理价值，通过 IoT、BIM、移动端等技术实现项目自动抓取数据、公司自动汇总数据，提高数据的采集效率和准确性，实现数据穿透、信息贯通。

3.产业层的数字化，是以建筑产业互联网平台为载体，构建建筑业多方共赢、协同发展的生态系统。通过建筑产业互联网平台，助力行业建立起工程项目全要素、全产业链、全价值链的连接，优化行业内全要素配置，促进全产业链协同发展，提高全行业的整体效益水平，支撑建筑产业向工业级精细化方向转型升级；可保障产业链相关方在平台上大规模、生态化聚集，共同完成建筑的设计、采购、生产、施工与运维，形成一个功能强大且极具竞争力的商业生态集群；可实现"产业链垂直融合、价值链横向整合、端到端的撮合"，连通直接产业链与间接产业链，形成开放、共享、生态共聚的产业新生态。

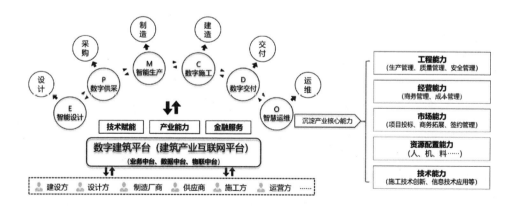

在建筑产业互联网平台建设的过程中，业务中台、数据中台、物联网平台

及技术平台的搭建极为重要。其中，（1）业务中台要把产业服务的核心能力组件化，赋能业务差异化持续发展。（2）数据中台能拉通数据，最终在数据沉淀层面结合主数据的建设，实现用数据赋能，通过数据驱动来实现业务的增长和发展。（3）建筑行业工业级物联网平台则以连接管理为基础、以设备管理为核心、以应用开发为体现、以数据分析为潜能、以安全管理为保障，连接项目现场全要素，为项目现场管理的数字化赋能。（4）技术平台如 BIM 平台建设，关键在于提供覆盖建筑全生命周期、先进的国产化 BIM 解决方案。

（三）建筑新场景——建筑元宇宙

在数字时代，"三元世界"（主观意识世界、客观物理世界、数字世界）共生发展成为显著特征。从某种程度而言，作为"三元世界"典型代表的元宇宙，将开启数字化发展的新篇章。具体到建筑业领域，元宇宙的作用也不容忽视。"二元世界"中的建筑产业，从设计、施工到运维，需要遵从各种各样的规范，设计师按照规范出图，建筑师按照规范进行实体工程的建设，试错成本很高，如果产生问题也是不可逆的，毕竟拆了重建的代价太大。而在"元宇宙"时代，只需要修改电脑中的代码就可以推翻一座建筑物并重建，而无须考虑现实世界的巨大成本和周期，设计师的成果可以先在数字世界中进行模拟仿真和分析优化，由此产生最佳的设计及建造方案之后，再进行实体工程的建设，从而以更小的成本、更高的效率交付品质更优的建筑。概言之，在元宇宙中，建筑业从设计到运维将得到颠覆性重塑，实现以虚映实、全数字化样品的新设计，以虚控实、数据驱动的新建造，以实映虚、虚实融合的新运维。

第三节　数字化赋能建筑业高质量发展的经验分享

建筑业上下游产业链长、参建方众多、建造过程及环境复杂，使得数字化在建筑业的整体应用和推进中始终较为缓慢。根据世界知名咨询机构波士顿咨询相关调研分析，医疗、汽车、物流和零售等行业已进入"数字颠覆价值链"和"数字主导价值链"阶段，而建筑领域的数字化应用仍处于"数字化提供附加价值"的初级阶段，远没有享受到数字经济"红利"。另据美国麦肯锡咨询公司的相关统计数据表明，建筑业总体数字化程度在实体经济数字化程度中排名居于倒数第二位，仅高于农业。由此可见，建筑业数字化发展缓慢、程度较低，是一个全球范围的普遍共识和现状。

总体而言，当前建筑业数字化转型发展正处在"摸着石头过河"的探索阶段，相关参与主体有必要广鉴经验、相互学习，才能更快、更高效、更低成本地实现既定目标，不断收获数字化转型发展的"红利"。

一、行业层制定整体发展大规划

建筑业数字化转型是一项复杂工程，应秉持党的二十大报告所提出的"系统观念"，要着眼于系统性思维系统化地统筹推进。在这方面，有必要以我国制造业在推进智能制造发展过程中所采取的相关行动和措施作为经验参考，来思考建筑业在系统性推进整体行业数字化转型发展中应如何站高位、谋全局，以夺胜旗。

关于智能制造，国务院在 2015 年发布了《中国制造 2025》战略，是我国立足 30 年实施制造强国战略的第一个十年行动纲领；同时，为落实此项战略部署，工业和信息化部、国家标准化管理委员会在 2015 年即共同组织制定了《国家智能制造标准体系建设指南（2015 年版）》，并建立动态更新机制，至 2021 年 11 月，已更新发布了《国家智能制造标准体系建设指南（2021 年版）》。此一系列站高、谋全的行动举措，对促进我国制造业向智能制造、制造强国发展擘画了清晰的蓝图并打下了坚实的基础。

建筑业数字化与智能制造从定位和重要性上基本完全等同，都是关乎整体行业面向未来的一项宏大发展愿景，是紧跟世界发展趋势、实现行业转型升级的关键所在，均需要站在全局、终局的角度制定大规划加以指导推进，才能有望取得预期成效和目标。当前，建筑业数字化发展正处于初级阶段，参考智能制造推进经验，从整体行业层面，应适时研究并出台行业级甚至国家级的全局性战略规划，明确建筑业数字化转型发展的总体目标、推进步骤、实施路径以及总体内容等，以引导全行业各相关方面能够通力合作、凝心聚力，把建筑业数字化转型发展所面临的各项挑战、任务等切实落到实处，从而系统性地推进整体建筑业实现数字化转型。同时，以智能制造推进举措为鉴，在制定建筑业数字化发展战略规划的基础上，也应同步启动建筑业数字化标准体系建设，研究并发布《国家建筑业数字化标准体系建设指南》，以明确建设建筑业数字化转型发展标准体系的总体要求、建设思路、建设内容和组织实施方式等，并应配套建立标准体系的动态完善机制，并切实加强组织落实推进，以更有力、更系统地支撑、推动建筑业数字化转型发展。

二、企业层聚焦核心业务数字化

任何一家企业，基本由两大价值体系构成，即核心业务价值链和支撑价值链。其中，支撑价值链所包含的内容在各类型企业中基本相当，大体包括人力资源管理、财务管理、行政管理等方面的业务内容，其作用主要是为核心业务的顺利开展提供基础支撑；而核心业务价值链，是企业向市场及客户创造价值的主体组成部分，是一个企业的生存根本，不同行业企业不尽相同。就建筑业而言，建筑企业的核心业务价值链主要聚焦于工程项目建设阶段，包括规划、立项、设计、招投标、施工和运维等环节。通过总结众多建筑企业数字化转型经验不难看出，企业数字化转型成功，或能快速取得阶段性效益的关键就是，企业数字化应聚焦其核心业务的数字化，而不是相反。

如某建设方企业，通过 AI+IoT 等数字化手段，使工程项目生产中的各项要素及业务过程实现了数字化，通过汇总分析，以图表等形式直观呈现工程管理数据，助力了工程项目精益管理的实现，开拓了"零距离、实时性、全过程、全方位"的项目管控模式，实现了建造效率提升、成本节约、工程品质提高的目标。又如某施工企业，借助建设基于物联网搭建的智慧工地平台及相关配套标准和指标体系等，进行了企业层面的智慧工地全覆盖，打破了各项目智慧工地的孤立不通局面，实现了企业各工程项目全量数据的共享与整合，并基于此，实现了全集团层面的统筹管理、资源整合及指挥调度，极大提升了企业整体生产效益。另如某设计企业，为实现其企业的数字化转型，搭建了三位一体的数字设计平台，利用数据驱动的一体化设计，实现了岗位层的设计智能化，项目层的业务一体化，以及企业层的数据资产化。整个企业的项目运作和管理围绕数字设计平台开展，取得了良好的效益。从以上各案例经验可以看出，只有当企业瞄准核心业务开展相关数字化建设，才能快速取得实质性成效，才能使企业对数字化转型发展树立信心、夯实决心，才能使企业数字化建设进入良性循环运转，使企业综合实力、核心竞争力及品牌形象不断提升到更高水平。

三、项目层推进集成化业务模式

工程项目是建筑业总体发展的基本单元，也是建筑业数字化的基本单元。总体而言，所谓建筑业的复杂性，其实质就集中体现在工程项目的复杂性上。从宏观上来讲，建筑业的数字化由于涉及整体行业而呈庞杂之态，所以需要诉诸系统性思维来统筹谋划；从微观上来看，由于工程项目本身的高度复杂性，其数字化建设也需要从系统性思维出发，来进行全局性思考与建设。

从纵向上来看，各建筑企业的核心业务及其数字化建设都是为支撑相关工程项目而展开的，其实这就解决了工程项目业务数字化的问题；那么从横向角度来看，工程项目数字化的核心或关键问题，就不再是其相关业务本身数字化的问题了，而是其相关业务数字化的集成贯通问题。很多工程项目数字化最佳实践经验也表明，项目数字化的总体价值发挥，很大程度上依赖于其实行了集成化的业务模式，如有的实行了工程总承包（Engineering Procurement Construction, EPC）模式，有的实行了全过程工程咨询或建筑师负责制等模式，也有具备相关条件的项目所采用了集成项目交付（Integrated Project Delivery, IPD）模式。

追本溯源，项目数字化的本质目标之一，就是要对工程项目关键环节相关业务，甚至全过程全量业务的信息实现集成化、协同化管理，以使总体工程项目投资效益最大化。在这个目标下，工程项目采取集成化业务模式开展，就是对项目数字化推进的有效支撑。原因是，项目的数字化是以项目的各具体业务为载体运转的，如果业务本身割裂，就会形成大量以服务各项割裂业务为核心的数据孤岛、信息孤岛，在这种情况下，也许会实现局部效益最优，但很难实现总体项目的效益最优，甚至会带来一定程度的总体效益折损。总体而言，应该认识到，在整体工程项目数字化应用的框架下，项目的业务模式为"体"，项目的数字化为"用"，要积极采用能支撑数字化之"用"发挥最大价值的集成化业务模式之"体"，才能真正实现工程项目的数字化价值，才能促进实现让每一个工程项目成功的目标，从而从根本上推动整体建筑业的高质量发展。

四、找到对的使能伙伴是成功关键

数字经济赋予建筑业新的生态内涵，推动建筑业从单一的"产业生态"转向"产业+数字"融合发展的双生态。数字经济时代，数据成为关键要素，大数据、人工智能等数字科技成为核心驱动力，特别是随着 BIM、AI 辅助设计、智能建造等技术及能力日趋成熟，数据驱动、数字科技赋能建筑业发展将成为必然。大量的科技类公司入局建筑业数字化，为建筑业带来了数字化的生态力量。这些数字生态，融合建设方、设计方、施工方、供应商等产业生态，共同组成了建筑业的新生态。

构建建筑业双生态，需要"两类主体"通力协作，共创共赢。（1）产业运营者，如深耕建筑业的建筑实体企业，其产业积淀深厚，代表了产业的最高生产力，是产业生态的核心主体，还有建筑企业的科技运营公司，是建筑企业进行数字化转型的内部承担者。（2）数字化使能者，比如，与建筑业相关的科技企业、各类平台服务商、应用服务提供商等，虽不具备建筑业业务能力积淀，但拥有赋能数字化转型的技术优势。产业运营者找到对的数字化使能伙伴、借力对的数字化使能伙伴，将是其高效、高质量实现全面数字化转型成功的关键。总体而言，两类主体通过优势互补，砥砺前行，将共同推动建筑业双生态的形成及整体行业的高质量发展。

1.横向上，在产业头部企业的各个业务环节上，比如，营销、设计、采购、建造、运维等，企业的数字化运营公司基于数字平台服务商提供的相关 PaaS 平台等，通过二次开发，可快速形成符合其企业特点的定制化业务平台+App，沉淀其先进的产业能力，实现其企业的业务数字化，完成单业务环节的数字化整合。同时，数字化运营公司还可以通过为产业头部企业生态中的中小企业提供 App 服务，赋能中小企业，统一数据标准，提高企业在整个生态的竞争力。还没有加入生态的中小企业则可以通过数字平台服务商的数字化服务，迅速达到头部企业的数字化标准，快速接入生态中来，不仅增强了自身抵抗风险的能力，也壮大了头部企业生态力量。

2.纵向上，通过数字平台的强大整合能力，将各个业务平台打通，实现各业务生态的一体化，完成价值链的生态融合。通过横纵的双向打通，"一纵到底、一横到边"，越来越多的企业可以实现数字化升级与价值链生态整合，产生产业链贯穿后带来的高效联动效应，最终打造出建筑产业新生态，实现整个建筑产业的转型升级。

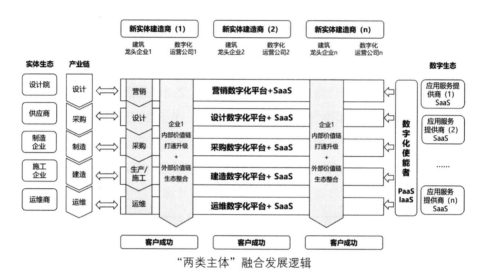

"两类主体"融合发展逻辑

资料来源：广联达数字建筑研究院编写的《建筑企业数字化转型之路：从战略规划到落地执行》。

第九章 数字化赋能交通高质量发展

当前，伴随着新一代信息技术的快速发展，交通已逐渐与人工智能、大数据、云计算、5G、物联网等先进技术深度融合，在传统人、货、载运工具移动的实体物理逻辑上，叠加信息化、智能化、数字化辅助工具，实数融合，在综合交通全生命周期一体化基础上进一步优化交通资源流动速率、配置模式、联动能力和标准化程度等来提升交通运输安全和效能。数字化已成为促进国家综合交通一体化、智能化、绿色化发展，赋能提升交通综合能力、服务品质、运行效率、整体效益等高质量发展的重要手段。本章将从数字化赋能交通高质量发展的挑战、目标与路径、经验分享三方面展开论述。

第一节 数字化赋能交通高质量发展面临的挑战

交通产业作为国民经济基础性、先导性的生产性服务业，在中国整个国民经济日益增长的过程中扮演着重要角色。随着社会不断向前快速发展，各领域发生了翻天覆地的变化，也产生了不同程度的变革，交通产业也不例外。国家提出"十四五"规划，重点强调了"交通强国"战略目标。交通产业面临着来自经济发展、人民物质文化需求、科技进步等多方挑战。深刻洞悉外部与内部的关键挑战是如何建设高质量的交通，如何建设交通强国的重要前提条件。

一、外部产业数字化需求的挑战

作为国民基础设施领域，交通产业是全面建成现代化强国的重要领域，一直承载着极为艰巨的历史使命。由于交通产业独特的外延性，其与外部各类因素联动性极强，整体互补性、协同特性明显，密不可分。交通产业不可避免地面临着外部因素带来的诸多挑战。

（一）社会发展需求

我国进入"十四五"发展阶段，社会整体发展需要更加高质量的交通产业作为强有力支撑，需要交通发展由追求速度规模向更加注重质量效益转变，由各种交通方式相对独立发展向更加注重一体化融合发展转变，由依靠传统要素驱动向更加注重创新驱动转变，构建安全、便捷、高效、绿色、经济的现代化综合交通体系，需要一流设施、一流技术、一流管理、一流服务，为构建世界前列的交通强国，为全面建成社会主义现代化强国提供坚强支撑。

（二）高质量服务需求

社会对发达的快速网、完善的干线网、广泛的基础网，城乡区域交通协调发展的需求达到了空前高度；尤其是"全国123出行交通圈"（都市区1小时通勤、城市群2小时通达、全国主要城市3小时覆盖）人流需求和"全球123快货物流圈"（国内1天送达、周边国家2天送达、全球主要城市3天送达）物流需求，旅客联程运输便捷顺畅，货物多式联运高效经济；智能、平安、绿色、共享交通，城市交通拥堵基本缓解，无障碍出行服务体系；交通科技创新体系，交通关键装备先进安全；交通治理体系和治理能力现代化；交通国际竞争力和影响力，无一不是对交通产业提出迫切的高质量服务需求。

（三）全球经济环境要求

全球竞争格局调整、增长放缓的趋势显现。一是全球供应链体系面临竞争与调整的压力，区域产业链深度一体化成为全球化趋势，中国与区域内国家，特别是与"一带一路"沿线国家地区的经贸联系将更趋紧密；二是全球经济可能面临新一轮产业转移和分工，非洲、南美等发展中国家地区，在工业化发展过程中会加强与中国的产业链联系。在这一背景下，加快形成以国内大循环为主体、国内国际双循环相互促进的新发展格局，对交通领域的发展提出了更高层次的要求。另外，"双碳"目标的实现，需要交通领域转型，加快绿色发展步伐。地域、人口等因素都呈复杂局面，需要更加多元化交通应对；同时，整个经济进入发展新阶段，需要高质量精准性的交通领域服务供给。这些外部因素都对交通产业提出严峻挑战。

（四）技术发展牵引

数字化时代的技术迅猛发展，在各行各业得以深度融合，尤其是新型产业的技术格局日新月异，交通领域亟须顺应数字化趋势，与各产业协同发展。与其他领域相比，交通领域体量大、牵扯面广、参与方众多的特点，在技术融合应用层面仍有欠缺统筹、标准、共享、深度一体化融合等痛难点。因此，在大数据、数字孪生、人工智能、5G通信网络等新型技术突飞猛进的背景下，为顺应技术发展变革，协同一体化、全链条发展，交通产业领域需要加快应用技术，统筹推进基础设施和新型基础设施、融合基础设施、创新基础设施的建设，打造系统完备、高效实用、智能绿色、安全可靠的高质量现代化基础设施体系，充分联动其他相关领域、互相促进，携手共创时代发展新局面。

（五）多主体诉求

航空、港口、陆运、海运、铁路、公路、城市交通等交通行业涉及主体众多，职能监管主体、运营主体、终端受众存在着各方不同诉求。不同参与主体对同一交通管理、服务、运营的需求，同一参与主体对不同交通行业需求也存在较大差别，甚至不同时空、不同季节、不同周期诉求各异；而且随着时间推移，数量呈指数级增长和变化；面对如此巨大体量、动态多变的人流、物流诉求，以及领域中各方利益诉求的平衡难点，已较难通过传统的交通建设模式和形态解决和发展，需要应用叠加新一代技术手段、更加智能处置方式方法达到较为平衡的多主体诉求。

二、内部产业一体化协同的挑战

除了外部带来的各类挑战，交通产业内部自身也存在一些掣肘困难，主要表现为交通领域数字化基础相对薄弱、多行业的横向协同不足、交通产业全链路纵向整合乏力等挑战。

（一）数字化基础薄弱

交通领域行业错综复杂，且数字化规划起步和节奏不一，数据覆盖率不足，数字资源分散，数字技术与交通领域融合不够充分，数据资源开发有限，数据质量有待提升、信息系统集成应用不够等一体化、统筹化发展困难。例如在交通领域基础设施层面的终端感知采集环节，多源异构数据的收集传输、统一存储尚缺乏统一融合应用标准，需进一步规范建设与运维。

（二）交通领域多行业协同问题凸显

回望人类交通产业的发展历程，交通领域垂直发展的条状特征较为明显，海、陆、空不同行业之间的互联互动较少。长期的信息隔阂，各自的行业规范标准相对独立，给信息交流传递协同应用带来不小障碍。比如，航空、水路、陆路、高铁、高速公路经过漫长发展历程，形成自己相对封闭的行业形态特征及行业独特的数据信息模式，如何打通各类运载工具信息、整合优化交通资源，联动共享，搭建泛在互通的一体化交通协同网络体系，输出更加高品质的交通服务，是摆在一体化综合交通的现实挑战。而这些都要求其在新一轮技术时代背景下通过数字化变革，创造性地完善自身组织结构，不断扩展交通领域内涵和外延，寻找多途径去解决行业间协同互通、共生共荣。

（三）全产业链路整合困难

整合层面面临如何针对性地开展交通资源的汇聚和统筹，需要从更高层级促进交通产业发展也是当前需要考虑的重要问题。另外在资源层面，基建粗放式发展，所需的自然资源供应方面巨大。建设投入资金资源，传统模式投入金额巨大，资金来源方式、资金组合形式亦为重要课题，这同样影响着产业链路的重塑整合。与此同时，社会支持资源复杂多样、参与者众多，牵一发而动全身，交通领域面临社会多方意见及利益博弈都为交通领域自身的产业链路整合带来不小挑战。

第二节　数字化赋能交通高质量发展的目标与路径

在交通数字经济时代的更高要求与更强需求下，面对交通产业内部与各行业间协同发展的痛难点，置身于数字经济与新一代信息技术发展浪潮中，传统交通产业亟须把握全新数字化发展契机，设立赋能/转型目标、理通赋能/转型路径、规划赋能/转型蓝图、把握赋能/转型节奏，以数字化构建全新交通产业引擎，以数据化沉淀庞大行业数据资产，以数智化提升行业业务协同效能，实现交通产业的"人享其行，货畅其流"。

本节结合交通产业典型场景，阐述数字化赋能交通产业的目标和路径，描

绘数字化赋能 / 转型以终为始的蓝图。

一、数字化赋能交通高质量发展目标

数字化赋能交通产业，以交通管理者、交通参与者、交通服务提供者三大主体为对象，以业务流程为运行基石、以数据为连接纽带、以智能化为决策辅助，拉通行业业务、协同产业上下游，实现政府监管部门的"数优其治"、交通参与者与货物的"数强其行 / 流"及交通服务提供者的"数保其供"，最终实现港航、轨道、公路等综合运输的产业赋能。

（一）七大转变：数字化赋能一体化综合大交通产业提质升效

数字化赋能是指把数字化意识、数字化思路、数字化技术、数字化保障、数字化运营植入并渗透进传统交通业务的全部方式总称，传统交通业务通过数字化赋能，将实现原有运行模式的七大方面转变：由"被动"向"主动"转变、"低效率"向"高效率"转变、"各自为政"向"规范化集约化"转变、"粗放式"向"精细化"转变、"单一性"向"多元化"转变、由"千篇一律"向"创造性个性化"转变、由"封闭式"向"开放式生态化"转变。

1."被动"向"主动"转变。作为具有较强服务、治理属性的传统产业，交通产业相比于其他服务类产业，其服务体系与能力仍多以被动式响应为主。传统交通建设思路及运行逻辑通常是被动适应需求，服务具有较为明显的滞后特性。通常的业务场景为不断增加各类交通设施、形成体量更大的服务范围，以满足交通行业人流、物流需求。该模式通常不能从根源上解决交通资源优化配置问题，随着规模增大，问题越积越多。而在数字化驱动下，整个交通领域服务以数据为牵引、以智能为工具，能够实现信息收集、服务 / 监管量化、动态跟踪、快速指挥响应、无纸化服务等；同时还可以将服务前置，强化需求引导和事件预警，形成主动可感、主动可知、主动可为的新型数字化大交通产业模型。

例如，在公路交通治理方面，若遇高速公路突发事故，道路数字化基础设施将主动感知发现状况，提前预警，通过广播、广告屏、公众号、新媒体等多途径、手段将信息推送各相关交通参与者，开展交通分流、避让等主动干预措施，避免被动式反应带来的交通堵塞、二次事故、重复警情等不良连锁后果。

数字化赋能实现交通监管、交通服务、交通运行实现从"被动"向"主动"转变，将帮助优化交通管理效能、提升交通主动服务、实现交通产业的一体化运行，有效优化道路时空资源使用，提升社会效益。

2."低效"向"高效"转变。数字化的流程、数字化的技术，使交通产业各环节，交通一体化整体运行更加顺畅高效。例如，城市交通大脑实现的一体化平台，交通场景数字孪生可视化的呈现，将终端数字信息秒级传递给指挥决策中心，在数据链路里"光速传"，在数据中台中"高速算"，在业务模块里"并行转"，数字化信息互联互通为交通产业运行带来指数级效率提升。

例如，公交车到站实时查询、高速公路口自动收费快速通行、公共停车位资源信息实时更新等应用场景都是通过数字化的采集、演算、发布得以实现。政府交通职能部门、运营企业等交通业务系统协同航空、铁路、地铁等客运信息，为公众提供线上"一站式""多式联运"的高效服务；交通运输服务 MaaS（Mobility as a Service，出行即服务）"高效互联便捷"的全流程的电子客票服务为交通出行提供高效率便捷、经济、可靠的服务，真正实现，向数字要速度。

3."各自为政"向"规范化集约化"转变。伴随着数字化赋能的过程，数字治理已经成了当下的重要课题。数字技术、数据资源为搭建交通产业一体化平台、拉通产业链上下游资源的规范化集约化建设提供了可能。它将交通各行业领域中的共性信息、流程、模式、方法、实践经验加以总结提炼，形成共性资源、统一能力，形成真正的数字化赋能发展。同时，通过业务、流程、技术的规范化标准化，实现了交通领域全生命周期的管理与服务，并采用匹配的量化监管手段，使流程规范化、考核标准化。

在实践中，数字化赋能涵盖基础设施、物联感知、网络通信、计算存储、数据融合分析决策、软件信息服务、智能应用、网络安全等多个行业标准，同时包含领域的统一模型、统一描述语言、统一评价方法标准，以及交通基础设施、规划、建设、运行以及持续经营的相关管理标准、跨部门、跨行业业务协同、接口交互性标准，等等。例如，通过交通设施设备一体化运维平台，可实现不同设施设备运维服务的全流程规范化闭环处置，包括资产盘点、在线监测、异常报障、运维派单及评价考核等。另外，新兴的 BIM（Building

Information Modeling，建筑信息模型）等技术在交通产业领域已逐渐被用在规划、设计、建设运营等全流程环节，成为交通产业领域一个覆盖时空领域的重要统一底座平台，也是数字化赋能交通产业化的重要案例。

4."粗放式"向"精细化"转变。数字化赋能产生了数据这一新型生产要素，准确、实时、颗粒度小的数据又使精细化的管理与服务成为可能。数字化让交通产业不再依靠"大概""预估"等"神仙数"运行，而是可以通过"某时某分某地某个"的具体数值来支撑交通资源供给、服务、管理等精准实施，使交通领域的全链路、全生命周期呈精细形态成为可能，例如，数字化赋能可以使政府交通职能部门制定更加精细化的交通需求调控政策，利用数字孪生、出行服务平台大数据等技术手段，全面性、细颗粒度的精准掌握城市交通需求的时间空间分布状况，交通资源供给状况，运行规律等，引导实施精细化绿色共享出行，提高交通设施资源利用率。比如，实现交通路口实时管控，交通流量波动实时监测等精细化的管理模式，动态管理路口交通通行方案，实现随交通实际流量的自适应绿灯长度调节。在港航领域，对港口物流吞吐量在时空维度的精准掌控，支撑配套服务设施、人力、物力优化调配，加强港口的数秩化运转；航空领域的服务班次、机场规模、配套餐饮可通过实时数据深度赋能精细化票务、乘机、接送机等服务，提升其"无微不至"的整体服务能力。

5."单一性"向"多元化"的转变。在数字化思路与技术赋能之下，交通领域将交通基础设施的构建将从单一性转向多元化复用性的交通网络发展，例如，早期的单一交通物理设施网络独立构建（公路网络、公共交通网络、轨道交通网络）将转变为大交通体系下的多方式复合模式，形成交通领域内多种异源交通深度融合共存、精准协同的物理设施网络、运输组织网络、交通诱导体系网络、运算决策中心网络等。交通承载力将由单一转向多元复合交通供给模式，提供多元化丰富的高质量交通服务。

6."千篇一律"向"创造性个性化"转变。数字化赋能主张提供一体化的规划、统一化的平台、全链条的服务，而这一切沉淀的数据资产，形成数据资源池、模型库等，提供"千人千面"的服务，以满足多种多样的交通产业需求，释放更多的数字资产红利。可持续的数据资产积累、多主体的数据资源靶向服务，使构建创造性、个性化的"百花齐放"交通产业格局成为可能。

7."封闭式"向"开放式生态化"转变。在传统交通领域中，不同的交通细分行业垂直独立设置，各自为战，呈封闭式状态开展业务服务，久而久之，不同行业越封闭，越难以协同，形成恶性循环。加之交通领域的数据种类繁多，来源多元化，主要有交通运输管理部门（综合执法、运管、路政、公路运营等）、交通管理部门（交管、交警）、运输生产单位（运输企业以及渣土、工程机械、互联网出行等企业）、信息服务单位（出行信息服务平台、车队管理运营商、停车信息服务、网络货运平台、物流、汽车维修电子档案、联网售票）等类别，数据形态各异，难以交汇共享。在传统交通领域中，这些数据单独存放在各个业务系统中，孤岛众多，形成信息壁垒，难以融合分析提炼，在数字化赋能过程中，将以数据打通传统"烟囱式"结构，形成更加灵活良性的开放式生态体系，互相取长，合作互惠，实现全领域协作分工、优势互补。

（二）一个愿景

数字化赋能交通产业，以"以数增效""以数优服""以数强产"为锚点，聚焦交通监管方、交通产业服务方、交通参与者，形成一个人、货、路、车、场、站的数字化赋能圈，打造起行业互促、服务共优、产业同强的数字化交通产业示范。

1.整体目标。把握交通强国的国家战略带来的历史机遇，以提升人民获得感为核心使命，着力提升交通服务水平，着力提高现代化交通治理能力，着力促进构建更高水平交通数字经济新模式。在交通产业数字化转型浪潮中，运用新技术、新应用、新模式先行先试，探索新型交通数字化建设、构建以数据为核心的场景创新、可持续化交通运营模式，全面提升交通产业建设的智慧化水平。促进物联网、云计算、5G、大数据、AI等先进数字技术与交通领域的深度融合，建成便捷顺畅、经济高效、绿色集约、智能先进、安全可靠的现代化高质量综合立体交通网，支撑城市人口、空间和产业演化，支撑城市经济社会转型和高质量发展，最终达到精准感知、精确推演、精细治理、精心服务。

2.具体目标。数字化转型最终需要面向人流、物流，解决其具体需求。通过数字化赋能，以达到人享其行、物畅其流、工具资源集约高效的目标。简言之，交通数字化转型为乘客提供个性化、差异化、便捷化的出行体验；实现畅通的货物流转，提高物流效率、降低社会成本；通过资源调度将交通领域资源要素联动优化，达到优化配置、高效输出目标。

（1）人流。实现安全、便捷、个性、舒适的出行体验。其中，关键环节是通过连接轨道、公交、网约车等多种出行方式，整合各类动静态交通出行基础数据信息，搭建智慧出行服务平台，实现运营调度、支付清分、信息服务等体系的一体化，为乘客打造一站式智慧出行服务。同时，用数字化手段为出行场景提供更加低碳高效的解决途径，实现交通产业链和供应链绿色化。

在数字化过程中，出现很多先行实践案例。比如，面向慢行出行交通参与者的慢行交通引导系统。以步行＋公交、公交＋自行车的慢行交通出行方式，提供手机移动终端服务，精准定位每个区域空间，提供有效出行导流指引。另外，还有通过在商务区人流量密集的商圈、交叉口、地铁出入口处建设多功能触摸屏体，随时提供多媒体广播、查询多种交通出行方式及动态信息服务等。

在上海虹桥区域，推行的步行引导系统，对虹桥周边的整体交通出行体验十分重要。该引导系统支持手机移动终端服务，能精准定位到室内的每个区域空间，包括关键字搜索、地图转换、最优路径规划、模拟导航等功能，提供有效出行导流指引。另外，虹桥商务区公共服务信息屏接入相关功能，为公众提供更为便捷的出行指引，包括交通信息服务屏，提供虹桥机场到港航班、市内交通信息及位置说明、提供商务区核心区会展、商业、旅游、文化、酒店等特色信息。同时，虹桥片区还探索开展一站式出行体系建设，打造"出行即服务"的 MaaS 系统，实现实时、全景、全链交通出行信息数据共享互通，建设融合地图服务、公交到站、智慧停车、共享单车、出租车、充电桩等统一预约服务平台。将多元交通模式等基础要件整合在统一的服务平台上，基于数据融合共享、互通互用，运用大数据技术进行资源配置优化、决策，建立无缝衔接、以出行者为核心的全新交通系统；并使用移动支付手段，提供符合交通参与者出行需求、更为灵活、高效、经济的出行服务。个性化的"门到门"服务进一步减少了私家车的使用，提高了交通基础设施利用效率，降低了因为拥堵引起的污染排放，提高片区的舒适度，同时提升交通领域运作效率。

（2）物流。提升物流运输能力、仓储能力、供应链能力架构形态，精准匹配市场数字化场景需求。打通物流运输信息链，利用数字化技术推进物流生态的信息系统互通，提供全程可监测、可追溯的一站式物流服务；提高供应链资源配置效率，提供最优的物流供应链解决模式，减少成本、提高效率、增加效益；加快发展高效物流新模式、新业态，实现物流全链路透明化和全场景生态化，最终达到物畅其流。

物流行业将从机械化、自动化到智慧化发展，通过数字化赋能，应用物联网、云计算、大数据、人工智能等新技术构建新型智慧应用，例如，无人作业仓库、无人港口等实际应用场景，各种物流环节中的 AGV（Automated Guided Vehicle，自动导航车辆）、机器人的应用，运输环节中车货匹配以及各种无人驾驶技术不断升级应用，配送服务环节中各种无人机配送和送货机器人的出现呈现多元化个性化创造性的新形态，整个交通领域的综合管理、平台之间全流程、端到端的数据联通模式等，都将大大解放生产力，提升整个交通领域运行效率，推动整个社会经济不断向前发展。

（3）工具流。数字化赋能下的交通产业的工具流实现交通资源与交通需求精准高效匹配。交通领域全要素、全链路的整合调度，实现横向跨行业、跨地域、跨要素优化，纵向垂直产业链上下游各环节价值重构。在数字化转型协同人、货、车、路、场、站等对象，实现对各类运输资源的精准高效匹配调度。通过数字化技术优化交通出行时空与方式，实现在复杂环境提供最优的实时运行指挥决策，让车辆运行更高效、调度更精准，市民安全出行，提升车辆运行效率最终达到建立人、车、路协调运行的新一代综合交通运行协调体系。

例如，在城市公共交通网络服务中，依托数字化转型，应用智能算法构建智慧公交服务系统，打造智能调度平台。打通数字流转渠道，构建全链条智能安全管控平台，联动公交数智运营，实现市民 App 预约出行；并根据公交定位系统，打造精准公交，利用 5G 实现全链条精准管理，助力公交运营管理全面提升。

部分地区已开展无人循环巴士服务热线，依托大数据、5G 通信技术，人工智能分析技术，自动分析城市交通出行需求热力图，自动规划循环巴士路线，通过搭建手机 App 预约及调度平台建设，对乘客需求的智能响应，再通过网络平台自动调度，实现线上预约、线下体验、按需响应的全新公交出行模式，增强居民区、商业中心、办公地块轨道交通站点等交通需求热点之间的联系，大大提升公交出行服务品质。

二、数字化赋能交通高质量发展路径

数字化赋能是一个体系工程，包括数字化意识、数字化思路、数字化技术、数字化保障、数字化运营的全面建设与可持续升级。根据交通产业各典型行业的数字化建设思路、成效等总结，规划引领、业务构建、体系保障、可持续运营数字化赋能"四步走"是最稳扎稳打、成效凸显的实践路径。

（一）数字化规划统筹引领

顶层规划先行，蓝图指引。就像带兵打仗离不开作战图一样，交通产业数字化是体系化工程，更离不开数字化赋能的专项规划指引。在这个规划下，要弄清讲明为什么干，干些什么，怎么干，谁来干，投入多少等决策性问题。相关规划决策者要充分重视其体系性、全局性、专业性；更要提高被赋能主体的共识度与参与度，让规划成为引领思路、指导执行、落实任务、对标评估的纲领性文件。

以东莞某商务区智慧交通层设计为例，通过建设目标、建设思路、总体方案、重点任务、实施路径、投资匡算、建设运营模式、保障措施的规划设计，绘制了打造以人为中心的服务型智慧交通体系，实现人性化出行服务和高品质出行体验的智慧交通建设蓝图，提出构建面向未来的"数据驱动、融合创新、无缝衔接、精细治理、品质服务"智慧交通出行模式，打造"品质提升，便捷出行"交通示范区样板，助力可持续发展。

（二）数字化建设一体布局

在交通产业业务架构上，从物理世界到数字世界，需要构建统一、标准、一体化的数字化载体。在基础硬件、网络感知、计算资源、存储资源、交通参与主体、场景资源等交通要素构建"物联""数联""智联"的一体化交通领域新形态。

通过运用大数据、云计算、人工智能等先进技术，布局泛在"物联"交通深度感知链接体系，打造交通产业高质量发展的"双手、双脚"。针对性地以集约建设、多感合一、前端智能的原则部署多维智能感知终端，建设航空、港口、陆运、水运、海运、物流、高速公路、轨道交通等行业的智能感知设施，借助智能摄像头、无人运输车、智能机器人、智能装置等的终端感知能力，尤其是视频监控与视频网建设构建的强大视觉感知网络，配合叠加视频图像感知能力和融合分析能力，实现场景化、高清化、标准化、智能化的交通产业要素识别和解析；同时通过配套广域覆盖的 5G、窄带物联网建设，将全要素感知终端的泛在接入，实现数据高速回传和统一管理，最终实现业务要素的实时感知、全域覆盖、全时空可用、全程可控。例如，深圳交警在智慧交通领域打造起覆盖全域高速路的视频感知体系网络，实现全市高速公路人、车、路及驾车行为的全域可视化监管；另一方面，边缘计算融合基础设施，如多功能智能机柜、多功能智慧杆的部署进一步扩大了交警泛在物联的区域和要素颗粒度，为交通管理与服务提供更丰富的物联数据信息。

通过建设交通产业数据一体化平台，打破数据壁垒，搭建"数联"数据汇聚共享赋能体系，打造交通产业高质量发展的"中枢神经"。交通产业涉及交通要素众多，感知体系采集的数据体量大、内容繁复、标准不一；同时，产业内各行业前期信息化规划、建设、标准模式与标准不一，各自沉淀有相对独立运营的数据。这些数据存在于垂直业务、单一应用中，与其他数据之间缺乏开放互通，形成数据资源条块化分割、信息碎片化状态，数据共享程度不高，难以充分发挥作用。通过谋划交通领域的数据一体化平台，建立数据汇聚机制、治理方式、开放共享模式等，实现数据有平台可汇聚、有标准可遵循、有机制可共享、有场景可运营、有界限可管控、有分析可供辅助决策。例如，港口吞吐量情况、航班起降信息、城市轨道交通运行间隔数据、物流枢纽中心聚散速度等，形成行业内标准的数据接口、采集颗粒度、专题库等，共同构建跨部门、跨行业、跨区域的数据资源整合共享平台，实现更高效的交通资源配置，为一体化交通管理、决策、规划与运营、服务提供更加有效的支撑。例如，成都市打造了一个安全可靠、统一开放、实时共享的交通大数据中心，汇集航空、公路、铁路、公安交管等省、市相关部门及交通运输企业 15 大类，3151亿条交通数据，日均新增数据 6 亿条，实现了人流、车流、事件的综合分析，支撑城市总体的交通运行监测、综合资源调度、交通政策调整以及公众出行服务，大数据平台成了可靠的数据基座保障。

以"数据"联动场景应用，以"数"用"智"，以"数"联"智"，搭建数字化支撑的"智联"应用体系，打造交通产业高质量发展的"大脑"。以数字化感知体系为基石，通过大数据平台进行海量数据汇聚验证、复杂数据碰撞、场景联动应用、辅助决策分析，以"业务流"为"针"，以"数据"为"线"，编织起数字化赋能的多元交通场景。构建不同的应用模型，通过大数据实时智能运算，实时跟踪、自动判断、异常预警人流、物流走向，实时分析区域热点，实现灵活线路链接、最优交通路线规划，精准匹配服务群体，完成监管、服务全流程闭环。

例如，青岛胶东机场充分运用成熟的大数据、云计算、物联网和移动互联等先进技术，着力打造智慧管理、智慧服务等特色场景。利用虚拟现实、大数据、云计算、物联网等新技术能力赋能传统业务，实现"运行一张网"：精准调控航班保障进程，减少航班等待时间，打造智慧化机坪管理，提升运行品质；从旅客实际需求出发，实现"出行一张脸"，从乘机开始，即可实现全流程无纸化自助乘机，托运行李实时追踪，提供更加便捷舒适的安检、登机、托运一体化服务。

通过物联、数联、智联一体化规划建设，以数字化手段赋能交通高质量发展的又一典型案例是智能网联汽车。通过搭载先进车载传感器、控制器、执行器等装置，融合现代通信和网络技术，构建高效互联的"物联"体系；通过车与人、车、路、云等信息汇聚、计算、交换与共享实现交通要素的分析、研判、预警等，实现一体化"数联"运转；通过与监管方、运营方针对速度、路径、服务等的需求对接，实现复杂路况环境下的智能决策、协同控制等，完成更安全、节能、环保、便捷的出行/货运体验/服务。

"物联、数联、智联"一体化示意图

在交通强国的背景下，交通运输部进一步制定《交通运输领域新型基础设施建设行动方案（2021—2025 年）》，在基础设施"物联"层面、平台"数联"层面、应用的"智联"层面统筹规划与推动：

1.智慧公路建设。"物联"层面提升公路基础设施全要素、全周期数字化水平，增强在役基础设施检测监测、评估预警能力。平台"数联"层面推广交通突发事件信息的精准推送和伴随式出行服务，提升服务区智能化水平，通过"智联"应用开展丰富的车路协同应用场景。

2.智慧航道建设。"物联"层面加强航道运行监测能力，提高内河电子航道图覆盖率；建设船舶污染物接收和监督数联平台系统，推进梯级枢纽船闸智能调度，提升航道运行保障能力、协同监管能力和综合服务能力的"智联"应用。

3.智慧港口建设。通过数字化赋能，在基础设施、平台汇聚、"智联"应用层面全面推进集装箱码头智能升级，建设新一代自动化码头，推进无人集卡规模化应用，加强港口危险品智能监测和预警。

4.智慧枢纽建设。打造智慧综合客运枢纽，以便捷换乘为导向，推动电子客票广泛使用，推动跨运输方式安检互认。推动智慧货运枢纽（物流园区）建设，以高效衔接为导向，推进多式联运信息采集交换，推广应用第三方物流信息平台。

5.交通信息基础设施建设。通过打造综合交通运输"数据大脑"，加快建设综合交通运输信息平台，构建以部级综合交通大数据中心为枢纽，覆盖和连接各省级综合交通大数据中心的架构体系。深化 5G、北斗导航系统应用，加强网络安全保护。

6.交通创新基础设施建设。加快交通基础设施长期性能科学观测网等重大科技工程建设，推动公路交通安全、海上溢油应急处置等领域综合实验基地和科研创新平台建设，提升科技创新能力。

又如，通过打造 BIM+ 建设管理与协调应用，聚焦交通建设核心要素，整合项目建设过程中的核心指标，在交通数字孪生的数字底座上实现对临时场地排布及计划、项目建设时序、投资与建设进度、质安信息等建设信息进行直观展示，为设计管理、投资管理、报建审批管理等业务决策提供支撑。构建"在建项目一张图"，实现工程建设项目全流程的一体化、透明化、协同化管理。整合工程管理各项数据，提升建设信息的流转及传递效率，为参建各方提供高效协同的管理平台。通过推进交通领域智慧工地建设，面向交通各行业的各类工地，围绕人、机、料、法、环等关键因素，依托物联感知、AI 视频分析等技术，对施工现场噪声、扬尘、渣土、安全、能耗、人员、车辆等各类工况数据进行采集、存储、分析与应用，从门禁考勤、身份识别、环境监测、视频监控、应急响应等业务维度入手，提升交通建设工地实时监管能力，实现对建筑工地全天候、全流程、全方位的智能化监管。

（三）数字化技术融合赋能

随着新一代信息技术的发展，BIM 技术（建筑信息模型）、元宇宙、人工智能、大数据、5G、区块链等新兴技术与交通产业各场景深度融合，成为解决交通管理与服务痛难点，提升一体化交通协同的帮手工具。

BIM 是指建筑信息模型，是一种应用于工程设计、建造、管理的数据化工具，实现对建筑物的数据化、信息化模型整合。在交通产业领域，BIM 技术常与倾斜摄影技术深度融合构建立体的三维 GIS（地理信息模型）模型。例如，城市交通的全域可视指挥和警卫保障可以通过路网和交通设施的三维 GIS 模型进行直观呈现，叠加实时交通流情况，可以进行路网交通运行的三维可视监控及应急状态下的电子沙盘指挥，已成为物理与信息世界映射的典型应用场景。这也是当前人、车、路、环境、货、场、站等交通要素构建下的交通数字孪生环境的基础雏形。

AR 增强显示技术是利用计算机多媒体技术、三维建模仿真、实时跟踪、智能交互等手段生成的一种逼真的视、听、力、触和动等感觉的虚拟环境，是对现实世界进行虚拟信息的添加和补充，增强人们的认知和感知。在交通服务领域，可通过沉浸式交通体验，辅助红绿灯报时、路径规划、智能辅助停车、交通路况监管等方面，在车路协同、伴随式交通服务中拥有广阔的应用场景。

人工智能、大数据技术是在当前交通监管、服务、运营运用最为广泛的技术之一。尤其是在交通安防、交通违法事件管理、应急指挥联动、综合信息发布、设施设备运维等方面发挥着重要作用。例如，依靠路口交通电警卡口设备的动态识别获取实时交通流量调整红绿灯时长；通过人脸辅助识别技术对出行者进行安全管控和服务识别；通过路面视频中的交通要素解析，实时分析典型违法行为，如行人闯机动车道、电动车违法（不戴头盔、侵入机动车道）、违停等进行自动捕捉及预警，以及各类传感器在无人驾驶／辅助驾驶设备上的应用，帮助载运工具和驾乘和远程操控人员实时获取车内外部环境情况，做出其他调度和调整指令。

"元宇宙"是虚拟世界与现实世界的叠加、并生与共存的一种统称理念。依托数字技术构建现实世界孪生体，同时叠加虚拟现实、增强现实、大数据、人工智能等技术，实现虚实互动、虚实融合。在交通人流物流方式、出行运输管理层面、交通基础设施规划建设运管方面、交通体系顶层搭建协同等各个领域形成新型交通数字体态，并与社会其他各个产业深度联动、互相促进，形成虚实映射、实时连接、动态交互的数字新世界。在"元宇宙＋交通"具体场景中，住建部提出打造智慧出行平台"车城网"。各地的"十四五"规划也将实景三维、智慧高速、车联网等智慧数字空间建设放在重要位置。无论是从出行运输方式、出行运输管理、交通基础设施建设和维护还是交通体系管理协同发展来看，"元宇宙＋交通"都将重构使用者的交通运输习惯，供给者的精细化、个性化交通运输服务，运营者的监管、运维模式，以"数字"重构道路交通网、智能车联网、一体化海陆空运输网等。

（四）数字化体系全维保障

在数字化赋能交通高质量发展过程中，除了规划为重，业务数字化构建为要，体系保障更是产业数字化可持续开展的关键，包括数字化组织管理制度保障、交通产业数据资源标准规范保障、相关法律体系保障、数字化人才及建设资金保障等，共同完成交通整体数字化转型，赋能交通产业高质量发展。

1. 数字化组织管理制度保障。建立数字化转型专业化组织和数字化任务联合攻坚团队。明确数字化赋能在传统交通产业中的关键性、专业化定位，建立数字化赋能专业化组织匹配的责、权体系，使之能够转化业务诉求、协同各部门资源、开展数字化转型任务，协调交通数字化建设过程中各项机制建立、重大决策、协调数据共享等方面的顶层决策作用，加强其在数字化顶层设计、规划制定、统筹建设、监督考核等领域的统筹作用。例如，温州机场成立专门的数字化转型领导小组，下设市场、运行、信导、指挥、安检等部门负责各自数字化转型重点措施推进，定期召开会议总结工作推进情况、实施项目亮点、存在问题、下步计划等。从组织管理制度上提高认识，增强数字化转型内生动力，从思想上认识数字化转型重要性；同时通过组织制度高效协同，捋清各职能部门权、责，充分发挥其积极性，履职尽责，找准定位，建立数字化转型工作协调推进机制；整个组织统筹推进数字化转型工作，将数字化转型同机场中心工作、基本任务相结合，统筹规划、谋定而后动，规范化推进数字化转型。

2. 交通产业数据资源标准规范保障。依托交通产业各行业数据，建立统一的采集、存储、运算、服务、共享、安全保护等标准，确保数据资源在数字化赋能中的基础性作用，能够有准数、用好数。同时，加强产业内、行业间不同数据源、数据颗粒度、数据链的标准化、体系化互联互通，最大程度上服务一体化综合交通产业运行和管理。

3. 相关法律制度体系保障。在数字化赋能交通产业的过程中，数据采集、数据存储、数据共享和使用都需要数据相关法律保障。当前，《数据安全法》《个人信息保护法》等均已颁布，深圳市颁布《深圳经济特区数据条例》，无不对与交通产业数字化相关联的公共信息、个人信息等提出新的要求。

4. 交通产业数字化人才及资金保障。交通传统产业与数字化的复合型人才是交通产业数字化的又一大核心。培养交叉、融合学科的数字化人才、跨行业的复合型人才是可持续保障和推进交通产业数字化的关键。围绕如智慧交通、轨道交通、智慧物流、绿色循环低碳等重点行业领域吸引大量具有专业知识、具有前瞻性、具有开拓进取精神人员投身到数字交通产业建设队伍中来，共建交通数字化转型新局面。充分利用国家、各级政府对数字基建、智慧交通、产业培育等方面的鼓励和引导发展政策与条件，积极争取财政资金对示范项目的扶持，强力推动交通领域高质量发展。同时利用数字化手段加强对交通产业的可持续商业运营，充分发挥社会技术与资源等优势，加强交通产业多方共赢合作，利用产业运营收益反哺新一轮交通产业数字化建设。

（五）数字化运营持续进化

数字化中，通过汇聚、治理、融合、碰撞、挖掘、服务新形式的持续运营经营。实现数据驱动业务，产生新的交通服务形态；通过数字化挖掘潜力，不断发现新的需求方向、产生新的服务形态；通过交通生态化大体系框架，实现全链路价值重构，输出更加高质量的个性化服务。比如，在大交通数字化变革下，交通服务体系与餐饮、娱乐、旅游、住宿、购物等消费领域相互促进，使众多运营参与者在开放式生态下互惠互利、共同受益，共同提升交通参与者整体舒适生活体验。

在具体的业务运行层面，数字化运营聚焦于业务收益，以输出可持续、高价值的服务理念作为引导，面向交通领域各个行业应用者（尤其是终端用户），不断优化自身运营策略、运营方向、运营手段，通过创新性的个性化服务提升整体运营效率，例如，在"出行即服务"的新型交通出行服务平台中，可以整合公交、地铁、市郊铁路、步行、骑行、网约车、航空、铁路、长途大巴、自驾、公共汽车、轨道交通、出租汽车、分时租赁汽车、共享单车等全品类的交通出行服务，为交通出行者提供行前智慧决策、行中全程引导、行后绿色激励等全流程、个性化、一站式"门到门"的出行智能诱导以及不同出行方式全过程规划服务。通过有机融合多种交通方式及出行服务系统，增加换乘连接的可靠性，改善服务的可达性和多样性，减少"门到门"的出行时间，提高服务质量。为用户提供高质量的无缝衔接换乘、一站式出行服务。最终通过统一的信息服务平台和移动 App 应用程序实现用户全链条出行服务的统一规划、统一预订、统一查询、统一支付、统一评价。同时实现包括账户管理、票价体系、身份认证、票务清分、出行规划与预订、票务支付方式、出行信息服务、出行服务评价、出行历史追溯等功能模块。并具备不断迭代更新，持续升级输出的能力，最终实现整体高质量服务、可持续运营。

（六）数字化赋能成果逐步显现

除了沿着上述数字化赋能的关键推进路径，还需进一步把握产业数字化的关键节奏，才能有条不紊地由点及链、由链及体地做好数字化转型。产业数字化不是一蹴而就的，需要依据明确思路方向、急用先行试点、总结扩大优化、体系平台运营为路径的小步快跑，一是建立思路与信心，二是持续迭代方案、集约建设、优化投资。

交通产业的每个行业领域当前都呈现出信息化建设、数字化转型发展趋势，并开始呈现行业间深度融合的一体化发展态势，逐步向数字化、智慧化的海、陆、空、铁一体化的方向升级转型，构建起交通数字化产业的高质量业态。纵观其发展历程，其产业数字化的节奏分为三个台阶：场景提质增效、业务一体联动、产业数据沉淀融合增值等方面缤纷呈现，支撑交通领域不同角色、不同层级、不同环节的参与者。

1.场景提质增效。通过先进的科技手段进行深度数字化转型，在大数据、互联网、人工智能等新技术与交通行业深度融合，助力交通行业数字化发展。例如，百度公司在自动驾驶行业，联合政府职能部门发布行业标准，为行业提供基本的技术规范保障，共同拓展技术生态及行业规模，使交通自动驾驶领域得以健康快速发展；腾讯公司则在"实时孪生＋交通OS（操作系统）"技术方向发力，采用双轮驱动的交通数字化升级技术，为高速、民航、轨道交通等各个行业提供数字技术支持，进一步大力推动交通领域智能进程，提升交通领域各行各业效率。比如在智慧高速公路领域，成都第二绕城智慧高速公路西段搭建基于高速OS的物联平台，建立统一的物联接入标准，高效利用路侧原有及新建的感知设备，形成覆盖感知、汇聚、计算、管理、服务等全链路管理模式，构建雷达为主、视频为辅的全天候多源融合感知系统，为高速公路的管理应用提供全新思路视角，创新驱动精准补足短板，促进高速公路降本增效和智慧服务。

在轨道交通领域，广州地铁搭建首创性轨道交通操作系统"穗腾OS系统"。通过系统级别赋能，将地铁的部分应用开发周期缩短75%、新线路检修人员配员可减少一成多、巡站工作由原先的1小时缩短至10分钟。提升了城市轨道交通运营管理、服务模式以及资产管理等多维度的一体化、协同化和智能化程度，实现数字化成效稳固提升。

2.业务一体联动。数字化将进一步打破原先垂直孤立的行业隔阂形态，不断促进交通领域跨行业横向业务场景互动，纵向上下游业务密实衔接互通。例如，杭州"公交数字大脑"通过数字化变革，实现了原先无法互动的业务之间产生了新的关联，具备数显客流、数治线网、智能调度、智慧场站、数字安防、数控资产、数据统计等数字运营能力，形成公交App、电子站牌、扫码服务、预约出行、公共自行车等新型数字服务体系，通过数字流动转换，联动各个环节的交通服务，全流程服务于"端到端"交通出行需求。

3.产业数据沉淀融合增值。不断挖掘数字技术价值，构建交通行业增值新生态。数据就是要素、数据就是资产，要拥有数据价值意识。交通领域涉及的数据广、联动行业多，其潜力巨大。因此，要加强交通数据资源开发利用、共享流通、全生命周期治理和安全保障，构建交通数据要素资源体系，激活数据要素价值，提升数据要素增值赋能应用，以创新驱动、高质量供给引领和创造新需求，形成交通新发展格局。但仍需要关注到，交通产业的数据仍处于起步阶段，交通数据资源产权、交易流通、跨境传输、安全保护、高质量标准化、共享交易等仍然是数据增值的关键基础和前置问题；同时，除了技术以外，在运营模式、资源保障等方面是涉及整个数字经济领域建设的共同探索议题。

第三节　数字化赋能交通高质量发展的经验分享

数字化在交通领域的不同场景都蕴藏着巨大潜力，在整个交通大产业层面，各个行业在基础设施数字化、应用智能化等多个环节开展不同程度的实践，探索如何应用大数据、人工智能、云计算、5G等先进数字技术赋能交通行业，提升交通领域数字化、智能化水平，共同推动交通高质量发展。

一、交管行业智慧交通建设实践经验

（一）概况

随着城市化进程的不断深入推进，我国已发展出一大批以京津冀、粤港澳为代表的特大城市群，城市交通网络日益复杂，交通出行量越发庞大，城市交通问题已由量变转向质变，传统的交通管控措施难以维持城市建设与城市交通的可持续发展，必须通过数字化手段，赋能交管业务创新和能效升级。深圳交警与中国电科以"使用总体＋技术总体"的合作模式共同规划《智慧交通顶层设计》，以"创新、协调、绿色、开放、共享"的新发展理念为指引，紧扣云计算、大数据、物联网、移动互联网的时代发展趋势，以互联网思维引领城市交管数字化，实现智慧交通的可持续发展。

（二）数字化转型实践

1.数据驱动，升级主动管理能力。深圳交警以数据驱动警务为导向，以交通云平台为支撑，结合智慧交通相关系统多功能特点，打破单一业务系统独立作战模式，在核心控制层指导下，打造以信号控制为核心，包含智慧信号控制、市内高速路管理、交通综合诱导、交通需求综合调控、勤务管理、全时空管控等功能的新一代交通管控信息化体系，提供道路交通视频监控的自动轮巡和交通事件的主动发现功能，实现智能轮巡、事件发现、警员调遣、任务派发的一体化，促进交通管理从被动管理向主动管理服务型转变。有效地扩大交通管理时间和空间的控制能力，从而提高交通管理部门的机动性和快速应变能力，大大提高管理效益。

2.数据赋能，丰富交通管控手段。深圳交警通过建设交通综合监测平台，整合视频、卡口、浮动车、线圈等监测手段的数据，实现多元数据融合，形成交通大数据，在深入挖掘和分析的基础上，为交通管理部门提供各类交通信息，实现交通运行、流量、事件、资源、设施等综合警务信息一图呈现、动态预警，同时也为社会公众提供交通出行服务。通过实时动态地了解并掌握城市公众出行分布状态和出行演变趋势，结合城市交通需求分析，并针对以往交通改善措施进行效果评估分析，获取最优的交通改善策略方案。

3.数字减排，推动绿色出行良性循环。深圳交警倡导"绿色出行"，建立具有吸引力的激励机制，推出"绿色出行碳账户"带动市民参与绿色出行的积极性，对积极参与和履行绿色出行的市民给予鼓励与奖励，形成"减排—奖励—再减排"的良性循环，降低交通能耗和污染，提升交通运输效率，实现城市经济效益、社会效益和生态环境效益三者的统一。

二、航空行业智慧机场建设实践经验

（一）概况

如今，航空客运已成为越来越多旅客出行的选择，在民航业务快速增长的同时，爆发式增长的旅客吞吐量也在安全保障、运管效率、出行体验等方面对机场运营提出巨大挑战。面对新形势下的诸多挑战，数字化转型成为破局关键。深圳机场在2017年开始推动数字化转型，提出"打造数字化的最佳体验机场"的数字化转型愿景，构建起大运控、大安全、大服务、大管理四大业务体系，以数据为纽带打造安全可控、运营高效、服务卓越的未来机场。

（二）数字化转型实践

1. 系统融合，打造一体化安防体系。在过去数十年信息化建设的过程中，机场同其他企业场景一样，普遍存在着各类系统"烟囱林立"，系统之间缺乏协同联动的问题。在机场安防系统方面，具体表现为事后查询处理安全隐患较多、漏报误报可靠性不足等。为打造精准、智慧、联动的一体化安防体系，深圳机场基于数字平台融合各安防子系统，运用融合通信、视频服务、云计算、大数据等技术手段，构建机场"安防大脑"。通过安防体系数字化升级，实现机场安防发现、报警、处置一体化联动，报警和视频秒级联动，视频二次复核，融合指挥，处警效率提高60%，误报率从70%下降至14%，漏报率从10%下降至5%。

2. AI助力，提升运行管理效率。深圳机场迈入全球最繁忙机场的行列，业务量日趋增加，是对机场运行管理水平的巨大考验。深圳机场对各个运行环节进行数字化改造，构建智能高效的大运控体系，使得机场运行更加高效，决策更加协同。在机位分配领域，运用AI技术实现资源分配智能化，大幅提升靠桥率，预计每年可减少400万人次通过摆渡车登机；在运行管控领域，深圳机场建立覆盖全流程、全场景、全要素的智能运行中心，连接了空管、机场和航司等"30+"业务系统，打造智慧运行平台，运用大数据、AI技术实现实时动态感知和预警，预达时间小于3分钟，起降时刻精准预测达到秒级，真正达到全局可视，协同指挥，让数据展示更全面，指标预测更准确，业务运行更放心。

3. 精准服务，提升旅客出行体验。近年来，越来越多在深圳机场出行的旅客感受到出行体验提升，不仅准点率提高了，延误减少了，而且出行更加便捷，服务体验更好了。深圳机场对旅客从订票、预约、值机、托运、登机到下机、取行李、中转、联检等出行各个环节进行线上与线下相结合的全链条数字化改造，使出行服务渗入旅客出行的全流程中。深圳机场基于人脸识别技术打造"线下一张脸"的全流程自助服务，覆盖安检、登机、中转等进出港全过程，旅客高峰等待时间从40分钟缩短到25分钟，极大地缩短了高峰期排队时间，减少旅客掏证丢失风险。深圳机场运用AR室内导航技术，为旅客提供全场景的精确定位服务，并针对老年人和特殊人群提供人性化的智慧服务，让旅客感受到智慧带来的人文关怀。

三、轨道行业智慧地铁建设实践经验

（一）概况

轨道交通是城市公众出行的首要选择，在公共交通出行的占比不断提升，到 2020 年，中国城轨的运营规模稳居世界第一。然而，随着车站、线路和客流的持续增加，建设、服务、应急指挥等业务层面也更加复杂困难。在此背景下，推动城轨交通数字化转型已成为必然选择。如深圳地铁集团，开启数字化转型之路，首先围绕城市轨道交通全生命周期的主线，推动管理流程线上化、标准化；在此基础之上，集合先进的物联网前端感知技术，加强安全、质量、进度、投资、计划等建设过程，并对建设过程中各个要素实现实时监管；然后运用数字技术、大数据、云计算等技术，通过业务数字化和数字化赋能业务双轮驱动，促进业务升级转变，最终实现打造"全球智慧轨道交通标杆"的数字化转型愿景。

（二）数字化转型实践

1. 数字管控，保障城轨建设安全。在城轨建设领域，深圳地铁打造建设工程数字化管理中心，构建线网级的工程数字化管理平台，通过城轨建设一张图，安全隐患智能识别，轨行区管理，盾构安全大数据等数字管控手段，全面监管轨交建设投资、进度、参建单位、安全、质量、人员、设备、生态文明等情况，实现工程建设监管"一键可视全局""一秒穿越百里"的最高监管标准。深圳地铁推广全生命周期 BIM 技术，BIM/CIM 团队和技术实力处于行业领先水平，已建成 BIM 模型 7000 多个，构件库产品 2 万余个（达企业商用级）。

2. 一码通行，打造全流程出行服务。在出行服务领域，深圳地铁通过官方 App 已上线 307 项功能，为乘客提供从出发至到达的全流程全栈式服务。乘车码智慧出行占比达 80%，推动多城市乘车码互通或互认，促进大湾区智慧出行一体化。全国首创"乘车码 + 健康码 + 核酸检测 + 疫苗接种"一屏展示，实现"一码通行"，筑牢数字防疫堡垒，提升通行效率。

3. 融合指挥，实现全过程智能管理。在应急指挥领域，深圳地铁将主要应急预案数字化，建成全国首个集成 BIM、融合通信、大数据、AI、精准气象的应急指挥系统，为轨道交通建设和运营管理提供全方位数字化技术手段，应急管理从"现场指挥"向数据实时可视的"远程协同指挥"转变，实现事前预

警、事发值守、事中指挥调度、事后总结评估等全过程智能管理，提高安全韧性水平，实现了紧急实践的快速响应与协同联动。

四、港航行业智慧港口建设实践经验

（一）概况

港口作为连接国内外物流运输的枢纽，为国际贸易和地区发展发挥着重要作用。在国内国际双循环和航运吞吐量逐年上升的格局下，数字化已成为提升港口核心竞争力的重要突破点。以深圳盐田港为例，其在"十四五"战略明确提出，全面推进集团数字化转型工作，提升经营效率，孵化新兴业态，探索产业数字化和数字产业化的新兴商业模式、经营模式、产业生态蓝图。盐田港集团完成数字化转型顶层设计规划提出"打造以用户为中心的'港产城'融合发展的数字化标杆企业，支撑集团管理创新和业务转型升级"的数字化转型愿景。在顶层设计的牵引和指导下，围绕"提升港口和物流网络效能、搭建产业发展平台，提升服务客户的能力"的数字化转型主线，与中国电科、华为等打造了综合运营可视化驾驶舱、大数据中心等先行示范项目。经过一年多的探索和实践，已经在组织转型、技术迭代、业务升级方面做出了积极探索并取得重大成效，数字化转型已经逐渐成为盐田港集团实现跨越式发展的核心驱动力。

（二）数字化转型实践

1. 夯实基础，构筑数字化转型底座。基础设施建设是数字化转型的底座。盐田港集团通过建设集团数据中心，打造集网络、资源、计算、安全于一体，且具备足够开放、敏捷、可靠、灵敏拓展的新型数字化业务底座，为港航产业数字化业务提供开放的平台服务、数据化服务和可视化服务三大底层服务：整合集团所有业务数据，提供分布式应用开发接口，具备大数据能力，提供开放的平台服务；为接入、使用、备份、再利用、销毁等操作提供一套标准的接口服务，降低了运维的成本和风险；对数据提供接入、清洗、流转的过程的监控，提供可视化的监控和管理。

构建统一管理平台。打造统一通信、统一身份管理、统一移动门户、统一信息发布的集团级数字化移动协同办公平台，搭建一体化战略级移动平台，为集团级业务系统的接入提供统一、便捷、高效、安全的服务。在兼顾已有系统接入的基础上，搭建具有综合集成能力的移动服务平台，为后续数字化转型规划的业务系统提供统一规范的接入模式，搭建具有综合集成能力的移动服务平台，提高集团移动办公信息汇聚能力和运营效率。

2. 精细管理，建立全流程管理体系。打造数字化转型综合运营可视化驾驶舱先行示范项目。（1）打通了重点区域视频可视基本链路，完善了视频监控感知体系，实现现场情况和事件看得见、看得清。（2）构建起会议大屏和多终端视频会议体系，满足上下级沟通联动，支撑决策指挥与应急响应部署，实现一屏统览、综合协调。（3）围绕物流、仓储、港口、园区管理等核心业务区域，搭建运营管理的数字化监管平台，叠加三维可视地图与动态经营数据，实现数字化的经营管理与辅助决策。

盐田港集团建设统一的电子采购平台，以小投资、短平快地实现了在采购管理方面质量和效益的快速提升。通过电子采购平台建设，实现业务全程在线化、业务流程标准化、业务信息数据化、业务开展智能化、监督管控实时化和决策支持可视化，极大地提升了采购业务的规范性和效率。此外，集团还在规建领域建设了集团统一的工程及土地管理平台，通过作业电子化提升流程标准化和业务合规，提升管理效率、降低管理成本，提高建筑工程数字化管理能力。通过工程及土地管理平台建设，实现决策支持可视化、业务数据信息化、流程制度标准化、工地监管智慧化、风险防控智能化、系统对接集成化，对土地和工程管理实现全生命周期的数字化管控。

3. 业务智能，升级转变业务流程。在集团业务数字化转型先行示范的物流板块，盐田港集团着力构建"数智物流一条链"，率先打造一体化物流仓储服务平台，覆盖仓储系统、业务系统、订单系统、结算系统四大数字化服务模块，为集团及下属企业、生产单元及合作方等提供一站式的报关、仓储、运输和结算服务。平台的建设大幅提高了客户服务能力，切实改善了经营管理效率，实现业务模式的三个转变。（1）通过体系化服务，实现了客户体验转变，增加了客户黏性。平台一改以往线下手工申报的模式，通过线上自动服务流转，实现业务流程全周期可视、透明、可追踪，便利性明显提升。（2）通过扁平化操作，提升操作效率，实现生产模式的转变。从以往的人工抄录，纸单流程到现在的生产数字化，作业即数据，简化了操作步骤，极大程度改善了生产工作效率。人均订单处理效率提升了 2—2.5 倍，库内操作效率也提升了 15%—20%。

通过规范化管理，降低了运营成本，实现管理模式转变。从原先的数据手工统计、定期上报到现有的实时数据汇总、分析、上报；从手工化结算到逐步实现业财一体化；从数据凌乱、管理失衡到数据精准、风险可控，从各个环节实现了精益化管理，进一步降低了生产运营成本。

第十章 数字化赋能教育高质量发展

教育与人的成长紧密相连，与文明发展共生相伴，是人类最古老且最崇高的事业。每一次科技重大发展与创新，每一次产业变革与生活方式转型，均影响乃至改变着教育。数字化是引领未来的新浪潮，教育与数字的碰撞，将奏出人类文明教育更优美的乐章。联合国和世界各国都在积极行动，把数字教育作为应对危机挑战、开启光明未来的重要途径和举措。联合国教科文组织倡导构建新的"社会契约"，充分发挥数字技术带来的教育红利，更好地彰显教育作为全球公共利益的属性。联合国教育变革峰会提出，数字革命应当惠及所有学习者。

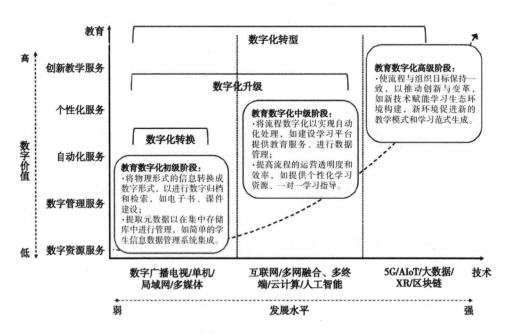

数字化赋能教育高质量发展，数据被视为教育组织的战略资源，教育组织

的教学活动、工作流程、发展战略等被重新定义以创新教学服务，并在延伸"信息连接、信息共享"的基础上表现出"智能化"的特征。通过现代数字技术全方位、多维度、深层次的赋能，推动教育组织教学范式、组织架构、教学过程、评价方式等的转变。

第一节　数字化赋能教育高质量发展面临的问题与挑战

数字化赋能教育指向教育系统性的创新和变革，目的是使其从供给驱动变为需求驱动，从而形成具有开放性、适应性、柔韧性、永续性的良好教育生态。数字化赋能教育高质量发展具有双重内涵:(1)数字技术的内嵌与耦合。教育数字化转型是数字技术对教育的全面重塑，数字技术的发展和应用演绎出了数据革命的新形态，并逐渐形成用数据说话和决策的新格局。而在数字技术和数据衍生的应用中，教育活动场景也获得了延展，由物理空间逐渐延伸至数字空间。在教育数字化转型中，数据、数字技术和数字空间已经成为基本的生产要素和行动对象，深深嵌入教、学、考、管、测、评等教育全流程中，推动数字技术与教育的深度融合。(2)教育的创新和变革。教育数字化转型的关键是数字技术带来的数字价值，这个价值在于引发并促进教育产品、教育服务、教育流程、教育模式、教育组织等的创新和变革，而这些创新和变革带来了教育服务生态的变化和重组，比如，打破传统的以学校为主体的教育格局，形成精准、定制、个性、开放的教育模式。从这个意义上看，教育数字化转型实质是一种系统性和整体性的数字价值主张，指向教育全要素、全流程、全业务和全领域的深刻变化，最终要形成数字教育新生态。

数字化赋能教育发展已经取得了一定的进展，但其与所期待的——利用数字技术变革形成良好的数字教育生态，促进全方位、多层次和系统性的数字化转型，还有较大差距。这主要是因为数字化赋能教育转型还处于探索起步阶段，其实践依然面临诸多现实困境。

一、数字技术系统：信息孤岛和数据管理问题

数字技术的集成和运用可形成硬件设备、软件系统、技术架构等数字基础

设施，不断催化和转变信息传输和数据管理方式，拓展数据价值和信息空间。在理想情况下，这些有利特性有益于教育数字化转型，但目前数字技术系统中还存在信息孤岛和数据管理问题，使得教育数字化转型中数据要素作用和信息价值效益尚未充分发挥。

（一）信息孤岛问题

数字化作为信息化向数字维度跃迁的结果，其实践和发展一定程度上建立在信息化发展的基础上。当前教育数字化转型还处于初级阶段，没有形成统一的信息资源体系和数字学习生态系统，在教育服务供给侧和需求侧的渗透仍存在不平衡、不充分、不深入的问题。因此，大部分教育组织的转型实践依赖于早期建设的信息系统和平台。在早期教育信息化建设过程中，重视硬件投入，忽视多平台系统兼容和统一规划，导致教育数字化转型实践面临信息孤岛的困境。（1）由于教育信息化建设通常采用分散开发或引入新技术设备与信息系统的方法，建设时并未关注到信息资源共享的问题，造成教育组织内部各部门、不同平台与信息系统之间功能上互不关联、信息不共享、服务和流程相互脱节，产生信息孤岛问题，并随着信息化发展而日益严重。（2）由于信息系统和数字技术产品种类繁多，不同厂家不同类型设备的通信接口与功能参数各不相同，缺乏统一标准，甚至有一些技术产品封闭性比较强而无法进行交流。种种问题导致各学校资源平台与信息系统之间无法直接通信和调用。

（二）数据管理问题

教育数字化转型通过数据生态延伸价值生态，进而推动教育系统的创新和变革。但现有数字技术并未完全成熟，还处于发展和完善中，技术瓶颈限制了教育数字化转型过程中的信息联通和数据流通，加深了信息共享和数据应用的难度，应用上也阻碍了教育组织对数字技术的利用和对数字化服务的访问。因此，教育数字化转型在数据管理方面可能面临数据功能局限性和数据管理漏洞的问题。（1）由于现有教育数据采集、存储、处理的技术水平限制，加之大多数教育组织缺乏有效的数据分析和应用思维和能力，使得教师和学生的行为数据还未得到完全采集和应用。而数字技术和数据服务提供商大多只提供通用的技术解决方案，不能满足不同教育情境和不同教学服务流程中教师、学生和管理者的个性化需求，导致数据要素难以发挥驱动作用，满足教育数字化转型发展的精准化、个性化和一体化需求。（2）人工智能的"黑匣子"问题引发了人们对人工智能在教育应用过程中人类控制权、数据隐私、决策安全和道德等的信任问题，特别是近年来数据泄露事件频发，个人信息泄露的风险逐渐增加，使得隐私问题的解决变得更加紧迫。如何在保护信息安全的前提下实现数据价值最大化已成为教育数字化转型急需突破的难题。

二、教育组织系统：战略保障缺乏和文化保障缺失

组织是诸多要素按照一定方式相互联系起来的系统。教育组织系统的影响因素是以教育组织作为整体的特性因素，例如战略、文化等。教育组织的战略保障和文化保障直接决定教育数字化转型的速度和方向。目前大多数教育组织的数字化转型实践存在这两大保障不足或缺失的问题。

（一）战略保障缺乏问题

教育数字化转型是一个长期、持续、系统性的工程，其目标是形成良好的教育生态，几乎涉及教育教学活动的各个方面。因此，教育数字化转型需要更为明确的战略规划、行动标准、管理制度和资源协调方式，而且需要制定相应的行动计划来指导实践，减少试错成本。而目前的情况是，在教育数字化转型的研究和实践中，缺乏系统的战略规划、模型框架和评估指标。（1）绝大多数教育组织存在数字化转型战略缺位的现象，导致他们对数字化转型的探索是碎片化的，缺乏整体性、系统性和方向性，甚至会导致他们将教育数字化转型错误地理解为优化教育基础设施或者数字教育产品的应用。（2）即便一些教育组织制定了数字化转型战略，但由于对数字化转型的战略定位和实践规划相对比较保守，并未将数字化转型作为其教育改革和发展的核心内容，导致教育数字化转型战略对管理者、教师和学生等行动主体的数字化实践缺乏指导性，数字化转型战略与转型实践是"两张皮、两条线"。

（二）文化保障缺失问题

组织文化决定着组织成员对事物的接受程度。对于组织的数字化转型而言，诞生在数字时代的组织面临的文化阻力较少，而传统的组织面临的文化阻力较大。教育组织也不例外，传统的教育组织可能面临着较大的文化阻力。因

此，教育组织的数字文化在教育数字化转型中具有举足轻重的地位，数字文化保障不足也是教育数字化转型面临的重要挑战之一。（1）文化保守导致教育数字化发展止步不前，"教育的本性更多的是保守的，而不是进取的；它一般在社会与文化变迁过程中，主要担当的是'滞后'的角色，也就是常常落后于社会及文化的变迁。"即便数字化已经成为人们生存和生活的主导方式，但现实情况是大多数教育组织存在教育文化保守现象，这制约了教育数字化转型的发展。（2）从外部看，我国地区间经济和教育信息化水平差距较大，不同组织所拥有或可获得的资源和能力不尽相同，相当一部分组织缺乏数字化的经验，信息化水平和素养不高，不仅难以满足教育数字化转型实践的基本需求，有时还会成为限制数字文化发展的隐性阻力。

三、环境空间：政策支持不足和技术系统限制

数字化赋能教育是一个开放的过程，这个过程也有赖于与外部环境空间的信息、资源交换。环境空间是一个多维的概念，反映了教育数字化转型面临的外在支持和压力，而这些支持和压力可能来自宏观的政策环境，也可能来自微观的技术系统环境。当前我国教育数字化转型在环境空间上体现出政策支持不足和技术系统限制两大问题。

（一）政策支持不足问题

在教育数字化转型中，新数字技术的广泛部署会导致结构性调整危机，因此必须提供适合这些新数字技术和新变化的政策支持。首先，教育是一个复杂系统。教育系统中的各部分、各元素、各主体具有相互影响和相互支持的逻辑，仅从技术角度探讨教育数字化转型显然是偏狭的，仅凭单个学校组织的自发努力也难以实现教育数字化的成功转型。国家政策支持可以构建起更为广泛的人类互动方式，为教育数字化转型提供更高层次的统筹设计，并规范其发展。其次，教育数字化转型是一个动态发展的过程。由于外部环境的不确定性、教育组织的有限理性及其对数字技术的依赖性，教育数字化转型必须有相关配套政策支持，同时还需要不断调整和完善政策支持。教育数字化转型指向系统性变革，对教育的全要素、全业务、全领域和全流程提出了新的数字化要求。缺乏相应的制度设计、管理机制和协调办法会使教育组织迷失在转型发展

的交叉口。比如，教育数据监管框架、教育数字化标准、教育数字化转型质量监督机制等的缺失，容易导致教育数字化转型过程中出现认识不足、规范性差、质量管理缺失等一系列具体问题。此外，随着发展环境的不断变化和教育需求的不断深化，教育数字化转型的原有政策支持若不能及时调整，也会限制教育数字化转型的发展。

（二）技术系统限制问题

在教育数字化转型实践中，往往需要借助不同的数字技术来改善或创新教、学、管、考、测和评等的全过程，其中高度集成的技术系统是数字化转型最基本的前提。教育数字化转型受益于依赖路径采用后的递增回报。这是因为对于技术系统来说，一个技术系统采用得越多、应用效果越好，则越可能被进一步采用。但目前大多数教育数字化转型实践还存在技术系统限制问题。（1）教育数字化转型面临着陈旧与孤立的技术生态系统问题，学校环境中存在大量的使用旧方法和旧技术的信息系统、基础设施、技术架构等。即便整合新旧技术系统来为教育数字化转型提供服务，但旧的技术系统可能存在难以同新的技术系统保持同等响应水平、缺乏敏捷性和灵活性等问题，从而限制教育数字化转型的目标达成。（2）一些教育组织所谓的"数字技术赋能"也仅是引入单个数字平台或工具设备，比如，引入以计算机和互联网为基础的多媒体计算机教室、基于网络平台的在线学习资源、基于移动设备的电子书包等，数字技术使用上存在"只见树木，不见森林"的现象。所谓的技术系统赋能教育模式创新，更多地是把这些技术系统放到教学环境中，看似是拓展了学习手段和环境空间，但未形成网络化的数字技术价值生态，导致技术柔性化不足和支持力度小，教育数字化转型难以实质性推进。

四、行为实践：风险规避倾向和缺乏协同效应

（一）组织成员具有风险规避倾向

创新表示调整、改进或创造新的事物，转型通过创新所产生的价值和过程来实现变革。然而学校和教师天生就对变革具有抵抗力。创新带来的正面影响给组织带来竞争优势，但负面影响则被认为具有风险，风险最小化和收益最大化往往难以兼备。教育数字化转型指向创新和变革，也存在转型失败的风

险，其实践是一个试错的过程。教育数字化转型的失败风险可能对个人构成威胁，包括浪费时间、受到教育部门与学校批评等。因此，教育组织及其成员更愿意采用保守的方式。对教育系统来说，数字化转型牵一发而动全身，可能存在形式主义、推行不畅、效果反向等风险，形成了教育系统发展的传统路径依赖，管理者、教师在响应教育数字化转型政策时，可能会更加谨慎。对教育组织来说，教育数字化转型可能存在管理失败、影响绩效、学生适应困难等风险，这些是教育组织难以接受或不愿承担的，故而其会对教育数字化转型持观望态度。基于此，在教育数字化转型过程中，管理者、学校领导和教师可能存在风险规避倾向，对教育数字化转型持消极或观望态度。而组织成员的态度是影响数字化转型最为核心的障碍，消极或观望态度将会延缓教育数字化转型的进程。

（二）实践过程缺乏协同效应

长期以来，大一统、标准化和固定式的教育模式，以及分散式、单一化技术和教育整合的格局，使得部分教育组织及其成员形成单点式思维，并未意识到教育数字化转型是一个多层次、多样化、系统性的发展过程，导致其在实践过程中缺乏协同。（1）缺乏认识是教育数字化转型的最大障碍。教育组织及其成员未认识到教育数字化转型是系统性的变革，只是开展了教育产品、服务、流程、模式或组织的某一方面转型实践，或者仅关注数字技术在教、学、管、测、评某一方面的应用，也缺乏管理者、教师、学生和其他利益相关者多主体协同的认识和机制。（2）尚缺乏针对教育数字化转型的整体性和协同性服务体系。虽然有一些教育组织将教育数字化转型的多个活动与多个过程结合起来增强整体性功能，但受制于供给服务不足，教育组织及其成员的教育数字化转型意愿和动力较弱，反过来又会进一步限制教育数字化转型过程的协同效应。

第二节　数字化赋能教育高质量发展的目标与路径

数字化赋能教育高质量发展目标包括新范式、新思维、新环境、新资源、新应用。

一、数字化赋能教育高质量发展目标

（一）新范式：教育范式从供给驱动向需求驱动的系统创新

数字技术推动教育范式的变革从"供给驱动"向"需求驱动"转型。未来教育必将是需求驱动的范式，"适需服务"是未来教育系统的基本功能特征。其中，需求是多层次和多样性的，包括个人发展需求、人才市场需求、国家战略需求、人类发展需求。只有确定了需求驱动的基调，教育数字化转型才能纲举目张，以如何将教育系统从供给驱动型转变为需求驱动型为主线，从而通过技术赋能作用转变教育系统结构、功能结构、评价机制及政策保障体系。教育数字化转型必须以需求结构为结果假设进行"逆向工程"，设计供给侧的系统架构。由于需求结构是不断变化的，加之教育是一个复杂的生态系统，具有灵活开放、动态调适、不断创新、持续进化等特征，仍需持续进行需求驱动的系统创新研究。

（二）新思维：发展数据赋能的创新设计模式

教育系统向数字化形式的变化与发展走向，关键在于更好地促进教师的"教"与学生的"学"。在教育数字化转型的实践中，重要的不应是形式上的数字化转型，而应着眼于教育数字化转型可以实现的学习生产力和质量的变化。一方面，按照"进化观"，教育数字化转型是人为的进化过程，因此需要对教育系统施加"干预"，设计通过对人工制品和干预计划的有意结构化以带来可预测结果，通过教学设计推进学习生产力的提升和教育高质量的发展，其中包括教、学、管、测、评等全过程的设计。另一方面，从教学实践的角度看，教育数字化转型的实践和课堂教学实践并不能完全等同，可能存在教师不能从数字化转型的工作中获益、相关发现和理论可能无法准确反映现实复杂的教育环境情况等，可将教育设计研究（EDR）作为研究路径和方法，在实际情境中进行研究，并反复设计干预措施，以产生真实和有用的知识，比如，成套的成熟干预、设计原理和理论。更重要的是，有了需求驱动的未来教育定位，那么设计也要转变思维方式，一是要有数据赋能的价值发现与服务设计思维，二是需要认知＋情感、活动＋互动、消化＋转化多维融合的体验设计思维。

（三）新环境：数字化教育生态系统架构

教育数字化转型以数字教育环境为主要载体，通过构建数字技术融合的生

态化学习环境，打造联通、开放、敏捷、个性化的新型数字化教育形态，为教育数字化转型的实践提供支持与动力。当前教育数字化转型的实践主要集中于单一技术的影响上，随着云计算、人工智能、5G 和区块链等的联合应用越来越多，不同类别技术之间的相互依赖性正逐步增加，还需要通过"数字融合"的方式将系统整体的改变整合在一起。因此，将技术置于一个更大的数字学习生态系统之中，构建物理空间—信息空间—社会空间无缝融合的教育生态系统，通过开放性平台架构支持系统功能敏捷进化，通过数据赋能决策与人机协同为教育需求侧提供全方位的适需服务，将是未来教育发展的重点。例如，根据学习者的特点提供相适应的环境条件，支持多场景融合、个性化定制的教育与学习。建设以学生为中心、以服务为中心、以体验为中心、以数据为中心的新环境，数字化教育生态系统架构需进一步突破。

（四）新资源：新型数字教育资源建设与共享机制

数字教育资源是数字化教学服务流程、个性化服务供给和模式创新的基础。目前，我国在优质教育资源建设、拓展资源覆盖面等方面有了显著的改善，例如，国家教育资源公共服务平台、"一师一优课"建设。但当前的数字教育资源建设依然存在不平衡状况，比如，数字教育资源建设偏向项目性、临时性、一次性而不是常态化、规模化、可持续性。此外，随着技术不断的发展，各种类型的数字化课程资源正不断涌现，例如，基于互动视频、虚拟仿真、全息投影、数字孪生的课程资源，但新型资源的建设还相对较弱。对此，迫切需要突破当前数字教育资源的限制，采取"教育大资源"观，最大限度地增加优质数字化课程资源，形成开放、共享、互联、共通的新型数字资源的协同共建模式，而共建的目的就是共享。对此，构建规范化数字资源生产、审查、发行、选用、维护的共建共享机制是一项基础工程，也是一个未来研究值得深入的课题。

（五）新应用：教育创新实践的新样式

发展教育数字化一要注重实效，二要重视创新。技术赋能为创新的生成奠定了坚实的支持基础，也为了创新的扩散提供了重要的手段。纵观教育信息化的发展历程，技术及其带来的新方法为教育教学实践带来了很多新的可能性，首先技术重构教学活动的组织形态，颠覆传统教师主导的教学组织形式，可为学生提供泛在的、多维的、零时差的、无边界的学习环境；其次，技术赋能教育教学模式创新，比如，翻转课堂、游戏化学习、基于问题学习、项目式学习等模式。大数据、区块链等新技术在教育教学中已经有一些创新应用。随着教育数字化转型的推进和深入，教育变革和创新将进一步得以推进，其中如何促进数字技术赋能的教育产品、形式和服务创新，以及创新教育实践模式，成为教育数字化转型实践的基本要求与内容。将数字技术整合到教育领域的各种活动中，以促进教育创新、孵化面向未来的教育教学新模式，展现出了巨大的研究前景。

（六）新文化：培植教育数字化转型的健康"数字文化"基因

文化的基本构成要素是人群的行为方式、人工产物、思维模式和价值观。数字文化是一个描述数字技术如何塑造我们人类互动方式，以及在组织全体成员之间形成的非正式的规范规则、习俗、价值观、信仰和态度等的概念。数字化转型一定程度上也受制于其对组织人员数字化素养和态度，一个组织的数字文化决定了其对数字技术的总体态度。当然，不同于截然创新的"新态学校"，例如，以完全在线课程+STEM（科学、技术、工程和数学教育）教育为特色的斯坦福在线中学，大多数现有学校受制于其传统教学模式、管理架构、教师技能、学校环境和价值观等的约束，不具备"数字文化"基因，缺乏"数字文化"基因使数字化转型过程中面临更多的困难和挑战，由此也导致了传统学校在数字化转型过程中出现了很多误区。不难发现，在教育数字化转型的实践中，战略和文化相互依存、相互补充。因此除了确定适当的转型方向，还要建设强壮的新文化，把成功创变的健康基因植入文化中。

二、数字化赋能教育高质量发展路径

（一）增强"数字技术"的服务品质

1.信息与数据流通及其跨界服务是保障教育数字化转型的基础，针对信息孤岛问题，可以从多个方面入手解决。（1）建立标准化的教育信息和数据共享平台或系统，解决当前教育信息资源使用效率低、逻辑性差和分散分布的问题。例如，建立统一的校园信息平台，构建数字化学习生态系统等。（2）开发或设置教育信息资源接口，包括信息系统和数字技术产品之间的信息互用接口、不同教育组织之间信息交换的授权接口，以解决设备不兼容和信息版权保护的问题。（3）建立和完善教育产品和设备的技术标准和信息共享机制，以整合数字资源。例如，设计教育数据共享构架，基于关联原则、语义匹配等方法提高各种教育资源的知识关联度。（4）加强教育领域专家、实践者和技术研发人员之间的合作，以提高数字技术产品和信息系统与教育的适切度，设计和开发更为成熟的信息资源获取、储存和共享技术，提高教育信息资源的融合与应用。

2.数据是教育数字化转型的关键要素，建立有效的数据管理机制是构建安全和有效的数字化教育生态的前提。（1）国家层面还需要完善数字技术产品的安全监管和评估体系，加强数字技术应用的监察力度，加强对教育数据采集、使用和储存的管理，保障教育领域所应用的数字技术产品和服务的安全和质量。比如，建立对应的数字技术监督和认证机制，发布数据质量管理办法等。（2）教育组织需要加强对数字技术风险的识别和评估能力。在采用数字教育产品或者信息系统前需要系统评估其可能存在的风险，并要求服务提供方对可能的"技术漏洞"进行针对性的技术应对。比如，对数字教育产品进行韧性评估、数据偏差和防更改测试。（3）数字教育产品开发方需要对其产品进行持续的开发和完善，从技术层面加强数据安全保护，以消除教师、学生和家长对数据安全的担忧。比如，利用区块链等新兴技术完善数字教育产品的安全机制。

（二）夯实"教育组织"的数字规划

数字化转型不仅仅是技术应用问题，还是组织层面的战略管理问题。在教育领域，数字化转型战略定义了与教育改革发展相关的愿景、任务和活动，直接决定了教育数字化转型的实践可行性与深度。教育组织需要从战略制定和战略实施两个方面来进行战略管理。首先，教育组织要结合自身的具体情况和发展阶段，从整体角度考虑教育数字化转型，制定符合其教育内容、技术环境、资源情况和数字能力等的教育数字化转型战略，尤其要重视数字化背景下教师和管理者数字领导力、学生数字素养等的发展规划。

教育组织要制定与其教育数字化转型战略相关联的实施计划或路径，引导教学、基础设施、管理、研究等实践场域的数字化转型。例如，构建数字化转型框架和成熟度评估模型等。同时，教育数字化转型战略的制定和实施是一个长期的更新过程，还需要持续学习和不断迭代。其次，教育组织文化能够在潜移默化中成为管理者、教师和学生的习惯，这些习惯会在具体的情境中变为不需要具体思考的意识和行为，这些意识和行为反过来又会形成新的文化，影响教育数字化转型的价值倾向和实践过程。在教育数字化转型过程中，数字文化不仅有利于教育组织尝试新的数字化教学和服务模式，还有利于管理者、教师和学生探索学习新的方法来解决教育过程中所出现的问题，加快数字化转型速度。因此，营造具有数字化氛围的教育文化，培育数字文化基因对推进教育数字化转型非常重要。这一方面需要增强教育数字化建设，构建丰富的数字化学习环境；另一方面需要增强管理者、教师、学生和其他利益相关者的数字思维、数字能力和数字素养，例如，培养管理者和教师基于数据进行决策和管理的意识和能力，培养学生的信息使用意识和数字思维等。

1. 完善"环境空间"的支持服务。随着教育数字化转型的持续推进，教育改革的复杂性会不断加强，必须有配套的组织管理、安全保障、质量监管和资源配置的政策和制度支持。（1）需要做好顶层设计和统筹协调，一是要从教育数字化转型的愿景、文化、过程、技术和数据等方面进行系统规划、战略引领；二是要构建垂直治理结构，建立从国家到地方再到学校的数字化转型治理体系，建立行政主推、企业配合、地区落地、家校联动的转型机制，以促进各层级、各主体的参与。（2）需要制定教育数字化转型的相关政策和指南，一方面建立和完善信息资源共建共享机制、数字管理制度、数字技术质量保障制度、师生数字素养培养方法等政策支持，并从供给侧改革推动教育数字化转型的纵深发展；另一方面持续更新教育数字化转型政策，发布与之相对应的行动指南。技术系统既是教育数字化转型的工具资源，也是教育数字化转型的对象之一。随着数字技术的发展，新型技术系统更新速度加快。为了提高技术系统的应用效果，确保技术系统对教育数字化转型实践的支持质量，需要对旧技术系统进行升级、改造和更新。一是可以对原技术系统进行技术优化，包括提高代码质量、增强架构合理性和改变测试策略等；二是可以将旧系统中的信息和数据迁移到新技术系统中，重新建立智能化的技术系统。此外，还需要充分发挥人工智能、云计算、区块链等的功能及它们之间的"技术集成"价值，构建多元化的技术融合服务体系。一方面转化技术系统的设计和构建思维，从单一应用取向变为集中赋能导向，通过不断的技术突破、产品创新和服务优化解决技术系统集成问题；另一方面需要进行体系化的建设，促进各个技术小系统在更大教育场域中的协同和整合。比如，建设既包括技术产品、设备和信息系统等"硬"供给，也包括知识方法、学习资源和数字内容等"软"供给的一体化资源供给体系。

2. 推动"行动实践"的协调发展。风险在很大程度上源自人们的主观感知和认识，具有主观建构性。教育数字化转型中的风险规避倾向是行动主体在缺乏适当风险规避措施情况下的行为选择。为此，需要采用一些风险规避措施去弥合风险与转型价值之间的鸿沟，消除行动主体的主观障碍。一是要采用自上而下和自下而上相结合的方法推进教育数字化转型。自上而下的方法是基于教育数字化转型战略进行实践探索，整体运作以满足教育变革的需求；自下而上的方法是行动主体从教育产品、服务、流程、模式和组织某一类转型入手，逐步改变现有教育业态，力求从量变的积累中产生质变，达到系统性的教育数字化转型。二是要增强行动主体的教育数字化转型意识和动力。例如，向学校领导、教师和其他利益相关者传达教育数字化转型的重要性和意义，通过积极反馈或奖励来提高行动主体的动机，通过数字化转型成功案例激励他们进行转型实践。在教育领域，明确的价值目标、战略导向、政策要求能够增强数字化转型的协同效应。教育改革目标和数字化方式之间、各教育主体之间、教育系统和数字化建设之间整合协同的方法和形式是教育数字化转型协同效应产生的基础。因此，一是要抓住教育高质量发展这一内核，从需求驱动出发促进数字技术和教育的深度融合，将数字技术嵌入教、学、评、测和管等教学过程中，促进数据、数字技术和空间资源共享和融合。例如，在评价中引入自动化作业批改的方法，在学习中引入个性化资源推荐等。二是要建立教师、学生和其他利益相关者（学校管理者、家长、技术管理者等）之间的联动机制，建立跨领域、跨地区和跨学科等的协同机制，形成多主体协同的多元化服务方式和数字化共识，逐步从单点对接走向服务线。三是要建立机器系统、教育系统与环境空间的协同网络，通过建立多元化的支持和服务来促进教育产品、流程、服务、模式和组织等数字化转型活动之间的有效整合。

（三）教育元宇宙助推教育高质量发展

教育元宇宙助推教育高质量发展，将使教学场景发生重大变化，基于VR/AR技术的虚实融合平台，给学生带来更好的沉浸感；将使教学交互产生重大变化，学生戴上脑机接口设备使用意念就可轻轻松松操控元宇宙的虚拟对象。

教育元宇宙的出现为教育教学活动提供了更大发展空间，师生可通过手工创建或AIGC（人工智能生成内容）方式生成教育元宇宙的虚拟教室、教学活动场景、教学资源；教育元宇宙创新教学模式为教育教学提供了一种真实情景的体验，极大地调动学习的主动性；也为教学提供一切所需的逼真的教学活动场景，将从一对多的填鸭式教学向多对多的知识共享模式转变，实现知识双向传递。例如，未来产融参与的飞蝶XR课件资源创作工具，内置学科教学备课所需的3D场景资源，从人物、教具、教学空间到特效、声音一应俱全。无须懂编程，教师通过简单拖拽、拼装即可创作高质量教学资源课件、教学空间场景、多人互动的混合式教学平台。

第三节　数字化赋能教育高质量发展的经验分享

本节分享数字化赋能教育高质量发展的一些经验，包括"问题驱动＋愿景引领""系统进化＋创新突破""价值评估＋迭代优化"。

一、"问题驱动＋愿景引领"

教育是面向未来的事业，所以教育技术的哲学就是未来主义取向的。因而用技术赋能教育数字化转型必须是理想主义兼顾实用主义，或者实用主义兼顾理想主义。问题驱动立足于实用主义，愿景引领根植于理想主义，所以"问题驱动＋愿景引领"是教育数字化转型的基本原则。实践是由问题驱动的，教育组织和实践个体通过反思现实情况与目标计划之间的差异，从差异中找出问题，这些问题包括传统教育中存在的现实问题以及数字化转型过程中的新生问题，然后以问题解决取向来驱动教育数字化转型的实践。例如，对于优质资源共享问题，建设数字平台将世界各地优质教育资源整合与汇集，探寻数字化渠道解决资源的设计、开发和共享问题。同时，实践也是由理念引领的，根据未来教育愿景或者教育发展理念，呈现出当前教育数字化的局限性以及未来发展的新愿景，在这个过程中，教育组织和实践个体设想教育未来以重新定向教育数字化转型的发展轨迹，反复寻找解决方案以实现设想的场景，以"愿景实现"取向来驱动教育数字化转型的实践。例如，个性化学习理念引发的对智能学习平台、差异化教学模式和自适应学习系统等的探索。在教育数字化转型的实践中，当现实问题出现时，问题驱动被激发，寻找问题解决方案成为实践方向；当没有现实紧迫问题的时候，愿景引领以期望高层次的发展，发展目标和愿景成为实践方向。然而，问题驱动具有现实性，愿景引领具有超前性，问题驱动的实践走向需要愿景引领，愿景引领也会激发问题认识，问题驱动和理念引领往往相互交织，共同决定教育组织和个体的实践轨迹。这条实践轨迹一般与实践的紧迫性相关，改善现实情况的需求和美好发展的信念触发实际的行为，需要在有限的时间内作出行动或决策。

二、"系统进化＋创新突破"

　　教育本身就是一个复杂的生态系统，其内部各子系统处于彼此联系之中，这些子系统及其内部要素之间具有相互依赖性，其中许多独立的元素或子系统相互作用，往往很难仅通过单个作用关系来预测或达成结果。此外，完成任务或实现目标，一般需要统筹布局所需的各种资源，同时牵动多个子系统和元素，各部分共同作用的同时也相互影响。例如，开展教学活动需要资源系统和组织系统协同运作。而子系统和元素的发展和后续的递归循环也可能导致现有方案和概念的替换，即：因为新结构的出现，影响和产生系统化的转变。也就是说，教育数字化转型的实践存在内部子系统和元素之间递归的相互依赖性。例如，将智能技术引入课堂教学，形成了智能测评、智能学具和智能平台等教育数字化解决方案，促进了智能教育概念的发展。同时，新概念的发展会引发其他数字解决方案的后续发展。例如，学习分析和数字挖掘的发展，会进一步补充和发展现有教学决策的概念，最后以数字驱动（启发）教学决策替换掉传统的教学决策模式。同时，教育系统作为一个复杂系统，其实践行为不仅会通过"系统进化"促进系统性发展，而且会通过"创变"来适应变化，这种创变则强调追求创新突破。一是通过微创新实践诱发教育系统由量到质、由小到大、由局部到整体的渐进性发展，形成宏观创新，例如，翻转课堂和可汗学院的产生与发展；二是通过破坏性创新实践促成"突变"式改变，例如，以分布式在线协作学习为特色的密涅瓦大学，以完全在线课程+STEM（科学、技术、工程和数学教育）教育为特色的斯坦福在线中学。创新教育产品、教育方式和教育服务的数字化实践，产生新的方式来消除不足的方案以形成新的解决方案，并通过系统内部的相互依赖性引发系统进化，进而获得变革性的发展。当然，这种系统进化和创新突破的原则，通常需要与现有规则性方案和技术理念之间协调发展，可在问题驱动和理念引领的原则之中进行创新实践。随着时间的推移，各种小变化通常会形成重大的转变。此时，教育数字化转型过程中的某些创新实践往往具有模糊性，不是有完全清晰目标的，在渐进性探索中发现了有价值的突变迹象，然后可能会引起系统性的变革，这是一种创新涌现现象。

三、"价值评估 + 迭代优化"

实践是主观之于客观的活动，加之教育对于国家、社会和个人等发展的意义，决定教育数字化转型的实践本身并非无控制、无目的和自组织的活动。于是，教育数字化实践一般需要在结合"问题驱动 + 理念引领""系统变革 + 创新突破"的基础上，通过评估确定当下实践活动的价值。其中，问题会在实践过程中不断变化，愿景也会不断发展，系统进化和创新突破更是一个动态和变化的过程，并不是单次实践活动就会获得想要的结果，而是不断地分析问题并逼近目标，通过搜索有效信息和外部资源，解决问题以实现目标的过程。而迭代优化是一种逐渐逼近目标的方法，前面的结果会影响后一次的行为，后面的迭代过程需要基于前面的评估结果。因此，教育数字化转型的原则也包括在价值评估的基础上进行迭代优化来适应变化，强调了"价值评估 + 迭代优化"的重要性。价值评估不仅用于确定实践的意义，也用于诊断实践的效果，比较实际效果和目标效果之间的差异，从而塑造策略和决策，推进实践过程。例如，在实践中设置短程、中程、长程效果目标，以目标为基础规划路径，在一定的价值标准或者评估标准基础上，对所收集的数据进行诊断式分析和预测性分析，从而更好地理解实践效果。同时，价值评估的结果为迭代优化提供了两种反馈机制，一是强化教育数字化转型实践，通过迭代实践来保持、加速和放大实践效果；二是平衡教育数字化转型实践，通过调整改进来抑制、减缓或纠正实践活动。基于此，建立目标与信息、资源之间的联系，寻求解决思路以优化未来实践。也就是说，转型不会自动实现，教育数字化转型的实践具有策略性，是行动者运用各种资源、策略，主动采取行动的过程，"价值评估＋迭代优化"呈现出各个过程与对应目标之间的逻辑关系，勾画了教育数字化转型的实践策略轮廓。

第十一章
数字化赋能文化产业高质量发展

伴随数字化进程，在文化艺术、文旅文博领域里，涌现出诸多优秀数字化作品和产品，使得戏曲、绘画、诗词等古代文艺作品直观鲜活呈现，为文化遗产、传统历史文化注入新的生机。数字技术活化了穿越千年的三星堆，修复了历经岁月的藏经洞，激扬了充满豪情的楚文化，让人们在世界任何地方都能欣赏到祖国的瑰丽文化，在数字科技的加持下，焕发出勃勃生机。

第一节　数字化赋能文化高质量发展面临的问题与挑战

数字化赋能文化发展，给社会带来的变革远不局限于一个产业，使文化与科技形成双向紧密互动、融合创新的关系，文化产业和科技界限将变得模糊。数字化为文化发展带来新活力的同时，也应清醒地认识到其中的问题和挑战。例如，优秀文化产品尚显不足，文化企业创新能力有待提升，文化引领人民精神生活、服务社会、推动发展的作用发挥还不够充分。

一、版权保护问题

网络盗版仍然是制约数字文化产业生态良性发展的重要因素。数字音频、网络文学等领域盗版现象普遍存在。如数字版权保护上，网络上盛行的各种"盗图"，是一种默认允许的推广还是一种对著作权的侵犯，亟须明确规范。不断涌现出的各类新型数字文化产品的版权保护问题，也是不可回避的新问题，这些均呼唤配套的管理制度与法律法规保障，为知识产权提供必要的保护"盾牌"，鼓励文化创作者运用数字技术不断打造出文化精品。

二、规范治理问题

文化行业创新活跃、新业态不断涌现，容易出现监管真空问题。如音频视频细分领域需申请的证照多，申请流程烦琐，新兴的网络直播又面临监管缺失，亟须通过负面清单等方式厘清产业发展方向。要想实现文化产业的规范健康发展，与数字化配套的制度体系、标准规范，都是必不可缺的。加强文化企业自律和文化市场监管，构建新型治理体系，是数字文化建设的重要保障条件。在规范治理方面，持续营造鼓励创新、保障权益、规范发展的外部环境，有利于数字文化按照正确的方向蓬勃健康发展。

三、信息安全问题

文化信息是关乎国民教育、舆论导向的重要领域，在推动数字文化产业高质量发展的同时，应严密监管链条，关注数据和信息安全问题。这是确保国家文化安全的内在要求，也是加快网络强国、数字中国建设的必然要求。可为数据安全设置"闸门"，防止有的国家凭借信息技术先发优势，滥用"长臂管辖"掠夺文化数据。可为安全监管拧紧"链条"，在文化数据采集、加工、存储、传输、交易环节，制定数据安全标准，建立安全监管体系，完善文化资源的产权保护措施。

四、人才培养问题

人才是第一资源，数字时代，5G、人工智能、大数据、物联网等专业领域门槛本身较高，在文化产业数字化转型过程中，能厘清数字化逻辑与路径的人才相对匮乏。同时，新媒体、动漫、网络游戏等数字文化产业综合型人才也同样缺乏，如研发和运营一款网络游戏，涉及产品策划、技术开发、美术创意、网络维护、公关营销、售后管理等方方面面，成熟团队稀缺，但游戏用户数量却持续快速增加，这种失调在相关领域普遍存在，制约了数字文化产业的发展。此外，由于众多文化产业数字化技术提供商本身技术能力的限制以及对文化产业的一知半解，提供的数字化转型方案难以真正适应文化市场，供需脱节，难以真正实现数字化转型目的并造成资源浪费。人才匮乏的现状下整个数字文化产业中还存在人才培养方式和评价机制不合理情况，相当多的创意型人才学历或职称可能不高，但他们的工作产出及质量非常高，符合市场发展要求的人才培养与评价机制亟须建立。

第二节　数字化赋能文化高质量发展的目标和路径

文化产业数字化，使文化产业的组织方式和价值链构成发生变革，数字技术与文化的融合，塑造了文化产业的新模式、新特征，使文化产业规模呈现出几何级增长。数字化可以形成非常显著的经济规模，也改变了原有文化产业链的结构和价值增值方式。

一、数字化赋能文化高质量发展的目标

数字化赋能文化高质量发展目标内容广泛，包括但不限于以下方面：

（一）以人为本，全民共享

坚持把社会效益放在首位，文化数字化为了人民，文化数字化成果由人民共享。数字化促进文化和科技深度融合，让成果惠及全体人民，满足人民群众的精神文化需求是文化数字化发展的出发点和落脚点。（1）数字技术为人民大众参与文化创新、共享文化成果提供便利。（2）数字技术促进公共文化传播，缩小城乡和代际间的文化鸿沟，让全民共享文化成果，满足人民群众的精神文化需求。例如，通过智慧教育平台向艰苦边远地区学校、农村学校提供远程音乐、美术和体育课，满足学生的基本文化需求。

（二）供给发力，激活资源

深化供给侧结构性改革，推动文化存量资源转化为生产要素，加快发展新型文化消费模式、文化企业、文化业态。（1）深化文化供给侧结构性改革，推动文化存量资源转化为生产要素，运用云计算、大数据、虚拟现实、人工智能等现代数字技术成果，汲取具有历史传承价值的重要元素、标识和符号，激活文化资源，实现文化全景呈现。（2）优化营商环境，激发市场主体活力，促进文化产业与数字经济、实体经济深度融合，构建数字文化产业生态体系。

（三）科技支撑，创新驱动

促进文化和科技深度融合，集成运用先进适用技术，增强文化的传播力、

吸引力、感染力。（1）促进文化和科技深度融合，把握科技发展趋势，集成运用新技术，创造更多文化产业数字化成果，为高质量文化供给提供强有力支撑，增强文化的传播力、吸引力、感染力。（2）坚持创新在文化产业发展中的核心地位，提高自主创新能力，让创新潜力充分涌流，推动内容、技术、模式、业态和场景创新，形成更多新增长点、增长极。

二、数字化赋能文化高质量发展的路径

数字化赋能文化高质量发展的发展路径可能会很多，结合本书编写团队行业经验和思考，主要从以下方面阐述：

（一）夯实发展基础

1.重视技术创新。文化企业需高度重视云计算、大数据、物联网、区块链、人工智能等数字化技术研发创新，加大对数字技术应用的研发投入，自主或联合建立研发中心、技术中心等机构，推动产品服务和业务流程改造升级，建设文化产业数字化应用场景。探索企业、高校、科研机构合作，建立产学研用联盟，推动跨行业、跨部门、跨地域成果转化和技术要素流动，探索通过转让、入股、许可等方式推动技术要素向中小微企业转移的路径。

2.抓好数字基建。构建整体底层基础设施，积极落地5G、物联网和云存储等项目，推动数字基建朝场景支撑和数据资产沉淀方向发展。（1）构建文旅业务的场景支撑能力。优化文旅业务场景硬件设施，例如，通过数字化闸机、摄像头网络、停车场智能设备等基础设施，强化线下数据的捕捉获取能力。完善单一业态的底层管理系统，例如，通过持续完善景区、酒店、交通、演出、旅行社等单一业态的底层票务系统、客房管理系统等，强化文旅业务的运营能力。迭代文旅综合业态的软硬件综合解决方案，例如，以智慧景区及文商旅项目为代表，持续迭代软硬件综合解决方案。（2）强化数字化管理与数据资产沉淀能力，实现管理数字化，提升内部决策效率；数据中台与媒体中台成为数据资产沉淀的重要支撑。例如，陕西旅游集团基于5G创新体验的开放式智慧园区管理系统建设（丝路风情城5G创新基地），景区全域IoT智能感知网络服务系统建设（白鹿原影视城物联网系统）。

3.触网线上运营。数字化赋能文化企业，可加快传统线下企业数字化转

型，推进"互联网＋"，形成数字经济新实体。例如，文化企业探索文化垂直电商平台模式，与现有电商平台合作开发文化产品、举办文化消费活动。互联网企业也可探索打造数字内容创作和数字文化传播平台，通过线上直播等新方式，发展基于经验分享、知识传播的创新平台。互联网企业可与文化文物单位、旅游景区深度合作，探索体验付费、服务运营、流量转化等新模式，形成引领示范效应。

（二）培育新型业态

1. 发展沉浸式体验。文化相关企事业单位，如博物馆、展览馆、文物单位、人文景区等紧密跟踪科技热点，探索开发沉浸式体验项目，开展数字展馆、虚拟景区、沉浸式旅游演艺、沉浸式娱乐体验产品，推动数字技术在重点领域和场景的应用创新，更好传承文化和美学精神。加强虚拟现实、增强现实、超高清、无人机技术的应用，发展无人机表演、夜间光影秀、全息互动投影等产品，推动现有文化内容向沉浸式内容移植转化，丰富虚拟体验内容。

2. 丰富云端业态。文化相关企事业单位，文化场馆、文娱场所、人文景区等可对文化资源进行数字化开发，将创作、生产和传播等向云上拓展，让优秀文化借助数字技术"活起来"。例如，文物单位与融媒体平台、数字文化企业合作，开发馆藏资源，开展虚拟讲解、艺术普及和交互体验等数字化服务，丰富云展览业态。会展行业举办线上文化会展，实现云展览、云洽谈、云签约等办展新模式。文艺院团、演出机构、演出场所可发展云演艺业态，促进戏曲民乐等传统艺术线上发展，鼓励文艺工作者、非物质文化遗产传承人在网络直播平台开展网络展演，让更多年轻人领略传统艺术之美。

3. 应用好产业元宇宙。元宇宙可承载用户社交、娱乐、工作，甚至是经济交易等活动，从生产模式、传播方式、消费方式等方面赋能文化创新及高质量发展。生产模式方面，元宇宙使用的区块链技术能更好保证创作者的合法权益，形成供需双边相互促进的良性循环，丰富内容创作的手段，激发创作的无限可能。传播方式方面，元宇宙打破传播主体时空限制，颠覆传统媒介的传播形态，将人类的感官无限延伸，提供更加细腻的传播形式，让文化信息传播得更快、更广、更精准、更生动。消费方式方面，元宇宙使消费者能突破物理空间限制，以参与、互动、共享方式进行文化消费，在消费过程中能与故事角色、创作者、其他参与者深度互动，使得文化消费不但成为一个精神愉悦过程，更成为一个社交过程，不断衍生出新消费需求，形成社区型、兴趣型消费场景。

（三）促进文化行业发展

1. 培育市场主体。培育一批具有较强核心竞争力的大型数字文化企业，引导互联网及其他领域龙头企业布局数字文化产业。发挥产业孵化平台和龙头企业在模式创新和融合发展中的带动作用，通过共享资源、开放平台等方式，带动上下游中小微企业发展。支持新技术、新业态、新模式，培育一批数字化的"瞪羚企业"和"隐形冠军"文化企业。

2. 推动产业链融合发展。数字文化产业链建设，需促进文化产业与各行业实现更广范围、更深层次、更高水平的合作和融合，提高产业集成协同水平和整体竞争力。一是推动文化产业与互联网、物联网深度融合，打造大数据支撑、网络化共享、智能化协作的智慧产业链体系；二是促进文化产业与短视频、网络直播、社交电商等在线新经济结合，发展旅游直播、带货等线上新模式；三是推进数字文化产业与消费品加工业、先进制造业、新型智慧农业以及物流、金融等现代服务业的融合发展。

3. 强化人才资本等要素支撑。加快文化产业数字化人才培养，培养兼具文化内涵、技术水平和创新能力的数字文化产业复合型人才队伍，完善人才评价、激励、配置机制。探索高等院校和企业合作培养人才模式，共建实训基地等培养方式。

第三节　数字化赋能文化高质量发展的经验分享

近几年涌现出一批文化领域数字化创新应用案例，这批深深根植在文化事业、文化产业、旅游行业基层一线的典型案例具有理念创新的代表性，下面将结合实际案例，分享数字化赋能文化高质量发展的经验。

一、数字化促进文艺事业繁荣兴盛

（一）艺术创造的数字化，激发文艺创造新潜能

数字形态的文化产品便于传输和存储，降低创作门槛，大众可充分参与到

生产当中。文化产品不再只由艺术家创造，人人都可以拍短视频、运营自媒体。例如网络文学，其诞生之初就不同于作家创作、出版社编辑发行、通过版权获得收益的传统链条。网络作家依靠读者点击量和打赏获得收益，作家要充分考虑读者的阅读感受，增强读者黏性，由作者与读者在密切互动中共同完成创作。再者，戏曲、舞蹈、美术等艺术运用数字化手段，创新表现形态，丰富内容表达，进一步增强了艺术表现力、传播力、感染力。以数字电影为例，不只是拍摄和放映媒介从胶片变成数码，数字特效改变电影制作方式，科幻类影片，演员只完成前期动作，后期制作更为重要。随着视觉神经科技和虚拟技术的成熟，观众将戴着数字头盔或通过数字接口观看电影。

（二）艺术传播的数字化，培育文艺爱好新群体

文艺团体、演出场所、艺术馆等运用虚拟现实、3D互动等数字技术，建设在线剧院、数字剧场、沉浸体验式艺术展等，培育线上演播项目，拓宽艺术作品数字分发渠道，打造艺术传播新场景。传统文化对年轻人的吸引力一般，而将传统文化数字化后，通过创意表达融合新数字技术，应用于动漫游戏场景、舞台演艺、影视剧等文化产品中，增强传统文化的表现力和感染力，让年轻人喜欢上传统文化。比如，近年来大火的"故宫IP""三星堆IP"，除了文创产品大卖以外，还和互联网公司合作开发了大量的动漫游戏产品，深受年轻群体喜爱。例如，中科闻歌媒体智慧中台项目，基于"天湖"数据智算平台，结合领域知识数据，应用知识图谱、自然语言理解、多模态语义知识搜索与推荐等核心技术，支撑媒体融合生产、传播、运营、数字化报道工作室、领域知识体建设等创新应用。

二、数字化助力文化遗产保护利用

数字化是"坚持保护第一、加强管理、挖掘价值、有效利用、让文物活起来"的有效践行，为文化遗产保护传承插上翅膀，"考古热""博物馆热""非遗热"蔚然成风。

数字化帮助修缮和保护文物本身。通过数字化手段进行文物遗产保护的案例越来越多：北京箭扣长城"修旧如旧"，数字化技术不仅在后端通过各类数字产品让更多人了解长城修缮背后的故事，更可在前端代替人工对长城本体及

周边环境进行监测；《永乐大典》等珍贵的古籍文献，面临自然侵蚀、人为损坏等风险，采用缩微技术等对古籍进行数字化转化，在保护原本的同时也方便广大读者检索阅读。

数字化还能创新文化遗产及其背后中华优秀传统文化的展示方式，让文物由物质资源向数字资源转化，让文物及其所承载的文化信息走向公众、参与社会教育、走向世界参与文明互鉴。例如，敦煌莫高窟建设的"数字敦煌"和"云游敦煌"，集探索、游览等功能于一体；在秦腔艺术节上，由三维建模的数字化代言人秦筱雅展示秦腔；数字化的展示方式，可弥补因客观原因不能亲临现场的遗憾，增加文化遗产展示的参与感，深化民众对中华优秀传统文化的认知和理解。

三、数字化促进文化和旅游业深入融合发展

数字文旅产业异军突起，为大众日常休闲生活带来更多精彩。数字科技为文旅融合发展提供新动能，催生新业态，整个文旅行业正加速转型升级。

（一）线上文博

传统的实物文旅场景，例如，博物馆、美术馆、艺术馆等，在新冠疫情影响下纷纷加速触网，通过视频、VR、360度全息影像、线上直播等方式推出"云参观"，实现文物、艺术品信息的线上快捷获取、放大观看、线上自主游览、360度全场景体验等。首个大型沉浸式数字交互空间《三星堆奇幻之旅》，创新性地将三星堆考古发掘大棚、三星堆数字博物馆以及古蜀王国等场景，通过即时云渲染技术，为用户提供全新体验，实现"破屏"融合传播，12K技术微距拍摄三星堆文物，让网友得以"脸贴脸"看国宝，裸眼3D重现三星堆古城过去的辉煌……充满神秘感的三星堆文化正在插上数字化翅膀，重焕生机。

（二）沉浸式场景

主要是利用VR/AR、人工智能等数字技术形成沉浸式场景，如沉浸式展览和游乐场、全息主题餐厅等。文化和科技融合的典型代表贵州茅台舞台演艺《天酿》，通过VR/AR、全息技术，带给游客极其震撼的茅台酱香酒文化体验。VR空中览西安城墙、裸眼3D赏龙门石窟的新玩法、新花样，依靠高精度数字技术把景区变成互动情景，推动中华文明活化演绎。

（三）智慧旅游产品服务

主要是以高度智能化、无接触服务为特征的旅游产品和服务，包括智慧酒店、无人售卖车、无人商店、景区的扫码入园等。智慧文旅服务的典型代表"一部手机游云南"App，具备景区地图导航、刷脸入园、语音导览、AI 识物、直播视频、智慧厕所、游客投诉、舆情监测等智能旅游服务。北京市属公园通过搭建公园景区游船智慧管理平台，利用 5G、北斗导航、物联网等一系列数字技术，对游船进行精细化管理，实现了求救及时响应、游客"云排队"等功能。

第十二章
数字化赋能大健康产业高质量发展

大健康产业是关系国计民生的重要支柱，大健康产业与数字技术的融合也成为经济发展的重要动力。在政策推动、市场需求、技术迭代等多重因素作用下，数字化将成为大健康产业高质量发展的核心动力，引领新一轮的医疗健康产业革命。

第一节　数字化时代大健康产业面临的挑战

伴随经济及科学技术飞速发展，大健康产业在基础设施和医学技术等方面都取得了长足的进步。随着医疗卫生系统的信息化建设逐步完善，医疗产业的数字化也为群众提供了更安全、更高效、更方便、更价廉的公共卫生服务。运用数字化手段推动大健康产业发展，也面临着一些挑战。

一、大健康产业基础资源建设不足

（一）医疗卫生资源分配"倒三角"等不均状态仍存在

我国医疗卫生资源的配置长期以来存在结构性失衡的问题。大城市的医疗资源集中，基层医疗卫生资源薄弱，这种"倒三角结构"与庞大基础医疗资源需求形成矛盾。不合理供需，使我国医疗机构长期面对人民群众挂号时间长、缴费时间长、等待时间长，医生接诊时间短的"三长一短"问题。

随着社会发展和老龄化的加剧，人民群众的疾病谱带也在发生转变，进一步加剧了医疗资源分配不均的问题。慢性病、老年病的发病率不断攀升使得诊后长期跟踪治疗的需求不断提高。当前医生资源的配置难以有效覆盖广大的慢性病人群体，也很难对术后病人的恢复进行全方位的跟踪与监督。

（二）医疗数字化基础建设仍有不足

数字化技术通过提升就医便捷性、提高诊疗效率等，有效缓解资源分配问题，我国全民健康信息的数字化建设仍处在发展初期，基础设施建设仍不充分。

1.医疗健康信息化系统建设的完备性有所欠缺。健康信息化相关法规和行业标准的不完善，使得不同地区、不同机构间医疗数据格式不统一，导致居民跨地区甚至同地区间跨院治疗的不便，也使得包括政府、医院、保险、药企、设备厂家在内的机构间存在信息不对称、信息流效率不高等问题。不同阶段的医疗服务供应商间缺乏有利数据连接，难以通过数据共享提供便利、连续医疗服务。

2.医疗健康数字化技术应用的均衡性有待提升。数字化医疗资源在不同社会地位、经济条件、教育程度的群体之间应用存在较大不均衡性，资源基础设施建设仍需加强。对于偏远地区居民，以及难以接触数字化工具的老年人、低收入者等，医疗资源不均衡、医疗数字化基础建设不足的问题导致这些群体难以真正享受到数字化带来的成果和便利。不健全医疗信息化基础建设也制约了数字化手段实现医疗服务普惠化的能力。

二、数字化手段的运用带来的挑战

（一）对于数字化手段的低信任带来的发展挑战

除了大健康产业本身面临的医疗资源和数字化基础建设问题之外，数字化技术应用本身也带来一系列挑战。数字化运用为医疗健康服务效率带来巨大的提升，通过医疗大数据训练的模型，能帮助医生或医疗服务机构快速判断患者存在的问题，提升医疗诊疗效率。但是，当数据出现错误或算法本身存在缺陷时，对于数字化手段的过度依赖则造成难以挽回的损失。目前我国数字大健康产业仍处在发展初期，数字化医疗手段仍不成熟，对于方案的安全性、有效性及商业模式仍在不断地探索，造成医院、企业、患者三方对于数字化技术应用的使用率、遵从率均处在较低水平。数字健康服务难以通过用户长期使用后的反馈提升服务能力，要实现成本的降低和效益的提升仍然较为困难。如何保证医疗数据的准确性、提升开发体系的成熟度，进而提升各类主体对数字化手段的信任阈值是数字化健康发展的重要挑战。

（二）医疗数据共享过程面临的个人隐私保护挑战

医疗健康数据体系的建设和数据共享是医疗健康数字化发展的基础。医疗数据具有隐私性强的特点。医疗产业链上环节众多，使得数据共享的链路较长，在数据采集、存储、应用等各个环节均存在数据泄露的风险。同时，由于医疗数据的价值较高，非法出售、网络攻击等外部风险不断增加，加大了数据保护的压力。如何建立安全的数据传输链路，实现用户信任的数据共享机制，是数字化医疗发展需克服的重要难题。

（三）数字技术依赖可能导致的决策及技术风险

数字健康在给诊疗过程带来效率提升的同时，也易出现使人过度依赖的隐患。以 AI 辅助诊断为例，当前的人工智能模型虽然效率和准确度都已达到相当水准，但仍不能保证百分之百不错诊、不漏诊，有些平台曾多次被曝因自身的算法缺陷给出错误的癌症治疗建议，因此使用者不能掉以轻心，还需仔细复核才能签字确认并输出报告。从长远看，任何技术都很难达到完全没有缺陷和漏洞，绝不可过度依赖技术，人是医疗行为的最终把关者。数字健康企业可基于此认识，做好产品设计，发挥"人在回路"的优势，最大限度避免技术缺陷带来的风险。

第二节　数字化赋能
大健康产业高质量发展的目标与路径

大健康产业体系庞大、结构复杂、参与者众多，在数字化赋能大健康产业的应用中，如何设定合理的目标和实施路径，对于产业的融合与发展至关重要。

一、数字化赋能大健康产业高质量发展的目标

（一）医疗机构数字化赋能目标

各级医疗机构特别是医院体系，是医疗健康服务的主要提供方，在医疗服务方面可最大化应用数字化技术提升医疗服务的效率和效果，提高其可及性、

普惠性：（1）依托大数据技术，为各级医院建立精细化的医保信息管理和监控平台，提升医保控费能力。（2）为各级医院尤其是基层医院建立先进的智慧医院系统，包括电子病历、AI 医疗、远程诊疗、智慧药房、智慧后勤等方面，全面增强各环节医疗资源的可获得性和便捷性。

（二）互联网医疗数字化赋能目标

互联网医疗是医疗机构线下医疗服务的补充和拓展，进一步拓展医疗服务的能力边界和覆盖范围。（1）在经济及技术手段允许的前提下，逐步普及手环、数字手表、电子血压仪为代表的家用数字健康硬件，并普及数字化健康管理、慢性病管理的理念，结合相应互联网健康管理软件，实现常见慢性病以及老年人身体指标的日常化数字管理。（2）不断提升在线诊疗的 AI 识别能力及信息库，普及在线诊疗，打通在线问诊、线下转诊、病例互认共享、购药医保支付等环节，使互联网医疗更有力地支持各级医疗机构的服务。

（三）创新技术应用发展目标

近年数字化领域涌现出一批创新技术，可将数字化创新技术与大健康产业深度融合，例如，（1）进一步发展人工智能技术，从各个单项的辅助诊断发展到综合全面的诊疗决策支持。（2）将区块链、隐私计算技术应用到数字健康数据的使用和管理中，让患者真正成为健康数据的主人，自主决定数据的使用，让健康数据得到更合理与更高效安全的流转。（3）发展其他先进技术创新和模式创新，包括在数字化药物研发、数字疗法等方面追赶国际先进水平；（4）结合实际，发展智慧医院管理体系、各方联动的居民健康管理体系、智慧养老体系等。

二、数字化赋能大健康产业高质量发展的路径

（一）夯实数字大健康基础

1.完善数字大健康的政策和标准。数字大健康产业技术迭代快、多部门协同要求高、数据涉及敏感隐私，除国家层面立法和政策外，行业协会及相关企业应牵头制定和完善人工智能、云计算、大数据等技术应用规范，促进标准同步与产业协同，并做好数据安全管理顶层设计，建立电子健康数据接口行业标准便于数据互联互通。对数据隐私问题，数字健康企业应加强数据安全隐私计

算技术、隐私保护标准等研究，建立透明的、可被公众监督的健康数据使用规范，以取得公众的充分信任。

2.夯实数字健康的基础能力。数字健康产业应重视建设以 5G、云计算、人工智能、物联网为代表的数字化基础能力，形成人、物、机构之间全新的感知与连接能力。数字健康产业可利用盘活分散储存于各医疗机构、各机构的海量存量健康数据，同时将原先信息化程度不足的部分加速数字化，做大增量，继续深入医疗机构的数字化，将医患、医药、医保等业务数字化，推进三医联动（医疗、医保、医药改革联动）、疫情防控、互联网医疗资源等业务的数字化，最终形成立体化的感知与连接能力。

3.推进数字健康的普惠覆盖。数字健康产业可通过创新商业模式、优化服务流程等方式，破除数字健康与传统线下医疗之间的层层障碍，缩小偏远地区人群、老弱群体等的"数字鸿沟"，发展公平、可及、可负担的医疗健康服务，构建普惠覆盖、全民共享的数字卫生健康体系。

（二）推进智慧医院建设

医院是我国最主要医疗服务提供方，数字化是医院发展的趋势。智慧医院包含的建设内容十分丰富。

1.对患者而言：（1）就诊前，有线上导诊、网上预约挂号等功能。（2）就诊中，可通过手机端签到或线下自助取号、院内导航、智能检查预约、排队提醒、自助打印报告和影像、自助缴费取药等流程提升患者的就诊效率和体验。（3）就诊后，患者可利用复诊随访 App 更新自身身体状况；日常可在线上与医生沟通，并有健康科普、在线药事等众多服务。

2.对医生而言：利用电子病历系统、临床决策支持系统、分诊系统、院内自动化物流运输系统、合理用药监测系统、线上随访复诊系统、科研云计算平台等辅助提升诊疗的效率与质量。

3.对医院管理者而言：利用 OA 系统、医院智能决策系统、大型设备管控平台、医用废弃物管理系统、智慧安防管理平台等助力优化医疗服务流程。

我国智慧医院建设处于起步阶段，尚存在一些短板，例如，（1）基础的医疗信息化进程推进不均衡，主要是欠发达地区和二级以下医院的信息化程度不足；（2）电子病历等医疗信息的互联互通程度不足，部分医院的电子病历甚至不能实现院内不同部门间的数据交换，多数医院仍停留在"数据孤岛"阶段。（3）人才供应及培养体系不足，智慧医院建设需理解临床工作流程，掌握物联网、人工智能等数字技术的复合型人才。

在智慧医院建设过程中，医院管理者还需转变传统思维模式，树立起"流程数字化"及"要素数字化"理念，在符合行业特征的前提下，致力于把数字健康的能力赋能到整个医院的大多数业务环节，用数字化改造医院业务流程、管理结构、服务方式。医院之间可建设区域卫生信息平台，实现业务系统的互联互通，通过平台复用和赋能核心业务能力整合碎片化需求。例如，北京高灵智腾信息科技有限公司助力德州市第二人民医院数字化转型，利用手机自助机＋场景化二维码重塑诊疗全流程，实现线上线下一体化业务模式创新，赋能医院诊疗流程。

（三）发展互联网医疗

借助互联网平台，将互联网公司、保险公司、医院、医生、病患以及其他医疗健康管理需求方有效联系，实现医患间的精准匹配，医疗资源的互补，有效提升医疗资源使用效率，提升医疗服务的质量。互联网医疗已经覆盖诊前、诊中、诊后全流程，提供挂号、检查、开药、缴费等多种服务。

从产业链角度来看，互联网医疗以互联网医院为中心，形成新的完整产业链：（1）互联网医院，以医院院中服务为中心，提供前向预防指导、在线问诊，后向药品配送、诊后管理等延伸服务。（2）医疗信息化服务，通过人工智能、大数据能力为临床决策提供有力支持。（3）医药电商，属于院后环节，改善医药通路，满足消费者购药需求。（4）医疗健康险，为医疗活动提供费用；（5）医疗智能硬件，提供满足医用要求的硬件设备，辅助医疗活动的开展。

未来，互联网医疗可与线下医疗服务融合发展，两者共同构成线上线下一体的智慧社区医疗模式，实现社区医院首诊、互联网医院辅助检测并做健康管理、上级医院双向转诊、各机构之间互相共享电子病历、健康档案、临床数据等数据库的分级诊疗状态。互联网医疗可较大程度缓解社区医院和社区医生的压力，扩大基层医疗资源可获得性，成为线下医疗服务机构的有力补充。

（四）推进智慧医保控费

医保控费是我国一项长期政策。其中推行按疾病诊断相关分组付费

（DRG）和按病种分值付费（DIP）是重要途径。按 DRG/DIP 付费的原理简而言之是使用"疾病诊断＋治疗方式"（例如急性阑尾炎＋阑尾切除术）的分类方法，把医疗资源消耗相近的病种归并到一组，统一用医疗费用作为医疗资源消耗情况的定量指标。使用 DRG/DIP 付费后，医保将同一组的疾病花费按事先计算的定值预先支付给医院，超额需医院自负，结余则由医院保留，激励医院提升自身运营效率，节约医疗资源。

数字化有利于推行 DRG/DIP 付费的重要保障。以 DIP 为例，（1）所有分组的信息都来自医案首页、医保支付明细等数据，这对医院信息化系统的规范化提出很高要求。（2）DIP 分组规则基于大数据分析，对医案信息的疾病诊断和治疗方式进行特征挖掘，特征距离相近的聚类成为一组。（3）医疗行为中存在许多个案差异，DIP 以大数据提取诊断、治疗行为等方面特异性特征，形成辅助目录（更细化分组），校正个体特异变化。（4）针对不规范医疗行为，DIP 还可利用大数据模型，量化分析某诊断下最合理的治疗标准、入院评价体系、住院天数，从而让小病大治的不规范医疗行为无所遁形。数字化手段使 DRG/DIP 付费方式成为可能，有力地帮助医保控费目标的实现。

（五）深化智慧养老产业高质量发展

随着老龄化程度的不断加深，养老产业市场愈显广阔，成为大健康产业的核心组成部分。在养老产业领域，数字化大有可为。

1. 从智慧养老基础设施方面看，物联网技术的引入使得各种养老相关硬件设备可互联为一个整体，拓展养老服务广度与深度。例如，可通过智能床垫、智能手环、智能手表、血压血糖仪等设备，定期或实时监测老人的心率、体温、离床时间、血压、血糖等信息，这些信息通过物联网自动传入云端进行数据分析，及时对老人健康状况做出评估，智能摄像头、毫米波雷达、门磁等安全相关硬件可在物联网联通下，更好地守护老人安全。

2. 从智慧养老智能化服务方面看，社区或保险、养老企业可依托大数据建立智慧养老服务平台，为老人提供个性化的贴心服务。例如，基于老人的日常生活起居、体征等数据，为老人提供合理饮食、运动方案，对可能发生的健康问题做提醒；社区或保险、养老企业还可整合各类生活服务供应商，包括家政、家电修理、洗浴、理发，统一采购、统一监督，为老人提供便宜、优质的日常生活服务。

（六）数字化赋能制药产业高质量发展

药品研发属于高投入高风险项目，平均每一款药物的研发支出接近 14 亿美元，且仍以平均每十年增加一倍速度增长。近年来，大数据、人工智能技术的发展，为药品研发提供新的技术手段，有效提升新药研发效率。应用人工智能技术，可缩短约一半的前期研发周期，使新药研发成功率从当前 12% 提高到 14%，每年为全球节约化合物筛选和临床试验费用约 550 亿美元。

药品研发分为药物发现、临床前研究、临床试验、药品生产、药品销售阶段。数字技术可在药品研发过程不同阶段发挥作用，例如，研发的前期临床前研究阶段，通过大数据及人工智能技术替代传统人工完成对于疾病相关可测试假说的搜索，发现新的机制和靶点。在后期晶型预测以及化合物筛选方面，通过人工智能技术完成模型预测、高潜力候选分子筛选等工作，可降低新药研发时间和成本。

目前药物研发过程中数字化应用尚面临着众多挑战，例如，目前对于生物学的指标模型并不完整，实践当中对于药物代谢产物、浓度依赖性、毒副作用等还极度依赖生物及临床实验数据；人工智能药品研发在知识产权、行业监管、法律责任等方面存在空白等。数字化药物研发仍有较长的探寻路径，但其发展潜力已获得行业普遍认可。

（七）医疗元宇宙赋能医疗产业

元宇宙将实体产业与数字孪生深度结合，医疗产业元宇宙可与实体诊疗及健康管理过程深度融合。

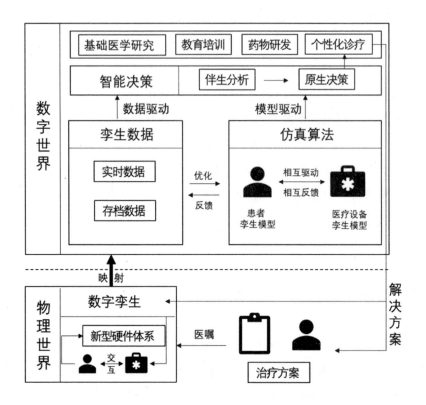

1.物理世界建设。物理世界建设主要包括基础硬件的建设和数字孪生体系的拓展。（1）基础硬件建设。物理世界中，人体可以视为一台精密"机器"，各种类别医疗器械通过不同手段采集人体各种数据。这些医疗设备的运行数据、人体与医疗设备交互的数据、患者与医生之间交互的数据和健康档案等都需通过基础硬件设施上传到虚拟世界。医疗元宇宙的虚拟世界中会通过运算生成健康管理和治疗的个性化方案，通过基础硬件设施与患者交互。例如，智能手术机器人能根据感知、定位、计算和医生的指令，为患者进行精准外科手术。（2）数字孪生体系。数字孪生体系是将基础硬件收集的数据基础上对整个实体世界做建模仿真，形成数字世界"孪生体"。仿真过程和结果可应用于不同医疗行为。例如，数字孪生体系可对患者个体的诊疗过程仿真，包括仿真患者的生理状态和治疗方案的运行。除仿真个体外，数字孪生体系还可模拟整个医疗系统的运行，包括医护人员、药物等资源分布、运行和患者人群的流转情况。数字孪生体系需具备精准、实时模拟仿真能力。

2. 虚拟世界建设。虚拟世界部分建设主要包括数据存储、模拟仿真和智能决策。（1）数据存储。医疗元宇宙的虚拟世界中有大量历史数据和实时交互数据需要存储，包括患者的个体信息、患者与医生的交互信息和医疗设备采集到的数据，这些数据需要能够实时更新、运算和互联互通，以保证在数字世界中形成完整的架构。虚拟世界需建设足够强大的数据存储能力，包括大型异构数据存储协议和隐私保护、隐私计算协议，在实现海量数据存储运用的同时保障患者的隐私和数据安全。（2）模拟仿真。在数据存储能力基础上，模拟仿真能力可将现实产生的数据在虚拟世界中进行重构，使得虚拟世界能"孪生"现实世界的运行。模拟仿真能力包括对于现状的重建和对未来可能运行发展方向的模拟，包括个体层面的治疗方案模拟、药物动力学仿真，群体层面的传染病传播模拟、群体健康资源优化等。（3）智能辅助决策。在模拟仿真能力之上，医疗元宇宙能在虚拟世界中实现多种在现实世界中难以实施开展的方案，使得不同决策方案之间的比较和优化成为可能。当下医疗资源分布不均的现状使得诊疗和药物研发等关键工作依赖于医护人员和专业工作者的经验和判断，而智能辅助决策能力能基于过往诊疗案例数据、患者的个体状况、不同方案的模拟仿真等提供智能化治疗方案建议。目前，智能辅助决策技术已逐步融入诊疗方案选择、药物研发等环节，使诊疗和研发更加精准、高效。

第三节　数字化赋能大健康产业高质量发展的经验分享

在数字化赋能大健康产业的过程中，大健康产业的各个参与方可谓百花齐放、百家争鸣，一些实践取得显著成效。

一、智慧居家养老

（一）智慧居家养老解决的问题

居家养老是我国目前主流养老方式，智慧居家养老旨在解决居家养老的老年人面临的常见问题，包括日常生活安全缺乏保障（例如家中摔倒无人管）、不懂如何管理健康（例如慢病管理、日常养生等）、生活上缺少照护（如无力做深度居室清洁、无人主动关心）等。

（二）智慧居家养老解决方案

行业内头部企业推出的居家养老服务体系，整合医、食、住、行、康、养等老人健康生活的必需场景服务，通过智能设备、线上服务人员、家庭医生、专家顾问全方位为客户服务，形成一个居家养老一站式服务平台。

1. 在安全保障方面，现有居家养老利用自研物联网（IoT）系统，将各类安全设备（如毫米波雷达、烟雾传感器、水浸传感器、门磁、紧急呼叫按钮等）整合在一起，与线上管家体系联通。在发生漏水、失火、老人摔倒长时间无法站起等情况时，物联网系统相应设备自动向后台告警，服务人员第一时间通过电话或家中的智能设备联系老人或家属。该体系采取算法自动过滤、后台人工验证及多设备互相印证等措施，最大限度减少误报。当出现老人发生突发疾病等紧急情况时，可通过随身携带的紧急呼叫按钮，告警信号立即传到后台远程管家和家属处，服务人员即时联系老人和家属进行相关处理。

2. 在健康管理方面，该服务体系基于智能手机、音箱等设备为老人提供丰富功能。（1）例如，高血压、糖尿病老人可每天在智能设备上进行血压、血糖打卡，后台会记录这些数据变化，有异常倾向时系统会及时提醒老人给出适当建议。（2）系统内置基于健康丰富数据库的询医问药功能，老人可与智能设备对话轻松查询自己所关心健康问题，系统还会进一步推荐最合适的医院、科室乃至医生。（3）中医养生方面，系统为用户提供自研中医体质诊断、养生食谱推荐等功能。用户可通过问卷和智能舌诊（AI 通过舌头图像判断健康状态）等方式确定自己体质（如痰湿质、阴虚质等），智能系统会基于用户体质、喜好、所在地域、时令节气、过敏等因素，通过养生知识图谱为用户推荐个性化的养生食谱、养生方案，并在与用户交互中不断优化推荐。

3. 在生活照护方面，该体系通过专业专家团队和管家平台，为每一位老人量身定制专属方案。通过全方位的测评，从健康、饮食、起居等多维度进行诊断，覆盖超 20 个专业量表，测评结果由专家解读，并根据老人实际需要提供进一步深度测评，为老人定制一站式综合解决方案。

（三）智慧居家养老的实践经验

智慧居家养老体系建设是一项长期工程，运营能力建设至关重要，包括服务推荐、供应商整合管理、服务质量控制，需建立供应商数据库、服务规划体系、服务评价体系等。以日常保洁服务的流程为例：（1）在用户下达服务订单时，基于用户居所信息、历史订单信息为用户推荐合适供应商，筛选匹配服务人员，确认工具包。（2）在服务人员上门时，执行一系列监控，例如，对上门服务人员做人脸识别身份验证、要求服务人员在相应手机应用上签到打卡、拍照做服务留痕，用户享受服务不满意可通过音箱/App/紧急呼叫按钮等设备联系管家投诉。（3）服务完成后，用户可进行线上匿名服务满意度打分，填写评语，后台服务人员会抽样巡访收集意见，并基于此明确服务提升方向、与供应商探讨提升服务方案，建立供应商考核培训体系，如此迭代地提升服务运营能力。

二、AI 辅助诊断

（一）AI 辅助阅片相对传统人工阅片解决的问题

医疗影像阅片是医疗工作的重要组成部分，每年都有大量的医学影像待阅片和诊断。相对于传统人工阅片，AI 辅助阅片解决的问题主要有以下四点：一是提高医生阅片出报告的效率。二是减少漏检的发生。三是提高不同医生之间的报告一致性。四是便于随访，比较两次 CT 的变化。

（二）AI 辅助 CT 诊断解决方案

AI 辅助肺结节检测系统主要分为以下几个部分：（1）训练肺部分割模型，将肺部空腔从 CT 中分离出来，目的是避免肺部以外区域的干扰。（2）训练最重要的肺结节检测模型。图像 AI 技术最擅长目标的检测，例如，从一大张卫星海图中寻找微小的船只。而肺结节检查，本质上就是三维空间的目标检测。因此，只需将传统的二维图像检测升级到三维，即有望实现 AI 辅助肺结节检测。基于这样的思路构建三维模型，再结合海量的资深医生标注过肺结节位置的 CT 影像，就能训练出肺结节检测模型，训练过程中模型在数据的引导下逐步掌握了肺结节的特征，最终使得 AI 模型能在新的 CT 影像中像资深医生一样准确发现定位肺结节。（3）添加辅助模型，以帮助自动生成报告，包括结节的三维轮廓分割模型，用于计算结节的长短径、密度等信息，肺叶分割模型用于定位结节所处的肺叶等。（4）将模型计算得到的信息汇总处理，自动生成影像报告，供医生审阅。

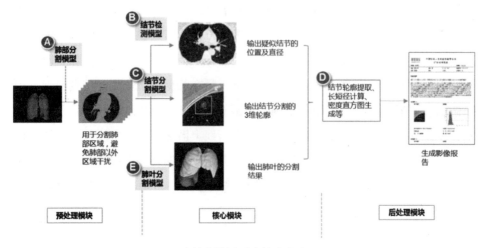

肺结节检测系统技术方案

　　基于以上肺结节检测系统还发展出了新冠肺炎智能检测系统，主要有以下四点特征：（1）由于处理对象均为肺部 CT 影像，肺部分割模型和肺叶分割模型可重复利用。（2）训练肺炎病灶分割模型。基于 U–Net 神经网络模型设计，添加注意力机制和多任务学习模块，可以很好地分割出 CT 片中模糊的肺炎病灶阴影。（3）添加图像配准模块，通过平移、伸缩、旋转等仿射变换将同一人两次先后拍摄的 CT 片叠加在一起，且所有部位都一一对应。可方便比较同一个病灶动态变化。（4）综合各个模型结果，算出病灶体积、密度、位置、动态变化等信息，自动生成报告，供医生审阅。

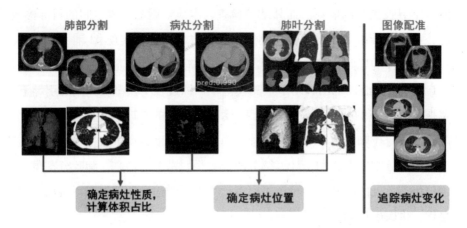

（三）AI 辅助诊断实践效果

AI 辅助肺结节检测有效性已得到大量临床数据验证。肺结节 AI 模型在平均每半分钟完成一例 CT 肺结节检测，医生出报告耗时缩短一半以上，抽查显示，报告质量提升明显。国内数家头部人工智能企业落地了新冠肺炎智能检测系统，应用于包括湖北省在内的全国上万家医疗机构，助力疫情防控。比如，在疫情紧张的 2020 年 2—3 月，某企业新冠肺炎智能检测系统为 2000 多位病人进行智能阅片，平均 15 秒左右就能出具智能分析结果，准确率超过 90%。

AI 辅助诊断和经验丰富专家会诊相结合使诊断更精准。例如，北京朝阳医院基于云服务的巨细胞病毒性视网膜炎阅片筛查系统，应用云端人工智能进行眼底照片的初筛，应对海量数据，并在必要时将案例推送至对巨细胞病毒性视网膜炎有丰富临床经验的医生进行眼底照片会诊。根据会诊结果将诊断意见返回推送至受援医院。人工智能结合经验丰富的专家会诊，既能应对大量的会诊需求，也能兼顾准确与可靠，使得诊断结果更加精准。云平台如同受援医院的"远程大脑"，帮助受援医院达成"智能化向导"。

三、AI 辅助公共卫生疾病预测

（一）疾病预测解决的问题

目前主流疾病医疗方式，是在疾病产生症状之后再进行相应的治疗。病人往往会等到病情产生症状才到医院寻求治疗；国家或地方疾控等相关部门，对于大型传染病等流行性疾病，往往也只能进行事中及事后的应急处理。但这种方法往往无法达到最佳的治愈效果。随着我国逐步进入老龄化社会，恶性肿瘤、糖尿病等慢性病的多发，流感、手足口病等传染病的传播，以及新冠等大型传染病的流行，带来严峻挑战。通过智能化的疾病预测手段，利用互联网、大数据、人工智能等数字技术可实现从传统的疾病治疗升级成为疾病防控。

（二）疾病预测解决方案

业内形成了包含慢病预测以及传染病预测的疾病预测解决方案。利用大数据、机器学习等人工智能技术，结合专家经验，实现个人主流慢性病以及大型传染病发展趋势的预测。

慢病预测方面，可通过对超过千万份的个体医疗数据以及医疗文献的学习，挖掘主流慢性病的风险因子，通过人工智能技术建立精准预测模型，实现对疾病的精准预测。使用时，先选择相应疾病预测模型，填写调查问卷并录入个人体检数据。提交后即可生成对应疾病预测报告并会收到对应短信通知。

模型能够给出包含糖尿病、高血压等5种慢性病，脑卒中、冠心病等5种心脑血管疾病以及并发低血糖等4种糖尿病并发症的总计14种疾病的患病风险，预测准确率超过90%。针对预测结果，方案结合大数据风险因素分析以及疾病专家的知识和经验，针对用户给出个性化预防干预建议，帮助患者预防或延缓慢性病的发生，降低发病风险。

传染病预测方面，区别于传统的预测技术，人工智能传染病预测方案充分学习"宏观＋微观"数据，宏观层面主要学习环境气象因子、人口信息、产业结构等数据，通过对历史经验的挖掘分析时间序列，实现对于未来的宏观状况预测。在微观层面，主要学习医疗健康、个人行为以及互联网舆情等数据，分析疾病传播的潜在风险。通过整合"宏观＋微观"多方位数据预测传染病发生风险。相关方案在多个城市落地应用，以重庆为例，可提前一周预测流感的流行趋势。

（三）疾病预测的实践经验

对于慢性病预测来说，由于用户多为中老年人，在产品设计及后续运营服务中需针对性优化。

1.产品设计层面，一方面需提升产品专业度增强用户信任感，另一方面需考虑到检测结果及预防建议的可读性和可执行性。产品在研发以及落地阶段与专业的医院及医生进行深度合作，提升产品专业度及结果准确度，并通过与医院的合作为产品背书，提升产品可信度。预防建议的话术，力求在表述准确的同时，尽量使用平浅易懂的语言，使用户看过后能明白做什么、怎么做。

2.运营过程中，由于目标客户为中老年人，可能会出现用户无法独立完成相关操作的情况。可考虑从业务上与现有医疗环节中的机构进行深度合作，比如，和体检中心合作作为体检筛查一项；与家庭医生合作，在随访过程帮助完成相应操作。

四、智能医保控费

（一）医保控费面临的问题

医疗费用的增长给医保基金造成很大压力，特别是在以 DRG 和 DIP 为代表的医保支付方式改革过程中，需更加精准政策制定和风险审核才能实现医保支付方式改革的控费目标。

（二）智能医保控费解决方案

智能医保控费的解决方案，针对各地政府主要采取 DRG 和 DIP 医保支付方式，主要包括智能标准制定和智能风险审核。

医保支付智能标准制定提供医保支付标准调整模拟，智能优化的功能，通过多目标优化算法实现针对医保预算不超支，医院运行可持续，患者负担不增加的最优政策决策，降低政策决策风险，提高政策决策效率。该方案通过数据导入，模型调用，决策问题定义和报告发布，提供全流程的医保支付标准精准制定及优化服务。

医保支付智能风险审核针对 DRGs 和 DIP 支付方式改革过程中的新风险（病案填写合规风险、住院资质不足、诊疗资源类风险等），提供融合多种技术的风险审核。在复杂风险下，单一技术无法应对，需借助知识体系下全量审核

技术，层层叠加组合、由浅入深、由点覆面，实现医保支付的智能风险审核。

（1）病案填写合规性审核，以物价相关规则（限价规则、医保医院编码篡换规则）保障物价对应准确性，以编码类规则保障支付要素的规范性，逻辑性。（2）住院资质审核，住院资质审核模型识别出不同分类的可避免住院行为（住院开药、住院体检、住院理疗等）和不合规住院行为（重症挂床、成对器官手术拆解类住院等）识别不必要入院情况，避免不必要的住院资源投入。（3）诊疗资源投入审核。利用诊疗资源投入分析模型群（定性、定量分析及支付要素位次分析模型）多维度深入分析医疗资源投入的合理性、充分性，以确保病案申请支付项目使用的合规合理，同时识别不合理的成本逐低行为。

（三）智能医保控费实践效果

智能医保控费已在多地医保局落地系统使用，并得到验证。在 2021 年国家医保局组织的智能医保解决方案大赛中，也有多家企业和科研单位参赛并提供了多方面的智能医保控费技术方案。以常州市医保局落地应用的智能医保控费系统为例，该系统实现超 60 万病例的快速医保支付政策模拟和智能优化，支持常州市进行医保 DRGs 实际付费，费用与模拟预测结果差异小于 5%。

第十三章
数字化赋能中医高质量发展

我国中医传承数千年，如今数字化浪潮不断向前推进，中医在数字化、信息化、智能化赋能下，迎来更多发展机遇，能够更好服务健康中国建设。运用数字技术，能够将中医神秘的辨证、施治逻辑以一种清晰的量化方式展现，一方面切实解决了群众就医过程中遇到的种种问题，有效提高了中医诊疗的服务水平，另一方面也将中医送入了科学发展的快车道，数字化赋能中医取得高质量的发展。

第一节　中医发展面临的挑战

中医经历了上千年的医疗实践，逐步建立了较为完整的基础理论、辨证原则以及治疗指导体系，沉淀了诸多宝贵的诊疗经验，发展出了膏方、针灸、推拿等一系列独特的治疗手段，至今在国内医疗健康活动中扮演着重要的角色，也为世界医学贡献出青蒿素这类挽救了数百万人生命的优秀药物。但是，中医辨证理论中仍然存在大量模糊、无法量化的辨证表述，导致中医诊断标准化不足，同时影响到医案的数字化程度，中医诊疗服务水平也难以满足病患的需求，甚至影响到了中医学进一步发展。

一、中医诊断标准化不足

中医辨证依托中国传统哲学中的气血、五行、阴阳等基础概念，延伸到诊断层面，辨证过程采用望、闻、问、切等具体诊法，通过观察患者的神、色、形、态、舌体、舌态、脉象等身体特征，进而推断出病患的气血、阴阳、病性、病位等身体状态。在传统典籍中，中医诊断过程的特征表述多以感官观察的词汇为主，例如，对于面色，正常人呈现"皮肤荣润，红光满面，为神气充盛之象"，对于皮肤何为"荣润"、何为"红光满面"，不同的医师有着不同的判断标准。在医疗实践过程中，对于同一个病患，不同的医师可能得出不同的诊断结论；在复诊时，对于同一个病患的前期症状变化也缺乏可追溯性、可对比性。相较而言，现代医学的诊断方法融入大量化学、计量学、计算机等现代科学技术，对于疾病的症状定义以更加精准的数字化信息为基础，诊断的标准化程度更高。

中医诊断固有的"模糊"特性，导致病患在就诊中医时为了保持一定的"标准"，常需要认准一名"熟悉"的医生，这就为挂号、就诊带来诸多不便，病患偶尔更换医生后，可能会得到不同的诊断结果、治疗方案，容易产生"对不对"的困惑。

可见，中医标准化不足已经严重影响着中医诊疗体验及效果，束缚着中医进一步的发展推广。随着人工智能等数字技术的发展进步，利用数字化的方法，能够帮助中医逐步构建更加客观的诊断标准，并建立量化和标准的辨证体系。

二、中医医案数字化程度有待提升

现代医学信息化发展水平较高，目前国内大多数甲级医院已经实现了医案信息数字化，医院内各部门间可实现无障碍地收集、流转病患信息，并以数字化、信息化手段为支撑，逐步构建了远程、多级诊疗体系。

中医施治讲求"辨—调—效"，通过辨病、辨证获取患者病因及病位，制定调养方案，并根据效果评估调整施治策略。但是由于诊断标准化水平不足、数据采集信息化设备缺乏等原因，中医医案数字化程度不足，严重影响到中医诊疗的结果以及中医自身理论的长远发展，主要体现在两方面：（1）同一病患治疗效果难以回溯。慢病或是体质调养，往往需要多次调整治疗方剂才能达到预期的治疗效果。由于缺乏中医医案数字化系统作为支撑，治疗效果评估需要依赖医师从精练的病案文字中回忆以及病人的自述，这就造成了病人对于特定医师的严重依赖。当前医疗工作繁重，负载量大，诊疗难以形成有效闭环，中医治疗效果大打折扣。（2）诊疗方案实践效果难以评估。由于缺乏数字化中医医案体系的支撑，对于相同的中医诊疗方案不同的病患会有怎样的治疗效果、应当做哪方面的改进往往缺乏数据的积累，科室完全依赖明星医生自己的总结，已经严重影响到中医理论实践的正常发展。

随着传感器技术、计算机技术的发展，中医特色诊疗数字化专用设备得到了长足发展，中医医案数字化水平有望得到本质的提升。

三、中医诊疗服务水平不足

中医针对患者辨证施治、对症下药，方子和剂量都是根据患者的病程阶段来做调整。当前，由于标准化、信息化程度不足等问题，限制了中医诊疗服务水平的提升，对于病人和医生两方都造成不利影响：（1）对于病人，中医的复诊调方需要多次挂同一个医生的号，不少病人因为挂号困难选择自己在家"守方"，治疗效果难以保证，影响了病患对于中医的治疗体验及信任度；（2）对于医生，由于面临高强度的工作压力，复诊时也很难记住每个病患首诊时的状态，准确判断病程的变化，诊后也很难有精力开展随访的工作，无法掌握患者病程发展的第一手资料并使得进行治疗方案的调整。

通过数字化手段，构建面向中医的信息化服务体系以及中医辅助诊疗系统逐步成为可能。能够为患者提供高度一致性的诊疗服务，实现病患全病程证型的数字化跟踪，能够有效提高中医诊疗效果及服务体验。

第二节　数字化赋能
中医高质量发展的目标与路径

数字化赋能中医发展，以建设标准化的中医辅助诊断体系为目标，以数字化为手段，建设基础的中医诊疗数据库；通过人工智能算法及相关技术应用，建立标准化的四诊辅助诊断体系；通过信息化系统，在医患两端提供诊前、诊中以及诊后的数字化服务，有效提高中医诊疗服务水平。

一、数字化赋能中医高质量发展的目标

（一）建立智能化中医四诊辅助诊断系统

中医以"望""闻""问""切"四诊作为基础诊疗手段，通过数字技术的运用和结合，建立更加智能化的辅助诊疗系统：（1）通过计算机技术结合先进传感技术的应用，逐步实现中医四诊流程规范化、过程信息数字化、结果定义标准化。（2）利用人工智能技术，构建中医四诊辅助诊断系统，对于诊疗过程中产生的影像、音频等非结构化数据进行数字化提取。（3）结合中医知识图谱等技术，协助医生完成辅助主诉提取、证型分析等工作。

以上工作，一方面解决了中医诊断标准化不足的问题，例如，对于什么是齿痕，程度上什么是轻重，会有更为清晰的数字化定义；另一方面通过辅助诊疗系统，将中医医案信息结构化，为后续进行历史数据统计分析、中医诊疗效果评估奠定了良好的基础。

（二）优化中医医疗服务体系

以智能化中医四诊辅助诊断系统为基础，构建更为高效的医疗服务体系，提高医院运行效率，提升病患服务满意度，有效缓解看病过程中"三长一短"的问题。

通过辅助诊断系统，将中医四诊服务延伸到诊前、诊中、诊后环节，形成更高质量的诊疗闭环：（1）诊前环节，病患在等候过程中即完成主诉提取以及面、舌、脉等诊断数据的采集分析，并交由助手医师处理，提高了病患等待时间利用率。（2）诊中环节，医生可根据诊前数据采集结果以及历史数据比对，对于病患病程发展有了更为清晰的认知，有效提高了医生判断的准确率以及效率。（3）诊后环节，通过移动互联网的支持，远程进行病程追踪，对病患舌诊、面诊特征提取，对病程发展进行辅助分析，协助医生完成诊后随访工作，形成诊疗闭环，有效提高了中医诊疗服务质量。

二、数字化赋能中医高质量发展的路径

通过上述发展目标，针对"医—患—院"三端应用特点，以智能化四诊为基座，构建数字化中医诊疗体系，提供诊前、诊中、诊后的智能化服务。数字化中医诊疗系统由上至下由"数字化中医诊疗体系""智能化四诊服务""核心

算法层""诊疗数据库"四部分构成。

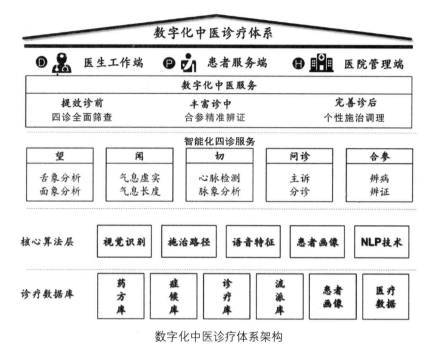

数字化中医诊疗体系架构

（一）数字化中医诊疗体系

作为面向业务服务的模块，深入中医诊疗流程，"诊前—诊中—诊后"三阶段提供数字化服务支持，由医院信息化系统提供承载支撑。

1.医生端。（1）数字化中医服务为医生提供了病患详尽的数字化医案，便于医生对于患者历史四诊信息进行对比分析，更为清晰地了解病程发展。病案信息中舌、面、脉诊等记录信息以结构化数据形式展现，尽量减少医生主观判断影响。（2）系统为医生提供辅助诊疗服务，包括提供问诊线索提示、辅助辨证结果以及方剂建议等，降低医生工作负荷，有助于形成较为统一的治疗路径。（3）在诊后服务方面，可以逐步替代医生，完成诊后主诉、四诊信息收集，便于医生对于诊疗效果及时评估，并在需要的时候调整治疗手段。

2.患者端。（1）患者在不同医生就诊时，基础的四诊信息及辨证逻辑相对更为稳定，治疗保持良好的连续性，减轻了因医患关系"不熟"带来的就诊焦虑。（2）通过数字化中医服务，患者在整个治疗周期都会得到关注，就诊效果和服务体验得到极大提升。（3）中医数字化档案真正符合中医因人施治的特点，病患更容易得到符合自身体质特性的治疗方法和效果。

3.医院端。（1）数字化中医档案的建立，使得中医科室间数据流转成为可能，有利于院方的数据管理。（2）中医辅助诊疗系统能够有效提高就诊效率，减少就诊压力。（3）通过长期数字化积累及知识沉淀，更容易形成各医院优势科室方向，并形成标准化诊疗能力推广应用。

（二）智能化四诊服务

智能化四诊服务是中医数字化服务基础，由"望""闻""问""切""问诊及合参"等模块构成。

1."望诊"。通过计算机图像分析技术，对于面象、舌象、皮肤、四肢等图片信息进行结构化提取和典型性状分析。常见的面诊包括面色、唇色、眼圈、眼底、眼泡浮肿、肤质、肤色等特征提取；舌诊包括对于舌苔、舌质、舌形等信息进行量化分析。随着深度卷积网络在计算机视觉方向取得突破性进展，"望诊"是四诊中数字化实践较为丰富的领域。

2."闻诊"。采用计算机音频分析技术，对于声音的强度、振幅、节奏、宽度等属性进行检测，进而判断背后病患的阴阳、虚实的状态。

3."脉诊"。采用光电容积波或压力传感器的方法采集病患腕部、指尖等脉搏波信息，进行信号特征的提取分析。通过频率、幅度、潮波、重搏波等形态参数对于传统脉象类别进行定义，与"望诊"类似，"脉诊"也是四诊当中客观化发展较快的方向。

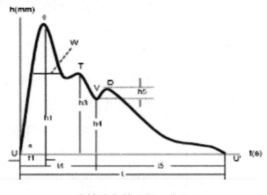

脉搏波参数分解示意图

4."问诊及合参"。利用自然语言处理及知识图谱技术驱动，通过对于主诉的分析结合四诊证型信息，实现中医辨病、辨证的过程。该部分也是智能化四诊服务的核心，本文通过"智能问诊系统的构建"案例展示了如何组建智能问诊系统并有效提高医生问诊效率。

在具体医疗实践中，为了提高数据采集的一致性及准确率，通过结合上述技术的"四诊仪"等专用医疗设备或标准化智能手机等终端应用软件完成数据的采集，并通过医院信息化系统完成数据的接入。

（三）人工智能技术核心算法

核心算法层，智慧中医涵盖了视觉技术、语音分析、用户画像、NLP 技术等最新人工智能技术方向，形成技术高度密集的数字化系统。

（四）中医诊疗数据库建设

最底层为中医诊疗数据库系统，包括传统药方库、症候库、诊疗及流派库、患者画像、中医医疗数据库等几部分，该部分也是整个数字化中医体系的知识基础。

第三节　数字化赋能中医高质量发展经验分享

本节将介绍智能舌诊技术应用如何实现中医量化分析、如何构建智能问诊系统，从而有效提高医师诊疗效率的应用经验，并对未来发展趋势进行展望。

一、智能舌诊技术应用

"舌诊"是中医望诊的一个简单有效的方法及重点手段，也是中医独具特色的诊断方法之一。依据相关研究资料和临床实践经验，在疾病的发展过程中，舌象的变化明显且迅速。观舌可通过观察舌体的神、色、形、态等进行体质分析和疾病预测，"舌诊"也是客观化、数字化研究及实践的重要领域。

在医疗实践中，通过手机终端应用或四诊仪采集舌头图片后，智能舌诊系统首先利用深度学习算法完成了舌部图像的分割提取，并对分割后的舌面，从舌质、舌苔、舌形三方面多类性状进行特征标签提取及各性状量化程度分析。

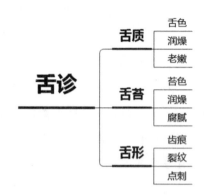

舌诊提取性状部分列表

以手机移动端远程问诊系统中的舌诊应用流程为例，舌体分割提取后，利用目标检测算法，对于舌面上的裂纹、点刺进行检测分类，并量化统计数量；利用图像分割算法对于齿痕、舌苔、瘀斑等特征进行提取，并计量相对大小；在颜色空间对于舌色、苔色进行数据提取、判断。最后将模型结果进行汇总，生成舌象检测报告，供医生审阅。

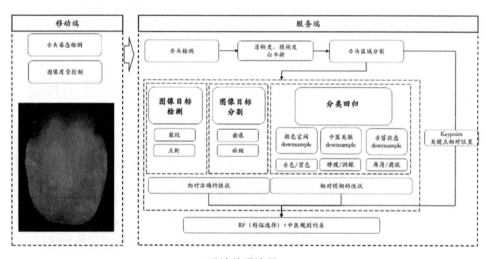

舌诊处理流程

为保证数据采集质量的一致性，图像采集前端（手机终端或四诊仪）集成了图片质量检测模块，通过舌头姿态检测引导用户在指定的距离、位置进行舌象采集，通过图片清晰度、分区亮度等指标，对拍摄图像进行初筛。对不满足后期处理要求的图片，引导用户重新进行数据采集。

中医认为舌与脏腑通过经络构成联系，智能舌诊系统在脏腑辨证理论基础上，对于舌面区域进行进一步划分——舌面最内侧反映肾脏健康区域，左右边缘区域反映肝胆健康，中间区域反映脾胃健康，最下方区域反映心肺健康。医师可以借助系统准确、清晰地看到各脏腑区域内舌象的状态，将诊断过程中的主观偏差降到了最低，从而保障了相关诊断的标准客观性。

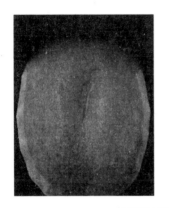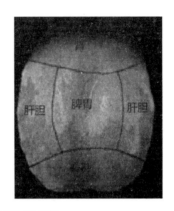

舌面区域及脏腑位置分割

通过智能舌诊技术的应用，有效提升了诊断的一致性。同时为病患建立了详细的结构化的舌诊档案，无论对于个人进行病程发展的跟踪还是诊疗效果的科学研究都有着巨大的使用价值。

二、智能问诊系统构建

"问诊"是中医四诊的核心，以"问诊"为主线，结合望、闻、切诊的信息，实现中医辨病、辨证的过程，因此智能问诊系统是中医诊疗数字化的核心，无论是中医辅助诊疗系统建设还是中医医疗服务体系的优化都依赖智能问诊系统作为支撑引擎。

智能问诊系统的建设面临两大难题，其一，如何将人工问诊流程进行标准化拆解，并根据具体场景进行调用；其二，相关联的中医知识如何表达、如何建立逻辑关系并用于辨证推理。

（一）中医问诊流程标准化拆解

中医辨证，不同的医生有着不同的问诊习惯，有经验的医师，从一看到病患就观察其言行、气色等特征，如何观察、问什么、何时问、如何问等都依赖医生自身的"悟"性及个人总结。中医智能问诊系统建设，首先需要将诊疗流程进行标准化拆分。

以下为中医问诊拆分流程示例，流程由四诊及辨证环节组成。"问"分解为问主诉、问症状、问病史、个人情况说明（中医常见十问）等五个环节；望诊，分解为望面整体、望五官细节、望舌整体、望舌细节等环节；闻诊，分解为分析声强振幅整体特征、分析气息整体、分析气息长度、分析异常声等环节；切诊，分解为脉位、脉形、脉势、脉率等信息的提取；辨证，分解为辨疾病、辨证型、辨体质等三部分。

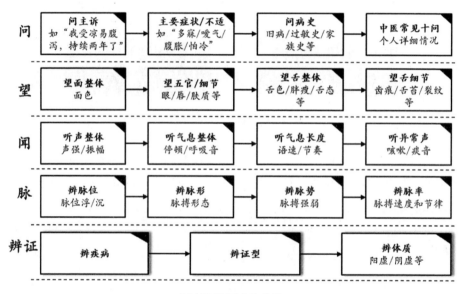

问诊流程标准化分解

通过中医问诊流程标准化分解，能够获取为了进行辨证推理的基础"元数据"，为后续基于知识图谱完成辨证推理奠定了基础。

（二）中医知识图谱构建

从中医自身辨证逻辑上看，由于中医问诊的整体观在不同时代、地域、个体各有特色，尽管知识被数字化记录，也不易应用，众多隐性知识难以表述，传统统计学习方法已无法有效且全面地提取方证关系。早期在中医领域得到应用的数据挖掘算法主要是统计学习方法，包含关联规则算法、聚类算法等，这些算法都能够在某一方面取得一定的效果，但是通过算法建立中医诊疗与症状之间的关系还存在一定的差距。

考虑到中医诊断使用到图像、语音、文本等多种不同形态的数据类型，通过构建多模态的中医诊断知识图谱，可以有效建立中医知识间连接关系。

在知识内容上，区别于传统的基于文本数据的知识图谱，集成了视觉知识图谱、多模态知识图谱。中医药领域中也有一些知识在结合多模态信息时才能更好地理解，例如，脉诊、舌诊，以及"取象比类"思想指导下的医疗实践等。

在构建方法上，除了在构建时投入人力对中医药知识进行质检之外，采用密集化关系表征知识抽取、改进知识获取、知识融合等技术进行质量控制，挖掘数据之间的隐藏关系，减小因个人经验人为造成的偏差。并引入机器学习、强化学习等技术，利用知识推理和反馈，逐步对知识进行校准修正。

在知识应用上，结合大数据和先进的深度学习能力，采用神经网络技术优化知识图谱的推理能力与深层关系发现能力，使其能支持复杂问题、复杂场景的解析，具备辅助临床决策，反馈诊断效果的能力。

通过中医知识图谱实现中医证型的推理分析，以下为一个典型推理的示例：通过望诊诊断舌苔黄，结合脉诊为数脉的信息，通过八纲推理，病人以热症为主；通过问诊进一步了解到病人出现肌肉酸痛的症状推断病人为"暑湿感冒"的症状。

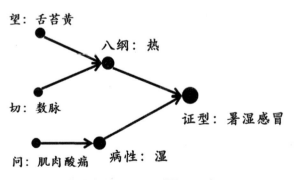

多模态中医知识图谱推理示意图

智能问诊系统在"诊前主诉收集""中医辅助诊疗系统""诊后随访系统"等有着广泛的应用前景，在医疗实践中，通过"中医辅助诊疗系统"，医生平均诊断效率大幅提升，有效释放了有限的医疗资源。

三、行业发展经验

技术创新是医疗科技创新的重要推动力之一，中医数字化应用也是从计算机及人工智能技术取得突破性成果后进入快速发展期，各类新兴的技术企业成为首批入局的开拓者。但随着技术逐步成熟，专业发展方向逐步清晰，行业参与者也将进入重新整合的阶段。

（一）行业参与者角度

中医数字化建设参与主体由传统医学研究机构（包括医院）、医疗设备及信息化系统提供商以及新兴的数字化及人工智能公司构成：（1）传统医学研究机构承担中医学术科研创新责任，掌握第一手数据，具备专业权威性，但技术敏感度低，产品开发落地能力较差。（2）医疗设备及信息化提供商，深入了解行业需求，具备产品工程化实现能力，但受限于成本及技术栈等因素，对于大数据及人工智能方向投入不足。（3）新兴的数字化及人工智能公司背后依赖产业资本，对于数字化投入较高，但专业知识及行业经验欠缺，难于形成有效落地产品。

以上三方各自存在优势和短板，在发展过程中相互合作、信息交换、能力融合成为发展的必然。

（二）专业发展角度

中医四诊、辨证的数字化趋势不可逆转，中医的发展势必融入现代科学的发展主航道上。近年来，对于中医传统经络、情志等概念逐步在科学层面得到证实，一方面极大地拓展了现代医学的视角，另一方面也证实了这种融合的力量。殊途同归，未来中、西医边界会逐渐模糊，中医系统化的思维方式与西医微观层面量化分析方法将会相互影响，共同发展。

第十四章　数字化赋能金融高质量发展

数字化赋能金融高质量发展是金融业信息化浪潮后的新趋势，是互联网与传统金融相结合后形成的一种新型金融服务，既包括互联网支付、移动支付、在线银行、在线贷款、在线保险等产品形态，也包括在线开户、在线面审等新的服务形态。随着人工智能及大数据技术的突破性进展，加快金融数字化赋能已是金融业发展的大势所趋。本章指出当前数字化赋能金融高质量发展的困难和挑战，明确数字化赋能金融高质量发展的目标和路径，并通过经验分享为读者提供参考借鉴，以助力金融企业实现全面数字化赋能。

第一节　数字化赋能金融高质量发展面临的挑战

金融机构推动数字化赋能意义重大，是决定未来核心竞争力的关键。对大型金融机构而言，数字化赋能业务发展既是企业发展的需要，更是新时代背景下改变世界金融市场生态和国际竞争格局的重要措施。对于区域性中小金融机构而言，新业态体系建设、数字化赋能是企业生存的必然选择。然而当前金融机构在数字化赋能发展过程中面临一些问题和挑战，包括缺少最佳实践指引、效果预期难、赋能基础薄弱、路径不清晰、观念变革难等。

一、缺少最佳实践指引：无广泛借鉴案例，数字化更需自主创新探索

数字化赋能金融高质量发展的方法并非简单的产品创新或技术能力的改进，而应从企业经营管理理念到企业组织架构再到战略等环节进行系统性改革。伴随着经营环境的变化、客户诉求的升级，在科技高速发展的支撑下，金融机构不断拓宽数字化赋能传统业务的边界。从最早的业务经营电子化，到后

来的管理流程信息化自动化，再到最近几年的客户交互数字化，金融业务的服务模式正在不断地革新。但总结来看，目前数字化建设以赋能局部业务场景的升级为主，数字化赋能金融业高质量发展的目标、路径、价值并无明确的定义和可参考的成功范例。以数字银行建设为例，荷兰 ING 银行和新加坡发展银行打造了直销业务模式；西班牙对外银行、花旗银行通过开放运作应用程序接口（Application Propramming Interface，API）探索了开放银行模式。但这些局部探索依赖于特殊的监管、社会经济环境，不能成为可普遍借鉴的成功案例。由于国内外政策和监管不同，借鉴国外的某些经验可能存在合规风险；在数字化赋能中发生的组织架构变革在某些情况下不符合我国国情；创新的业务模式如开放银行等尚未形成被广泛认可的商业模式，并且还伴随着未能解决的技术风险。

综上，目前国内外各大金融机构在数字化赋能的局部探索案例还没能被总结为可供广泛借鉴的方案，数字化赋能还处在各国分别探索、特定场景尝试创新的阶段。未来需要具备新时代精神的企业家进行数字化赋能的探索，集丰富的业务知识、创新的科学思维、服务市场经济的主体责任、勇于开拓的冒险精神于一身，在新时代引领我国数字化赋能金融业发展迈上新的台阶。

二、效果预期难：业务价值不确定，数字化效果难评估

很多金融机构非常积极地进行数字化赋能的成本投入，设立专营部门、培养专业人员、引入软硬件系统等。但数字化赋能并非一项基于眼前工作的行为型管理变革，而是更专注于长期投入和长期应用对企业带来的持续性绩效提升。金融业务流程长，需要人机交互的场景较多，金融业务受外部因素影响较大，很多场景下存在预期不确定的情况。很多金融场景下数字化赋能短期内看不出产出，长期回报也存在很多不确定性。这些投入短期内无法带来期待中的业绩和绩效提升。

数字化赋能需要与金融机构的业务紧密相连，例如，经营模式调整、地域/产品战略调整、市场策略变化等，不容易单独衡量其投入和产出比。其实技术本身仅是工具，在业务人员作出精细化的决策时可提供辅助决策，在服务便利性上为提升业务办理效率、改善服务体验提供技术基础，但衡量技术在实际

业务中真正能发挥多大价值需要结合宏观经济环境、金融市场环境、人文生态环境等各方面因素的影响。业务的提升往往无法有效判断到底来自市场原因、自身管理水平提升还是数字化赋能以及分别占多大比重。比如，疫情冲击信贷需求导致业绩下滑，尽管数字化技术从远程开户、线上审核、线上放款等多方面为相关业务发展做出了显著贡献，但在实践过程中很难剥离其他因素对业务的影响而准确估计数字化赋能的业务价值。

三、赋能基础薄弱：需要夯实技术、数据、人才基础

数字化赋能相比传统的信息化，更加需要业务与科技的深度融合。数字化赋能高质量发展过程中，更加强调的是新系统、新平台、新技术应用后带来的业务赋能效果，在落地过程中需要人才、技术、数据等要素的全面融合，才能够实现预期的目标。但目前的实际情况是很多金融机构在技术、数字人才等方面都面临很多的约束和现实困难。

（一）基础技术方面

尽管通用的人工智能、大数据技术在近些年有了长足的发展和进步，但在金融科技这个垂直领域的技术应用深度和广度存在参差不齐的现象，既体现在机构间的差异（大型机构与中小型机构技术基础差异大），也体现在技术领域差异（信息处理方面的技术相对较强，预测决策类技术发展较弱）。

金融服务由于其自身的特点，对于技术的应用及可靠性有着更高的需求。数字金融建设需要 IT 基础架构的改造和升级、数据中台的建设、实体渠道与数字渠道的无界融合等，目前在夯实技术基础方面普遍存在以下问题：（1）科技研发投入有待提高，和国际领先的金融机构相比，我国金融机构科技支出占主营业务比例较低。（2）金融业务人员普遍欠缺对技术应用场景、应用效果的理解，技术应用能力还有所欠缺、众多应用场景还亟待挖掘。（3）大数据技术在金融行业有亟待解决的技术瓶颈，如数据应用合法合规问题、共享与安全问题、模型可解释性问题、结果可复制问题等。

（二）数据资源方面

在数据资源方面数据流通共享问题突出：（1）由于数据标准不统一、部门权限不一致，导致有数据不能用。（2）由于业务和技术能力不足的问题，造成

有数据不会用。(3)由于制度不健全,致使有数据就滥用。(4)数据安全计算技术不成熟,数据使用隐患多。

(三)人才队伍方面

金融行业的科技人才储备和培育能力不足,主要体现在三个方面:(1)金融科技人才总量少、占比低,特别是科技领军人才严重不足。(2)传统金融业的科技人才技术能力相对单一,知识结构老化,而新金融科技公司的科技人才在业务素养和风控意识上又相对薄弱,均难以跟上金融科技发展趋势。(3)科技人才流失严重,金融机构往往将科技部门定位为后台支撑,薪酬水平较互联网科技公司存在差距,导致其在人才竞争中处于劣势,核心人才流失、招聘困难等问题较为突出。

四、路径不清晰:作为新兴事物,缺乏明确的路径规划

目前很多大型金融机构已经取得了丰硕的数字化赋能成果。比如,国外的花旗银行等提出"移动优先"战略;摩根大通每年投入近 100 亿美元用于支持数字化转型,加快部署金融科技前沿技术;国内的招商银行、平安银行等定位为"金融科技银行",持续实施数字化赋能,取得了显著成效。与此同时,大型互联网公司和中小科技公司纷纷涉足金融业务。在这种情况下,大批金融机构,包括部分中小银行,也开始进行数字化赋能。

数字化赋能金融高质量发展不仅是对传统业务流程的自动化改造,更多的是对业务流程的创新。金融机构的数字化赋能涉及企业财务工作、业务流程、经营管理、绩效考核、IT 技术升级、文化变革等各个流程,是一项复杂的、系统的工程。在数字化赋能之前需要对企业各个板块的数字化程度进行摸底评估、分析业务诉求、明确业务痛点、估算技术转型的投入和可以预期的价值,这样才能更好地确定数字化切入点,制定清晰的路径规划图。

目前部分金融机构,特别是中小银行未结合自身的业务特点及优势,制定适合自身的数字化赋能路径,对于通过金融科技应重点发展哪些业务、抢占哪些市场领域、迎合哪些目标客户群等关键问题缺乏精准的定位。由于定位模糊,大多数中小金融企业的数字化赋能路径容易跟风而行。此外,在具体的执行层面,有些机构尽管初期战略制定清晰,但对如何一步步推动战略落地,普

遍缺乏明确定位和发展路径指引，部分机构甚至还对金融科技与信息科技存在理解上的混淆，思维仍停留在使用信息科技系统保障业务运行、实现简单数据统计的初级阶段。

五、观念变革难：企业认知需统一、传统观念需变革

数字化赋能金融业发展是一个长期、持续"摸着石头过河"的过程，金融机构应首先从整体思想上完成转变，站在更高的视角看待数字化赋能，才能制定一套完整的体系来保证数字化赋能的方向和转型路径正确。当前金融机构运用金融科技手段促进数字化赋能的意识较前些年有较大的提升，但很多已经开始进行数字化赋能的金融机构仍存在认知不统一、观念难变革等问题，这严重制约了数字化的进程和赋能效果。

（一）认知不统一问题

目前很多金融机构在公司战略、顶层设计到执行层面的认知都存在不统一、不一致的情况，对行业痛点、业务需求、金融科技的发展趋势及技术对业务支撑能力、技术边界等关键问题缺乏统一认识。这就容易导致技术和业务无法融合，在数字化赋能的过程中容易走偏、走错，从而导致失败。

金融机构在数字化赋能之初要形成全员的数字化意识，其关键环节为由管理层主导统一技术与业务部门的认知，重点关注技术方案对业务赋能的方向和价值评估，追踪项目技术预研、投入开发、测试等各个环节，及时发现赋能错误方向并予以纠正。大量实战经验表明，金融机构数字化赋能要聚焦主导业务，在专业领域做专做精。数字化赋能是企业面向未来的战略能力，在这个转型过程中，各个部门的数字化赋能关键绩效指标（Key Performance Indicator，KPI）需要合理设置，不同业务类型、不同职级管理者的考核指标既不能与传统考核标准相悖，也需要充分考虑数字化赋能给传统业务带来的冲击。金融机构数字化赋能过程中会触及传统业务部门的利益，金融机构需要处理好各技术部门、业务部门、管理部门的工作关系，在平衡各方利益的同时寻找新增利益突破点。综上，金融机构数字化赋能需要从高层、中层、基层各级别，从业务、技术、管理各条线进行思想统一，通过定制完整的数字化赋能体系来实现观念转变和战略升级。

（二）观念难转变问题

当前大多数金融机构没有及时革新风险厌恶、严谨保守的文化理念，企业的决策仍坚持保守谨慎的经营战略，对于数字化赋能传统业务的工作持观望态度，缺少创新的企业氛围。一些大型金融机构仍习惯分板块、分条线各自尝试新型业务探索，跨条线、跨部门以及跨界合作较少。

在现阶段，金融机构进行数字化赋能需要开放心态，敢于试错，善于"测试学习"，对于新事物、新方法、新产品，需要接受失败、认可失败。同时，金融机构需在内部通过活动、宣传及激励机制，逐步引导员工建设敢于创新、愿意创新的企业文化，激发数字化赋能过程中的活力。在行动上需要从"囤积数据"转向"共享数据"，通过不同级别不同条线组建跨职能的敏捷团队、产生新的价值；要在认真评估业务痛点及技术可行性的基础上，下大力气和决心用新技术、新方法来解决传统业务的短板和痛点。综上，企业要构建适于数字化赋能的、具有开放共享精神的新企业文化，才能为数字化赋能拓宽应用场景。

第二节　数字化赋能金融高质量发展的目标与路径

数字化赋能金融高质量发展可从金融领域数字化现状出发，在分析金融发展趋势的基础上，提出合理的发展目标，针对上述数字化赋能中的各项困难和挑战制定科学的发展路径。以业务目标为导向，按照规划的路径逐步提升金融数字化的质量和效率，赋能金融业的高质量发展。

一、数字化赋能金融高质量发展目标

数字化赋能金融高质量发展应以赋能实体经济转型升级，推进普惠金融建设为目标，通过智能技术提升传统业务的效率，降低人力、时间、资金成本，更多地支持实体经济的发展，提升客户服务效率和质量。在当前数字化赋能金融业务的进程下，首先要助力企业达到降本、增效、防风险的经营目标；其次要面向国家经济发展赋能实体经济健康平稳运行，面向国家安全防范化解系统性金融风险，针对技术封锁实现核心金融科技关键核心技术自主可控。未来随着金融机构与技术供应商合作的常态化转变，在技术赋能开放银行普惠化、数字货币去中介化、资产管理数字化等方面将产生新的赋能价值和目标。

（一）降低运营成本

数字金融相对于传统金融机构的业务流程和服务手段，可通过 AI 技术辅助金融服务的获客、监督和风险审核，从而大幅度降低人力成本、运营成本和风险成本。

随着新冠疫情对居民生活方式的影响，如传统银行物理服务正在加速瘦身。据财经网金融报道，2022 年内有超 1700 家银行网点退出，与之相对的则是线上服务需求激增。在这一过程中，数字化技术降低了客户对银行服务网点的依赖，通过数字化赋能实现了常规业务流程的自动化，人工参与比例进一步降低，业务办理速度进一步提升。这一方面有效降低了普惠金融服务获客成本，另一方面提高了人均产能，户均运营成本将持续下降。随着数据采集和互联互通、隐私计算等技术不断发展，智能客服、数字人等创新产品的研发和应用将进一步得到提升，在 AI 技术的支持下，数字化将持续降低金融机构的运营成本。

未来，在政策持续驱动的背景下，数字金融要利用科技的手段降低触达、了解中小微企业的成本，智能识别中小微企业、潜力企业、风险企业，利用 AI 审核等智能算法推动小微企业融资成本的降低。

（二）提升服务效率

随着数字化赋能的推进，数据整合和处理速度都得到了快速提升。在数字技术的赋能下，金融机构可以利用海量的客户信息进行批量获客、客户精准画像，还可以通过远程授权、自动审批提高金融业务办理速度。在数字化赋能的新时期，一方面需要进一步从业务申请、审批、办理、售后全流程提升线上办理比例。另一方面需要提升智能决策水平，在疫情防控期间通过设置智能客服、数字人员工指导业务办理等先进的技术手段，确保线上服务绿色通道畅通。

目前金融科技在助力传统金融业提效方面已经有了显著的成果。数字技术在远程开户、业务办理、业务审核和合规检查方面，其提效效果已非常显著。例如，平安银行 2021 年上线"E 保函"业务，该业务与公共资源交易中心进行系统对接，基于投标企业的多维信息和数据，运用授信模型为企业自动核定授信额度，满足企业线上申请、线上审批、线上开函的需求。截至 2021 年底，浦发银行的 AI（人工智能）识别率已达 96%，AI 服务占比达 86%，可支持客户营销、银企对账、反洗钱尽调等场景。除了前端客户服务数字化，影像识别、流程自动化、知识图谱等智能技术组合的应用，也有效提升了风险管理、反欺诈侦测、智慧运营、资金管理等领域的数字化水平。不仅将员工从烦琐重复的操作中释放出来，更提高了业务处理的效能、精准度。中国工商银行推出"小微中心＋实体网点＋自主渠道＋电子银行"的快贷模式，可直接在线上应用（App）中查询、申请贷款，系统自动审批放贷。

未来数字金融需要金融机构主动将服务重心下沉，特别注重客户体验感，有效借助技术手段，在丰富的业务场景中搭建高质量金融服务闭环。

（三）防范信用风险

伴随大数据、云计算、移动支付、人工智能等技术的产生和推广，金融体系的虚拟性、复杂性和关联性不断增强。例如，第三方支付服务已经开始取代传统金融部门的服务，其在网络贷款、智能投顾、数字保险等领域也取得了显著进展。而包括借贷违约、资金挪用、虚假标的甚至欺诈行为在内的各种风险因素也随之产生。随着金融资本对实体经济渗透性加强，叠加互联网技术的特性，金融风险在各地区和各经济体间传染速度、力度和广度显著增加。在科技赋能金融业务转型的同时，要运用金融科技提升跨市场、跨业态、跨区域金融风险的识别、预警和处置能力，加强网络安全风险管控和金融信息保护，做好新技术应用风险防范，坚决守住不发生系统性金融风险的底线。

数字金融将持续通过数据自动采集、安全共享、自动分析、智能决策等技术完成客户信用评估，有效筛选高价值、高风险客户，持续完善信用评价体系，逐步形成智能风控管理平台。智能风控管理以机器学习、深度学习、统计学习模型为支撑，与传统的风控相比具有更高的精准性和及时性，目前已有很多成功的赋能案例。例如，平安银行将风险计量模型团队统一放在风险管理部，一体化地服务于场景风控模型、评级与评分模型和预警模型的开发、运维和应用推动工作，招行信用卡还重点打造了"反电信诈骗链式防控"体系，落实隐私与数据安全专项保障工作。

此外，智能化技术还可以利用宏、中、微观数据综合分析宏观经济风险、中观行业风险、微观企业风险，降低贷款企业及放款金融机构的运营风险。

（四）赋能实体经济

供应链金融是金融机构向核心企业及其上下游企业提供的一种全面的金融服务。供应链金融立足服务供应链实体交易，以商品产业链为基础确定核心及其上下游企业，为企业提供购、产、销管理的配套金融服务，提供产业链条、生态网络，全面触达、服务实体客户，从而更好地推动产业链和资金链协同发展和渗透融合。供应链金融可以将单个核心企业的信用延伸到整个供应链产业之中，将核心企业、上下游企业、第三方物流企业整合在一起，使产业链成为一个共同分担风险的整体。

供应链金融近年来已经成为中央和各地政府关注的热点，中央经济工作会议、政治局会议多次提到供应链金融发展的重要性。供应链金融可以弥补小微企业信用信息缺失的问题，通过供应链企业的统一监管还可以降低与企业之间的信息不对称对信用风险的影响。此外，供应链金融通过核心企业触达小微企业的模式还可以降低商业银行向中小企业贷款的成本，小微企业有核心企业作为背书可由此降低违约风险。未来，数字化将持续赋能供应链金融，通过延长服务链条、拓宽服务场景、强化风险控制有效缓解中小企业融资难困境，改善实体经济融资环境，促进我国实体经济的发展。

（五）维护金融安全

近年来，我国金融形势总体良好，金融风险可控。然而，在国内国际不确定因素的综合影响下，我国的金融发展仍然面临不少风险和挑战，首先，全球经济一体化，国际金融风险外溢增加。伴随大数据、云计算、移动支付、人工智能等技术的产生和推广，经济一体化、金融全球化进程逐步加速，导致金融风险外溢的概率和危害程度显著增加。其次，国内互联网金融兴起，金融风险随之增大。近年来国内互联网金融发展迅速，我国金融体系的虚拟性、复杂性和关联性不断增强，这使得我国内生性的多层次风险发生概率也在增加。

随着金融资本对实体经济渗透性加强，金融风险在各地区和各经济体间传染速度、力度和广度显著增加。这些潜在金融风险已引起党和国家的高度重视，党的十九大、二十大报告均强调：要强化金融稳定保障体系，守住不发生系统性风险底线。通过金融风险智能预警可以从微观企业风险的准确感知出发，通过传染路径的准确挖掘和事件推理来实现重大风险的提前预测。通过提前发现风险传导节点，及时阻断风险传导路径，有效防范重大金融风险形成。但目前系统性风险的防控这一攻坚任务还没有取得显著成效，未来应持续稳步推进核心技术研究，开发自主可控的金融风险智能预警平台，维护我国金融安全。

（六）掌握核心技术

我国信息技术领域长期采用技术模仿和引进的方式，但随着我国国力的不断崛起，以及技术垄断和保护主义等问题，我国亟须在数字金融领域，智能风控、数字货币、基础设施设备等场景研发自主可控的技术和信创产品。

在金融智能风控场景下，目前国内的风险识别技术和应用系统更多关注离散的微观点面风险识别，重大风险和系统性风险识别技术以及智能感知技术缺乏，多点突破的智能技术急需融合形成完备的风险智能预警系统。为了维护我国数据安全，智能风控产品的底层算法和操作系统等均需采用自主研发的信创产品。系统性金融风险的智能防控对维护国家安全至关重要，开发自主可控的智能风控产品迫在眉睫。

在数字货币场景下，我国研发了数字人民币体系，旨在创建一种以满足数字经济条件下公众现金需求为目的、数字形式的新型人民币。但数字人民币严重依赖高端安全芯片，其高安全性、高可靠性为数字人民币钱包的存储和交易提供了安全保障。因此，自主研发数字人民币安全芯片是保障我国数字货币安全和发展的基础，具有极高的重要性和紧迫性。

在基础设施方面，从 2014 年开始我国 IT 企业"去 IOE"（去 IBM、Oracle、EMC 简称，此三者均为全球 IT 行业龙头企业）行动就已经拉开了大幕，国内厂商在产业链的地位逐步得到提升。过去我国金融机构的核心系统大部分依赖于 Oracle，但目前我国金融机构正在加速数据库转型，努力打破 Oracle 独大的局面。中国工商银行自 2020 年开始采用蚂蚁自研数据库 OceanBase，微众银行也实现了核心系统数据库软硬件全国产化，陆金所也在同年完成了 Oracle 数据库的替换。另一方面，中国本土云计算实力激增，越来越多的中国企业正在"上云"，未来预计云计算覆盖企业比例还将进一步提升。随着芯片、数据库、操作系统、云计算技术的自主研发，我国 AI 技术赋能金融业发展的速度和安全性将得到进一步提高。

二、数字化赋能金融高质量发展路径

数字化赋能金融高质量发展从解决当前实际困难出发，坚持以问题为导向，在总结数字化目前面临的困难和挑战的基础上，针对性解决现有问题。从统一思想入手，让金融从业人员、科技工作者明确金融数字化的迫切需求和战略意义。进而找准适合的方向进行实验探索，通过系统化、平台化的建设实现全面转型，赋能全行业的深度应用。

（一）统一认知

电子化、信息化对金融行业的支撑主要是对一些流程化、重复性高的业务进行系统化管理。数字化相对电子化和信息化时代对企业的支撑更贴近业务端，更强调以智能化的分析决策赋能业务管理升级。数字化赋能需要业务与科技进一步深度融合，平台系统的研发要以业务需求为导向，以服务用户为宗旨，以智能技术为手段。因此，数字化赋能需要金融机构从企业、集团级的战略高度来推进工作。

战略驱动数字化赋能关键的第一步就是统一认知。高层领导要认识到数字化金融在高科技赋能的保证下是发展问题，也是在后疫情时代经济增速放缓、国际形势复杂化的生存问题。企业可以通过成立专门的部门，梳理金融科技的发展趋势及对业务支撑的覆盖范围，通过国内外的技术和产品对比来分析智能化赋能的薄弱环节、薄弱原因、技术壁垒、行业痛点等。通过共享交流会的方式，让业务人员了解技术赋能趋势、可能达到的赋能效果、智能系统应用方式等；让技术人员了解行业痛点、赋能需求、赋能业务价值等。

数字化不仅仅是一种技术革命，更是一种认知革命。对企业而言，数字化将在战略、组织、管理、运营、人才、服务等方面，带来思维模式上的巨大颠覆与产业实践上的系统变革。

统一认知的过程也是梳理数字化赋能需求的过程，是打造差异化数字系统的必经之路；统一认知为企业资源合理分配提供了支持，为多方协作共同推进数字化赋能提供了保障。

（二）在典型业务和场景中探索完成数字化赋能方向的修正和验证

数字化赋能是一个漫长且循序渐进的过程。企业一般从自身需求出发，结合自身的数据基础和业务痛点，设计赋能企业战略发展的数字化赋能方案，并按照业务需求的轻重缓急，业务赋能的价值大小逐步推进数字化赋能项目开发及落地应用。

企业数字化赋能需要以数据为基础，数据密集型的金融业转型基础较好。信息化时代的网点银行、电话银行快速被互联网银行、手机银行取代。凭借中国人口红利与监管体制差异，以科技公司为主导的数字化转型系统在基础设施建设及服务模式创新两方面取得了良好的效果。在央行的推动下，移动支付覆盖范围急速扩大，急速进入数字货币时代。

数字化在赋能金融业发展的过程中创新了不少商业模式，除互联网银行外，互联网保险、微众银行等产品降低了小微企业的融资成本和违约率，在普惠金融领域做出了重要贡献。但在另一方面，由于监管改革没有随技术变革与时俱进，新兴的商业模式在野蛮生长的初期带来了不少隐患。

在数字化时代，数字化发展应以持牌金融机构为主体，以完善的监管体系为抓手，以科技公司为辅助支撑，用数字技术助力提升金融机构管理和决策水平。通过发展智能化的信贷科技平台，提升科学的信用风险评估、客户综合管理智能化水平，实现数字金融发展与监管制度完善的良性循环。

（三）推进平台化、系统化建设

大中型金融机构在过去十几年甚至几十年的发展过程中，通过信息化建设积累了海量有价值的数据。但这些数据跨系统、跨部门存在，数据标准化程度低，难以有效融合。为了更好地利用金融数据，需要建设统一、标准的企业级大数据平台。但目前金融数字化产品主要存在于大中型金融机构，区域金融机构之间的数据和系统割裂问题仍然严重，业务协作的范围、深度和效率都不足。在这种情况下，大范围的客户信息难以共享，数据资产难以共建，最直接的影响就是客户的信用评估不全面，客户需求难挖掘，很多情况下需要重复评价导致资源浪费、效率降低、风险难管控、资金分配不平衡等问题。

数字化赋能金融业发展要以服务区域经济发展、提供一体化的服务为目的，通过科技手段连接各金融机构的业务、数据，融合市场、宏观环境等要素，以平台形式构建新型金融科技系统。一体化平台建设是推动渠道间信息共享互通、线上线下一体化运营的基础。平台应采用低耦合、高内聚架构，整合封装各机构、各条线的技术能力，通过各项安全及隐私计算技术实现数据共享共用，并以可配置、可扩展的组件解决不同业务问题，通过标准接口提供高效的数字化赋能服务。

银行在打造共性平台、助力数字化赋能金融方面，数字化进程开始加速，在前台、中台和底层科技建设中取得了不少成绩。按照"渠道＋产品"的双轮驱动策略，围绕产品、渠道、数据化经营三个方向，通过前、中、数据底座研发助力业务模式改革：（1）通过建立线上线下结合的销售前台，显著提升客户人均产品数。（2）建立数字化大中台，提升全域活动量管理活动率。（3）在大数据底层，构建 AI 智能模型，打造画像图谱体系，建立全域因子数据库，实现收入的超预期增长。

一体化大数据中心体系完成总体布局设计，不仅可以使数据要素实现跨域流动，打通"数"动脉，可为降低数字金融运行成本打下坚实基础。数字金融平台化建设这一过程会涉及业务创新、业务组织架构变革。在企业战略高度进行数字化赋能的布局下，通用技术平台、系统构建可以更好地集中资源、降低重复建设的成本、提高部门协同共建的效率，提高成果转化的效率和业务赋能的范围，助力建设模块化、可配置、高复用的业务中台，打通业务条线壁垒、解构业务逻辑、沉淀通用业务能力。在此基础上，建设集中化、共享化的运营管理体系，为前端服务提供一体化的运营服务支持，提升业务运营管理化集约水平，持续构建良好的金融生态环境。

（四）全面转型

金融行业需要推进数字化赋能，才能更好地服务实体经济和产业发展。金融行业数字化赋能已经全面加速，凸显了金融科技不可估量的价值。

线上金融服务的迫切性需求增加，信贷、理财、保险等采用非接触式的服务方式开始提速，金融业务的线上化、数字化、智能化成为刚需。券商数字化赋能、信托业数字化赋能都有了诸多成功案例，金融行业数字化赋能的成果可见一斑。与数字政府的发展趋势类似，未来金融数字化的转型将是大势所趋。这一方面得益于 AI 决策智能技术的发展，另一方面得益于金融业务人员、管理人员对 AI 理解和接受程度的逐步提升。以更加智能的 AI 技术为支撑，在后疫情时代整个金融行业数字化和智能化的进程将会提速发展。在当前国际金融科技发展机遇与挑战并存的背景下，数字金融发展应以金融领域全流程价值提升为引领，以金融科技技术为支撑，通过建设金融科技生态圈来推动金融领域全面数字化赋能。

（五）打好"组合拳"

1. 线上线下协同的综合服务体系。遍布城乡的物理网点是银行开展小微金融服务的主阵地，特别是在县及县以下地区的网点。在传统网点优势的基础上，银行进一步延伸普惠金融服务的"触角"，通过移动展业、手机银行等线上化渠道，突破网点空间、营业时间的束缚，为客户提供 24 小时随时在线的服务，为小微企业提供"金融＋场景"的一站式服务。

2. 场景丰富的数字产品体系。银行不断完善数字化拳头产品，围绕企业生命周期内各类经营管理场景，广泛对接税务、发票、政务、进出口、企业订单等外部数据，不断丰富各类线上获客场景，实现产品与场景融合，满足小微企业多样化的融资需求。同时，借鉴线上思维持续优化线下业务流程，提升客户体验。

3. 标准化、集约化运营体系。银行上线新一代信贷业务平台，对信贷业务流程进行企业级再造和优化，支撑信贷产品快速创新和迭代；实现业务单式无纸化操作，优化企业网银 E 支用功能，全面提升运行效率。试点推行数字化信贷工厂模式，通过端对端、流水线、标准化的规范操作，进一步优化信贷流程，推动实现操作标准化、管理集约化、风控智能化、作业模块化、营销综合化转型。

4. 智能化风控体系。银行积极运用大数据，构建基于"客户画像＋行业分析＋风控模型＋策略规则"智能风控体系。通过广泛引入工商、司法、征信、税务、发票等外部数据，以及产业生态的构建，不断完善客户评价模型，从贷前准入、贷中监控到贷后预警全周期提升风险防控能力和风控智能化、自动化水平。只有风控水平足够高，金融机构才能有效开展信贷等金融业务，切实赋能实体经济。

（六）赋能行业

数字化赋能金融高质量发展的价值需要通过赋能行业来实现，金融服务在从单点服务到场景服务转变的过程中赋能效果会不断升级。数字金融不断通过金融产品创新、服务模式创新、业务流程优化、决策精准智能等服务变革，为客户提供更高效、更有针对性、更有安全保障的金融服务，通过更好地服务实体经济助力国家经济的发展。

1.赋能传统金融业务转型升级。金融科技目前已成为我国打造金融竞争优势的前沿阵地。随着数字金融建设步伐的加快，金融科技的应用范围将不断扩大。在金融产品营销和业务办理场景，可以通过金融大数据挖掘实现客户的精准画像和全生命周期管理，深入动态洞察客户的需求和偏好，开展特色金融服务，实现"千人千面"的智能化服务。再如，根据各类场景获取客户的信息和流量，将高频的各类生产生活场景行为和低频金融服务有效衔接，助力潜客挖掘、存客促活效果提升。根据高频大数据分析挖掘，及时发现现金流、创造现金流，有效提升资产管理价值。数字化赋能在金融行业的深度运用极大地降低金融服务成本，提高金融服务效率，改变金融业务模式与组织形态，深刻地影响金融市场格局。

2.元宇宙技术助力金融业务发展。元宇宙近年被业界看作信息科技新的增长引擎，2021年也成了"元宇宙元年"。元宇宙金融是金融机构利用元宇宙的思维与技术推动金融科技创新，从而形成的一种新兴金融模式和金融业态，它是元宇宙技术与金融业务结合的产物，是元宇宙的重要组成部分。数字孪生技术作为元宇宙的核心技术之一已经在制造业、医疗、教育、房地产等行业有所发展。目前元宇宙在金融领域的探索有以下两条路径：（1）在元宇宙中发展支付和投融资等金融服务。以 NFT（Non-Fungible Token，非同质化代币）的方式交易数字资产的市场规模正在快速扩张，NFT 在金融领域中可以让数字资产发挥更大的作用。金融机构和科技公司在多地政府的支持下开始争抢元宇宙发展先机。NFT 作为一项区块链技术创新应用，在丰富数字经济模式、促进文创产业发展等方面显现出一定的潜在价值，但同时也存在严重的风险隐患。打着元宇宙为旗号的各类非法交易行为不断出现，一些投机分子开始利用 NFT 产品牟利，产生了炒作、洗钱等非法金融活动。为了加强 AI 技术对虚拟支付和交易业务的支撑，未来应继续加强元宇宙基础技术的提升。例如，利用可信计算减少元宇宙对算力的需求，审查元宇宙中包含的规则、框架、内容等，防止元宇宙中的系统或模型遭受攻击和干扰而影响性能。再如，利用多模态（语音、语言、视觉、触觉）、声纹技术等，在元宇宙中的特定场景下定制开发虚拟化身的驱动引擎，推动虚拟化身的成长与进化，提高自然人对 AI 在元宇宙中的虚拟化身的认知，丰富交互作用。此外，隐私计算使得算法推荐可能导致的偏见等隐忧变得可控，无论是 AI 联邦学习还是可信计算，在数据量更大、用户参与度更高、数据流通更灵活的元宇宙中，都能够发挥保障数据安全、掌控风险和保护隐私的作用。（2）数字虚拟人优化金融服务和展业流程。虚拟数字人在商业银行已经初步实现落地应用，多家银行推出虚拟人员工。我国浙商银行、平安银行、光大银行、浦发银行、江苏银行等也积极布局，探索新型营销模式以及未来银行建设，数字人员工、虚拟营业厅、数字藏品等服务和产品落地。越来越多的数字人在银行上岗，其上岗的角色也是多种多样。

新一代的技术浪潮不仅要依靠技术突破，更要依靠产业结构的创新与构建，通过技术来协助发展。未来，元宇宙可能成为"行业创新大爆炸的奇点"，在金融领域的应用也会有进一步拓展，如将信贷、投资转化为由 AI 算法支持的智能合约；再如，在供应链金融领域，涉及存货提单、应收票据的真伪判断等应用场景，可以通过区块链技术来优化。

第三节　数字化赋能金融高质量发展的经验分享

随着金融科技和金融业务的深度融合，金融行业的业态也在逐步改变，金融科技生态已初具雏形。金融科技在深入业务的过程中，不断拓宽了赋能渠道、赋能方式，数字化赋能金融服务的边界还将持续拓展。金融服务在未来将持续深度融入企业端（B端）和顾客端（C端）各类业务场景，并通过区域一体化的金融服务平台助力地区社会经济的发展。本节总结数字化在赋能企业运营管理、风险控制、个性营销、供应链金融、金融安全等方面的探索实践，向读者分享数字化赋能经验。

一、优化运营管理

以银行、保险和证券业为代表的传统金融行业，在业务、资金、客户、风控和营销方面，存在流程复杂、周期较长、流程单一、差异化服务较弱、审批方式依赖人工化等典型问题。随着金融科技的发展，各类 AI 技术已经与金融业务深度融合，生物特征识别、深度学习、图像处理、文本理解、知识图谱、语音生成等技术在业务流程自动化、服务精准化等方面发挥了重要价值。针对金融行业存在的风控要求高、业务量大、模式化重复劳动多等切实痛点，人工智能技术深度融合业务场景，在实现业务流程自动化、解决信息不对称等问题中发挥了巨大作用，大量信息录入、核检、提交等重复性工作被 AI 取代，智能客服、智能面审、AI 定损、数字人等技术已成为助力运营业务降本增效的重要手段，为发展普惠金融提供了良好的技术和平台基础。

（一）智能面审

在传统金融业务流程中，为了满足监管合规要求以及防范业务风险，通常需要业务员与用户面对面进行身份核验、资料审批、风险告知、知情确认及文件签署等线下流程。线上化流程通过音视频及线上交互等信息化技术，将线下流程搬到线上，为业务开展提供了极大的便利，提高了时效性。

数字化流程则通过人工智能技术实现线上化流程的无人化、数字化，将为合规管理、风险控制及服务效率提升等方面带来业务变革。与线下流程相比，数字化流程具备更多优势。第一，数字化流程可以快速处理多源信息，包括结构化数据、文本、图像和音视频等，形成灵活、高效的业务办理流程，提高了业务办理效率；第二，数字化流程通过"人—机"协同机制，可以辅助业务员完成复杂作业，改善由于业务员水平差异引起的服务水平参差不齐以及合规质量缺陷等问题，提高服务质量；第三，数字化流程通过引入多源信息的风控机制，可以识别更多的风险场景，扩大金融服务的群体。

数字化流程也会带来新的风险与挑战。（1）线上视频主要通过摄像头感知客户及所处环境，在探知场景的视角上有局限，镜头外可能隐藏新的业务风险，例如，第三人在场指导或代答、场所作假等。（2）随着数字人作业在智能面审的广泛应用，出现了新的合规风险点，例如，视频翻拍、视频流劫持等。数字化流程需要引入新的技术来防范新风险。

智能面审主要针对线上化流程和数字化流程中视频环节涉及的流程处理和风险识别，提供综合的解决方案。智能面审系统主要集成视觉领域主要技术（人脸检测、人脸识别、微表情识别、图像分割、目标检测、光学字符识别（Optical Character Recognition，OCR）、行为检测、图像检索等，以及文本和音频技术，应用于身份核验、合规检测、环境检测、风险行为识别和群体欺诈预警等场景。

1. 身份核验：通过人脸检测和识别技术确认客户本人身份，并通过活体检测等技术识别照片攻击、屏幕翻拍等风险。

2. 合规检测：通过行为检测及文本和语音技术确认风险告知和知情确认等环节客户本人亲自确认和签署合同，识别代回答、代签等不合规行为。

3. 群体欺诈预警：通过视频、语音、文本和结构化数据发现高聚集性特征客户，预警群体欺诈风险。

4. 客户风险评级：综合应用微表情识别、行为识别、目标检测等技术，识别客户问答中的异常行为，提供面审客户风险评级分数，预警欺诈风险。

智能面审系统有效支持了相关业务场景无人化作业，既解放了大量业务人员以处理更加复杂的业务需求，更好地服务客户提高服务质量，同时也降低了客户投诉率。

场景层	身份核验	合规检测	群体欺诈预警	客户风险评级
服务层	身份认证　相同场所检验	活体检测　客户情绪识别	旁人代答检测　客户异常行为检测	
算法层	人脸检测　目标跟踪	人脸识别　微表情识别	图像分割　图像检索	行为识别　OCR　目标检测　……
数据层	视频图像	音频	ASR文本	结构化数据

智能面审系统架构

（二）智能理赔

智能理赔是指保险公司基于机器学习、计算机视觉、知识图谱和智能语音等人工智能技术构建智能保险理赔系统代替传统的劳动密集型作业方式，实现身份核验、理赔单据识别、欺诈检测、图像定损等服务的机器人流程自动化（Robotic Process Automation，RPA）管理，建立起事前风险预警、索赔预防，事中欺诈检测、精准定损和事后数字化赔付的机制。

传统保险行业在理赔环节的最大痛点在于理赔效率低和理赔成本高，人工效率的限制致使理赔的认定和赔付速度都无法满足客户的满意度，同时冗长的赔付环节消耗了大量低效率的人工劳动，也增加了保险行业的运营成本。主要有以下行业难题：（1）车险行业盈利困难，超过 60% 的中小财产险公司面临亏损。（2）欺诈和渗漏风险高，高达 5%—10% 的赔付属于欺诈损失和渗漏损失，行业渗漏高达 500 亿元以上。（3）第三方服务参差不齐，服务商缺乏统一管理，虚假刷单、退钱账款、欺骗客户事件频发。

从"科技引领变革"理念出发，针对上述难题和市场的变化趋势，研发智能理赔系统对传统业务的赋能具有重大需求。通过对车险理赔现有作业模式和理赔系统的深度检视，以"智能化、自动化"为核心开发理念，本案例介绍的智能定损闪赔系统可实现拍照上传秒级定损，定损速度提升 4000 倍，同时高效检测代价高昂的理赔欺诈渗漏。该系统实现从定损到赔付全流程的智能闪赔新模式，带动保险业科技发展，促进传统保险行业转型升级。

智能定损闪赔系统架构

在引入人工智能技术前，车险理赔需要与工作人员联系、人工勘察与定损等，传统人工工作模式仅现场拍照上传环节便需要 12 小时以上，理赔过程耗时长，效率低。在使用智能定损系统后，客户出险时可以使用 App 拍照上传，系统通过图片识别、定损逻辑规则、定损智能审核等模块实现拍照上传秒级定损，然后通过智能算法模型在给出定价的同时完成欺诈检测，最后通过数字化赔付完成全自动化业务处理。该系统有以下三个核心功能模块。

（1）高精度图片识别：通过智能定型定件、图像流清洗、部分割件归集、损失程度识别等步骤，实现智能高精度损伤识别。

（2）自动精准定价：通过全国九大数据采集中心维护、历史数据自动价格调优，构建覆盖全国、精准到县市的配件工时价格体系，保证定损价格的真实性与准确性。

（3）智能风险拦截：风险智能阻断系统可以规避包括个案风险、团伙风险以及道德风险在内的八大核心风险，利用大量风险规则对线上、区域机构和第三方人员进行完全监控。

在车险理赔过程中，智能理赔系统中的机器学习技术通过识别、理赔、风控等自我学习脚本代替了人工操作，减少企业人力成本的同时显著缩减了理赔的结案时间，提高了用户体验。该系统为保险公司、第三方机构和车主提供智能车服平台。通过整合与共享线下合作伙伴服务资源，搭建一站式线上到线下（Online To Offline，O2O）服务平台，利用 AI 派单调度、AI 作业质检、智能查勘定损工具等技术创新，为公司提供全程在线可视、智能化管理的公估服务、调查服务、救援服务管理平台。该平台能提升第三方服务机构的服务品质，改善车主用户体验，并帮助保险公司实现理赔风控减损自动化的最终落地。

（三）虚拟数字人

虚拟数字人是指基于真人视频影像，利用计算机视觉、语音合成和问答推理等技术，对真人形象、声音、动作等进行模型训练，生成可任意编辑内容的"真人"讲解视频。在金融领域，虚拟数字人可在虚拟接待，引导业务办理，解答客户问题等业务场景发挥作用，可独立闭环完成银行业务交易场景的自助应答、业务办理、主动服务、风控合规等全流程服务，在交互方式上，采用拟人化的对话方式与亲和的形象，为用户提供了良好的沉浸式体验。除此之外，知识计算、脑机接口、多模态分析等很多人工智能新的研究领域，随着技术研发和应用能力的不断完善和突破，将在金融的智能化场景应用中不断释放新的价值。

典型数字人技术研发一般包括知识发现、智能对话系统、多模态协同生成、数字人逼真渲染四个方面。

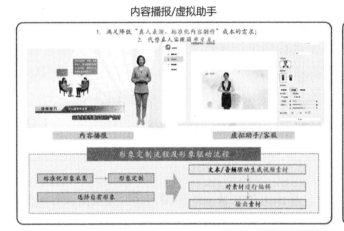

数字人主要功能模块

该产品以多模态信息，如语音、表情为输入，通过多模态情感识别、语音识别模型对输入信息进行解析，准确提取用户情感特征、提取语音内容；进而以金融领域知识图谱为支撑，基于情感反馈机制对情感、对话内容进行预测；最后利用表情、语音、情感、动作协同生成方法，通过细颗粒度渲染完成逼真数字人形象的生成。虚拟数字人在优化服务流程、快速生成营销内容、快速生成宣传材料、7×24小时无间歇陪伴式服务方面通过了技术验证。

虚拟数字人在金融业务服务中可极大地节约人力成本，是世界范围内的研究热点，作为打通现实世界与虚拟世界的桥梁，数字人可以称得上元宇宙的入口，具有广阔的应用前景。但目前数字人技术还不够成熟，在容错率较低的金融场景下暴露了更多问题，主要包括以下四点：（1）数字人感官上呆板，无法与用户共情。（2）对话内容单一死板，语音合成千篇一律，用户体验差。（3）数字人底层知识体系建设不完备，知识发现由局部数据研发，缺乏数据共享与融合挖掘，没有有效利用业务数据。（4）数字人生成步骤多，需要融合唇形、五官、肢体、语言等多个信息源，工序复杂，生成效率低。

二、强化风险控制

近年来，国际态势复杂多变与疫情冲击，全球经济形势不断恶化。从2018年开始，中国债务违约事件增多，无论是违约主体数量还是违约金额均远超往年水平。引起债券违约的风险因子多种多样，包括：（1）经济下行导致的强周期行业整体经营状况恶化。（2）经营不善导致的盈利能力持续低下。（3）融资能力下降导致的流动性危机。（4）过度投资导致的杠杆率过高。（5）管理层不稳定。（6）实际控制人突发状况等。大多数情况下，债券主体的违约是一系列信用风险事件，按照一定的发展规律层层递进演变积累之后出现的最终结果，它的发生可以被预测。

风险控制环节众多，本部分以债券违约智能预警为例，加以阐述。

（一）传统风控业务痛点

传统的债券分析方法已经暴露出越来越多的弊端，并且大量的债券风险分析工作还是停留在人工作业层面，债券市场的健康发展需要新方法和新工具，实现投前、投中、投后等多场景下的全流程数字化风控。传统风控的痛点包括：一是企业现实的经营状况与严格的统计假设存在差距。二是宏观经济和中观行业对企业影响深远而分析模型却缺乏来自相关领域的有效支撑。三是富含价值的非结构化数据无法被有效利用。

（二）AI风控产品研发难题

智能的债券风险预警，是建立在多维、海量、动态的数据基础之上，实现对债券主体的结构化数据和非结构化数据的全面监测，从数据层面提升预测的精准度，实现风险提前预警。海量的底层数据构建了全量的深度因子，为债券违约预警奠定了基础，包括：（1）企业的财务报表、工商数据、股票价格、债券信息、法律文书、社交媒体传播信息、上市公告、财经新闻等。（2）深度分析构成债券违约的宏观因子、行业因子、地区因子、舆情因子、企业因子、法律因子等。

智能风控也存在诸多难点，比如：

1.样本不均衡：金融场景中，由于样本来自实际场景，风险样本不足，一定程度上都存在样本不均衡问题。

2.数据稀疏：因原始数据的披露规则和频率不同，导致数据矩阵的稀疏性，进而导致空间复杂度和时间复杂度的问题。

3. 可解释性不足：用户在知道结论的同时，往往也希望知道原因。单给出模型预测结果往往是不够的，还需要告知具体哪一个维度出了问题。

4. 金融数据时序与截面分析无法融合：金融领域中时序场景很常见，如果以当期指标或者历史指标加入截面模型进行训练，无法反映出隐藏于时序变化中的信息；而如果以纯粹的时序模型进行预测，又无法捕捉不同维度指标类型之间的差异，且缺乏可解释性。

5. 指标有效性不稳定：对于债券预警场景，故长时序期债券预警通常会出现一些训练时有效的指标在预测集却完全失效的问题，会大大降低提前预测的准确度。

（三）智能风控模型研发思路

针对上述难点，智能风控模型从以下几个方面着手：

1. 重采样：进行过采样/欠采样处理弥补负样本不足。对正样本进行欠采样，对负样本进行过采样，保持正负样本比例一定的平衡性。

2. 指标衍生及筛选工程：在业务意义基础上对指标进行进一步构建，生成一系列衍生指标，比如，注册资本可以进行对数处理、净利润率可以进行分箱处理等。然后在海量指标中进行有效指标的筛选，一般来说都是基于缺失度、相关性、共线性、重要性来进行筛选。

3. 模型结果各维度分析：利用模型迭代过程中每一次节点划分时依据的指标以及由此带来的信息增益，计算每一家公司总得分背后的解释指标，并汇总至维度层面，形成维度分数，帮助业务方解读一家公司的风险得分，优化模型可解释性。

4. 模型融合：搭建不同的具有时序特征的模型输出模型结果，以此作为反应时序特征的变量加入截面模型重训练，提升模型预测准确性。

5. 模型校验：对入模指标的有效性进行时序检验并筛选，计算指标贡献度时序变动，剔除随时间推移明显递减的指标；对于临近到期重要性剧增的指标提取到模型之外单独拟合，并叠加到核心模型结果之上。

（四）智能风控系统研发架构

智能风险预警模型分为四大层级，分别为数据层、指标层、模型层和信号层。

风险预警模型构建流程图

1. 数据层。数据层是模型底层建筑，决定模型准确性，其中包含原始数据获取、预处理和数据存储等内容，三者皆需要考虑数据源、获取时间和数据存在形式，数据存在形式是多样的，包括但不限于图像、音频、文本和数字，对这些不同形式的数据则需应用不同的处理方式。例如，企业财务数据就是常见的数字类型数据，长期以来都是作为评定企业风险的定量指标，可被简单处理后直接应用于风险因子的生成；然而，类似于文本、图像、音频等形式储存的数据，则需要经过提炼、量化处理，方能形成适用于模型的标准化指标，输入风险计量模型中。

2. 指标层。指标层是在数据层的基础上，结合业务逻辑构建而成；通过对数据层分析和提炼生成有效指标，其中包括指数、分数、衍生指标等类别的风险信号指标，如负面舆情指数、行业景气指数、正负面舆情评分、与违约企业相似程度、与违约企业距离等。风险预警信号指标选择方法分为以下步骤：（1）选取大量的定量风险指标作为候选指标。（2）根据统计结果和经验对候选指标进行筛选分类。（3）将筛选出的指标输入模型中进行校验，再根据统计结果和经验，筛除不符合要求的风险指标组合。（4）将符合要求的风险因子作为模型输入对模型进行筛选和训练。

3. 模型层。模型层的选取是整个风险预警模型的核心，最优模型的筛选标准通常为模型拟合优度和复杂度之间的均衡。本系统综合利用多种标准都被应用于最优模型的筛选。然后，通过最优模型的运算和拟合，得到合适的风险计量值，例如企业评级、行业评级等违约概率、违约风险暴露等，作为预判企业风险的标准或者作为进一步风险定价的输入。

4. 信号层。信号层在实际应用模型中扮演着重要的角色，其主要功能是对模型输出进行处理，生成相应的预警信号并进行推送。信号层可以划分为两种形式，一种是事实型预警信号，即对金融环境和状态中当前存在的风险进行预警；另一种是预测型预警信号，是基于金融环境和状态的历史表现来对未来风险进行预测。

值得关注的是，不仅数据层、指标层和模型层各层的内容十分重要，而且层与层之间的处理以及需要达成的目的也起到关键性作用，模型结果不仅是一个简单的评分，更是一个综合完备的评价体系。从数据层到指标层，主要采用机器学习方法将非结构化数据结构量化；从指标层到模型层，则利用风险计量模型，对风险进行量化；从模型层到信号层，主要通过决策模型，譬如综合评分模型、决策树、神经网络等，输出最终的预警评分及出警指标。

（五）优势

综上所述，智能风控较传统风控在债券违约预警方面具备如下几个明显优势：（1）可从海量数据中抽取有效信息，信息覆盖面广，且能及时捕捉异常变动。（2）通过构建多维度分析框架，避免模型黑盒，提高预警结果的风险可解释性。（3）基于多场景多类型的模型融合校验，保证模型效果在较长时间内的稳定性和有效性，避免模型结果偶然性，提升预警结果的准确性。

从金融行业的总体趋势来看，金融科技的发展有望为债券市场提供更高效的技术支撑，也必将对整个债券市场的业务模式、流程与产品产生极其深远的影响。面对债券市场的风险实现全方位把控预警债券风险，助力城市金融规范建设。

在债券市场的业务流程中，风险预警模型可作用于投前、投中、投后以及贷前、贷中、贷后，覆盖债券投贷全流程。（1）在投资层面，投前的背景调查、风险画像等可协助投资人进行投前风险的全面评估；投中的实时监控、信号推送等可让投资人第一时间了解所投资债券的风险情况；投后的风险评级、实时预警等可辅助投资人做出投后风险管理决策。（2）在企业层面，从贷前的客户营销、市场准入、贷前调查，到贷中的放款申请、放款审核、欺诈管理以及贷后的风险监测、画像报告、资产处置都可以实现全流程智能化，完成高效且准确的分析预警。

三、开展智能营销

现代营销学之父菲利普·科特勒指出："数字化是营销的未来。"

（一）背景及综述

近年来，随着金融改革的不断深化，金融市场开放程度不断提升，在互联网的普及下，越来越多的普通大众参与到金融活动中，金融需求被进一步激发，而金融服务提供者也从大型金融机构转化为越来越多中小金融机构，甚至互联网企业参与，竞争格局日益复杂。

1.互联网金融：打破地域经营限制，提升金融服务便捷度。互联网金融（ITFIN）是指传统金融机构与互联网企业利用互联网技术和信息通信技术实现资金融通、支付、投资和信息中介服务的新型金融业务模式。

互联网金融打破了传统金融业务的地域限制，极大拓展了金融机构的客户范围，加剧了金融行业竞争；互联网也改变了传统金融服务方式，使得金融业务得以实现线上化、远程化、自助化，人们足不出户就能完成金融业务办理全过程，大大提升了金融服务便捷性体验，也加深了金融服务对人们生活的渗透程度。互联网金融有着低成本、高效率、覆盖广、发展快的优势。

2.普惠金融：扩大服务客户范围，提升金融服务渗透率。普惠金融这一概念由联合国在 2005 年提出，是指以可负担的成本为有金融服务需求的社会各阶层和群体提供适当、有效的金融服务，小微企业、农民、城镇低收入人群等弱势群体是其重点服务对象。发展普惠金融，对于促进社会公平、缓解人民日益增长的金融服务需求和金融供给不平衡的矛盾有着重大意义。

传统金融机构难以发展普惠金融业务的主要原因在于"成本高"和"风控难"。"成本高"是指传统金融服务依赖于大量的人力，运营成本高，因此主要面向头部客户进行服务，难以覆盖长尾人群。"风控难"是指普惠金融客群往往难以符合金融机构的准入门槛和风控要求，例如，信贷记录缺失的人群无有效央行征信报告，产权不清晰、缺乏流动性的农业资产无法成为合格抵质押品等。互联网金融发展使得金融服务能够高效、便捷地触达更多社会大众，而人工智能等金融科技的应用，在普惠金融业务流程自动化、智能客服、反欺诈等领域提供了有效的技术解决方案，大幅度降低了人力成本的同时，提升服务和管理效率，给客户带来便捷的金融体验。

3.金融科技：提供技术支撑，驱动金融业务模式变革。根据金融稳定理事会（FSB）的定义，金融科技主要是指由大数据、区块链、云计算、人工智能等新兴前沿技术带动，对金融市场以及金融服务业务供给产生重大影响的新兴业务模式、新技术应用、新产品服务等。近年来，金融科技被广泛应用于支付清算、借贷融资、财富管理、零售银行、保险、交易结算等金融领域，正在改变金融行业的生态格局，重塑传统金融产品、服务与机构组织，成为金融业的主流趋势。

金融行业主要应用到的人工智能技术包括机器学习、自然语言处理、知识图谱、计算机视觉等。机器学习，尤其是深度学习，作为人工智能的核心，是金融行业各类人工智能应用实现的关键技术；知识图谱利用知识抽取、知识表示、知识融合以及知识推理技术构建实现智能化应用的知识体系；自然语言处理通过对词、句以及文章进行分析，在客服、投研等领域效率的提升提供了有力支撑；计算机视觉技术通过运用卷积神经网络算法在身份验证和移动支付环节得到广泛应用。

（二）智能营销是金融数字化发展的迫切需要

随着互联网金融和普惠金融的发展，人们的金融需求爆发式增长，金融供给不足的矛盾日益激烈。为了满足人们日益迫切和复杂的金融需要，金融业对人工智能技术应用提出了更多的需求，金融机构数字化经营能力也面临空前的挑战。

智能营销作为金融机构与客户对话的最前线，应响应国家政策，切实支持实体经济，并践行社会责任，惠及小微企业、农民、城镇低收入人群等弱势群体。

智能营销技术的应用，全面提升了金融机构的服务广度、深度及服务质量，有效缓解了长期以来金融市场供需不平衡的问题。大型金融机构借助智能营销技术，完成了从粗放式向精细化运营的转变。同时，众多中小金融机构借助智能营销技术，形成了具备自身业务特色的差异化竞争力。整个金融市场呈现多元化发展态势，展现空前活力。

1.智能营销定义。智能营销是指利用大数据和人工智能技术提升营销或推荐的智能度。金融行业智能营销基于大数据构建金融客户画像，通过人工智能技术对客户信息进行加工计算，从而准确捕捉和预测客户金融需求，实现智能获客或智能推荐。面对大规模的用户群体，智能营销通过大数据技术赋能，建立用户视图模型，更精准理解用户需求，实现目标用户多场景经营。通过解析内外部数据和脸谱画像，构建用户行为分析预测模型。在具体的场景通过筛选优质的高饱和特征用于建立满足各产品业务目标的倾向性模型，分析匹配用户潜在需求与意向模型，实现向客户提供个性化服务。

2.智能营销的必要性。金融业是指经营金融商品的特殊行业，它包括银行业、保险业、信托业、证券业和租赁业。不同于一般商品，金融产品具有"高价低频""准入门槛高""复杂度高"等特点：（1）"高价低频"："高价"是指产品价值高，资金占用多，无论是客户还是金融机构都需要经过审慎评估才能达成交易；"低频"是指需求频率低，以贷款为例，企业贷款产品多以一年期为主，个人贷款产品期限稍短，一般到期以后才考虑新的需求。（2）"准入门槛高"：是指客户需具备符合要求的信用水平或投资能力才能购买金融产品，不同金融产品准入要求也有很大差异。（3）"复杂度高"：是指金融产品通常表现为金融机构与客户之间订立的一系列合同，通过合同条款来规定双方或多方参与者的权利和义务，产品内容复杂，一般需要专业人员解读。

因此，传统营销大规模粗放式的广告投放并不适合金融机构，任何虚假或者误导客户行为都会受到严格惩处。因此，金融领域的营销需要能够深入洞察客户自身风险承受能力和风险态度，准确把握客户金融需求，并抓住合适的时机，选择安全可信的渠道进行高专业、高水准的推荐。

3.智能营销实践。人工智能和大数据的应用解决了传统金融营销中客户需求把握不准确、客户风险资质不达标、客户推广时机不合适等问题，主要应用场景包括：信贷预授信、智能投顾、保险营销等。

（1）用户画像：基于大数据的金融客户画像，为金融机构全方面提升营销、风控、运营能力奠定了基础。

用户画像是真实用户的虚拟代表，是建立在一系列真实数据之上的目标用户模型，其本质是帮助企业从业务角度出发对用户进行分析，洞察用户需求，寻找目标客户。在互联网金融时代，客户的个性化需求越来越强烈，客户的差异化风险也逐渐暴露，为了更好地服务客户和控制风险，金融机构一改以往以产品为导向的经营思路，向以客户为中心的经营模式转变，构建金融客户画像是一切的基础。

随着大数据解决方案的普及，金融机构能够通过越来越多维的数据来构建更加精细的画像，除了内部数据，融合了更多的第三方数据，包括网页或 App 浏览、出行、电商交易、社交等类型。与此同时，人工智能技术的发展，使得非结构化数据的处理和应用逐渐加深，极大提升了金融机构的数据规模，从过去难以处理的音频、视频、图片中提取特征数据，丰富和完善相关信息，真正形成基于大数据的金融画像，为金融机构全面提升营销、风控、运营能力奠定了基础。

根据客户类型金融客户画像一般可以分为企业和个人两类。企业客户画像描绘了单一企业的全貌，包括工商注册、经营、财务、投融资等本企业自身情况，也涵盖与企业相关的关联方、供应链上下游、行业等维度。个人客户画像描绘了个人客户的整体情况，包括人口属性、教育、职业、家庭、财务、兴趣爱好、网络行为等个人自身维度，也包括与个人相关的关联人、社群、环境区域等维度。

金融客户画像的构建需要结合动态信息和静态信息。在一定时间内稳定不变的信息为静态信息，如人口属性、性格心理特征等，这些信息可以帮助金融机构分析客户的风险承受能力和风险态度，挖掘客户中长期需求；描绘个体的行为的信息为动态信息，动态信息具有高时效性，只有在短时间内加以利用才能产生价值，如网络行为、交易记录、重大事件等，利用这些信息可以洞悉客户短期的关注点，精准识别客户需求。

客户画像在金融行业的应用主要体现在对客户需求的洞察和对客户风险的识别。客户需求洞察：基于大数据构建金融客户画像，通过机器学习技术对客户信息进行加工计算，从而准确捕捉和预测客户金融需求，实现精准获客和智能推荐，或者为客户量身定制所需的金融产品与服务。客户风险识别：基于大数据构建金融客户画像，结合知识图谱等技术对客户关联关系、供应链上下游信息等进行深度挖掘，从而识别和监测客户风险情况，提升金融反欺诈、风险监测预警等风险管控能力。

（2）信贷预授信：人工智能技术与大数据融合，在客户需求预测、风险筛查、额度核定等方面均突破了传统方法，实现更加智能的推荐。

预授信是指客户存在潜在需求但尚未提出信贷申请之前，信贷机构通过公开渠道或其他渠道收集客户信息，初步筛查风险并剔除不符合准入要求的客户，主动为高资信客户预先核定授信额度，将该额度通过定向推送的方式提供给目标客户。

预授信通过用户画像和大数据建模，对客户进行预授信测算，提高对贷款客户的风险识别能力，优化信贷申请流程，降低不良贷款率，有效简化信贷需求沟通过程和后续授信审批流程，提升客户转化效果和业务办理效率，一般多用于零售信贷、小微企业贷款业务中。

在无抵押贷款场景上，客户提交资料少，征信覆盖率低，要求时效高，结合客户申请数据、机构已有数据和其他三方数据进行综合授信评估，通过梳理并整合内外部海量数据源，筛选并合理使用在信贷业务的相应环节，在起到风险防范的同时，降低数据使用成本。同时，可以帮助机构归纳整理一套完整的数据集市，为后续风控规则／模型的搭建提供变量基础。充分利用大数据、人工智能、云计算等技术，从多角度全方位降低审贷决策风险，提高审贷评测，提高模型准确率，关键的构模步骤如下：

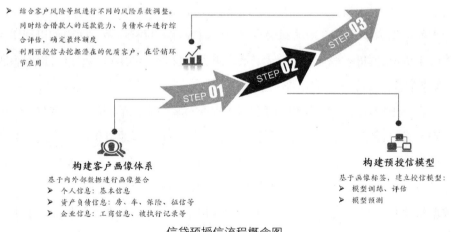

信贷预授信流程概念图

授信额度策略主要依靠收入指标测算以及相应业务策略的实施，实现针对不同资质的客户，评定风险等级，达到梯度给额、自动给额的目标。依据客户资产进行收入测算，同时参考评分风险等级，对客户进行群体细化，使授信额度更加标准化、合理化。通过结合数据和技术，进行自动化部署，可实现系统智能给额。对客户的数据进行多角度的统计整理，将得到的数据进行多维度的风险评估，较大程度上筛选过滤高风险客户，保留低风险客户予以授信，使授信额度更加标准化、合理化。通过结合数据和技术，进行自动化部署，可实现系统智能给额，能够将风险可控达到最大化的策略场景。

（3）线上推荐：基于客户需求，在产品、渠道、用户等各维度层面构筑线上推荐模型，从而实现以客户为中心的各种内容素材的精准推送以及个性化的服务提供，来提升业务业绩不断增长，同时具有营销成本低、业务效率高和客户满意度高等优点。

人工智能技术利用大数据和算法建模技术，多维度分析客户需求，做到"比客户更懂客户"；以客户需求为驱动，构筑多维度、各层级的线上推荐模型，从而提供更全面、更合适的产品推荐和个性化服务；以更精准的方式触达客户，匹配客户需求从而促成业务交易的成功。

案例一：某银行线上推荐业务

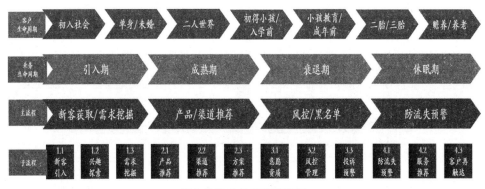

线上推荐业务应用流程图

首先将客户生命周期与业务生命周期相结合，分析并洞察客户需求；其次基于大数据分析得出的客户需求，对客户需求进行阶段、范围、内容的拆解，为后续具体的线上推荐模型构筑打下坚实的基础；最后精准定位业务需求场景，构筑覆盖范围广、业务维度精的线上推荐模型，生成一站式业务解决方案，实现以客户为中心，以数据做驱动的新经营模式，来推进业绩的持续增长及策略的不断优化。

案例二：某银行 App 广告位线上推荐项目

线上推荐可推广的场景应用包括：线上流量精准运营，提升内容点击率和价值转化；基于用户兴趣，增强用户黏性，提升用户体验与满意度；打造集基础服务、活动权益、专属金融服务于一体的一站式客群综合服务社区，对业务转化及资产规模营收带来显著提升。

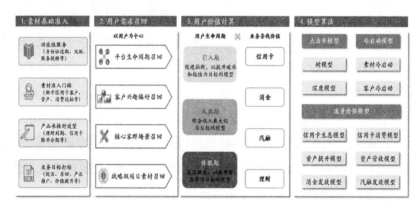

银行 App 广告位线上推荐流程

（4）保险营销：借助人工智能大数据分析技术洞悉客户核心保障诉求，提供覆盖全生命周期的保险服务。随着大众保险意识的觉醒，客户更理智地关注保险对于风险的规避作用，并且能在不同的人生阶段里察觉出自身不同的保险需求，因此，保险公司迫切需要建立一套基于客户生命周期的个性化经营方案。

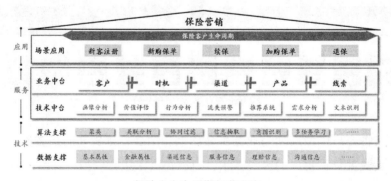

保险全生命周期经营方案

　　保险全生命周期解决方案具有以下特点优势：客户画像体系：构建以客户为中心的360°全景画像，覆盖保险、医疗、健康、育儿、养老、衣食住行等各类生态化场景，精准了解客户需求。覆盖全生命周期：关注"注册→新保→续保→加保→退保"的完整客户旅程，提供一站式、全链路经营策略支持。建立以客户为核心的服务机制，实时洞察客户痛点，及时响应客户需求，不断提升客户体验。

　　保险客户全生命周期经营方案依托于大数据及智能推荐技术，精准挖掘客户保险需求，提升客户服务质量及客户满意度。

　　（5）数字化经营平台：一站式大数据应用和人工智能平台。过去金融市场长期处于供给不足的状态，金融机构准入门槛高导致竞争不充分，传统金融机构主要采取被动的获客方式。但随着互联网的发展，基于互联网的普惠金融机构异军突起，传统金融机构的地域局限性被打破，市场竞争越来越激烈。如何打破金融数据边界、实现数据共享与融合，如何准确了解客户金融需求，如何以安全、可信的方式提高新客转化率与老客忠诚度，是金融机构决胜的关键。在客户洞察与智能营销方面，人工智能与大数据技术的融合破解了金融机构面临的困局。

　　数字化经营平台是集画像分析、智能推荐、机器学习等功能于一体的大数据应用和人工智能平台，专门针对金融机构，辅助其全面洞察客户需求、筛选高倾向购买人群、实现"千人千面"的客户经营。

　　数字化经营平台主要架构与功能模块如下：

数字化经营平台

画像分析：全方位勾勒用户画像，支持多种数据源，通过下钻分析快速生成可视化结果，支持对比分析、统计分析、条件筛选分析等多种分析方法。智能推荐（一键建模）：内置保险、银行、投资多场景营销风控模型，用户可按需选择模型，分析关键影响因子和权重，预测客户的购买倾向。机器学习：将数据挖掘和机器学习常见算法封装成组件，金融机构业务人员和数据分析人员只需了解基础知识，无须复杂代码，即可通过简单的拖拽式操作，完成机器学习模型搭建。通过 Auto ML 技术自动调参，减少基础工作耗时，提升模型搭建效率。

数字化经营平台成功应用在信贷、保险、投资等各类金融场景中，帮助传统金融机构增强大数据应用能力，节约人工智能技术研发成本，提升营销、风控和决策效率。以下为应用案例：

案例一：数字化营销案例

贯穿银行零售网金获客展业、客户价值提升、金融贷款产品线上获客营销风控等流程，通过构建目标客群画像和倾向性模型，在展业阶段结合产品数据和渠道数据进行客群匹配和智能营销，圈定目标客群。在消费金融贷款营销当中，通过整合业务数据、专家知识库和创新因子，构建用户客群多维立体画像。通过打通业务和数据中台等渠道，提升用户拉新覆盖度。通过基础系统提供的 Auto ML 能力建模，实时调用模型结果，对目标客群进行精准推送及营销。

案例二：信贷风控案例

将传统信贷风控业务切分为多个标准化流程，构建全流程大数据分析和模型评估体系，解决传统信贷业务申请量大、风险成本高、数据获取困难、群体欺诈多等问题。贯穿贷前贷中贷后，从信贷客户画像需求分析、贷前风险评估到贷后动态风险预警，构建多维度静动态用户画像，解决信贷市场长尾需求得不到满足的现状，在控制风险成本的情况下，为有金融需求的各社会群体提供适当有效的金融服务，助推普惠金融的发展。

（1）贷前准入阶段：采取专家规则构成的审批策略与客群评分模型相结合的方式，量化客户信用资源，深层次分析客户欺诈可能性，达成自动化授信和审批，缩短审批时间，降低人工成本，提升客户服务体验。

（2）贷中阶段：通过创新因子分析客户行为变动，通过动态风险评分和混合时序模型预判客户风险波动情况，及时调整客户价值量级和变更客户可信度，提供实时评分接口，实时预警可能出现的信用恶化和违约情况。

（3）贷后阶段：针对贷后逾期客户数据，通过资产价值、还款意愿、还款能力等维度，构建逾期客户画像和还款评分模型，预测逾期客户的潜在还款率，及时进行失联修复和收购不良资产，降低潜在损失。

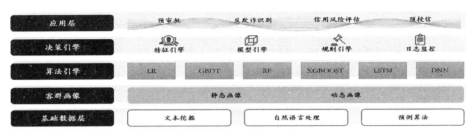

信贷风控方案

案例三：智能决策选址案例

应用在金融机构选址决策中，整合 LBS 数据和城市 POI 数据，通过深度学习模型构建选址评分系统，分析特定区域人口属性和行为，结合人口流量、周边公共设施等数据，对区域进行分析和多方面评分，降低金融机构选址的不确定性和较高的人力成本，形成有数据可依的科学布局规划体系，并对业绩有下滑趋势的网点机构进行及时分析和干预，大幅降低选址人工成本，并形成可视化直观效果。

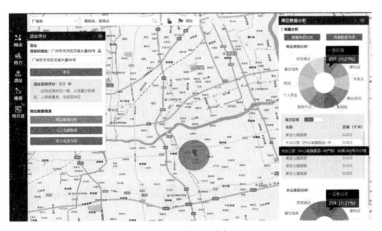

智能选址示例

四、供应链金融服务实体经济发展

在供应链金融实际业务操作中，包括后台风险控制、中台协同处理以及前台业务拓展等方面。数字技术手段有机赋能供应链金融业务，通常会使得业务运营效率迅速提升，市场竞争力显著增强。因此，通过数字化技术手段建立供应链金融平台，为供应链金融业务做好数字化赋能工作。

目前，供应链金融实际面临各主体间信息不对称风险，操作风险，账期长以及客户选择上的问题。通过区块链、大数据、人工智能等数字经济典型技术手段，可以构建供应链金融平台助力解决上述实际应用困境。

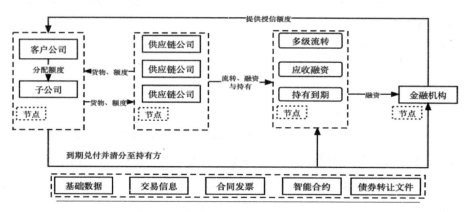

供应链金融平台产品逻辑

平台运行首先需要从服务对象企管系统获取相关经营信息以及其子公司名单及对应经营信息，然后使用数字化技术编辑统一规格电子票据，实现客户公司供应链业务权属确认，客户公司对信息上链进行选择。平台中实现节点间数据传递与共享、可追溯与不可篡改。各节点都通过平台的区块链技术系统共享商流、物流、资金流和信息流，以区块链代币为基础实现交易、融资或价值转移。通过供应链金融平台建立的客户公司供应链金融运营系统，系统中主要节点包括平台、客户公司及其子公司、银行等金融机构、供应链相关公司。各节点都有特定的权利与义务，通过平台系统参与基于客户公司信用的供应链金融业务。

平台从设计逻辑上，结合了区块链、云计算、大数据与人工智能手段，巧妙解决了各主体间信息不对称风险、操作风险，完善了现有供应链金融平台在实际应用中的不足，切实解决了中小企业"融资难、融资贵"的难题。

五、系统性金融风险智能预警平台

对于金融风险防控，可把主动防范化解系统性风险放在更加重要的位置，见微知著、早预警、早处置。系统性金融风险往往由小的风险早期积聚、中期传染、长期演变而来。当系统性金融风险爆发后，再采取防范补救措施已无法挽回巨大的损失。因此，金融风险防控需要做多层次的风险识别，从点状风险的提前预警，到风险传导路径的推演，再到重大风险的研判及各级风险的防范。

金融风险预警当前面临三大技术瓶颈：（1）基础金融信息多源异构、高噪声、语义复杂进而感知难。（2）金融风险规律具有高度时变性，使得传统建模方法的泛化能力弱。（3）对金融风险未来传染与演变走势的推理和干预均十分困难。这使得对金融风险的有效预警成为世界各国共同面对的难题，而包括美联储、世界银行、高盛等在内的权威国际机构对核心算法的保护，使得相关技术成为制约我国金融安全自主掌控的核心技术瓶颈。

（一）系统性金融风险智能感知关键技术

系统性金融风险智能预警平台，应以夯实金融信息采集能力和数据基础设施建设为前提，通过研发风险预警、风险传导路径和演变方式推演、风险干预方法求解等技术实现风险的提前预警和及时有效防控。平台架构如下图所示，通过三个核心模块实现风险的感知和防控。

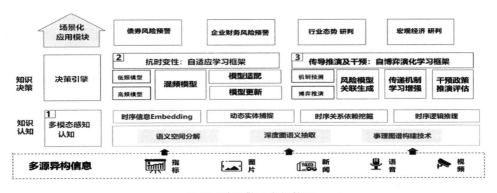

智能风险预警平台架构图

智能风险预警平台可通过以下技术作为支撑：

1.金融数据多模态信息感知和认知技术。研发金融信息多模态信息感知及深度语义认知技术从多源异构信息中提取关键信息，获取可用于金融风险建模的关键因子体系和规律知识，建立大型金融时序知识图谱，涵盖全部上市公司和绝大多数中小企业信息。

2.金融规律的混频自适应时变分析技术。针对金融规律具有高度时变性导致传统模型常常失效的难题，研发稳健的金融风险预警模型，实现企业风险的及时精准预警。

3.金融风险推理和干预技术。针对金融风险传导机制复杂问题，引入超大规模并行博弈树搜索和数据与知识联合驱动的风险传导强化学习方法，预判跨企业、行业风险传染路径及概率。研究干预场景建模方法及面向风险时序的可解释性博弈推演方法，实现金融风险防控干预措施效果推演。

（二）系统性金融风险预警目标

基于上述技术，该平台可实现三个层级的风险预警目标。

1.点状风险早识别。实现各类微观企业点状风险早识别，如债券违约预警、企业财务造假预警、股指大幅涨跌事件预警等。在金融风险预警模型建模实践中，金融规律具有高度时变性，因此传统风险预警模型经常失效。针对该问题，平台基于感知认知技术得到的强时效性的大数据特色因子，构建了混频因子体系对抗时变性，研发了金融风险分布模式识别模型，形成了在线混频自适应建模框架，最终实现了模型随金融规律变化的及时适配，并实现了第一级风险预警目标。

2.面状风险早发现。对于点状风险在行业内或跨行业传染向面状风险演进概率早推断、早预警，如企业关联债券违约风险预警、关联偿债违约预警、行业风险预警等。实际金融风险防控场景还关注点状企业风险是否有向行业内其他企业，甚至跨行业传染的可能性。这其中需解决两个关键问题：（1）如何依据现有点状风险的状态及环境对其下一步的传染路径及向系统性风险演化的概率予以推演。（2）如何为金融风险防控提供可靠可行的干预措施建议。该平台基于风险传导路径推演技术可分别实现第二级风险预警目标，关联风险预警，以及第三级风险预警目标，系统性金融风险预警。

3.重大风险早推演。对于面状风险向系统性风险演变"早推理、早干预"，如地区宏观经济走势预测、产业优化决策、经济发展决策等。为了方便决策者在系统性风险真正发生前可准确定位问题，快速拟定干预方案，为金融风险防控争取时间、降低试错成本，平台研发了面向金融风险干预政策的非完全信息扩展式博弈建模方法。该方法基于多粒度抽象和安全嵌套子博弈求解技术，构建"蓝图—残局"求解和进化框架，形成可解释的干预效果推演和评估方法。

基于上述功能，智能风险预警模型可应用于企业风险预警、行业景气研判、城市经济决策。平台测试可提前 6 个月实现对经济风险洞察，可为政府部门提供经济形势研判、经济问题定位、政策推荐等服务。

六、研发自主可控金融核心技术

金融行业正经历着向数字化、智能化高速发展的进程，但一些关键核心技术还依赖国外进口，我国急需科技力量攻克核心技术，加快金融市场基础设施建设，稳步推进金融业关键信息基础设施国产化。在现代金融行业架构下，各类数据不仅规模大而且信息繁杂，噪声高、特征多，这对金融数字化软件从底层数据库、操作系统到核心业务系统的稳定性、安全性和自主可控性提出了极高的要求。在这种情况下，攻克核心技术，研发金融信创产品迫在眉睫。

随着数字化赋能过程的持续推进，我国金融信创产品已经覆盖了操作系统、数据库、安全计算、风险预警等多个环节，从底层基础、系统架构到上层应用均有涉及。

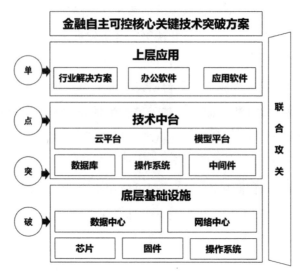

金融资助可控核心关键技术突破方案架构图

（一）在数据采集方面

基于图像处理、文本处理技术已经可以大规模自动采集和处理金融信息。在领域知识的指引下，越来越多的金融知识图谱研制成功，支撑后续智能系统（如金融风险风控、智能投顾）的研发。

（二）在数据库建设方面

大型金融机构已逐步完成开源数据库替代。蚂蚁集团自主研发 10 年以上的分布式数据库 OceanBase 已成功应用于中国工商银行、南京银行、人保健康险等多家金融机构。也有一些大型金融机构自主研发，使用合适的开源引擎替代 Oracle（甲骨文）等国外系统，并在架构上进行融合。

（三）在云平台建设方面

除了大型互联网公司，以平安为代表的大型金融机构自主研发了金融云产品。相对于传统网络系统，金融云的应用可以将产品、信息、服务分散到云网络当中，这对于金融机构业务延伸和覆盖面的提升具有显著作用。

（四）在模型平台方面

金融科技公司在隐私计算、联邦学习等技术领域也有了重要突破。一些高科技公司已自主研发了多方联合建模、隐私保护工具库、多重加密算法、异构隐私计算方法、多方安全计算方法等核心技术。通过安全计算核心技术，可大幅降低数据合作成本，有效规避法律法规风险，保护数据隐私安全。

（五）在上层应用层面

金融机构联合科技公司在多个业务场景下研发了客户管理系统、风险控制系统、个性化营销系统、供应链融资系统、客户服务系统等，通过数字化和智能化技术赋能传统业务的转型升级。

总的来看，我国目前金融核心技术的攻关取得了一系列成果，但是总体仍处于单点突破阶段。例如，模型平台研发偏重数据处理和挖掘核心技术的自主可控，但这些技术的应用仍依赖于国外操作系统等基础能力。未来，随着底层基础设施核心技术实现自主可控，金融科技公司可联合打通各环节核心技术的自主研发。利用自主研发的核心安全计算技术、数据挖掘和智能决策算法，构造全栈式金融信创产品，在数字化赋能金融业务高质量发展的同时做好安全护航。

第十五章
数字化赋能政府治理高质量发展

当前，以数字化、网络化、智能化为特征的数字技术飞速发展，经济社会各领域的数字化转型已经成为高质量发展的前沿阵地，是中国式现代化的重要内容。数字政府不仅是推进政府治理体系和治理能力现代化的实践主体，更是落实网络强国、数字中国建设的重要组成部分。更好发挥数字化在政府治理高质量发展中的作用，可敏锐把握数字化发展的历史机遇，充分发挥数字政府对数字经济、数字社会、数字生态的基础性引导作用。

第一节　数字化赋能政府治理高质量发展面临的挑战

数字政府作为电子政务发展的高级阶段，在其发展过程中形成的部门之间互通难、业务协同难、信息共享难，成为制约政府信息化与电子政务有序发展的难题。当前，数字化履职能力与现代化治理体系、公众期待、政府自身发展要求等存在较大差距、带来诸多挑战。

一、体制机制有待优化

数字化提升政府履职能力的关键不在"数字"，而在于"治理"，数字化不应简单等同于信息化建设，本质是流程再造、制度重塑的"改革"，因此，注重并加强建设过程中的系统性、整体性、协同性、开放性，是数字化赋能政府治理高质量发展的趋势和内在要求。政府在推进数字化转型的过程中，需要打破部门和层级边界，通过系统对接、数据共享，以整体智治政府协同推进。在实际建设中，政府横向的部门设置以及纵向的行政层级设置还有很多不合理的地方，体制机制障碍问题依然比较突出，数字化在这些方面还有很大的发展空间。政府自身变革有一系列工作要做，如扎实推进依法行政，转变政府职能，优化政府职责体系和组织结构。

二、系统集成有待深化

我国政务信息化工作取得长足发展，大系统共治、大数据慧治、大平台共享的政务信息化顶层架构初步建成。当前，政务信息化建设面临新形势、新任务、新要求，需要进一步强化全局意识和协同理念，围绕业务场景打造跨部门多领域协同共建共享的政务信息化工程建设模式，全面深化网络融合、技术融合、数据融合和服务融合。同时，新一代技术不断迭代更新，对数字化发展治理提出了更高的要求，要求数字政府建设要从一开始就摒弃零敲碎打、各自为战的模式，将各领域的标准规范通过制度固化，打破数据壁垒，强化工作协同，放大整体效能。数字技术在政府建设中的作用，不是系统、项目和应用的叠加，更深层次的意义在于协同方式的构建和重塑，推动数字化改革创新成果上升为系统完备、科学规范、运行有效的制度体系，实现党政机关内部、党政机关与外部环境以及全社会各类主体之间的高效协同。与过去相比，数字政府的工作重心发生了转变：（1）更注重服务的创新与发展，数字政府已不仅仅是既有服务和管理的电子化、在线化，更强调政府的思维转变和服务的升级重塑。（2）更注重运营精细，需要建立完善、精细化运营机制，对数字政府建设各个部分的运行维护、业务运营、质量管理等建立完善的运营管理制度。

三、数据价值有待激发

运用大数据赋能政府治理，不仅能够通过数字化丰富治理要素供给，形成推动政府治理现代化的新动能，而且能够极大促进政府治理的现代化变革。在政务数据价值挖掘层面，数据的资产地位尚未确立，数据确权难题尚待破解，数据共享流通障碍重重，数据安全和隐私保护体系尚不健全等。"三融五跨"（技术融合、业务融合、数据融合，跨层级、跨地域、跨系统、跨部门、跨业务协同管理和服务）要求改变条块分割、各自为政的数据传递模式，推动数据全量融合、开放共享，实现各领域业务在更大范围、更深领域的协同整合。这就要求地方政府在推动数字化改革、优化政府职责体系的过程中，深刻理解数字化改革的内涵和价值，坚持系统观念、运用系统方法，构建多跨协同工作机制，深层次推动数据共享、流程再造、制度重塑，持续增强数字化对重大任务、核心业务的支撑作用。公共数据治理与价值挖掘主要体现在几个方面：（1）可促进治理模式的科学化，在大数据支撑下，政府机关通过全息数据的呈现对治理对象进行更精准的分析，能够快速掌握治理对象的动态，迅速判断出治理对象的需求和举措，提高治理决策的时效性、科学性和准确性。（2）可提升部门运转协同化，大数据技术能真正跨越政府内部协同的鸿沟，促使政府各部门间、政府与市民间的数据共享，消除孤岛信息，使办公效率和为民办事效率大大提高，同时降低政府运行成本。

四、应用实效有待提升

数字政府集成创新发展的典型例子是跨场景应用，在全国一体化政务数据平台建设要求下，当前部门之间的数据共享、标准化能力有待进一步提升，公共部门数据在实际场景的应用深度和广度仍需挖掘。从政府履职能力和成效来看，通过打造整体政府为目标，运用全局观念、系统思维，将需求放在跨行业、跨领域、跨部门、跨单一需求的场景中去分析、判断、决策，以系统融合、综合集成为关键路径，推进数字化改革系统化、集约化，实现从点到面、从部门分割到整体协同。通过开展数字政府建设，可从三个方面发力：（1）坚持系统重塑，推动多部门业务高效协同。"多跨场景"应用设计是一项系统工程，需厘清各项子场景的领域、事项、指标、协同关系和数据项等内容，推动子场景间业务有机联动，实现横向联动和纵向贯通。（2）坚持数字赋能，推动多源数据共享集成。通过"多跨场景"应用设计，以应用为牵引，推动政府部门的公共数据和平台公司的社会数据开放共享，打破当前政府部门数据"烟囱林立"，条线壁垒难以攻破，互联网平台公司"挟数据而自重"等诸多阻碍数字化改革的桎梏，实现多源数据共享集成，充分释放海量数据价值。（3）坚持生态构建，推动多元主体共同参与。以多跨应用为抓手，通过流程再造，串联多部门业务，推进多元参与，促进全社会各类主体高效协同、生态构建，解决政府、企业、群众、机构等主体联动效能不足等问题，推动社会服务治理的相互贯通，实现碎片化服务向集成性服务转变。

第二节　数字化赋能政府治理高质量发展的目标与路径

推进数字化改革，可充分运用数字化赋能政府治理，推动治理模式变革、方式重塑和能力提升。数字化赋能政府治理高质量发展，从其目标、特征、核心、本质、表现及路径，能够深刻体现这是一项系统性、标准化工程，是业务、数据、技术、安全、研发、运营等的协同联动、互融互通。

一、数字化赋能政府治理高质量发展的目标

（一）数字政府内涵演进

信息化建设是信息时代的产物，数字化发展是数字时代的产物，数字政府是基于数字时代的新内涵，对电子政务概念的延伸与再定义。结合建设实践，数字政府内涵释义为：目的是以人为本、共同富裕，核心是场景驱动、数据赋能，本质是流程再造、制度重塑，具体表现是业务数据化、数据业务化，建设路径是"五大支柱""九大场景"和"六大体系"。

1. 目的：以人为本与共同富裕。要坚持以人民为中心的发展思想，坚持发展为了人民、发展依靠人民、发展成果由人民共享，逐步实现共同富裕。而数字政府建设则是各级政府以人民为中心，运用新技术完善治理体系、提高治理能力的具体模式和方法，努力实现政府治理转型，提升治理能力和治理体系现代化水平。数字政府建设要统筹考虑，加强制度安排，按照数字经济社会发展规律循序渐进。一方面不断把数字发展成果的"蛋糕"做大，另一方面把不断做大的"蛋糕"分好，自觉主动解决地区差距、城乡差距、收入差距等问题，不断缩小"数字鸿沟""地域鸿沟"，让更多的人享受到数字化发展成果带来的"红利"。

2. 核心：数据赋能与场景驱动。数字政府建设的核心是通过数据赋能、场景驱动实现数据共享、业务协同和组织进化。数据赋能是全方位、深度、动态、持续的，对过去不合理的要进行改造和摧毁。数据赋能的结果是组织再造、进化和升维，使其能够不断迭代、升级、转型、优化、创新，提升组织对数据的依赖度，最终实现业务数据化、数据业务化。场景驱动从最小颗粒度的

需求出发，实现从技术单点应用到集成创新。加快推动"多跨场景"应用设计，厘清各项子场景的领域、事项、指标、协同关系和数据项等内容，推动子场景间业务有机联动，实现横向联动和纵向贯通；通过"多跨场景"应用设计，以应用为牵引，推动公共数据和社会数据开放共享，打破当前政府部门数据"烟囱林立""条线壁垒""挟数据而自重"等诸多桎梏，实现多源数据共享集成，充分释放海量数据价值。

3. 本质：制度重塑与流程再造。数字政府建设的本质是制度重塑、流程再造。从数字赋能到制度重塑，使经济社会的运转以及治理建立在网络化、信息化、智能化的基础上，是技术理性向制度理性的新跨越。制度重塑是因组织的自我变革和外部环境条件发生重大变化，对法律法规和规章规定的职权责任体系和运行方式进行调整，并进一步对组织机构、职能设置、责任人以及相互关系进行创新的过程。

流程再造是要以政务流程再造为核心，技术为辅助。政务流程再造是部门合作无缝化的根本。以厘清权责为核心，沉淀大数据，按照权力运行的程序等绘制行政权力运行办公流程图。在跨部门的协作上，以网络化为手段，优化上下级事权分配，实现各级政府事权划分法治化。其核心在于以技术支撑为关键转向以流程再造。

总体来看，当前随着数字政府的不断发展，数字政府建设呈现出"五新"特点：（1）新模式，代表着一种新的治理模式。数字政府运用新一代信息技术，推动治理结构和治理模式的转变，形成智能化、精细化、协同化的政府治理新模式。（2）新突破，业务解构与数据重构突破。数字政府对原有业务进行梳理解构，推动政府全方位、系统性、重塑式变革。（3）新机制，治理结构从碎片走向整体。通过大数据、区块链、人工智能等数字治理工具，打破部门"数据壁垒"，促进部门协作，推动治理结构从碎片化向整体化转变。（4）新服务，输出有价值公共服务产品。数字政府最大程度地利用与优化配置好政务资源，输出符合用户需求和时代需要的公共服务产品。（5）新体验，体现公平高效安全人本性。数字政府始终坚持用户思维，优化政务服务流程、渠道、模式和内容，推进一体化在线服务平台建设，提高服务便捷性、透明度和安全性，让用户有更多体验感和获得感。

（二）数字政府建设思路与架构

1.建设思路。数字政府建设的顶层设计思路是加快数字化转型，促进协同发展，加快构建以国内大循环为主体、国内国际双循环相互促进的新发展格局。同时落实高质量发展战略，推进质量变革，以数字化提升实体经济供给体系质量；推进效率变革，以数字化促进实体经济要素高效流通；推进动力变革，以数字化加速实体经济新旧动能转换。（1）数字政府建设是政府数字化转型的核心和切入点，在推动整个数字化转型过程中发挥着重要牵引作用。（2）数字政府、数字经济、数字社会三位一体作用机制不断优化。数字政府是数字经济、数字社会核心资源的组织者、配置者、驱动者，通过数据共享开放全面赋能数字经济和数字社会。数字经济为数字政府和数字社会的发展提供物质支撑和发展动力。数字社会为数字政府、数字经济提供发展资源和基础保障。（3）数字政府建设内容为九大任务场景，即数字底座"一体强基"、政务服务"一网通办"、城市治理"一网统管"、政府运行"一网协同"、数据要素"一数兴业"、数字社会"一站普惠"、数字生态"一体共赢"、营商环境"一策推送"、社会诉求"一网键达"。（4）数字政府建设最终落脚点是提高企业和群众的获得感和满意度。打造泛在可及、智慧便捷、公平普惠的数字化服务体系，让百姓少跑腿、数据多跑路。

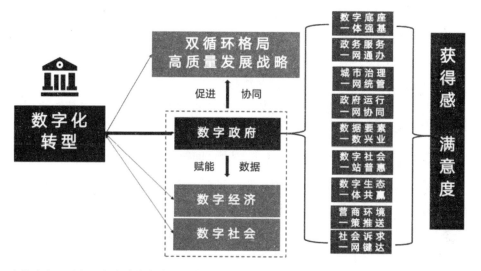

资料来源：国脉研究院《数字政府白皮书（2022）》。

2. 建设框架。数字政府建设要全面引领驱动数字化发展，助推数字经济发展、引领数字社会建设、营造良好数字生态，明确了数字政府在数字化发展全局中的定位。由此推演数字政府"112596"总体建设框架。

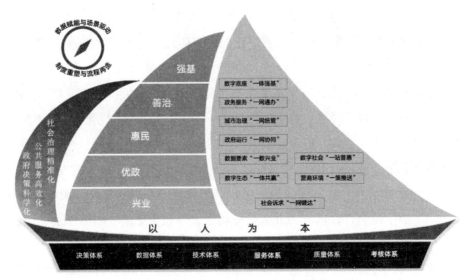

资料来源：国脉研究院《数字政府白皮书（2022）》。

"1"：一条主线，即船只的龙骨，表示数字政府建设工作坚持"以人为本"。

"1"：1个目标，即掌握船只前进方向的船舵，具体为实现政府决策科学化、社会治理精准化、公共服务高效化。

"2"：2个方法论，即指引船只航行路线的指南针，就是核心方法论，表现为数据赋能与场景驱动、制度重塑与流程再造。

"5"：数字政府建设主体5大支柱，即支撑船只结构的重要支架，表现为"强基""善治""惠民""优政""兴业"。

"9"：数字政府建设关键任务9大场景，即船只前进的"动力来源"，由五大支柱根据建设周期内的实际情况延伸而来，表现为数字底座"一体强基"、政务服务"一网通办"、城市治理"一网统管"、政府运行"一网协同"、数据要素"一数兴业"、数字社会"一站普惠"、数字生态"一体共赢"、营商环境"一策推送"和社会诉求"一网键达"。

"6"：数字政府建设推进路线6大体系，即构成船身的组成部分，表现为决策体系、数据体系、技术体系、服务体系、质量体系、考核体系。

二、数字化赋能政府治理高质量发展的路径

（一）数字政府建设主体内容

遵循新时代数字政府建设总体思路，数字政府建设主体内容包括"强基""善治""惠民""优政""兴业"五个方面。

1.强基：夯实建设根基。数字基础设施是指以数据创新为驱动、通信网络为基础、数据算力设施为核心的基础设施体系。夯实"数字政府"建设根基，统一云网支撑。推进一体化大数据中心建设，满足政务系统上云需求和数据安全管理要求，逐步向行业、社会提供服务；统一数据支撑。构建一体化大数据共享交换体系，建设人口、法人、电子证照、自然资源和空间地理、社会信用等基础数据库，提供统一的数据共享服务；统一应用支撑。建成电子印章、身份认证等技术平台，加快政务地图、区块链、智能网关等技术平台建设，移动端统一规划、统一入口和多元建设，提供统一的应用支撑服务。

2.善治：打造数智治理模式。围绕社会治理"一类事"，实现跨部门、跨层级"一类事"统一处置，破解社会治理碎片化现象，保障人民安居乐业，社会安定有序。一类事基层办。建设省市县乡四级社会治理现代化综合指挥中心，接入网格化治理、政务服务、数字城管、应急管理、"互联网＋监管"等系统，推进基层力量组织建设，深化基层治理模式。一类事参与办。形成打破时空限制，畅通诉求渠道的"互动池"，老百姓随手拍，政府马上办。一类事透明办。构建智能执法监督管理平台，平台通过对执法数据实时抓取、储存等，经系统智能化整合、分析，实现执法活动全程记载和全程回溯。

3.惠民：关注服务创新。围绕政务服务"一件事"，实现跨部门、跨层级"一件事"一次办成，以办事流程、时间、材料的"减"，换取企业和群众满意度的"加"。一件事一次办。面向个人和法人全生命周期，针对特殊人群和企业特殊环节，打造个性化服务场景，深入推进"一件事"梳理集成，不断扩大"一件事"广度和深度。一件事跨省办。实现高频政务服务事项"跨省通办"，同步建立清单化管理制度和更新机制，逐步纳入其他办事事项，有效满足各类市场主体和广大人民群众异地办事需求。一件事智能办。推动业务办理全流程

电子化，提升政务服务的规范化、便利化水平。探索无人工干预自动智能审批，充分利用人工智能技术，推出"秒批智办"政务服务事项，全面提升审批效率。

4.优政：优化协同运行。围绕政府运行"一项事"，实现一项事全程办、一项事协同办、一项事全景办。一项事全程办。围绕政府运行"一项事"，实现跨部门、跨层级"一项事"联动办理，有效破解公务人员多头跑、跑多门、跑多次等问题，大幅缩减办事流程和办理时限。一项事协同办。按照统一的公文、会议、信息等标准规范，整合建设一体化的移动政务协同办公平台，深化业务流程协同再造，全面提升协同办公、协同审批、协同治理能力，为公职人员"松绑减负"。一项事全景办。围绕党建引领、经济发展、政务服务、社会治理、公共安全、应急管理、生态环境等综合领域，建设经济社会运行中心，开展态势感知、综合分析、预警研判、决策支持，形成个性化、科学化、精准化决策"驾驶舱"，让决策领导"耳聪目明"，实现"一项事全景办"。

5.兴业：助力产业升级。通过数据资源、数据产业和传统产业的良性互动，着力培育以数据资源为关键要素的数字经济产业体系，开展公共信息资源赋能数字经济的先行示范。数据汇聚促价值增值。探索构建公共数据资源体系，加快汇聚政府和社会相关各方数据，打通政府部门之间、政府和社会之间的数据通道，实现数据管理"内增效、外增值"。数据融合促业态创新。推动政府各部门、公共事业单位、互联网等数据融合，加强数据融合创新应用，以公共数据的开发利用培育数字经济新产业、新业态和新模式。数据交易促产业升级。优化数据要素流通环境，鼓励产业链各环节的市场主体进行数据产品和服务交易，推动数据流通，助力数字经济新发展。

（二）数字政府建设推进路线

数字政府建设推进路线可以简称为"六体系"，即规划体系先行，规则体系引领，数据体系和技术体系双轮驱动，应用体系创新，管理体系赋能，共同推进数字政府建设水平持续提升。

1.规划体系。以完善顶层设计和项目统筹为抓手，建立规划体系。（1）做好顶层设计。顶层设计从范围更广的视角出发，能够从架构体系设计的高度，注重各个元素之间的耦合性和协同性，从而增强数字政府建设的系统性和整体性。（2）做好项目统筹。政务信息化项目统一归口管理、统一标准规范、统一基础资源、统一基础数据库、统一共享交换、统一共性应用开发，使信息化项目建设职责清晰、流程规范、有章可循。

2. 数据体系。以数据共享路径和开发数据价值为抓手，完善数据要素体系。（1）建立资产账本。开展公共数据资源普查，摸清政务数字资源"家底"，实现一本账管理、一站式浏览。（2）完善共享体系。建立数据共享协调机制，持续扩大数据共享交换规模和覆盖范围。（3）拓展开放体系。完善公共数据开放平台，建立公共数据资源开放目录，促进公共数据集向社会开放。（4）加大开发体系。推广"可用不可见"的公共数据资源开发利用模式，选择医疗健康、数字交通、中小企业融资、金融征信、智能制造、智能物联等场景，推动数据融合，赋能行业发展。

3. 技术体系。以云网基础设施、应用技术平台和物联感知体系建设为抓手，夯实数字政府建设基座。（1）构建智能底盘。充分整合现有资源，统一规划建设电子政务网络、政务云、数据中心等数字政府基础设施，推动实现政务资源泛在连接、灵活运用、高效配置。（2）建设应用技术支撑平台。加强融合通信、人工智能、区块链、视频云、移动开发等技术应用，提升视图智能分析、语音识别、智能问答、信息快速传递、突发事件决策等数字化智能化水平。（3）建立感知体系。按需部署各领域物联感知设施，依托电子政务外网，打通泛在互联的智能感知网络，建设社会治理物联网管理平台，促进智能感知终端全接入，汇聚政府、行业各类物联网数据资源。

4. 应用体系。基于业务再造和流程重塑方法论，以服务场景为依托，全面创新应用体系。（1）促使数字技术嵌入政府内部，以推进业务再造和流程重塑，实现服务方式变革，从横向上重塑部门间的业务流程，纵向上压缩组织层面，使政务服务变得"扁平化"和"弹性化"。（2）打造服务治理场景，创新数字政府业务应用领域。充分考虑企业的多元需求特征，聚焦社会民生和市场发展痛点、堵点等，探索实现场景应用、部门协同、制度创新、改革联动、成果共享。

5. 规则体系。以建设标准和监测流程构建为核心，全面规范引领数字政府建设。（1）制定数字政府建设标准，完善质量体系和标准体系。建立数字政府建设项目质量检测机制，执行标准规范性验证和建设质量的双向深入检测。制定数字政府建设标准化工作管理办法，提高标准制定工作的公开性和透明度，保证标准的科学性和公正性。（2）实施监督监测，推动智能诊断。建立数字政府建设方面重大政策、重点项目绩效监督监测机制，对偏离建设目标的行为进行及时纠正，根据实际的情况调整建设计划。

6. 管理体系。以党的全面领导、机制创新和考核评估机制构建为核心，赋能数字政府建设管理体系。（1）坚持党的全面领导。始终把党的全面领导作为数字政府建设的根本保证，把党的政治优势、组织优势转化为数字政府建设强大动力和坚强保障，确保数字政府建设重大决策部署贯彻落实。（2）以数字化改革助力机制创新。充分发挥数字技术创新变革优势，优化业务流程，创新协同方式，推动政府履职效能持续优化，推进体制机制改革与数字技术应用深度融合，推动政府运行更加协同高效。（3）建立常态化考核评估机制。将数字政府建设工作作为政府绩效考核的重要内容，考核结果作为领导班子和有关领导干部综合考核评价的重要参考。建立完善数字政府建设评估指标体系，重点分析和考核统筹管理、项目建设、数据共享开放、安全保障、应用成效等方面情况，确保评价结果的科学性和客观性。

（三）数字政府建设评估机制

随着数字政府建设进程不断加快，开展数字政府绩效评估显得尤为重要，（1）围绕深层次需求开展数字政府建设的同时，也会不同程度地存在矛盾和冲突因素，通过评估把握发展动向，结合实际调整发展策略。（2）绩效评估不仅是检验数字政府建设水平的有效方式，更是引导其建设向高质量发展的基本载体，数字政府指导意见特别强调树立正确评价导向，开展实施评估过程中，应把握四个关键点。

1. 优化评估方法：分层分类分级。各地开展数字政府建设具有差异性，基于公平公正的考量，数字政府评估指标体系的构建需要从多维度、分层分类分级来评估数字政府的建设成效和能力，重视不同部门、不同层级、不同地域之间的差异性。

2. 关注关键领域：系统评估。全面掌握区域政务信息化项目建设底数，从数据源头提升数字政府效率，以项目高质量建设为要求，总结分析现有信息化项目建设应用优势和短板，为区域数字政府实施"揭榜挂帅、品牌示范、迭代升级、整合淘汰"提供决策支撑。因此，重点围绕数字化改革任务和部门核心业务支撑要求，区域内各地各部门的政务信息化项目应用能力系统性评估成为数字政府评估中的关键领域。

3.突出建设核心：组织进化。指标选取与数字政府建设的目标和重点任务保持一致，并且能准确客观地反映出数字政府建设的目标和任务。组织进化是数字政府建设的基础方法论，只有不断更新政府组织形态和范式，降低不必要的协调和沟通成本，才能更好地提供服务和管理。具体来讲，组织进化的评估内容包括两部分内容：（1）对内应用。从办公事务能力、业务处理能力、决策支持能力方面进行评估。（2）共享协同。从部门内部信息共享、区县内信息共享、横向信息共享、纵向信息共享等方面进行评估。

4.重视运营成效：可持续发展。数字政府建设运营成效评估是各级地方政府把控数字政府建设进度、识别规划建设弱项、促进平台优化提升的重要手段。（1）《国务院关于加强数字政府建设的指导意见》要求强化监测评估工作，强调"依法加强审计监督，强化项目绩效评估，避免分散建设、重复建设"。（2）数字政府建设过程中，建设者重建设、轻考核，运营成效评价有待进一步深化。提高技术、数据、人才、资金等运营保障水平，实现数字政府建设可持续发展。

第三节　数字化赋能政府治理高质量发展的经验分享

政府数字化履职能力的出发点和落脚点是以人民为中心，立足问题导向、需求导向和效果导向，企业、群众多层次多样化服务需求是其核心价值使命，这就要求政府改革要落到实处，聚焦重点领域和重点环节，通过全域数字化改革应突出综合集成、由点到面。结合典型省市的实践来看，其共性规律在于发挥政府数字化转型的体系化优势，聚焦需求、集成，推进"数据＋应用"落地。

一、以数据治理驱动服务创新

当前，地方数字政府建设进入比拼成果、检验成效的阶段，可运用系统工程方法，秉承数字化思维，不断在城市治理、公共服务、教育卫生等老百姓关注的重点领域找准切口、构建场景、系统集成、迭代推进。针对智慧便捷服务能力的提升，推行政务服务事项集成化办理，推广"免申即享""民生直达"等服务方式，打造掌上办事服务新模式。有些典型实践经验值得借鉴，比如，浙江省通过打造覆盖省市县三级的一体化智能化公共数据平台，建设一体化数字资源系统（IRS），构建通用化的知识库、数据仓、模型库、算法库、规则和法律库，打造"浙里办""浙政钉"两个移动前端，探索出数据赋能服务升级的新路子。

二、以需求匹配提升服务能级

数字化改革的根本目的是解决问题，着力破解企业和群众反映强烈的办事难、办事慢、办事繁等问题，只有跟着企业需求走，把大问题分解成小问题，才能找准重大需求，让数字政府建设成果普惠均等。近年来，地方政府已经形成了一批有影响力的数字化改革应用成果。比如"政策通"惠企政策全周期治理应用，针对政企资源需求结构性错配等问题，以"惠企政策精准送、补贴申报一次办"为核心，提供政策全面查、精准送、一次办、在线评、马上督全套解决方案，打通政企双向互动通道。又如"数据通"治理应用，通过梳理数据资产清单、统一数据口径、建立数据标准、定位数据资源、分析资源关系，创新公共数据"目录化、清单化、资产化、服务化"，提升数据资源活化和管理能级。

三、以体系建设实现服务提质

数字政府履职能力体系、安全保障体系、制度规则体系、数据资源体系建设是一项系统性工程，需要通过行政改革和数字技术双轮驱动，在"一网通办""一网统管""一体强基"等领域全面发力。（1）"一网通办"方面，通过"一件事"清单梳理、"一件事"流程再造、主题服务模块开发、"多表合一"、建立数据标准体系等，实现"五减一优"（减材料、减跑动、减填报、减时间、减环节，优化主题服务）、主题服务全程网办。比如成都市一体化政务服务平台"蓉易办"。建成与省级一体化平台功能互补的成都市"蓉易办"特色分站点，为企业、市民提供一站式便捷化政务服务。（2）"一网统管"方面，各地陆续发布了数字政府、一网统管等方面的顶层设计，提出打造城市运行指标体系。城市运行体征通过"一屏观天下"，选择最直观、关键、核心的城市运行体征，实现"人、地、事、物、情、组织"等运行动态一屏可观。比如上海市某区，打造"数字孪生城市"，实现对城市运行事件从发现、派单、处置、结案、评价全流程状态一屏可督。（3）"一体强基"方面，通过开展数据治理，建立数据资源模板、开展多元数据采集、推进清单化数据资产管理，并建立动态化数据资源目录、数据库表建设等，奠定数据赋能基础。比如海南省政务信息资源共享采集云，围绕系统数据目录梳理、采集汇聚、整合入库，通过应用数据化平台实现数据清单的采集、对数据清单进行规范化和标准化编目，在原有政务数据资源交换共享以及目录体系建设的基础上，全面拓宽数据采集渠道，提升数据治理质量。

第十六章
数字化赋能企业管理高质量发展

现代管理学之父彼得·德鲁克说过，战略不是研究我们未来要做什么，而是研究我们今天做什么才有未来。企业作为社会创新主体，在利用科学技术、整合社会资源、开拓国内外市场、创造就业机会等方面扮演重要角色，通过雇用更多员工、创新更多产品、扩大生产产能与销售规模、为客户提供更加满意的服务等途径，实现自身壮大发展。企业管理是企业航行的"方向盘"和"运行器"，数字化帮助企业夯实产品和服务的创新基础，提升企业管理水平。

第一节　数字化赋能企业管理高质量发展
面临的问题与挑战

当企业发展到一定的规模和阶段后，通常会面临经营思路僵化、新技术理解不到位、管理体系比较薄弱、组织沟通壁垒严重等问题，严重时还会直接影响到公司的日常运营和生存发展。实现企业管理的高质量发展就成为一种迫切的诉求，但数字化赋能企业管理高质量发展面临以下挑战。

一、企业经营模式粗放

企业在经历了艰辛的创业与生存拼搏的发展历程后，往往会遇到企业粗放式经营的问题，具体表现为：（1）跨组织沟通成本变高。企业初创期往往是因人设岗，靠人际关系开展业务协同与拓展，团队的凝聚力取决于团队的领导者或者部门负责人，跨部门或跨组织的业务协同常常出现挑战。（2）产品市场竞争力减弱，同质性产品的价格竞争此起彼伏，在许多行业均存在类似的情况，产品自主创新的力度较弱，竞争主要体现在压低上游厂商的零部件供应成本与减少销售渠道的合理利润空间。（3）公司战略缺乏洞察力。一些劳动力密集型的传统产业，普遍缺乏迈向以知识密集型主导的高端产业发展的思维与落地路径。（4）核心技术储备不足。当前，我国一些高新技术企业较为擅长技术应用场景的创新与推广，但核心技术储备不足，普遍缺少对基础研究价值的认知和耐心，导致国际协同创新环境发生改变时，对国外核心技术的依赖性较大，当遇到卡脖子的情形时才感觉到核心技术自主研发与储备的必要性。

二、企业云端应用割裂

在数字化转型浪潮驱动下，大多数的企业都在尝试利用云端的应用软件来实现企业管理，无论公司大小，通过互联网进行远程工作沟通和发展业务成为常态。一些新创企业，作为云时代的原住民，实现云端的企业注册、产品开发、产品销售、客户服务等，并利用数字技术洞察客户喜好和收集体验反馈，持续迭代升级产品和服务。

虽然企业借助云端功能，开辟新颖的企业发展和业务运营模式（如视频直播与流媒体点播、远程办公、在线技术支持、在线伙伴管理，以及多渠道的线上线下销售模式）等，实现业务发展效率提升。但这些经营方式未能呈现体系化，多数还是点状的、零散的、割裂的，它们在支撑客户全旅程互动与持续创造价值方面还面临数据孤岛、业务与信息化系统不匹配、客户全方位经营视角缺失等挑战。

三、企业管理变革与数字经济发展脱节

数字技术加速数字经济发展，推动产业不断升级。数字经济发展是一个历史性的机遇，能够提升经济长期增长的潜力，在全世界备受推崇。但在数字经济发展的"快车道"上，很多企业生产经营与新兴数字技术脱节，企业管理、业务模式、交易方式跟不上数字经济的发展步伐。例如，企业对数字经济的概念与本质理解不到位，在尝试构建自己的数字经济生态系统时往往不知所措，不知道该从哪个角度入手。另外，企业在成长过程中，面临一次又一次管理变革，如何顺应数字经济的发展构建相应的管理与数字化系统对齐的解决方案？

这些都是摆在企业管理者与全体员工面前的难题，也是数字化赋能企业管理高质量发展面临的普遍性挑战。

以上三方面，是数字化赋能企业管理高质量发展中展现出来的挑战和痛点。企业管理要实现高质量发展，可把业务和数字化支撑有体系地结合起来，形成以构建健康发展的数字经济生态系统为主要的企业管理经营目标，才能逐步实现企业的体系化成长，带动传统产业迈向高效、绿色、降本等特性的高质量发展模式。

第二节 数字化赋能企业管理高质量发展的目标与路径

数字化赋能企业管理高质量发展，从本质上讲，其目标是让企业管理能够充分、有机地融入数字经济生态系统。以此目标为导向，构建数字经济下企业管理新基石，从文化、运营、战略、创新和服务五个特征维度，体系化地赋能企业管理。

一、数字化赋能企业管理高质量发展的目标

数字化赋能企业管理高质量发展的目标，是在准确把握数字经济的发展趋势以及各个发展阶段对应的业务本质的基础上，将企业有机地融入数字经济生态系统，推动企业全方位地发展。具体来讲，就是构建与时俱进的数字化基础设施、打造数字经济驱动的新型业务形态、构建适合企业高质量发展的交易渠道与模式这三个具体目标。

（一）构建与时俱进的数字化基础设施

数字经济是数字技术创造的新经济模式，其发展的趋势很大程度上依赖于新型信息技术发展的关键里程碑，与之对应的企业管理的数字化基础设施也在不断演进。数字经济的发展可以分为三个阶段：（1）以 Web 网页服务器作为主要基础设施的数字经济 1.0 时代：1995 年出版的《数字经济》书中提到，将企业概况、产品说明、合作伙伴介绍、联系方式等放在基于 Web 服务器为中心的网页上，用户与网页的较复杂的互动可以通过服务器端的代码来实现。（2）以云计算作为主要基础设施的数字经济 2.0 时代：云计算一般采用三种服务交

付的方式：基础设施即服务 IaaS、平台即服务 PaaS 和软件即服务 SaaS。中国目前是全球第二大云服务市场，也是增速最快的市场。对于中国市场而言，云计算背后的强大动力，就是数字经济不可阻挡的发展趋势。而在数字经济中，云作为一项基础设施，成为搭建当前数字经济体的金字塔底座。在数字化大趋势下，云计算将成为数字化赋能企业管理的关键。（3）以 5G 和 6G 等高速网络、区块链、元宇宙为基础设施的数字经济 3.0 时代：随着这些新技术的不断发展，移动通信网络技术 5G 带来比 4G 快百倍的速度、单位面积内传感器的密度增加百倍、网络延时低至 1 毫秒等都为万物互联、万物有灵奠定较好基础。6G 提供高速卫星互联网技术将使偏远地区也能获得满意的互联网服务。区块链作为一种分布式记账技术，让防伪溯源、防篡改、共享一本账成为可能。元宇宙通过构建一系列的虚拟数字世界并建立与物理世界连接的互动服务来延展与重构企业管理的空间、资源和能力。

随着数字技术的不断创新，数字经济演变发展，企业管理的数字化基础设施需要与时俱进，要选择构建最匹配企业发展方向的数字基础设施，而不是一味地选择最新技术。从以 Web 服务器为基础设施的中心化模式，到以云计算基础设施带来的资源共享化特征，再到以区块链、元宇宙、5G/6G 等技术为基础设施带来的万物互联的多中心化或去中心化特征，所有数字化赋能企业管理的基础设施的技术最终对用户产生价值的方式都是服务，需要为用户所订阅和使用。

不管是数字经济 1.0、数字经济 2.0，还是数字经济 3.0 时代，都有一个共同的特征——"数字服务化"。其中，"数字服务化"的第一个维度"数字"代表要利用各类数字技术，以及智能制造的场景等，把物理资源和虚拟资源数字化，形成数字孪生或者数字资源。同时，数字化赋能企业管理的基础设施也会形成服务到服务的 S2S 新范式，这也是连接数字经济 2.0 和数字经济 3.0 无缝的桥梁。

（二）打造数字驱动的新型业务形态

数字化赋能企业管理高质量发展需顺应数字经济的发展趋势构建企业对应的新型业务形态。"数字服务化"的第二个维度是"服务化"。"服务"是消费者与提供者之间通过一系列互动提供解决方案或创造价值。

1. 与数字经济 1.0 相对应的企业业务形态以在线化为主，比如，电子邮件在线化、办公系统在线化、课件在线化、视频及音频内容在线化等，这些业务形态最基本的特征是中心化，所有在线化的内容都在中心化的网页服务器上存放。

2. 与数字经济 2.0 相对应的企业业务形态以业务碎片化、服务化为主，企业管理系统把各种各样的应用软件碎片化，变成许多独立的应用功能，以资源共享和服务的模式被订阅，如企业云盘服务、云 ERP 服务、云课堂服务、人力资源云服务、小程序服务等。

3. 与数字经济 3.0 相对应的企业业务形态以业务逐渐地去中心化或多中心化、沉浸式服务为主，如电子票据区块链服务、供应链溯源的区块链服务、协同工作元宇宙服务、沉浸式虚拟地产服务、元宇宙会展服务等。

企业管理体系业务模式从线下搬到线上，成为互联网服务，再到业务碎片化、服务化，让用电用水的业务订阅模式成为一种常态，进而演化成业务去中心化、多中心化和沉浸化的业务形态。随着数字化基础设施的不断更新，以云计算为代表的服务交付方式将会进一步延展，进入一个"从服务到服务"的世界，任何一项技术、任何一项资源都可以变成一种服务。企业为用户提供的解决方案都是由一个个的"服务"组合在一起的，整个数字化系统也会逐步演进成为服务到服务的新模式，称之为服务交付的新范式，即 S2S（Services to Services，服务到服务）。几乎所有的数字化付赋能企业管理的业务场景都会以"服务"的方式连接客户，为客户提供各种管理与业务运营的能力。

（三）构建适合企业高质量发展的交易渠道与模式

随着数字化赋能企业管理的基础设施不断更新，企业新型业务形态的不断涌现，支撑企业管理高质量发展的交易方式也要跟得上发展。（1）在数字经济 1.0 阶段，交易领域就出现了电子商务这种全新的利用互联网进行在线买卖的交易方式，出现了知名的电子商务公司，比如，最早诞生在美国的著名电商企业 eBay 和亚马逊等。（2）随着数字经济规模化地进入 2.0 时代，目前很多电商平台的交易量中 70% 到 80% 都来自移动互联网设备，出现了以移动电商为主要渠道的商品买卖与服务交易平台。（3）在迈入数字经济 3.0 时代的过程中，以数字资产和以数字人民币为代表的法定数字货币等将会消除许多交易的中间环节与结算成本，目前传统的二维平面互动的交易渠道将会进一步地扩展至许多个沉浸式的 3D 虚拟世界，里面的数字藏品、数字资产、数据交易中心、企业元宇宙总部等交易模式将有不可限量的创新机遇。

　　准确把握数字经济的发展趋势以及各个发展阶段对应的业务本质，就能更清晰地制定数字化赋能企业管理高质量发展的上述三个具体目标，以最高的投资回报比来融入数字经济生态系统，推动企业的数字化基础设施的升级、业务模式创新和交易方式的变革，为企业管理水平提升和全面发展指明方向。

二、数字化赋能企业管理高质量发展的路径

（一）构建数字经济的新基石

　　数字经济时代快速发展不仅带来了挑战，也给企业管理的认知和高质量发展带来了新的机遇。接下来将简单阐述一下影响数字经济系统化体系建设的相关观点与构建数字化赋能企业管理高质量发展所需的解决方案框架，为数字经济时代企业管理提供思维模式和架构体系的创新，并对规模化实现企业管理的数据资产化的发展路径提出新的模型。

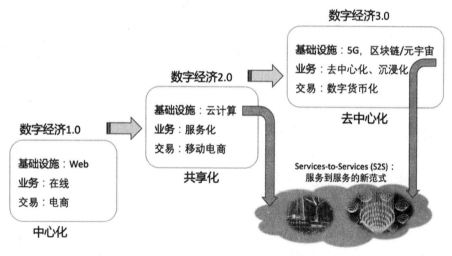

S2S 范式：构建数字经济的新基石

　　1.采用服务可组装模式构建企业管理的解决方案。如果称"S2S 的新范式是未来构建数字经济的新基石"，这种可组装的服务能力该如何落地呢？主

要有两个观点：（1）每一个人，每一个组织、每一个流程、每一个工序乃至每一个软件和每一个实体，判断其是否有价值，在于是否有提供服务的能力。（2）个人和组织创造力来自各种场景中整合服务的能力。

目前，世界上数字产业龙头企业包括苹果、微软、亚马逊。以亚马逊为例，其做法非常适合于未来的 S2S 新范式。亚马逊创始人说，陪伴客户成功的最高境界是要奋力释放客户的创造力，让他们去追求梦想。当平台上客户数越来越多，系统反应时间越来越慢，客户体验感下降时，亚马逊开始研究系统的可扩展性，让原有的架构全部变成以碎片化的能力搭建的服务化在线架构，在特定的场景当中能够组合各种能力，并基于以服务为导向的架构（SOA）服务体系，构建支撑微服务组合的一种大的黑匣子，专注为客户和用户提供所需要的创新能力。

这种服务到服务的可组装能力，会给企业带来不一样的改变吗？ Gartner（高德纳）公司曾于 2022 年围绕 CIO（首席信息官）展开调研，调研发现传统业务设计在效率规模化、灵活性方面还有很大的缺陷，而通过服务的可组装设计以后，可以增加收入、降低运营和业务的风险，并且快速地响应市场的变化。

支撑这种服务到服务的新范式的解决方案框架会是怎么样的呢？在国际著名的企业架构标准化组织开放群组（The Open Group）推出的国际标准中，SOA 解决方案的参考架构可以有效地支撑。如同盖房子一样，用户互动服务类似门窗；业务场景类似住宅、商业地产等；构建场景可重用的应用服务就是企业业务能力，类似于建筑服务、装修服务等；服务组件如厂商提供的门窗；运营系统如遗留系统、IT 基础设施，它们类似于水电锅炉等；不同系统、不同业务层级的集成类似于房屋的施工等。

从解决方案的视角看，它符合 S2S 中强调为客户提供解决方案或者直接创造价值的目标。在解决方案的治理方面有服务质量、数据架构与智能以及治理的组织和法律法规的合规性，都可以通过这个解决方案参考架构的国际标准来保障。

数字经济时代的精细化管理与高质量发展所需要的高效、灵活、降本、增效等能力都可以服务到服务（S2S）的思维体系和解决方案构建的框架为基础，提炼对应的业务创新模式，以及整合与对应业务对齐的可落地的数字化系统，实现规模化增长。

2. 规模化地实现企业管理的数据资产化。为了规模化地挖掘数据价值、让数据资产化，我们提出了一个"5C"（Creator、Channel、Center、Context、Consumer）模型，来获取与提炼企业管理中拥有的各种数据资产，以及数据渠道、数据资产化中心、数据创造价值的场景和数据消费者的确定等路径。

（1）第一个 C 是公司内哪些可以产生数据，也就是说产生数据的主体（Creator）是来自一个业务流程、来自一个 ERP 的系统、来自财务应用系统，或是来自手机终端。数据产生的主体一定要梳理清楚。

（2）第二个 C 是数据传播的渠道（Channel），它是一个无人驾驶的汽车，还是工厂的自动化生产系统，还是移动互联网的通信网络通道，这就需要知道数据是依托什么载体来传输的。

（3）第三个 C 是如何定义数据。如何让有价值的数据被人使用，需要有一个数据资产化的中心（Center）。它主要做三件事：一是把来自不同来源的数据脱敏，二是标准化，三是给它加上接口（API）。有了接口后，这些数据就可以作为一种服务，别人可以订阅数据服务，别的应用也可以来使用这些数据，这就是数据资产化的中心要做的事情。

（4）第四个 C 是应用上下文（Context）。数据要想产生价值，要有应用场景，比如，到底是做销售的预测、做市场的推广，还是要构建一种新的商业模式，做一个业务的创新，它们都是创新场景与业务的上下文。例如，有一个医药连锁店，为了把加盟店的分店模式推广到合伙人模式，从 400 家分店到 1 万家合伙人店，这是一种具体的业务场景。在这种变化的场景下，要思考如何利用好各种相关的数据来帮助新扩张的门店获客、精准推送、精准配货等。

（5）第五个 C 是数据的消费者（Consumer），即提炼出来的数据被谁使用。数据价值的产生是嵌入一个业务流程、被一个特定的 App 来使用，还是将一堆数据放在那里提供各种 API 服务让别人来调用。数据的消费者可以来自企业内，也可以是跨企业的或者公共互联网的用户。当然，也可自己利用这些梳理好的数据资源来构建一个专用 App 供用户下载与使用，这个专用 App 本身就是数据的消费者。

一旦把"5C"模型都梳理清楚以后，基本上整个公司相关联的数据资产化的路径就自然而然地清楚了。诸多数字技术可以帮助落地"5C"模型，如物联网的数据获取技术、大数据里面的各种脱敏技术、人工智能的自然语言处理的方法等，这些都可以帮助规模化地理解数据背后的业务价值，助力数字化赋能企业管理的高质量发展。

（二）体系化地赋能企业管理

在企业管理研究中，理论上，可以从 360° 围绕企业进行研究。通过多年研究与实践，总结下来可以从五个维度切入企业管理研究，分别是文化（Culture）、运营（Operation）、战略（Strategy）、创新（Innovation）和服务（Service）。针对企业管理的五个维度，分别配以数字化的技术与系统的支撑，就可成为五个维度的数字化赋能企业管理的框架，此框架即为 COSIS 模型。

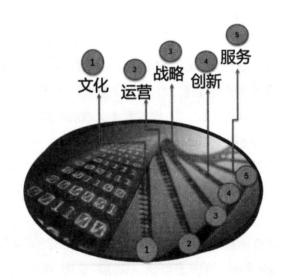

下面就分别介绍这五个维度的数字化赋能企业管理的框架——COSIS 模型的具体内容。

1.COSIS 模型的企业文化管理。企业文化是一个公司最宝贵的资产，企业文化管理是保护企业文化的重要举措，包含企业哲学、开放沟通和自主学习等重要内容。（1）企业哲学是企业文化在哲学层面展现高绩效组织的灵魂，是对企业经营过程中如何面对客户、合作伙伴、员工、社会等的正向指引。（2）开放沟通包含建立开放化、网络扁平互动式的员工沟通机制，消除组织壁垒。特别是 90 后、00 后进入职场，他们需要的是一种跨组织的无壁垒的开放与平等的交流环境。数字技术恰恰可以帮助建设跨组织的开放交流环境。（3）自主学习包括鼓励企业员工主动学习、凝聚认识、赋能人人，共同实现成长目标，主要强调企业要培养一种鼓励员工主动学习的心态和文化氛围。数字平台的搭建便于鼓励和营造自主学习的氛围。

2.COSIS 模型的企业运营管理。企业运营管理追求的目标是敏锐、敏捷和高效。精细化企业运营管理的能力主要表现在以下几个方面：（1）构建敏锐市场洞察的分析能力。（2）构建客户参与的反馈体系，让客户可以通过多个线上线下渠道来反馈他们使用产品和服务过程中碰到的各种问题，或者提出建议。（3）业务流程要持续地梳理和敏捷化再造，随着企业战略调整，相应业务也会发生改变，支撑业务发展的业务流程也需与时俱进，对复杂流程可重构，去掉部分中间环节或细化重要业务任务等。（4）通过物联网、边缘计算等数字技术做到设备互联，进行精细化管理，例如，在智能制造的数字孪生领域，就是利用物联网技术，把看得见摸得着的设备加上传感器获取数据，把各种设备变成数字画像，相当物理资源数字化，形成数字孪生。

3.COSIS 模型的企业战略管理。企业战略管理是企业战略方向调整和商业模式创新的全生命周期管理，包括几个方面的内容：（1）有体系化战略梳理的体系，像业界常用到的 IBM 构建的业务领导力模型（BLM），它从业务和机会差距分析入手，梳理出创新焦点，然后制定具体落地的举措，并匹配对应的组织和人才等。另外，也可以采用企业架构（EA）来梳理框架，从业务架构、应用架构、数据架构、技术架构等视角系统化梳理企业战略。（2）利用新技术整合资源，构建新的企业管理与经营模式。特别是新技术带来的不仅是速度和效率的提升，还能增加线上与线下资源整合的广度与深度。（3）对传统的产品和业务进行改造，具体聚焦到制定传统业务的升级策略，以及规划对现有产品的升级战略。（4）利用数据创造新商业模式，例如，利用在线产品使用行为数据推荐对用户有价值的产品与服务、预防性产品维修服务、无缝链接第三方增值服务、与金融机构合作发起供应链金融服务、企业数据征信服务等。

在企业战略管理过程中，很多行业的企业战略发展方向相对比较明确，如果云计算这个名词的热度不消失的话，那就是拥抱云战略。云计算不仅是一种技术名称，更是一种用电用水的商业模式，许多不同行业、不同领域企业，都会选择上云。云计算有两大核心理念：（1）资源共享，需梳理企业里面有哪些资源可拿出来共享，资源包括公司的员工、业务流程、固定资产、数据等。（2）资源服务化，把梳理与提炼出来的资源变成一系列可被消费者来订阅的服务。

4.COSIS 模型的企业创新管理。企业创新管理是利用新模式、新技术来创新产品与服务。企业创新管理有以下要素：（1）构建协同研发的模式，产品在设计之初就开始与下游的主机厂商协同创新，开启服务型制造的创新模式。（2）做内外部资源的整合，将客户体验、生态伙伴、线上线下渠道有效连接。（3）用客户场景来驱动产品与服务的构建，按行业、领域梳理业务场景与需求。（4）利用各种新技术构建新产品、提升业务运营的数字化能力。（5）树立以客户为中心的解决方案创新思维，特别是在云时代，解决方案规模化构建方法以服务组合为基础，以解决客户痛点问题或直接创造价值为目标。

5.COSIS 模型的企业服务管理。企业服务管理是企业从传统的产品售后服务延展为以客户为中心，以客户成功为目标的服务新模式的管理。在企业服务管理的过程中，有以下三个具体的发展方向：（1）从产品型公司逐渐地向服务型公司演进，如软件企业从传统的套装软件、桌面应用升级为软件作为服务（SaaS）的云服务公司。如同电表的生产厂商延展为电力消费的信息服务商等，电视设备厂商拓展为视频内容服务商等。（2）提升客户全方位体验，从教会客户使用好产品，到熟练使用产品，到乐意用产品，到最后自愿分享企业的产品给客户的客户或者合作伙伴。（3）成为所在行业和领域里面陪伴客户成长的最值得信赖的顾问，这是企业服务管理要想达到的终极目标。在陪伴客户成长的过程中，为客户面对的挑战与痛点问题提供可信赖的解决方案，持续帮助客户创造价值。

在数字化赋能企业管理领域，企业帮助客户梳理业务战略与 IT 对齐的时候，可以采用国际标准支撑的企业架构的理念，围绕业务架构、应用架构、数据架构和技术架构这四个架构维度相对完整地梳理数字化赋能企业管理的体系。针对未来业务的发展方向，梳理一下对应数字化支撑是否匹配，还需要增加什么。然后基于业务和 IT 存在的鸿沟，提供一个通用的解决方案框架。这个框架当中的业务场景可无限延展下去，且每一个业务场景都由可重用的服务构建，以此构建的数字化赋能企业管理的解决方案符合服务到服务（S2S）的新理念。这是数字化赋能企业管理的服务商在陪伴客户成长过程中，成为值得信赖的数字化顾问的必备技能与知识体系。这也可自然延展到以客户成功为目标的经营领域，把它定义为企业云服务领域的客户成功架构。

第三节　数字化赋能企业管理高质量发展的经验分享

本节结合上面的数字化赋能企业管理的框架——COSIS 模型、构建数字经济基石的服务可组装模式和数据资产化的"5C"模型，分享两个模型在不同类型企业管理场景下的应用经验。

一、数字化赋能从跨部门扁平沟通文化到成长心态

组织文化是有组织的独特社会和心理环境中的价值观和行为。被媒体称之为企业文化天才的世界投资大亨沃伦·巴菲特曾经认为，企业文化可以自传播。温斯顿·丘吉尔曾经说过，"你塑造你的房子，然后它们塑造你"，这种智慧也适用于企业文化。

某企业管理软件服务商，作为服务性制造的典范之一，是世界领先的家电外壳和汽车外壳的制造厂商，他们把协同创新型的设计服务前置，与整机厂商共同设计未来的家电外壳与汽车外壳，最后再把产品生产出来以后运到整机厂商的生产线。整个企业有数万人登录到统一的应用门户，让整个公司跨部门的团队沟通扁平化，实现无障碍交流，与统一流程和统一应用的公共服务平台一起支撑了整个公司开放与扁平式沟通文化的落地。

另一个企业文化管理很成功的企业案例是微软。在 2014 年，整个微软公司内部其实充满了各种心态，做 Windows 操作系统的人瞧不起做办公软件 Office 的人，做 Office 的人瞧不起做云的同事，因为每个人都有不同时代的创造辉煌历史的烙印，以及他们的价值展现方式。做云的人认为自己是创造未来的业务，尽管现在不赚钱，但是很自豪。做办公软件 Office 的人说自己正在创造巨大的现金流与利润，看不上其他的部门。而做操作系统 Windows 的同

事，则说操作系统是微软公司创立起家的核心软件，尽管操作系统的突破难度很大，但是依然还活得较滋润。基于这些不同组织里团队成员的心态，导致这些组织之间很少有互动。基于当时这样一种情形，新 CEO 决定采用斯坦福大学教授卡罗尔·德伟克倡导的一种理念"成长心态文化"，重塑整个微软的企业文化体系。核心指引就是针对客户的痛点问题，让跨部门的团队能够组建起来，携手创新来解决客户的痛点问题。如果创新成功了，公司给予重奖；如果创新失败了，所有的风险都由公司承担。正是由于这种微软的成长心态文化的正向引导，导致整个公司以客户为中心的创新氛围非常的强，微软也成为世界最大市值的公司之一。

二、利用云原生技术构建自主可控的企业运营系统

在部分国内高科技企业受到西方国家打压后，企业正在使用的国外的企业管理软件系统，包括财务管理系统、供应链管理系统、人力资源管理系统均会受到不同程度的影响，例如，停止技术支持服务、停止版权许可的使用等。出于数据安全的考虑，许多受到影响的企业在寻求用国产的企业管理软件系统替换或者基于自主可控的平台重构数字化支撑系统。利用新一代的云原生技术和服务组合的技术，可以把人力资源管理的最佳实践落地在数字化系统中，并且新技术也可以支撑业务流程中服务组合的动态配置能力，为人力资源管理的精细化、场景化、动态化奠定了良好的基础，铸就了企业管理中人力资源的高效运营体系。

烟草、航空、钢铁等行业的企业也面临着利用新的技术和应用体系替换与升级传统国外企业管理软件的迫切需求。一般来讲，大型制造型企业数字化运营系统的升级主要包括三方面的业务内容：（1）针对企业的实际应用场景与最佳实践，对国外管理软件中成熟的业务流程和逻辑利用新的平台和技术来重新实现。（2）对多年运行的流程重塑，有些流程被简化，有些流程被碎片化后利用可重用服务重构。（3）针对传统国内外企业管理软件未涉及的创新型的业务场景，要利用新的云原生应用开发平台进行新应用和解决方案的开发，并按照服务交付需求进行私有云、公有云或混合云等模式的部署。以此为基础，可以与数字化赋能企业管理的服务商一起合作，共同提炼行业中的共性需求与服务

能力，一起打造特定行业的工业互联网的平台，实现业务、财务、生产等的一体化管理模式，达到标准成本高度精细化管理、制造智能化、批量定制化等现代制造的管理诉求。

在研发管理实践中，某无人机研发与生产企业，通过利用云原生的 ERP 管理系统，实现包括原材料、研发人员、产品原型等研发资源的信息进行共享，随时随地可以查找原材料被使用了多少，用在哪个项目中，还剩多少原材料或零部件，从而避免了整个研发过程中原材料浪费比较普遍的现象，并辅以成本的属性，达到研发过程中成本的精细化管理，并对于数据进行及时的追踪和监控，可以针对发现的问题进行快速的改正，实现高效的运转，提升初创型企业的核心竞争力。

在新材料制造行业里，某国家级的"专精特新"小巨人企业利用数字化赋能企业管理的云 ERP 系统，基于数据驱动的可组装的应用服务，通过服务的组装，实现了业务工作流程、财务、全球供应链管理、生产管理以及质量管理服务等场景的组装，可以实现效率提升 50% 以上，业绩提升 20%。针对上下游供应商的选择，通过数据分析来进行采购溢价的服务，为企业的高效运营管理、特定产品产能持续位居世界第一提供了坚实的支撑。

三、以云模式为目标来体系化地构建企业的战略方向

1. 农牧行业。某世界知名的以养鸡和养猪为主的企业，其实它的员工当中没有一个人去负责鸡和猪的日常养殖工作。该企业通过一个数字化的云平台，把社会上数万家农户、数万家经销商的资源整合在这个平台上，企业提供各种各样养殖所需要的种猪、仔猪等，以及饲养相关的猪圈及配套的物联网设备、饲料等信息，通过数字化的手段实现养殖物的全生命周期管理。这是一个典型的农牧企业在数字化赋能企业管理高质量发展领域向云模式进行体系化战略管理的示例，它从一个传统的农牧养殖企业发展为以云服务为基础进行资源整合和提供全生命周期管理的服务提供商。现在的企业按员工数来统计，每个人可以平均"养"到数万头猪，这个业务体系的背后支撑的理念就是资源共享与资源服务化的云模式。

2. 家电产业链。家电产业链利用数字化赋能企业管理高质量发展的云平台

战略管理领域，依托当地政府的资源，构建了某家电产业链资源整合的工业互联网的云平台。该平台在面向产业链、面向企业、面向运营等层次上，都做了资源的提炼、分享和整合。依托智能家电云平台，从供给侧、需求侧实现区域品牌和产业资源整合，提供企业内部管理的数字化软件服务与产业数字化所需的供应链管理等服务，并通过运营过程积累的数据为注册的企业提供有价值的数据服务和相关的行业洞察服务。

四、数字化赋能从产品与服务创新延展至协同创新体系

1. 企业管理软件领域。利用新技术来形成创新产品与解决方案已是大势所趋。例如，财务记账是一个基本管理工作，以前的财务记账，很多都是通过手工记录到财务软件中，从不同的企业应用系统、银行账号系统、分子公司财务系统等手工进行数据汇集与分析。这里面存在大量重复性的人工操作，通过引入机器人流程自动化（RPA）等人工智能方法，可以对复杂流程中的某些环节进行自动操作，并将以前很多需要人工干预和重复劳动的环节，全部交给机器人系统来帮助实现无缝的链接，使特定领域的某些场景实现完全自动化，如上百家子公司的财务报表的自动汇集，就是利用 RPA 智能化技术的一个成功案例。

2. 智能报销应用场景。企业员工要报销出租车票、电话费等常规费，从员工提交发票到最后报销款到员工的银行账号只要几分钟时间，整个流程中关键的审核与审批环节都采用智能化技术，利用业务规则实现无人化报销，这都是人工智能技术对业务应用场景进行创新的示例。

3. 在税务管理与风险管控领域。许多企业利用数字化赋能企业管理的服务商提供的智能化处理技术实现财税管理的数字化创新。大型企业牵涉的子公司常常有上千家，特别是税务的统筹管理和风险管控，通过人工智能的技术，结合税务法规，可以通过创新性的解决方案来自动地汇集来自上千家子公司的财务报表，智能化地分析这些报表背后的风险，并利用发票云的服务支撑财税监控平台的构建，为整个集团达到财税管控的目的。另外，在国有资产的投资管理领域，可以通过人工智能技术做自动的报表汇集与分析，实现精细化的管理来防范风险，并构建以精细化的项目管理为基础的资金管理新

模式。

当然，区块链技术也是企业管控财务记账风险的重要支撑技术。其实，区块链技术和发票云服务可以整合起来支撑发票即交易、交易即信用、信用即价值的可溯源的票据价值链。对于财务记账领域的创新，可以利用区块链技术实现三式记账模式，使任何一笔账都可以被溯源，让天下没有假账成为可能。

4.订单管理、客户服务记录、用户评价等企业管理场景。在这些场景中，以前出现一些手工篡改的案例，现在可通过区块链技术对每一笔订单、每一个客户服务记录、每一个用户评价通过哈希加密方式记账，并确保不被篡改，再通过区块链浏览器快速可以快速地查阅每一笔账。区块链技术不仅仅是一种溯源能力的构建者，也是跨系统跨应用做数据整合的一种有效的技术手段。

5.协同创新平台构建。利用数字化赋能企业管理框架，可以有效地帮助企业构建协同创新平台。对于企业遗留系统，可利用双模 IT 解决方案架构来构建内外部创新资源协同的数字化系统，对外连接客户需求，对内连接主要业务流程，对生产对接基于物联网的工业控制系统。这种协同创新模式与数字化支撑平台，帮助某高铁和地铁生产的龙头企业在关键的岗位环节的效率提升了30% 以上。

从这些案例可以看出，企业创新管理不仅涉及利用新技术、新模式对企业的产品与服务进行升级，也涉及对企业各项业务的效率与风险管理进行创新，同时也涉及协同创新平台的体系与思维的构建。

五、数字化赋能从客户服务到客户成功

企业在从产品型公司向服务升级的过程中，利用数字化赋能企业管理框架，可以提供新模式和新技术来帮助客户成功，大力延展传统的产品售后的技术支持与退换货服务的内涵。其实，客户成功不仅仅是企业 SaaS 和云服务厂商追求的目标，更是传统企业开始践行高质量经营客户的指南针。某知名的糕点定制企业 CEO，在了解客户成功背后的内涵后说道："帮助客户成功不再是一句空话，如果也采用这种帮助客户成功的体系，收入也会增加很多倍。"针对生产制造型企业，原材料的备货多少最合适，是零库存还是最优库存量？某食品新鲜送达服务标准制定的领军企业，曾就该如何评估材料备货的程度，以

最小的成本来实现整个门店群的有效运营而陷入困惑。在数字化赋能企业管理框架的帮助下，通过采用S2S的新范式和SOA解决方案参考架构的国际标准，让智能要货预测的业务场景由AI智能数据服务来实现，该服务有对应的子服务组件，比如，模型配置、元数据管理、数据集成、算法管理等，把这些服务组合形成智能化要货预测的场景实现的解决方案，达到更低成本、更高效率的营运结果。现在该企业利用新的智能要货预测等数字化系统进行服务管理，每天可以处理数万笔订单，并且以蛋糕产品定制为中心，开展高质量配送服务，确保各个门店在两小时之内能把新鲜蛋糕送达到客户，帮助企业赢得口碑。

企业服务管理的最高境界就是陪伴客户成长，成为客户值得信赖的合作伙伴是最重要的。这里以数字化赋能企业管理的服务商为例加以介绍，这类企业在很多年前帮助客户搭建了财务管理系统；随着客户的发展壮大以及财务管理模式的演进，帮助客户构建了财务共享中心，推进财务和税务的统一管理；客户要成为世界一流企业，需要构建集团的司库，这些客户成长过程中新的需求需要有数字化赋能企业管理的服务商共同参与来加快落地。从这个示例可看出，在整个客户成长过程中，数字化赋能企业管理的服务商能在财务领域成为客户最信赖的合作伙伴，这就是财务类企业管理软件企业孜孜以求的目标。

六、数字化赋能要有服务组装式解决方案思维

代表数字化赋能企业管理框架的五个特征维度的企业管理，背后都需要构建对应的数字化解决方案加快落地。实际上，这些解决方案都是由一个一个的服务组合而成的，即具备以S2S模式为基石的解决方案构建思维。其中的业务场景都是由一系列可重用的服务来构建，未来应用的形态大都以服务的方式存在和交付。数字化赋能企业管理的服务商都尝试与客户利用服务组装能力构建各种业务场景，帮助客户实现数字化赋能企业管理，构建企业适配数字经济生态系统的能力。

具备服务组装式解决方案思维后，从技术角度要落地S2S的新范式，还需要有服务可组装的技术平台。技术平台可以提供这几方面的能力：（1）云原生技术平台，支撑分布式计算，未来也要支撑区块链和元宇宙的高可靠数字化底座。（2）在业务场景领域能快速把企业的业务场景延展到各个行业、各个领

域。（3）为了做到集成，需要对数据的架构进行治理，对数据进行编织，还要利用数据智能技术来实现各种服务和服务之间的组合。（4）现在的服务能力基本上是以 API、ISV 服务的方式展现，只要构建能够支撑服务化、可组装和新技术的能力的技术栈，就可以成为落地 S2S 新范式解决方案构建的基础。

七、数据资产化要依托企业管理的具体业务场景

数字化赋能企业管理发展到一定阶段，企业如何把自己沉淀的大量企业管理数据进一步资产化，是数字经济驱动下企业面临的一个重大课题。结合多年数据资产化实践的经验，从数据支撑内部业务协同、外部数据驱动的业务经营、数据驱动的行业洞察等方面分享经验。

1. 数据支撑的内部协同流程。每个公司可构建自身的大数据云平台，不断升级，并以此为基础来构建公司的销售管理系统、客户成功经营系统，支撑整个核心业务流程的集成，包括研发相关的集成产品开发流程。这样企业就可以把所有的核心业务流程都基于同一个数据平台来做，这是数据资产化在内部业务协同方面产生价值的一种具体的业务场景。

2. 外部数据驱动的业务经营。企业要识别出重要外部数据可以被使用的场景，并从外部数据中寻找有价值的内容。比方说，企业每个客户的详细信息，并不是完全靠企业自己从客户那里收集获得的，可以通过购买外部公共的企业工商注册、上市对外披露、司法案件等相关的数据服务，并集成到企业管理的业务系统中，让外部的数据在企业业务经营过程中产生价值。

3. 数据驱动的行业洞察。利用脱敏的数据进行分析，对相关行业的现状及发展趋势进行洞察。如在零售行业对中小微企业的发展态势比较感兴趣，企业就可以利用公共电商平台或者自建的电商平台，梳理商品销量与客户评价的数据，提炼出哪些商品卖得好，哪些地方的购买力比较强等，并把经过脱敏后的数据分析结果形成行业的洞察报告，以数据服务的方式供行业的从业者参考与借鉴，也能帮助厂商制定合适的产品设计方向与销售渠道等。另外，在突发事件发生时，脱敏的互联网软件的使用行为数据对公共政策的制定提供输入性数据。例如，政府相关主管部门想了解企业复工复产率，企业管理软件云服务厂商可利用脱敏的软件的行为数据来分析企业业务开展的情况，为政府制定相应

的扶持政策奠定较好的数据基础。

从实践角度来看，数据资产化可以在上述企业管理场景中具体使用 5C 模型进行梳理与设计，为企业管理直接创造价值。（1）打通企业内部各个主流的业务流程来共用数据，支撑跨组织业务的协同与数据资产的沉淀。（2）用其他服务商提供的外部数据为企业的业务赋能，帮助丰富客户画像，为提供精准满意的服务奠定基础。（3）企业自身的部分数据作为一种数据服务去与其他人分享，如为其他的企业来做服务推荐、产品规划等服务。

在数字化赋能企业管理高质量发展中，融入数字经济生态系统是目标，五个维度的企业管理是路径。从技术驱动数字经济发展的趋势来讲，未来会进入一个服务到服务（S2S）的新时代，而支撑这个新时代的背后就需要一种服务重用与组合来构建解决方案的能力，数字经济时代利用数字资产化的 5C 模型来系统化地挖掘数据背后的业务洞察力，推进数字化赋能企业管理高质量发展。这种基于服务组装的解决方案构建和数据资产化能力可以在五个特征维度的数字化赋能企业管理的框架 COSIS 中体现，即在企业文化管理、企业运营管理、企业战略管理、企业创新管理、企业服务管理作为切入点的企业管理的场景中落地。

第十七章
数字化赋能应急管理高质量发展

应急管理是国家治理体系和治理能力的重要组成部分，要适应科技信息化发展大势，以数字化推进应急管理现代化，提高监测预警能力、监管执法能力、辅助指挥决策能力、救援实战能力和社会动员能力。我国应急管理取得了长足进步，实现了从体制机制到队伍建设、装备发展的全方位提升，为最大限度降低灾害损失，保障人民生命财产安全发挥了重要作用。我国作为世界上自然灾害较为严重的国家之一，面对多发频发的灾害形势，应急管理整体效能还不够高，条块分割现象还比较明显，工作衔接不够紧密，还存在很多不适应我国应急管理需要的现实问题，需要加以研究解决。

数字化改革发展逐步成为各级政府推动包括应急管理在内的诸多领域工作的一项重要举措。通过技术创新和融合，构建数字管理平台，实现对监测预警、应急响应、调动指挥等应急救援管理全过程的赋能，实现全过程动态联动，对推动应急管理高质量发展具有十分重要的意义。

第一节　数字化赋能
应急管理高质量发展面临的挑战

应急管理与人民群众的生产生活息息相关，随着经济社会的不断发展，人们对公共安全的需求日益增加，对应急管理提出了更高期待。应急管理效能的提升，不仅是体制机制的创新，也包括技术的革新。基于现代ICT（信息与通信技术）技术，进行数字化赋能，实现应急管理体系的数字化、网络化、智能化，已逐步成为推进应急管理体系改革创新的重要选择。我国在推动应急管理数字化赋能过程中，取得了一些成绩，但是还不能满足新时代应急管理工作要求，打破数据孤岛、破解条块分割矛盾，实现整体智治、协同高效、安全科学，是推动数字化赋能应急管理面临的重要挑战。

一、如何打破行政管理壁垒实现整体融合

应急管理是指政府及其他公共机构在突发事件的事前预防、事发应对、事中处置和善后管理过程中，通过建立必要的应对机制，采取一系列必要措施，保障公众生命财产安全；促进社会和谐健康发展的有关活动。应急管理是由政府和其他各类社会组织构成、旨在应对突发事件的整合网络，包括法律法规、体制机构（公共部门和私人部门）、机制与规则、能力与技术、环境与文化；应急管理也是指应对突发公共事件时的组织、制度、行为、资源等相关应急要素及要素之间关系的总和。应急管理最根本目的是实现不同责任主体之间的资源有效组合。自 2018 年以来，在新一轮国家机构改革中，成立了应急管理部，从根本上打破了我国原有的分割式应急管理模式，实现了应急管理体制的根本性变革，推动了责任主体之间的资源整改。但是"九龙治水"的格局还没有完全打破，应急资源的科学合理化布局没有完全形成，还未形成灾害全生命周期的应对管理，单纯依靠救援难以实现抗灾减灾效能的最大化。打破行政管理壁垒实现整体融合是数字化赋能应急管理的第一个挑战。

把数字技术应用于应急管理，可实现突发事件海量信息数据的快速获取、协同共享，进行事件的准确记录、快速描述、科学分析、合理重构和复盘性刻画，实现预测预警信息的及时发布、应急处置方案的快速形成、应急资源的快速调动、处置行动的科学指挥，打破我国应急管理垂直部门之间的行政壁垒和专业壁垒，创新应急管理模式，构建起整体融合的应急管理一体化架构。比如，应对 2020 年初暴发的新冠疫情，我国基于信息网络、大数据和云计算，整合通信、医疗、卫生、交通等数据信息，实现对人员行程、健康监测等数据信息的集成化利用，打破了传统公共卫生突发事件碎片化的应对模式，极大提升疫情精准防控能力，取得很好的效果。

二、如何破解数据信息壁垒实现敏捷高效应对

数字化赋能应急管理，是基于云计算、大数据、物联网、人工智能等新一代数字技术，实现应急管理的变革与发展，提升应急管理体系的效能。推动应急管理数字化转型，是实现数字化赋能应急管理的核心，关键是数据信息的互联互通。当前，应急管理的法律、制度等行政管理数据信息主要归属应急管理部门，应急装备、应急技术等资源信息归属行政管理部门或企事业单位，不同归属数据缺乏有效链接，形成数据孤岛。同时，应急管理重点关注对象，灾害风险点的监测，很多还依靠传统人为监测，费时费力低效，准确性不高，时效性不足，有的动态变化无法及时获取，信息反馈周期长，难以做到早发现、早研判、早决策、早处置，灾害应对效果不佳。如 2021 年河南 "7·20" 特大暴雨灾害初期，郑州市主要城区通信网络中断，相关部门对城市灾情掌握出现盲区，导致应急处置不力，出现重大人员伤亡。打破数据信息壁垒，实现互联互通和高效应对，是数字化赋能应急管理的第二个挑战。

通过应急管理数字化转型，能够通过构建数字化的管理体制，将法律、制度、资源、文化等应急管理诸要素，融合于互联互通、协同共享的数字化平台，实现应急管理的数字化、网络化、专业化；能够构建知识型、智能化、主动式的数字化应急管理机制，转变过去经验式、被动式、低效的传统应急管理模式，提升应急管理效能；能够将大数据、人工智能等数字技术与现代产业技术深度融合，推动应急管理从技术、装备到资源的数字化升级变革。同时，通过将现代感知技术和信息技术的融合，深入嵌入各种监测传感设备，借助跨域联通的信息互联互动系统，实现风险监测及灾害过程信息的快速传输、处理，有效打通横向部门、纵向层级之间的信息壁垒，快速提升应急管理责任主体的响应和行动能力。基于数字孪生技术，对风险点位、灾情等物理系统进行数字描述，建立与物理系统的虚拟联动，实现在线实时了解、分析、判断物理系统的发展变化情况，使应急管理始终处于最佳状态，实现对灾害的全生命周期管理。基于人工智能，建立灾害数据库，通过实时获取的动态灾情信息，能够实现自动监测预警，生成应急处置初步方案，提高应急管理决策指挥的质量和水平。

三、如何保证自身安全稳定免遭不确性冲击

突发事件，特别是重特大自然灾害，会对包括应急管理体系在内的社会各个层级造成全面的冲击，如何保证应急管理体系在突发事件面前具有主动维护、自动修复和提升适应的能力，确保体系始终处于有效运转状态，实现与突发事件的体系对抗，还存在很多挑战。自 2003 年受非典疫情影响以来，我国改变了过去单一垂直的应急管理体系，出台了《国家突发公共事件总体应急预案》和《突发事件应对法》等法律法规，推动了具有中国特色的"一案三制"应急管理体系的形成。应急管理体系越复杂，脆弱性越强，"牵一发而动全身"的概率增加，保证体系的安全稳定是数字化赋能应急管理的第三个挑战。

通过应急管理数字化转型，能够实现多用户、多渠道信息传输，缩短传播链条、提升传输质量，加强边缘处理和去中心化，对保证应急管理系统的整体性、稳定性、可靠性具有独到优势。同时，通过实施分布式、小规模、多样化的系统建设，能够提高突发事件情况下的应急管理系统恢复重建效率。在突发事件越来越频繁的情况下，加强应急管理数字能力建设，构建数据支撑系统，确保系统持续安全稳定，是助力应急管理效能提升的重要途径。

第二节　数字化赋能
应急管理高质量发展的目标与路径

数字化赋能应急管理高质量发展，核心是要从技术、组织、治理三个维度，实现应急管理全流程、全要素的数字化、智能化。

一、数字化赋能应急管理高质量发展的目标

数字化赋能应急管理高质量发展的目标，主要包括实现数据信息的互联互通、管理方式的数字化、风险监控的实时化、应急指挥的智能化和实现应急保障的网络化，见下图。

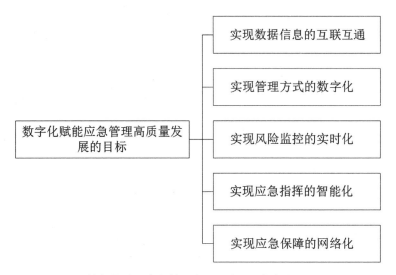

数字化赋能应急管理高质量发展目标框架图

（一）实现数据信息的互联互通

信息的互联互通、高效协同，是各行业数字化转型发展的基本要求，实现信息的协同操作也是数字化转型发展面临的最大挑战。应急管理，是对各行业资源的统一调配指挥，不是某个组织或单位的单一行为，需要动员相应的社会力量。我国应急资源分布在各个不同行业，形成"数据烟囱"，资源统一调配有较大障碍。搭建数据支撑平台，打破行业信息孤岛，加强数据共享和交换，实现信息互联互通，对构建高效的应急管理数字体系至关重要。

（二）实现管理方式的数字化

应急管理的数字化与工业、农业、服务业等传统产业数字化存在本质上的区别。应急管理数字化突出的是突发事件的紧急应对，不针对具体的生产经营活动，而是一种组织管理活动，应急管理数字化更多聚焦突发事件的全过程应对，包括预案管理、应急指挥、资源调配等过程的数字化。传统产业的数字化主要是围绕生产制造的全流程进行数字化、智能化，实现优化生产经营决策，提高生产效率和质量的目的。突发事件不具有重复性，采取经验的管理模式，往往效果欠佳，明显制约着应急资源的合理调配，高质量的应急管理决策仍然是我国应急管理事业发展中的明显短板。通过构建全面的数字化、智慧化应急管理体系，弥补以往经验式、行政化的应急管理存在的不足，实现基于数据提高科学决策的能力水平，提高灾害风险认知能力、应急预案管理智慧化水平、应急资源的科学调配能力和灾害处置及重建能力。

（三）实现风险监控的实时化

应急管理的对象是各种自然灾害和社会风险，一旦这些风险发生突变，危及人们的生产生活，必须采取果断应对措施降低灾害影响。自然灾害风险，包括地震、洪涝、滑坡、泥石流、台风、海啸、沙尘暴等，这些自然灾害的分布与产生，具有一定的规律性，建立相应物理感知系统，实现风险监测的动态实时化。社会灾害风险，不仅包括火灾、生产安全事故、经济环境事故等物理系统风险，还包括公共卫生、公共安全事故等社会系统风险，通过物理系统的数字化转型，构建完善的社会系统数字化应急体系，形成功能完备、广泛覆盖的管理系统。通过风险监测的实时化，推动观、管、防的一体化和线上线下高效协同，让"人、物、动、态"数据保持实时鲜活，为监测预警和智能化协同处置应对奠定基础。

（四）实现应急指挥的智能化

实现应急指挥的智能化，主要是基于应急管理信息系统，通常是应急管理大数据平台，提供辅助决策作用。数字化信息平台，集成分析、描述、诊断、预测、指导等辅助决策功能，进行数据的深度挖掘和价值转化，在一定程度上实现应急管理的智能化调动指挥。其中，分析功能主要是借助各种模型和算法，包括统计数学、大数据、AI 等，对前端海量繁杂采集数据规律进行显性化，为下一步的描述、诊断、预测提供支撑；描述功能主要是通过数据的对比分析，形成对突发事件现状、应对处置状态等的刻画和展示，支撑事件情况的快速了解；诊断技术主要基于数据分析结果，进行灾情状态评估，发现存在问题，提出解决措施建议，供应急处置决策参考；预测功能是通过数据的深度分析，预测突发事件的未来状态，为提前做好应对奠定基础；指导功能是利用数据分析发现并帮助解决改进物理环境与社会运行中存在的不合理、低效率等问题。

（五）实现应急保障的网络化

依托数字化技术，建立国家应急物资装备保障网络体系和联储联供机制，采用国家储备、企业储备、家庭储备、产能储备、市场储备等多元储备模式，提高保障效能。优化完善应急物资装备储点布局和库存管理,应急物资装备贴电子标签、安定位装置,自动接入数字化智能管理系统,实现应急储备"有什么、在哪里"一键查询。建立储备调用联动响应机制,建设标准化应急库房,物资储放模块化、架子化、箱包化、车载化,实现快速高效装卸。依托应急队伍、运输及物流企业构建应急物流体系,国家出台应急物资装备公路、铁路免费优先通行政策,建设航空、水域投送能力,通过数字技术快速确定最优运输线路,多维解决应急物资装备"怎么调"难题,国家完善临灾就近征用物资装备政策,提升多元保障能力。

二、数字化赋能应急管理高质量发展的路径

应急管理体系数字化转型是一项复杂的系统工程,覆盖技术体系、管理体系、治理体系等应急管理方方面面。其中技术体系包括感知技术、边缘处理技术、平台技术、软件技术、融合应用技术等,处于核心地位的为物联网、区块链、云计算、大数据挖掘技术。管理体系包括应急决策、管理流程、管理层级等,实现管理流程的优化和管理架构的再造是重点。治理体系包括精准治理、协同治理和智慧治理,不同治理形式,针对不同应急管理状况。应急管理数字化建设发展路径框架。

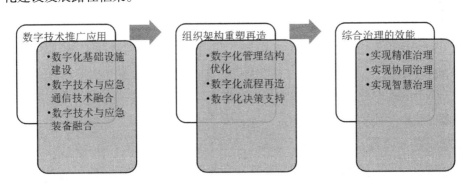

应急管理数字化建设发展路径框架

(一)加强数字技术的推广应用

1. 加强应急管理数字化基础设施建设。数字技术包括通信技术(5G)、物联网、大数据、云计算、AI 等信息通信技术,涵盖智能感知、信息传输、数

据运算、辅助决策、三维建模等多个方面，特别是万物互联的物联网，对提升各类突发事件的认知和应急处置，发挥着基础手段作用，充分挖掘应用现代数字技术，是加快应急管理数字化赋能的第一步。随着智能感知技术的不断成熟，将具有智能传感、视频图像、激光雷达等功能的前端智能数据采集设备，广泛布置在地震、地质、洪涝、暴雨、危化、矿山等各类风险点位，依托空天地一体化信息通信网络，建立与物理世界的虚拟链接，实现海量数据的自动获取、传输与归集，实现风险隐患和灾害事故数据的实时动态感知和传输，全面支撑应急管理的预测预警、应急响应等数字化转型。

2. 加强数字技术与应急通信技术融合。应急管理作为一个独特的领域，具有独特专业属性和技术特性，加快应急管理数字化转型发展，必须将数字技术与通信、监测、探测、搜寻等应急技术深入融合，核心是要推动应急技术的数字化转型。当前，应急通信手段还比较单一，效率不高，特别是数字化、智慧化程度低。通过推动应急通信的数字化转型，统筹5G、Wi-Fi、光纤传输等网络基础设施建设，升级换代通信设施，进一步完善应急通信网络，构建起全领域覆盖、全要素贯通、全过程传输的应急通信能力。兼顾配备高空长航时无人机等具备通信功能的应急通信装备，增加突发事件区域空天一体化应急通信的抗灾韧性，搭载配备灾害识别、灾情评估、灾害监测等遥感感知等功能，进一步实现数字技术与应急通信技术的融合。

3. 加强数字技术与应急装备融合。应急管理数字化转型，需要将数字技术完全融入地震、洪涝、台风等各种自然灾害和突发公共事件应急处置技术之中，提升技术的针对性、有效性和安全性，其中以应急装备的数字化转型最为重要。将数字技术植入应急装备，提升应急装备的数字化、智慧化水平。应急装备包括救援装备和个人防护装备，将AI等人工智能技术植入救援挖掘机、消防机器人、人员搜救装备等，使装备具有自主学习、主动适应、自我提升的能力，实现对突发灾害情况的科学判断和灵活处置，实现应急救援的自动化和无人化；将外部感知、数据采集、图像识别、无线通信、数据传输、定点定位等数字技术植入个人穿戴防护装备，提升单兵应急救援能力。

（二）加快组织架构的重塑再造

应急管理数字化转型为应急管理组织重塑重构创造了基础条件，使应急管理将更加科学、高效、透明。从强化决策支持、推动流程再造、重塑治理结构三个层面推动应急管理组织层面的升级，应对数字化转型带来的颠覆性变革，促进组织效能提升。

1. 优化数字化管理结构。结构调整对应急管理而言，是带根本性的问题，如 2018 年应急管理部的成立。随着数字化转型发展，推动更加科学有效的管理结构重塑非常必要，以更好适应突发事件变化特征，以及城市治理重点变迁。结构重塑和数字化转型是一个不断发展的过程，最终的目的是要不断变革应急资源与配置主体的责权关系。

2. 推动数字化流程再造。应急管理是一个系统工程，凭一个单位或部门无法全面应对复杂、艰巨、动态的突发事件。基于数字化要求，对应急管理流程进行平台化、矩阵化、模块化再造，并将应急管理全生命周期各要素以适当方式纳入整体的应急管理流程中，实现应急管理链条的重构，打破现有低效的议事、协商机制，快速提高应急处置效率。

3. 加强数字化决策支持。有效应对突发事件，对应急决策的科学性、及时性、准确性提出很高要求。通过数字化转型，对影响决策的各类信息进行汇总、处理，可视化展现事件情况，在决策前提与决策者之间建立有效链接，及时提供精准的灾情、预案、资源等关键决策要素，配备高效联动数字决策手段，为应急管理科学决策创造先决条件。

（三）提升综合治理的效能

应急管理的最终目的是要变被动为主动，从事中、事后处置向事前预防、治理转变，实现无急可应、无危可救的目的。通过数字化转型，实现数据的长期、实时、动态集成，以及为适应数字化转型的高效、协同、顺畅的组织体系变革，推动应急管理向精准治理、协同治理和智慧治理转变。

1. 实施精准治理。通过数字化，对应急管理全链条数据的归集、整理和分析，实现对突发事件情况的准确认知、预防和判断，加之有效的决策支持，解决应急管理重难点问题。基于对突发事件科学认识和系统把握致灾规律的基础之上，通过实施差异化管理和精准化施策，实现对灾害点动态监测、预警预报、应急响应、处置应对等过程的精准化。

2. 实施协同治理。协同包括平时与紧急情况下的协同，平时协同包括应急演训、物资储备等，紧急协同包括预案应对、资源调配、指挥调度等。通过建立数字化的应急管理指挥协同体系，使应急管理指挥体系、职能配置、协同机制等更加合理高效，实现不同层级、不同主体之间的信息和资源共享，保证指令和反馈顺畅及时，配合协调默契高效，提高平时的应急能力建设水平和紧急情况下的处置应对效率。

3. 实施智慧治理。建立各种应急管理智慧大脑，如城市大脑，强化对应急管理的智慧支撑，提升风险监测的智慧化水平，提供平时与不同紧急情况下供决策参考的应急处置办法措施，实现基于应急处置现场需求的资源自动调配，全面提升应急管理智慧化水平。对短期难以解决的灾害应对突出矛盾问题，通过数据监测和模型构建，进行不利工况的数字化计算，为做好针对性防范应对措施奠定基础，最大限度降低极端情况影响。

第三节　数字化赋能应急管理高质量发展的经验分享

数字化能够实现应急管理全流程赋能，切实提升管理能力，降低灾害损失。在我国应急管理数字化转型过程中，从应急救援能力建设、城市"生命线"工程管理等方面，积累了很多成熟经验和成果案例，具有参考借鉴价值。

一、数字化赋能提升应急救援能力

通过数字化赋能，能够提升应急响应、资源投送、现场指挥、应急技术、单兵救援等能力。配备数字化的探测设备和通信手段，能够第一时间获取灾情信息，第一时间预测预警，缩短响应时间，及时定下处置决心，开展应急行动，提升应急响应能力；建设数字化的物流平台，随时掌握应急资源的分布情况，及时就近调配应急物资，提升资源投送能力；建设数字化的指挥平台，确保指挥通畅，实现救援力量的合理布局、优化组合、梯次补充，提升现场指挥能力。将应急技术融入应急装备，实现应急装备的智能化、无人化，提高应急技术和单兵救援能力，以及安全保障水平。

中国安能作为应急管理部自然灾害工程应急救援中心，国家工程救援的战略力量、专业力量，近年来不断加强数字化建设工作，基于现代通信技术建立了数字化指挥平台，配备了指挥通信车、数字化单兵系统、三维激光扫描仪、多旋翼无人机、无人测绘艇、数字声呐仪等数字化技术装备，完善了应急资源数据库，在2018年白格堰塞湖处置、2020年鄱阳湖决口群封堵、2021年河南"7·20"特大暴雨抢险、2022年辽宁绕阳河决口封堵等特大灾害应急救援中发挥了重要作用，目前正在大力推动以中国安能为综合平台联动加强中央企业应急救援体系建设，实现中央企业应急资源的互联互动、统一调动。特别是在鄱阳湖决口群封堵过程中，接防汛抗旱指挥部抢险命令后，中国安能集团第二工程局立即采用信息指挥系统启动应急响应，调度江西省内南昌、鹰潭、新余及省外厦门、常州等地调集410名抢险队员、130台套装备及抢险物资星夜驰援，采用数字地图规划最优机动路线，行进途中利用卫星指挥通信车不间断指挥，实现了救援队伍及装备第一时间到达救援现场。侦测力量先行到达现场后，采用三维激光扫描仪、多旋翼无人机、无人测绘艇、数字声呐仪等多种数字化技术装备，快速侦测获取决口宽度、水深、流速和水域情况，以及周边道路、场地、料场和淹没区情况，为"机械化双向立堵、兵分三路"决口封堵抢险方案的制定奠定了重要基础。主力部队到达后，迅速建立起以指挥通信车为枢纽的抢险战场数字化指挥平台，综合集成现地搭建的视频监控网络、卫星便携站、短波电台和数字单兵通信系统，实现数据实时掌控、图像实时传输、协同抢险行动，后连中国安能集团和工程局后方指挥中心，确保各级指挥连续不间断。

二、数字化赋能提升城市"生命线"工程保障能力

城市电力、交通、供排水、燃气、通信、地下管廊等基础设施，是维系城市生产生活正常运行的重要保障，是城市的"生命线"，也是城市公共安全的薄弱环节。借助数字化手段，聚焦城市"生命线"工程管理过程中的难点、堵点、痛点、盲点，建设"生命线"工程管理"一网统管"系统，通过智能预警手段，结合无人机、高清摄像头等先进设备、智能感知端，依靠水陆空"神经元"，形成结构稳定监测、运行数据分析、问题整改闭环等一系列智能化应用场景，打通部门数据壁垒，有效整合治理资源，实现从及时预警到高效处置的闭环管理，推动城市"生命线"工程管理向智慧化、精细化迈进。

从 2015 年起，合肥市综合运用云计算、物联网、大数据等数字化技术手段，建立起城市生命线工程安全运行监测中心，实现对城市生命线的连续动态监测、数据快速处理、异常情况报警和高效应急处置。该监测中心布设了 100 多种、8.5 万套前端感知设备，覆盖燃气、供水、桥梁等 2.5 万个城市高风险点，实时监测"城市心跳"，城市安全能级不断提升。截至目前，监测中心平均每月有效报警 92.8 起，平均每天处理数据 100 多亿条；通过实时监测报警和数据分析成功预警燃气管网泄漏可能引发燃爆险情 265 起，监测到沼气浓度超标 5407 起，供水管网泄漏 87 起，超过 75 吨的重型车辆超载事件 18782 起。例如，2022 年 11 月 11 日下午 4 时，监测中心发现沪汉蓉桥支座位移数据触发系统二级报警，综合研判确认该桥梁结构存在安全风险，监测中心按处置程序及时向市政工程管理处发布桥梁结构三级风险预警，市政工程管理处立即按应急预案进行现场检测，确认是桥梁伸缩缝型钢脱落横于桥面，对通行车辆和人员形成巨大安全隐患；查明原因后，立即组织抢修，于次日凌晨 3 时 45 分处置完成，成功避免了因桥梁结构损伤引发安全事件的可能性。合肥市利用数字技术促进了城市公共安全突发事件应急管理由灾后救援向灾前防治转变，提高了应急管理体系的效率和有效性，形成了以场景化应用为依托、以智慧防控为导向、以创新驱动为内核、以市场运作为抓手的城市生命线安全工程"合肥模式"。

第十八章　数字化赋能司法高质量发展

公正司法是维护社会公平正义的最后一道防线。数据快速融入社会的生产、分配、流通、消费和服务等各个环节，改变着社会治理方式。在法治建设领域，数字化已与科学立法、严格执法、公正司法、全面守法深度融合，成为广义上赋能司法高质量发展的重要驱动力。

第一节　数字化赋能司法高质量发展面临的问题与挑战

当前司法机关在推进数字化转型的实践上做出了很多重要的成绩，检察机关统一业务系统 2.0 促进了检察业务数字化转型升级和智能化辅助办案赋能，人民法院信息化 3.0 版实现了法院全业务数字化转型和全方位智能服务，电子司法 3.0 工程覆盖了司法行政机关的行政立法、行政执法、刑事执行、公共法律服务四大职能的业务数字化转型，公安部金盾工程、天网工程、平安城市等实现了公安数字化作战体系。司法信息化应用虽已逐步向数字化过渡，但数据互通互联、跨平台流转的应用基础还参差不齐，数据要素的流通标准和业务融合度还有待进一步提升，数字化建设如何更加智能地赋能司法高质量发展还需要进一步探索。

一、法治数据运行机制及业务衔接机制尚待完善

根据"一切业务数据化、一切数据业务化"的司法数字化转型要求，不同信息化平台之间的数据流转，具体司法业务事项跨平台、跨层级、跨地域、跨部门、跨专业、跨业务协同办理，通过数据发现、分析和解决依法治理的重大问题，并基于机器智能形成智慧决策辅助，是法治数据运行机制及业务衔接机

制需要完善的内容。

1.数字法治建设欠缺法治系统工程的概念。由于数字法治建设涵盖立法、执法、司法、普法、守法等各个环节，数字化升级模式相对碎片化，各司法机关多立足于自身业务开展系统建设，缺乏系统统一规划，从而导致资源浪费，因此数字法治建设可从法治系统工程的概念出发，通盘考虑全局运行机制和衔接机制。

2.法治数据运行机制存在诸多难点与问题。当前，司法信息分散，数据复用性低。司法信息应用体系不健全，指挥协调和行业应用智能化程度低，缺乏对司法信息知识图谱的细化丰富，有待提升服务更多部门和丰富业务场景的能力。法治数据运行缺乏感知和评价，对司法信息的"历史变迁"、引发影响、运行机制、结果评价、态势感知等缺乏跟踪，无法主动发现异常，在线感知告警，正确发挥法治数据运行价值。

3.业务衔接机制存在诸多难点与问题。当前，公权力机关与社会领域的法治数据不联不通，立法、执法、司法、普法、守法各环节产生的数据需要衔接并形成统一数据标准，局部单一系统和业务的数字化标准严重影响"大平台共治"的作用发挥。公检法机关信息化探索时间较长，数字化建设相对较为成熟，但人大与司法行政机关的数字化建设近几年处在强基础阶段，各级部门跨法律业务并具有数字化认识的人才队伍缺乏，也需要不断积累经验和逐步发挥引导作用。

综合以上，建设司法数据中心，汇聚司法各类信息和知识，开展知识和数据服务，建设和集成人工智能引擎和司法区块链平台，提升信息价值，打造实体化司法数据中台和智慧司法大脑，为面向各类司法业务场景的人工智能应用提供核心驱动，是法治数据运行机制及业务衔接机制的有效途径。

二、司法人工智能应用场景的实用性面临诸多问题和挑战

将人工智能技术更好地应用于司法领域，有助于减轻司法机关工作人员的重复性事务，提升司法人力资源利用率，使司法机关工作人员更专心于核心工作，更好地提升司法服务水平，但是人工智能技术在司法服务场景中的应用，

也面临诸多现实难题。

1. 从数据层面看，法律数据存在很多问题。当下的法律数据开放得并不充分、不全面，并且结构化处理的程度严重不足，还存在数据生成困难、区域隔离等问题。例如，我国司法领域通常基于法院公开的裁判文书数据和政府公开的法律规范开展人工智能计算，中国裁判文书网部分裁判文书因涉及国家机密、个人隐私或其他原因在公开时有一定限制，司法文书和法律规范的公开范畴也有一定限制，导致法律领域的数据库资源并不足以支持人工智能的计算。

2. 从算法层面看，法律人工智能所使用的算法能力不足。人工智能并没有深度思考法律语言特征的能力，基于逻辑学驱动的法律人工智能研究缺乏实践操作经验。抽取显性的司法要素需要大量优质完整的司法数据，而我国的国情和司法领域的特性使得这一任务难以完成，隐性司法要素的抽取就更加困难了。公检法数据库想要有效衔接，首先统一司法要素，这也是法律人工智能算法需要解决的技术和法律理念问题。

3. 从人才层面看，法律界、人工智能界疏离。法律领域涉及立法、执法、司法、公共法律等多个关键场景，人工智能技术在通用场景中的应用并不能"平移运用"到法律领域，而是需要充分考虑法律特有的"领域知识壁垒"，通过大量的数据语料、反复的试验以及专家深度配合才能摸索出一条路来。当前急需体现法学领域特性的人工智能法学课程体系和实践教学体，急需产学研用相关专家密切配合兼具法律领域人工智能理论研究、实践规划、原型研发能力的复合师资团队，急需以科研攻关、企业开发、科技竞赛驱动人工智能法学人才培养的机制。

三、司法人工智能关键核心技术需要加强攻关

人工智能是法律行业的底层技术之一，实现法律智能的关键是以自然语言处理和知识图谱为代表的人工智能技术。随着法律大数据量级的增加，司法业务应用的现有场景有：法律检索、类案推荐、办案智能辅助、文书智能撰写、立法/规范性文件智能起草、智能合同审查、智能预测、智能问答和智能法律翻译等。

1. 加强司法人工智能关键核心技术攻关有助于优化人力资源配置，提高法治建设能力。当前，远程立案、卷宗 OCR（光学符号识别）、庭审语音识别、证据识别等大部分可以通过计算机完成，人工智能的自动回复、智能撰写等大大减轻了办案人员处理日常琐碎事务的负担，法律问答、诉前咨询、电子卷宗生成、文书制作、类案推送自动化等提高解决问题的效率，帮助法官提高办案质效。

2. 加强司法人工智能关键核心技术攻关有助于为司法工作的开展指明方向。人工智能创造性地运用社会大数据和诉讼大数据，分析相关证据，明确标准指引，能够找出国家司法能力建设的重点，有助于为司法服务过程中的诉讼服务、案件咨询、普法宣传、司法公开、证据检验、类案推送、量刑规范、诉讼风险预测、辅助司法决策等工作的开展指明方向。同时在司法环节中引入人工智能技术还能够在办案过程中对法官的行为进行程序化约束，通过案例的特征预测判决结果或对关键问题进行标注，矫正法官的主观偏见，扩展法官的认知能力，减少法官不当价值判断的消极影响。

3. 加强司法人工智能关键核心技术攻关有助于构建"智慧型"司法系统。智慧法院越来越重视人工智能同司法工作深度融合，加强人工智能应用顶层设计、加强司法数据中台和智慧法院大脑建设、加强司法人工智能全流程辅助办案、辅助事务性工作、辅助司法管理、服务多元解纷和社会治理、拓宽司法应用场景和范围等应用系统建设、加强司法人工智能关键核心技术攻关。智慧检务也越来越重视应用大数据、人工智能等手段，发挥人工智能对数据采集、整理、分析的优势，自动调取资料和汇聚梳理证据链，自动接待来访和判断繁简案件分流，智能审查案件，智能分析社会案件提出建议等，打造数据驱动的智能应用体系和管理体系。智慧法院和智慧检务是司法系统融合人工智能技术的必然趋势。

第二节　数字化赋能司法高质量发展的目标与路径

以系统性、协同性、整体性的治理原则为导向，引领司法机关业务建设，用数字化赋能司法高质量发展。

一、数字化赋能司法高质量发展的目标

1.公安数字化在"十三五"时期得到了充分发展，并且制定了"十四五"时期为业务赋能的具体目标。"十三五"以来，公安数字化发展重点逐年在提升，从主推信息共享，到综合建设、系统整合、公安云计算、移动警务，到构建天网、天算和天智三位一体的整体建设，实现"打击犯罪的精准化，预防犯罪的智能化，管理服务的便捷化，控发犯罪的高效化"，全面提高公安机关"打、防、管、控"的能力和水平。数字化为司法工作赋能的具体目标是，坚持数字赋能警务，大力实施"云上公安、智慧警务"大数据战略，构建全面物联、充分整合、激励创新、协同运作的公安信息化发展模式，努力建成大数据智能应用新生态。

2.检务数字化应用成果显著，智慧检务总体架构目标明确。目前检察机关统一业务系统 2.0 已在检察院系统正式上线，智慧检务呈现以统一业务应用系统为主干，以司法大数据运用为基础，以其他智能化智慧检务应用和检察信息化软件为辅助的格局。智慧检务建设从注重顶层设计和创新探索转向更加侧重业务场景和功能价值，通过智慧公诉试点建设带动智慧出庭、智慧量刑、类案检索、检务问答、"三远一网"等场景化应用，形成了一些有代表性的应用成果。检察数字化为司法工作赋能的具体目标是，加强智慧检务规划体系、理论体系、应用体系建设，形成"全业务智慧办案、全要素智慧管理、全方位智慧服务、全领域智慧支撑"的智慧检务总体架构，实现以机器换人力，以智能增效能，打造新型检察工作方式和管理方式。

3.智慧法院基本建成，司法人工智能技术应用目标明确。"十三五"时期法院建设了全面覆盖、移动互联、跨界融合、深度应用、透明便民、安全可控的人民法院信息化 3.0 版，实现了全业务网上办理（网络化）、全流程依法公开（阳光化）、全方位智能服务（智能化）。同时法院正在以全面推进审判体系和审判能力现代化为目标，以知识为中心、智慧法院大脑为内核、司法数据中台为驱动，推进智能协同应用，拓展数据服务，构建一体云网设施，提升质效运维水平，夯实主动安全体系，加强科技创新引领，打造全方位智能化、全体系自主化、全系统一体化、全时空泛在化、全业务协同化的人民法院信息化4.0 版。人民法院的数字化为司法工作赋能的具体目标是，建成较为完备的司

法人工智能技术应用体系，为司法为民、公正司法提供全方位智能辅助支持。

4.智慧司法行政初步形成智慧法治建设新格局，并确定了统一数据、系统共享、智能化支撑的具体目标。当前智慧司法行政积极运用云计算、大数据和人工智能等新技术开展信息化体系建设，不断优化司法行政职能，通过"互联网＋"优化工作服务模式，通过数据流转协同打通信息壁垒，全面推动司法行政的执法管理、智慧公共法律服务、应急指挥、政务管理等核心业务提档升级，初步形成了基础设施、大数据分析服务平台、一站式综合平台的三层智慧法治建设新格局。司法行政机关的数字化为司法工作赋能的具体目标是，建设涵盖法治体系各领域统一的法治基础信息资源库和重要信息系统，形成层级明确、权限清晰、安全高效的法治信息资源协同共享体系，构建科学立法、严格执法、公正司法、全民守法及依法执政的智能化支撑体系。

二、数字化赋能司法高质量发展的路径

数字化赋能司法高质量发展的路径可从以下方面着手：

1.为数字化赋能司法高质量发展提供必要的保障条件。逐步完善司法机关全系统在公有云上互联互通，通过提供高效的、可动态伸缩的计算、存储、网络等各类基础云资源与云安全防护服务，开展已有应用和数据上云。开展司法机关快速搭建各类创新业务应用，实现云上开发、发布、运维等。根据司法人工智能对算力、存储、通信和服务能力的要求，为司法机关科学合理地规划和建设数据中心、云服务、通信网络、计算存储、通用终端和专用信息化设备等基础设施。强化网络安全、数据安全和个人信息保护，加强安全运维保障，完善人工智能运行维护机制，为人工智能司法应用提供必要的保障条件。

2.建设司法数字化标准规范体系，做好顶层信息资源规划。坚持以网络、数据、硬件、技术、标准建设为主体，建立健全涵盖司法各类业务职能和工作领域的标准规范，统一数字化基础、技术、管理等标准规范和司法标准体系，并建立良好的标准动态管理机制。建设以案件为主线的业务协同办理应用系统，推动技术融合、业务融合、数据融合，打通信息壁垒，形成全系统统筹利用、统一接入的数据资源平台与共享服务平台，做好顶层信息资源规划。构建

包括统一身份认证、业务协同、大数据分析、地理信息系统、数据仓库引擎等应用支撑平台。搭建数据处理和存储系统，搭建互联网与政务外网应用互为补充、涉密网络独立运行的网络架构。通过数据应用重塑优化业务流程和工作模式，推动履职能力持续升级。基本建成标准统一、整体联动、业务协同、信息共享的法治信息化体系，形成信息动态感知、知识深度学习、数据精准分析、业务智能辅助、网络安全可控的法治信息化新格局。

3. 加强司法人工智能应用系统建设。围绕立法、执法、司法、守法普法等典型业务场景，促进司法数据中台和智慧司法大脑与立法、执行、审判、服务、管理等业务应用系统融合集成，不断提升智能化水平，持续优化人工智能应用系统建设。解决立法业务中社会舆情梳理、立法意见融合、立法草案智能生成、立法观点冲突、合宪合法智能审查等核心问题，解决执法业务中政府权责清单、监管事项清单、政务服务清单的动态管理，规范性文件合法合规审查，执法依据裁量基准智能辅助，执法数据之间的关联等核心问题，解决司法审判中的流程办案、辅助办案、数据应用和知识服务等核心问题，解决公共法律服务中的在线咨询、法律问答、仲裁调解等核心问题，不断提供满足司法业务需求、符合先进技术发展方向的司法人工智能产品和服务。

4. 加强司法人工智能关键核心技术攻关。依托国家重点工程、科研项目和科技创新平台，组织产学研优势力量，发挥学科交叉作用。针对面向司法的大规模预训练语言模型及应用，研究多模态司法大数据高效处理方法、司法数据驱动与知识引导相结合的深度神经网络模型构建与样本学习方法，基于法律知识增强的可解释检索和推理模型，面向司法效能提升的人机交互范式，开展基于新一代人工智能的审判辅助系统的关键核心技术集智攻关，为司法人工智能系统建设提供牵引和支撑。

第三节　数字化赋能司法高质量发展的经验分享

本节分享公安机关、人民检察院、人民法院、司法行政机关等在数字化赋能方面的经验。

一、完善法治数据运行机制及业务衔接机制

法治数据运行机制及业务衔接机制的总体设计既要体现出总揽全局、统筹协调的要义，同时也要把握业务驱动、整合共享的实际，在建设内容方面，要体现法治数据建设、涉外法治建设、专题知识建设、辅助科学决策的数据驾驶舱及知识图谱系统建设。

法治数据检索和法律知识图谱系统，以法治信息基础数据库建设为根基，体现所负责的工作职责下全领域机构人员、案件案例、法律法规的数据综合建设。数据库为系统提供底层支撑，结构化数据内容支撑平台检索及智能应用。案件案例库汇集各执法部门、司法机关治理行为数据，包括行政诉讼、行政处罚、行政复议、人民调解、法律援助、律师公证、司法鉴定案例等内容。法律法规库收集整理法律、法令、行政法规、部门规章、党内法规、军事法规、司法解释、地方性法规、地方政府规章等。此外，可建立公众评价数据库，涵盖人大代表和政协委员的建议提案数据、群众信访数据、规范性文件备案审查数据、法治热点问题数据等。

为了实现对法律信息的综合分析，需构建和管理法律体系知识图谱。（1）通过自然语言语义处理平台进行语言语义分析，实现实体识别、关键词提取、画像标签、主题聚类与分类、指代消歧等，结合法治建设领域专业知识结构，构建通用法律体系知识图谱框架。（2）基于通用法律体系知识图谱框架，与具体文书分析结合，实现执法文书解析、司法裁判文书解析、要素识别等智能功能，细化丰富通用法律体系知识图谱。（3）基于以上通用法律体系知识图谱，实现法律应用的智能问答及可视化应用模型管理。

一部法律法规的"血缘"追踪，从法律法规的历次版本变迁、修订计划、起草流程、征求意见、公布实施开始，到由此引起政府部门权力清单事项、行政执法权设立依据、处罚裁量基准甚至执法权力运行流程的调整；从依职权做出行政执法行为的合法性、合理性审查，违法行为涉及"两法衔接"的法律实施运行机制，到法律实施各环节中，公证、司法鉴定、法律援助等法治实施保障，调解、复议、仲裁、信访等纠纷化解机制，公共、社会、企业、涉外为一体的法律服务；从法律实施结果的公开公示，到社会大众感受到执法、司法裁量结果的评价、反馈、舆情、应对，形成对立法后评估、法治督察工作的态势

感知。

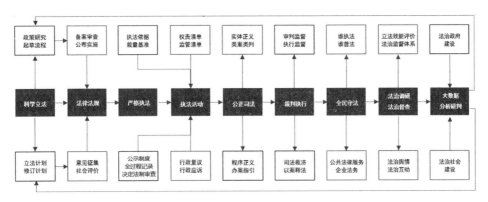

以法律与科技的结合，基于法治数据建设和数据挖掘考量，以知识图谱技术为引，构建法治系统工程中机构人员、案件案例、法律法规、公众评价数据的本体、实体以及关系，挖掘每一类本体的要素和实体的特征，产生从树状结构到网状关系的变化，串联并联每一个本体、实体、要素、环节，甚至时间、空间、流程、机制，呈现法律制定、法律实施、普法守法之间的综合态势，并突出法律法规的核心节点作用，以法律法规的全生命周期变化体现在立法、执法、司法、守法中的业务流转，体现在法治政府建设、法治社会建设体系下依法治理的发展演进。上述全部，共同构成法律、法治大数据在系统工程中的发展图景。

对标"数字法治·智慧司法"的数字化要求，数据流转和业务协同，以及一站式法治检索服务和数据可视化呈现，形成综合平台在法治调研、法治督察、法治舆情、法治研究、涉外法治等宏观业务领域的微观体感，以数据指数化分析为抓手，通过数据看板的方式描绘这一宏大系统工程的样貌，为发现、分析和解决依法治理的重大问题提供数字化支撑，基于法律科技的机器智能，形成对人类智慧的决策辅助。

北大法宝拥有大量不同种类的法律数据，包括法律法规、司法案例、法学期刊、律所实务、专题参考、检察文书、行政处罚文书、党内法规、英文译本、执法依据、权责清单等，满足不同场景法律数据需求，覆盖众多司法领域的业务场景，通过线上开展司法数据服务，也通过数据接口无缝连接到司法机关的业务流程和多端服务。

二、司法领域中人工智能应用场景实践

1. 在立法领域。当前,行政立法工作所需的法律信息资源多且分散,立法相关的法律法规、法学期刊文章、司法案例、行政处罚案例等资源尚未有效汇聚关联并实现一站式检索。行政立法工作协同性差,缺乏统一的业务平台,存储立法项目资料和沉淀有效的立法知识资源,供起草、政府法制、合法性审查等部门之间实现资料共享和同步。行政立法的起草、审查、清理等工作还没有形成信息化和自动化,基本还是靠立法工作人员手工实现,造成了很多现实困难,如立法资料收集费时费力还不全面、审查法规时相应上位法难以查找、需要清理的规章、规范性文件、条款难以梳理等。

针对行政立法工作中需要解决的问题,北京市司法局、山西省司法厅、江苏省司法厅、浙江省司法厅、贵州省司法厅等司法行政机关利用"立法知识+智能应用+业务流程"的模式,构建行政立法基础知识、规范业务流程、提供智能应用辅助为一体的"行政立法智能化信息平台",实现立法者智慧与机器智能有机结合的立法工作方式,利用个人的经验智慧与智能立法工具有机结合,为立法者的科学决策、价值平衡提供最大程度的知识、流程、智能支持。

行政立法智能化信息平台包括行政立法知识库、立法业务流程和行政立法智能化辅助。行政立法知识库包含法律法规、裁判文书、法学期刊、行政处罚文书、专题行政立法库、行政立法技术、备案审查案例库、业务培训视频等。立法业务流程贯穿行政立法全生命周期,包含立项、调研、起草、意见征集、合法性审核、清理、评估等环节,为科学立法提供资料永久保存、操作留痕和流程保障。行政立法智能化辅助基于法律大数据和法律知识图谱技术,构建集舆情感知、知识推送、语义理解、文本生成、风险要点推送等为一体的能力体系。

2. 在执法领域。当前,行政执法机关因部门间存在权责交叉,经常面临多头重复执法,企业苦不堪言的问题。由于行政执法涉及的面广量大,执法力量薄弱,存在执法不规范、运动式执法、选择式执法等问题。有关行政法律、规章较为抽象,规范性和操作性差,执法部门和执法人员存在有法不依、执法不严、违法不究的现象。部分行政机关执法人员事业心、责任心不强,不钻研业务,不熟悉法律,导致执法效率低,社会效果差的问题。

　　针对行政立法工作中需要解决的问题，浙江省司法厅、云南省司法厅、西藏自治区司法厅、四川省司法厅、天津市司法局、吉林省司法厅、甘肃省司法厅、广东省司法厅、广西壮族自治区司法厅等纷纷开展了行政执法综合管理监督平台的建设，实现对行政执法主体、行政执法人员、行政执法事项和行政执法对象的规范化、标准化、编码化和动态化监管，促进依法全面履行政府职能；通过大数据宏观分析法律法规的使用情况，实现立法效益评估，为法律法规立改废释并举提供准确依据，实现立法的精细化、科学化；进一步规范行政执法流程、建立行政执法监督机制，增强公众的参与程度，实现行政执法信息的实时公布和信息透明化。以广西壮族自治区司法厅为例，依托自治区电子政务网络和一体化网上政务服务平台等基础设施，以入口统一、数据统一、标准统一、流程统一、应用统一、考核统一和数据共享为主线，建设涵盖各层级所有执法单位的行政执法综合管理监督平台，建立自治区、市、县、乡镇四级监督模式，形成"横向到边，纵向到底"的全自治区一体化监督体系。

　　3.在司法领域。当前，检法机关知识服务依然存在一系列的痛点和难点。现有的法律法规、裁判文书案例、期刊论文等知识内容资源无法有效满足实务办案需求，缺少对检法机关内部产生的实务经验、办案指引、标准规范、专题研究、法务问答等相关成果的积累。目前法检机关采购和建设了多种多样的法律知识服务应用，有些数据尚处于汇集阶段，这些知识服务入口分散，且相互关联跳转不便，无法有效满足获取和参阅。缺乏科学全面动态的检法知识分类分级体系，无法有效满足知识管理、资源覆盖和业务融合支撑。现有知识服务缺乏智能化、精细化和个性化，无法有效满足用户体验。

　　作为全国刑事速裁、认罪认罚从宽制度第一批试点检察院，上海市虹口区检察院量身打造适用于虹口区检察院的智慧量刑系统，为检察官提出确定量刑建议提供参考。智慧量刑系统选取近十年上海本地的刑事判决书作为判例数据依据，进行要素挖掘、数据分类、规则梳理后，程序自动抓取同类已判案件的判决书进行大数据分析，可视化展示适用认罪认罚和未适用认罪认罚两种情况下的有期徒刑刑期、判处缓刑比例、罚金数额以及定罪免罚等具体对比情况。"认罪认罚从宽有多'宽'"终于有了合适衡量的"标尺"，检察机关认罪认罚适用工作也开展得更顺畅。

三、司法人工智能关键核心技术科研攻关

以大数据、人工智能为标志的新一轮信息技术发展日新月异，司法领域越来越重视司法人工智能关键核心技术科研攻关。"十四五"伊始，在"社会治理与智慧社会科技支撑"重点专项中，科技部会同各司法机关，围绕"平安中国"的战略总目标，组织制定了司法关键技术攻关任务。以社会安全为核心，以科学监管为主线，以智慧服务为支撑，构建智慧社会理论体系，研究共性关键技术与装备，开展行业应用示范，构建一体化社会安全体系，提升防范化解重大系统性风险能力，提升科学监管和服务能力。开展了法检司协同分布式大数据融合关键技术研究，包括针对法院的智慧司法数字大脑共性支撑技术研究，针对检察院的面向金融犯罪的知识服务与资金电子数据证据审查关键技术研究，针对司法行政的立法公众意见综合分析与法律条文智能审查技术、社会治理复杂系统体系设计方法与应用技术、基层社会网格治理数字化关键技术与应用示范、市域社会治理协同化关键技术与应用示范、多元矛盾纠纷成因分析及疏导技术与应用示范等研究。联合北京大学法律人工智能实验室等，开展面向办案的检察机关法律监督知识融合与智能交互关键技术、面向金融犯罪的知识服务与资金电子数据证据审查关键技术、立法公众意见综合分析与法律条文智能审查技术、法治调研智能感知及辅助决策技术的科研公关等，共建"人工智能法学教育实践基地"。

第十九章
数字化赋能其他领域高质量发展

数字化可赋能很多领域高质量发展，除了赋能前面讲解的领域，还可赋能许多其他领域，本章选择其中一些领域阐述数字化如何对其赋能。

第一节　数字化赋能能源行业高质量发展

在世界各国加快发展绿色低碳经济的背景下，以光伏、风电、电动汽车和储能氢能等为代表的新能源产业，已成为世界各国未来经济发展与安全的必争之地。与此同时，国家大力提倡发展数字经济，许多能耗大户的传统行业通过数字化赋能将助力能源行业迈向高质量发展，共同实现双碳目标。

一、数字化赋能能源行业高质量发展面临的挑战

行业的数字化赋能不会是一帆风顺的，能源行业也是面临着组织、业务、技术、理念等多维度的新旧融合挑战。

1. 稳定 vs 创新：能源行业历史悠久，是经济的基础，又牵涉民生保障，求稳压倒一切，对于转型探索的积极性不强。一些大型能源集团，习惯于设立内部独立的数字化赋能及创新部门，但由于其相对弱势的定位而难以深入集团主业，被迫尝试新业务探索，创新变成了创业。如此安排，虽然保护了现有主营业务的稳定性，却迟滞了其拥抱数字化的速度。

2. 投入产出不确定：能源行业属于重资产运行的模式，产线设备改造的成本很高，企业对数字化赋能所需的技改投入比较敏感。而基于创新的内在规律，必须先投入创造样板田再通过试验测算新增收益。所以在启动数字化赋能的初期，需要选准攻坚问题，以有限投入创造可衡量的净增价值，尽快提升投

入产出比。

3.信息化基础不完备：很多关键产线的设备数据采集不完备、不及时，仪表老化导致数据失真，经常无法提供所需数据。但是也不能等待着完美信息化之后再启动数字化赋能。恰恰有可能基于数字化赋能战略终极目标和路径设计，引领信息化建设的步伐，例如，按照最小充分的原则在关键环节部署新的数据采集设备。

4.技术与管理并重：数字化赋能不只是技术独角戏，需要通过一把手工程落实相应的管理手段，促使全员工提升数字化素养，让技术解决方案与企业管理深度融合，扎实落地，充分发挥效能。

二、数字化赋能能源行业高质量发展的目标与路径

（一）目标

能源行业的数字化，可应用"感知网＋数据＋平台＋应用"的软硬结合模式，借助新基建领域的数据中心、物联网、工业互联网等成果，建立数字孪生体，实现"数据上云、智慧落地"，形成生产、管理、决策数字化。通过先行先试的创新探索提炼形成行业统一的信息和数据标准体系，打造敏捷高效、稳定可靠的数字化平台，促进能源领域业务"上云、用数、赋智"，提升能源行业的数字化水平。

（二）路径

能源是各行各业的动力源头，其转型与整个国民经济产业有千丝万缕的联系。能源行业通过数字化赋能向绿色低碳的发展模式迈进，其转型路径设计既要瞄准能源行业自身精准发力，还要着力提升下游传统高能耗行业的能耗效率。

1.供给侧结构调整。在能源供给侧，传统化石能源（煤火电）占据主导比例，也是碳排放的最主要贡献者。大力发展绿色可再生能源，例如，风电、光伏发电等，有序降低化石能源的占比。国家能源局数据显示，截至2020年底，我国风电和光伏发电累计装机分别达到2.8亿千瓦和2.5亿千瓦，在全球占比均超过三分之一；风电和光伏总装机在全国总发电装机中的占比近四分之一。但是装机容量不等于实际并网的贡献量，因为风光电本身的不稳定性导致并网

调度难，出现了普遍的"弃风、弃光"的现象。以物联网、大数据、人工智能等数字化技术能够提升分布式发电与储能系统与电网的动态协同，提高风光电的并网量，从而有序降低传统电力的占比。

2. 需求侧效率提升。在能源的需求侧，常见的能耗大户包括钢铁、水泥、炼化等工业企业，还有交通运输行业（车辆、飞机、轮船）及城市基础民生领域（供暖、供水、供气）。而需求侧的数字化赋能将提升能耗效率，从而减少整体的能耗及碳排放。首先是传统的汽油、柴油汽车转变为新能源车，大幅减少交通运输行业的能耗及碳排放，到 2050 年，我国的电动汽车保有量超过 4 亿辆。其次是工业企业及城市民生领域，通过云计算、大数据、人工智能、物联网等数字化技术的渗透，提升生产运行过程的关键环节控制决策智能化水平，增加单位能源消耗的产出。据世界银行 2019 年的统计报告，中国单位能源消耗创造的 GDP（5 美元）只有美国的一半（10 美元），说明我国在能源需求侧的效率提升空间还很大。

3. 实施步骤四化接力。不论是智慧煤矿、智慧供热，还是智能制造数字化产线，数字化赋能的实施要分阶段接力，"触点数字化、业务在线化、运营数据化、决策智能化"。首先是在各个业务关键环节部署数据采集设备，实现全域感知，例如，机器设备的工况状态参数，以及周边环境的视频监控及结构化提取关键特征，从而实现触点信息采集的数字化；业务在线化则是指业务流程的信息上行、决策下行要实时在线形成无缝衔接，不止步于传统的事后分析归因。运营数据化特指在运营管理手段上要强化"以数据说话"的意识，通过管理动作精准到促使具体岗位员工重视数据准确采集及时报送与反馈，数字化赋能的软件系统建设归根结底还必须被人积极用起来。决策智能化则是数字化赋能的最终境界，让决策者能够洞悉根因，通过表象数据反映的底层规律做出有预见性的决策，例如，根据天气预报的明日气象指数预设城市供热系统的一次供水温度，减小明日的热供需失衡比例。前面三化是基础，决策智能化是实现节能减排的决胜点。

三、数字化赋能能源行业高质量发展的经验分享

近年来能源行业涌现了很多数字化赋能案例，在城市能源生命线及高能耗

生产企业的能源消耗场景，数字化赋能的探索也正在进行中。

（一）流程制造产线数字化节能减排

流程制造的产线中（尤其是工艺复杂、机理复杂、参数众多、高度依赖经验值的产线），在信息化、工业化融合的基础上，积累的数据通过人工智能的深度分析能够发现工业过程中工艺参数之间的定量关系，找出这些关系就能"四两拨千斤"通过智能调控关键工艺参数的软方式实现提质降本增效的硬价值。

工业大脑平台瞄准流程制造的核心环节，利用工业大脑平台的计算力和算法，精准拆解工艺流程之间的内在量化规律，从而找到协同控制优化的策略应用于生产流程，实现"提质、降本、增效"。架构于主流的云平台底座，通过产线信息化的数据接口，对 MES（Manufacturing Execution System，制造执行系统）/SCADA（Supervisory Control And Data Acquisition，数据采集与监视控制系统）/DCS（Distributed Control System，分布式控制系统）等系统的工况数据按照行业数据模板融合打通，再调用"算法工厂"的应用算法包结合行业知识图谱建模实现参数控制，再通过服务总线以 API 方式对产线输出控制建议。工业大脑在生产线的应用方法论——"望、闻、问、切"。

1. 望：将生产流程图通过生产机理的前后逻辑映射到各个数据表的每个数据变量之间的指向关系，构造产线的"数字孪生"，从数据流反向复原生产流程工艺过程。

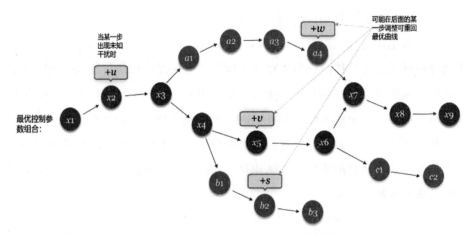

2. 闻：通过算法分析产线的全量历史数据，对关键环节的异常工况反向溯源，寻找上游最有可能的根源环节，找到异常工况的 O/D（起点 / 终点）。通

过算法量化 O/D 敏感度关系。例如，在拓扑数据流图中 x_7 出现异常 3% 的波动，最可能的源头是上游的 x_3 或 a_3 发生了多大的波动？

3. 问：当调整某个关键工艺环节的关键控制参数时，对下游各个环节的工况参数有多大的影响？例如，在拓扑数据流图中 x_2 增加了 $+u$，在下游的关键工艺环节 x_5 与 a_4 的变化量 $+v$ 与 $+w$ 分别为多少？基于这样的综合响应强度分布，提出最优控制方案（哪些源头控制环节，多大调节强度，多长时间）。

4. 切：先开环再闭环。工业大脑发掘提供的最优控制建议应用于产线实时控制的时候，先以最小侵入的方式减少对现有系统的写入动作，只读取实时数据，所有的计算和推荐在独立于现有信息化系统的平台上完成，再将推荐的关键参数值旁路推送给工程师校验下发。在快速取得稳定的提升效果之后，再着手推进工业大脑与现有控制系统的闭环（回写系统）。

东华水泥坐落在山东省淄博市，拥有两条日产 5000 吨水泥熟料生产线，产品销至美国、中东、非洲、东南亚等国家和地区。每条产线年耗电约 8000 千瓦时，耗煤约 2 万吨标准煤，能源消耗巨大。以"低能耗，低成本"为目标，通过水泥生产能耗优化产品采集、处理并分析东华产线数据，建立生料磨电耗及回转窑能耗优化模型，通过人工智能找到生料磨及熟料烧成流程（能耗最大的环节）的最优工艺参数，通过返回控制实时优化实际生产的过程工艺。经过数月的产业运行能耗优化模型，实现 3% ~ 5% 的能耗优化，每年节约 7200 吨标准准煤。

其他高能耗流程制造企业也有类似的成功案例，例如恒逸石化（循环流化床燃烧效率提升 2.6%），中策橡胶（密炼合格率提升 5%）。

（二）城市能源生命线数字化智能化

随着新型城镇化、新型工业化速度加快，我国城市规模越来越大，经济产业集聚等特征日渐明显，原有城市能源生命线系统的设施落后、监管缺失，难以满足智慧城市建设需要。部分城市能源供应效率低，如供热系统存在热力不平衡、温度失衡、供热效果差等问题，难以高效利用热能满足群众供热需求，不利于城市碳达峰、碳中和目标的实现；城市能源生命线系统还面临诸多安全挑战，自然灾害、非法施工、设备失效等异常事件引起的能源供应事故时有发生，导致重大人员伤亡和国家财产严重损失。暴露出当前我国部分城市安全风险底数仍然不清、安全风险辨识水平不高、安全管理手段落后、风险化解能力有限等突出问题。

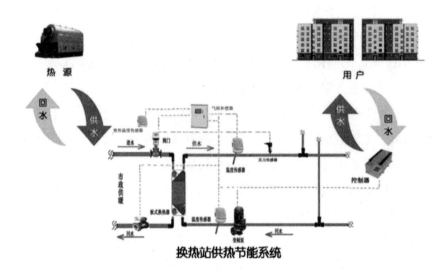

在城市能源调配与供应过程中，以热能为例，城市供热系统的老大难挑战有热力不平衡、温度失衡、供热效果差、调控不及时等，难以高效利用热能满足群众供热需求。

部分供热企业虽然已建设了传感网络监控平台、能源站控制平台、运营管理平台等基础数据系统，但由于供热过程中存在热网大惯性、长时滞、稳定性差、水力耦合性强、热网水力失衡的问题，以及用户端用热需求、天气变化、热网拓扑、换热站运行、热源生产等数据动态变化问题，当前采集到状态变量可能是过时的数据，且是以前的调控措施的滞后反应。为了供给与需求的及时准确匹配，需要对热管网平衡输配、热源生产精准预测、异常分析与诊断等过程虚拟化仿真有着强烈的需求。

而数字孪生平台以热力"源—网—端"全过程监测过程中产生的海量物理数据为基础，结合用户端用热需求、天气变化、热网拓扑、换热站运行、热源生产等实时数据，构建热力运行大数据知识图谱与推理分析系统模型，突破供热管网平衡输配等虚拟化仿真关键技术，为"计划生产、平衡输配、按需供热、负荷分配、节能运行、生产运维"整个供热过程提供智慧化分析与决策支持。基于数组孪生平台，根据未来时段外温变化和热网当前供热效果，预测在未来时段热源负荷变化，从而指导整个管网的供热运行，24 小时热源需求预测准确性控制在 3% 以内。

　　未来还将探索个性化供热，依据用户端个性化期望、调节阀及温控面板的数据，与已有收费系统、客服系统、集抄系统、SCADA 系统等平台对接，实现满足项目单元及末端用户个性化需求的二网平衡均温效果与热负荷目标。

　　上述方案的实施单位为济南能源集团。济南能源集团承担了济南市供气供暖的重担，近年来，集团作为一把手工程持续推进数字化赋能，以管理措施督促员工使用适应数字化系统，转型方案融合了数字孪生、视觉感知、大数据分析等先进技术，构建新型城市能源生命线的智能决策 ERP 系统。2021 年，供暖季节在局部地区的试点已经显著提升了供暖的能耗水平，这其中基于智能 ERP 系统的城市能源生命线数字孪生平台扮演了非常重要的角色。

第二节　数字化赋能乡村振兴高质量发展

数字化是乡村振兴的引擎，赋能乡村振兴高质量发展。

一、数字化赋能乡村振兴高质量发展面临的挑战

　　我国乡村振兴已进入数字化发展新阶段，在一些试点地区已取得初期成效。然而，在发展的进程中仍然涌现了诸多难题，亟待解决，关于数字化赋能乡村振兴的现存挑战分析如下。

　　1. 数字化生产要素短缺，数字化发展结构失衡。（1）乡村数字化生产要素匮乏，数字化基础设施建设不够完善，网络普及率低于预期，总体信息化水平较差。智能生产技术设备使用率较低，数据调度能力欠佳，数据集成程度不够高，无法使用前沿算法模型精准预测市场趋势。数字化人才培育体系尚不完善，农户科技素养较差，无法使用先进的数字化技术工具优化生产服务流程。（2）数字化发展区域性结构失衡，东部沿海发达地区遥遥领先，中部、西部地区乡村数字化发展进程和预期尚存在巨大差距。与此同时，一二线城市乡村数字化进程较快，三四线城市乡村数字化进程缓慢，困难重重。（3）数字化产业结构转型程度失衡，工业数字化建设一路领先，农业生产、流程管理、渠道营

销、数据仓库搭建等各方面尚不完善。

2.属地政府数字化治理能力和社会主体协作水平有待提高。（1）数字化治理能力有待提高：办事服务、阳光政府、惠民工程、政务平台等民生领域数字化建设渠道尚未打通，行政事务管理整体数字化水平较低，信息安全存在一定隐患，未能实现规范化管理。（2）社会主体参与度不高：民间资金较少参与项目前期投资，社会主体各方资源尚未充分调度配置；乡村数字化技术人才匮乏，各职能部门数字化协作能力较低，缺乏数字化建设工作的统筹规划，乡村企业和农民参与成本较高。

3.缺乏深层数字化技术底座，本土资源利用水平较低。（1）农业生产数字化水平较低，技术创新能力较差，尚未充分应用先进的智能生产设备，各细分领域对大数据、区块链、人工智能等前沿技术的结合不到位，农业生产模式未能向智能化、信息化、精细化转型。（2）本土资源利用水平较低。乡村本土文化底蕴深厚，传承了丰富的历史价值，链接了先进的时代精神，是数字化赋能乡村振兴的重要主题。但在数字化进程中，乡村干部对于乡村传统文化的开发不够深入，对人文精神的理解不够深刻，文化影响力有待加强。（3）在本土资源数字化的具体表现形式上，一些地区拘泥于影音图片、文本、立体场景等，创新能力不足，外地游客的参与感、互动感不强，未能引发情感共鸣。

二、数字化赋能乡村振兴高质量发展的目标与路径

（一）目标

1.数字化赋能乡村基础设施建设。深度应用大数据、人工智能、区块链、物联网等前沿科技，全面推进乡村信息基础设施建设。全方位铺设光纤通道，完善有线宽带、无线网络等基础设施，深度辐射乡村落后地区。搭建农业数字化管理平台，完善功能板块，建设智能社区。

2.数字化赋能乡村公共治理体系重构。全面统筹信息服务平台建设，建立管理规范。深度优化社会治理机制，推进多主体协调发展，引入前沿算法模型，精准识别个体需求，提升个体参与感，互利共赢。

3.数字化赋能乡村产业链优化升级。通过数字化技术手段，打造空间遥感、远程监测、精准定制、决策优化的智能农业生产模式，全面链接产品生

产、经营管理和终端服务，实现数据集成，全面推进农业产业链数字化、智能化转型。

（二）路径

1. 大力推进乡村数字化惠民工程，增强数字化公共服务能力，推进产业链优化升级。（1）通过前沿科技优化乡村公共资源配置，进一步消除信息壁垒，通过数字化技术链接不同部门、不同社会主体，发挥协同效应，释放服务效能。（2）深度融合虚拟现实技术等前沿科技，促进乡村文化产业链数字化转型。通过塑造沉浸式场景体验，建设乡村特色文创产业链，进一步丰富本土乡村文化的时代内涵，提升地区影响力。（3）推进建设乡村数字化产业集群，打造特色主题小镇，培育领军企业，发挥规模效应。

2. 完善乡村思想教育与人才培养体系，激发乡村振兴数字化内生动力。（1）数字化赋能乡村教育模式优化升级，全面提升乡村思想教育水平，通过网络慕课平台宣传先进思想文化，优化乡村党课和素质教育。（2）数字化赋能乡村复合型人才培育体系建设，全面提升村干部和农民群众的信息科技素养，推广智能生产相关专业培训。外部优秀技术人才引进和内部选拔培养齐头并进，成为数字化赋能乡村振兴的内生动力。

3. 全面创新技术手段，互联互通，建设乡村经济数字化发展新业态。深入推进乡村供应链数字化进程，促进乡村物流配送迭代升级，推进完善农业产成品流入城市，制造业产品向乡村流通的两条物流通道，运用前沿科技优化数据调度，消除信息壁垒，全面联通研产供销各节点要素，优化乡村经济资源配置。

三、数字化赋能乡村振兴高质量发展的经验分享

1. 全面提升乡村数据集成能力，数据驱动乡村经济高质量发展，不断优化产业格局和民生服务。（1）可视化数据图谱助力乡村智能化发展：浙江省德清县通过可视化数据图谱实现了全方位乡村信息采集，充分挖掘本土文化资源，建立数字化发展内核，基于底层时空信息，融合不同部门的图层数据打造数字地图，结合不同行政村的农业生产实际，搭建算法模型，充分展现本土生态景观和历史文化演变，推进乡村生产生活全链路智能化发展。（2）智慧化平台推

动乡村信息化建设：安徽滁州章广镇通过推广智慧化平台，打造新型综合服务模式，以智能乡村内核和数字化流程管理体系为发展中枢，深度优化政治文化建设、产业经济发展、生态文明建设等不同板块，结合前沿监测技术，完善信息采集，全面推进乡村数据库建设。（3）信息溯源技术促进乡村经济效益优化：湖南安化田庄结合生产信息记录、产品追踪、质量溯源二维码等技术手段，搭建黑茶产品全链路溯源管理平台，生产、流通、质检、溯源协同管理，优化市场研判，助力高质量信息决策，改善生产效益。

2.深度拓展数字化应用场景，提升问题解决力。（1）拓展农业生产场景，优化产业数字化格局。四川大邑祥龙社区依托农业遥感技术、多光谱技术等前沿科技，打造智慧农场，全方位收集农业生产时空数据信息，构建数据网，优化流程管理。此外，采用远程监测技术针对自然灾害、农业产量数据、作物生长状态等涉农信息进行精准预警，助力高效生产决策，全面提升农业生产数字化水平。（2）拓展乡村日常政务管理场景，优化乡村公共治理。例如，有些地区结合数字化技术工具，打造了行政管理条线的应用场景。在实践操作中，年度乡村居民文明积分与社会福利紧密相关，激励个体深度参与乡村公益活动，形成良好的社会风尚，不断完善乡村公共治理体系建设。

3.贯彻落实信息共享和主体协同机制，共创乡村数字化发展新格局。（1）推进数据仓库建设，消除信息孤岛，实现信息资源高效整合。例如，有些山区研发设计系列无人机，高质量完成打药、除草修枝、农产品采摘作业，进一步融合多维度时空数据，打造智慧果园，实现数字化生产管理。（2）大力推进主体间协同合作，联动发展，迈向乡村振兴数字化新阶段。例如，有些地区在项目进程中引入银行、险企等社会资本，与村内贷款申请者一道，协同合作，有效降低产业风险，实现资金融通，延伸产业链价值。

第三节　数字化赋能贸易高质量发展

党的二十大报告指出，发展数字贸易，加快建设贸易强国。本节将介绍数字化赋能贸易高质量发展所面临的挑战、发展目标、发展路径，在此基础上分享数字化赋能贸易高质量发展方面的经验。

一、数字化赋能贸易高质量发展面临的挑战

当前，我国贸易数字化发展思路逐渐完善，大量市场主体开展了初期实践，取得了阶段性实践成果。然而，在贸易数字化进程中仍存在诸多不足，亟待完善。

（一）贸易数字化资源配置失衡及发展形势复杂

1. 贸易数字化发展不均衡，国内市场主体的科研创新能力有待提高。（1）网络基础设施在城市地域和产业结构上配置失衡。东部沿海地区的网络基础设施较为完善，中部、西部地区关键资源配置不到位。在贸易领域，技术导向型企业贸易数字化发展进程缓慢。（2）许多企业专利技术研发创新能力薄弱，发展容易被"卡脖子"，产品质量亟待优化，产业链建设急需完善。

2. 国际贸易形势复杂多变。（1）随着信息化建设深入推进，国际产业格局正在经历系统性重塑。（2）在动态变化的疫情形势下，经济发展较为滞后，市场供求失衡，国际原材料价格上升，贸易数字化正面临着一系列国际难题。

（二）贸易数字化管理体系亟待优化

1. 国家治理能力有待加强。在数字化系统建设、市场监管、个体隐私保护、市场准入考察、负面清单管理、从业资格证考核等领域，政府需要进一步优化贸易数字化的治理能力。

2. 贸易数字化进程受到西方发达国家掣肘。欧美与日本等发达国家把控了数字化核心技术和贸易领域的关键资源，与发展中国家的转型进程割裂开来，在逆全球化的过程中加剧我国贸易压力，影响全球贸易数字化治理体系的构建。

二、数字化赋能贸易高质量发展的目标与路径

（一）目标

1. 充分整合资源，优化生产，实现个性化定制。国内企业要利用前沿数字化技术，实现数据集成，对原材料采购、成品加工等流程迭代升级，深度优化生产环节；国内企业还要使用先进算法模型进行数据挖掘，实现产品服务的个性化定制，在数字化贸易规范化运行中塑造企业口碑。

2. 信息实时共享，优化流通，提升抗风险能力。企业通过物联网、人工智

能等技术精准追踪产品流向和实时点位，利用二维码等技术工具准确溯源，保障订单时效和产品服务整体质量，提升流通环节整体的抗风险能力。

3.提升创新能力，优化消费，催生新贸易业态。（1）迭代升级各类应用场景，提升产品服务创新能力，塑造沉浸式消费体验，打造企业品牌。（2）通过线上平台、社交软件汇集消费者诉求，提升消费者参与度，建立情感链接，催生新贸易业态。

（二）路径

1.数字化赋能信息网络基础设施建设。政府部门充分发挥改革引领作用，广泛吸纳社会资本，因地制宜指导地方项目建设；企业要大力提升专利技术核心竞争力，在高新技术领域不断优化研发创新，进一步延伸企业价值链。

2.数字化赋能贸易治理体系重构。政府部门严加监管，完善税务治理，打击贸易垄断，维护行业生态系统，促进公平竞争；全面完善贸易准入机制建设，消弭贸易壁垒，提升行业透明度，创新贸易治理体系建设。

3.数字化赋能贸易流通迭代升级。企业要全面搭建数字化仓库，实现数据集成，优化产品调度和问题排查追溯，对不同细分领域进行精准管控，提升流通环节整体运行效率。

三、数字化赋能贸易高质量发展的经验分享

1.全面加强渠道建设，创新商业模式，深度推进供应链转型。企业可以依托线上购物平台，结合自营渠道，优化企业供应链，充分细分业务板块，为终端客群输送先进的产品服务，提质增效，进一步延伸企业价值链。

2.深度优化应用场景，升级业务流程，建立行业品牌。食品企业需要进一步提升不同业务场景的数字化水平，持续升级对餐饮、医疗卫生、行政部门等终端客群的食品供应，优化成本投入，塑造行业口碑。

3.依托数字化技术打造智慧服务平台，延展企业贸易边界。国内企业通过整合现有业务资源，依托区块链、大数据技术，构建融交易、供应链、物流仓储、信息交流于一体的功能性服务平台，不断优化数据要素配置，深度链接产业链上下游的用户群体，融通资金，聚合信息，优化企业服务效能，延展企业贸易边界。

第四节　数字化赋能供应链高质量发展

在经济全球化的背景下，市场竞争日益加剧，企业之间的竞争开始转变为供应链之间的竞争。中国制造业及其供应链发展正进入了一个关键的发展阶段，数字化应用也在深入各种供应链应用场景。因此，使供应链数字化、智能化，加快数字化工厂和智能物流的建设，已成为产业发展的新趋势。

一、数字化赋能供应链高质量发展面临的挑战

目前，许多供应链企业顺应数字化发展趋势积极进行战略部署，取得了初期成果，但转型进程仍然面临诸多挑战，主要包括以下方面。

1. 供应链数字化发展思路僵化，未能打破固有模式限制。没有实现原有管理理念和前沿数字化技术的有机结合；数字化平台建设存在盲目性，企业数字化内核亟待优化；未能意识到数字化对企业职能部门管理权力的削弱程度，整体数字化效果不达标。

2. 供应链数字化管理体系不够健全，未能实现精细化发展。后疫情时代供应链风险管理整体难度不断攀升，社会层面供应链的安全性、稳定性急需优化；产品市场导向的落后管理模式限制了供应链数字化转型的精细化水平，行业领军企业急需完善数字化供应链模块功能，产业链整体数字化水平亟待优化。

3. 供应链数字化基础设施尚不完善，整体服务效能受限。供应链企业现阶段在技术底座搭建上支持力度不够，整体投入产出比较低；企业行政管理未建立数字化多级链接，尚未整合不同地域、不同模块、不同主体的数字化资源，数字化进程缺乏协同效应，尚未实现共建共享共治，整体服务效能受限。

二、数字化赋能供应链高质量发展的目标与路径

（一）目标

1. 完善企业运营管理，实现穿透型数字化变革。（1）优化企业业务管理系统，积累数字化要素资源，提升数字化职能管理能力，实现业务技术协同发展。（2）打造企业数据仓库，转变业务发展理念，提升算力，优化流程管理。

2.深耕数字资产，延伸企业价值链。（1）优化企业数字化要素配置，结合数字技术迭代业务场景，提升市场敏感度。（2）深度创新企业发展模式，不断积累数据资源，精准优化产品服务，培育企业新的业务增长点，构筑产业数字化发展新格局。

（二）路径

1.数字化赋能供应链企业发展内核迭代升级。积极搭建可视化算法模型，优化核心系统，实现数据驱动企业发展。依托具体数字化路径归集各节点数据资源，进行预测分析，优化风险管理体系，迭代升级企业发展内核。

2.数字化赋能供应链企业生态格局优化更新。推动建立多主体共同发展、数字化建设共治共享的新格局，优化供应链生态系统，建立主体间深层链接，实时响应，延伸企业价值链，实现供应链数字化高质量可持续发展。

3.数字化赋能供应链企业流程管理创新变革。依托数字技术实现流程管理体系重构，高效联通上下游各主体，优化各环节响应效率，收集多源信息统筹管理，更好地释放服务效能。

4.数字化赋能供应链企业经营决策调整完善。利用数据挖掘技术提供海量信息，精准优化企业经营战略，沉淀数据，不断优化升级企业整体解决方案，提升企业经营决策的科学性、智能性。

三、数字化赋能供应链高质量发展的经验分享

1.优化场景应用，实现业务技术协同发展。（1）整合企业数字化资源，迭代更新业务场景，优化客户体验感。（2）将数字化技术嵌入企业各业务板块，实时响应，提升线上渠道运转效率，改善线下渠道管理水平，搭建智能服务平台，实现业务技术协同发展。

2.完善企业转型支持体系，实现多主体协同发展。（1）大力加强和产业科研人员、专家学者的合作交流，优化企业后备力量，提升数字化内生创新能力。（2）优化组织架构，促进企业管理资源高效配置，深度完善自上而下的战略部署及自下而上的执行反馈融合互补，促进协同发展。

3.提升客户服务质量，优化企业核心竞争力。通过数据图谱技术完善客户信息管理，建立可视化模型把握整体特征，建立日常观测和预测分析机制，全

方位改善客户服务，深度提升企业竞争力。

4.全面迭代运营管理，优化企业经营效率。依托数字化技术深度链接各职能单元，提升各节点信息共享水平，完善客户需求反馈机制，优化企业管理决策。完善企业经营模式，优化数字化资源配置，促进线上线下融合发展，以客户为导向进行研发创新，优化企业经营效率。

第五节　数字化赋能审计高质量发展

数字化可提高审计质量和效率。本节将重点介绍数字化赋能审计高质量发展所面临的挑战，并提出基于不同层面的发展目标，进一步分析多维度的发展路径，在此基础上分享数字化赋能审计高质量发展方面的经验。

一、数字化赋能审计高质量发展面临的挑战

伴随当前全行业加紧数字化赋能态势，审计作为贯穿企业经营管理全流程的重要监督手段，已逐步迈向数字化新阶段。然而，在具体操作中，审计数字化转型困难重重，诸多挑战尚存，主要包括以下方面：

1.审计数字化缺乏清晰定义。何谓审计数字化？在审计所面对的对象、资料日益数字化的时代背景下，审计形势的数字化是被动发生的。而审计思路、寻求问题导向路径的数字化要主动调整。但是，由于数字化发展状态不一致，组织内部的数字化统筹不到位，欠缺统一明确的规划，各业务系统数据横向关联、纵向层级间均壁垒明显。在这种背景之下，如何定义审计数字化？如何明确审计数字化赋能路径均是不可回避的现实问题。

2.审计数字化人才匮乏。（1）在人员结构层面，审计专员大多为业务条线对口专业、会计、财务管理相关专业等，即使是计算机、自动化专业人才在审计工作方法、思路方面也同样存在缺陷，懂业务、懂审计、懂信息化的复合型人才极度匮乏，距离能够搭建审计数字化系统并进行维护更新更是遥远。（2）在具体操作层面，审计专员业务素质与数字化审计发展目标不完全匹配。审计专员的业务习惯和作为理性经济人的有限性，审计报告的出具可能存在一定的主观性，影响审计项目风险管控质量。同时，各业务系统数据的手工处理

现状还未能完全转型，即业务数据、财务数据的完全数字化障碍尚存，审计人员对于数字化技术手段未能完全掌握，审计数字化被动转型尚有困难，较主动转型差距甚远。

3. 审计数字化缺乏前瞻性发展规划。由于审计自身的监督管理职能，在日常经营中精确计量审计对公司净利润的产出贡献难度本身就较大。在传统认知中，审计是纯成本中心，无法量化对组织的价值贡献，在组织整体资源计划系统中未充分考虑审计数字化的发展目标，导致审计数字化整体进程缺乏前瞻性考量。

4. 审计数字化赋能基础薄弱。在操作层面，被动转型需要组织内业务部门数据、财务数据、信息科技数据三者之间实现高度契合，完全消除内部信息壁垒的条件下方能展开，但现实情况并不乐观。即使已经完全消除信息壁垒的组织，实现向审计系统的完全对接也尚存在差距。此外，审计数字化主动转型还需要建立适应性及契合度极强的审计工作系统，应实现对初始数据的调阅集合、分析加工，在此基础上逐步实现初级筛选、建模预警，审计人员要通过设计识别风险的算法，持续更新调整审计系统的目标，从而实现智慧审计。

二、数字化赋能审计高质量发展的目标与路径

（一）数字化赋能审计高质量发展的目标

1. 数字化赋能审计技术应用迭代更新。同其他管理职能相似，技术的迭代更新是审计实现高质量发展的基础和条件。数字化技术为传统审计方法、模式等改善提供了各种可能。（1）在技术手段上将样本和总体合二为一，消除审计业务盲区，实现信息的实时共享，提升信息传递及审计工作的灵活性，推进企业稳健发展，延伸企业价值链。（2）全面开发内审应用场景，化后置审计为前置审计，发挥审计的预测判断功能，有效管控风险，优化企业决策，实现模型算力提升，精准识别高风险项目，把握业务异常点。

2. 数字化赋能审计组织架构优化升级。技术可行性改善的同时，审计组织较传统信息共享、区域局限等方面亦有优化条件。在审计组织中，可以发挥不同业务单位的职能优势，通过整合审计业务资源，实现信息传递的协同效应，提升个体服务效能。通过各条线间交互合作，实现数据聚合，提升审计作业的

空间覆盖度，突破区域化审计的局限性。

3.数字化赋能审计管理机制革新。新技术赋能的同时，组织内应同时全面加强审计数字化的顶层设计，完善数字化转型体制机制，明确审计数字化的主要任务，配置前沿技术资源，全方位优化审计前、中、后的流程管理。

4.数字化赋能审计监管职能优化。审计作为组织内部的管理手段，其职能在不同的历史发展阶段被不断地更新定义。数字化背景下，组织随着积极推进审计信息化建设，优化资源配置，审计可以发挥的监管范围及对象不断被拓宽；监管深度不断被发掘，从而实现审计监督管理职能的持续优化，最终为改善企业经济效益、实现发展目标及意愿服务。

（二）数字化赋能审计高质量发展的路径

可考虑按以下路径推进数字化赋能审计工作：

1.完善统筹规划，实现数据资源整合。（1）在战略部署层面，推进内审数字化，不断优化研发设计，整合各条线、各层级信息资源，充分发挥审计的监督管理职能。（2）在实务操作层面，结合业务场景和审计规范执行不同的数字化管理范式。

2.深度优化应用场景和审计模式，提升数据治理水平。（1）深度开发应用场景，完善内审数据口径规则，保障信息安全，加强风险研判，提升审计质量。优化模型和数据管理，实现规范化运行。结合过往审计业务案例，出具数字化解决方案，及时完成内部数据清洗。构建内审数据仓库，收集经营管理多源数据，通过前沿技术手段整合分析，实时反馈，有效监督管理。（2）持续完善审计模式，实现远程监测和现场稽查协同并进。贯彻落实项目视频备查制度，消除数据盲区。全方位调度审计资源，完善现场稽查制度，信息互联互通，提升内审效率。

3.搭建内审数据模型和管理平台，精准监控企业风险。（1）积极开发前沿的算法模型作为审计工具，并依托企业自身实践，复盘总结，不断优化提升。建设内审数据仓库，打破多个局域数据平台的链接壁垒，实现数据整合，在时间维度优化数据传输频率，在空间维度有效储存不同量级的数据，促进内审流程向透明化、集成化、一体化转型。（2）构建审计项目综合管理平台，全面覆盖业务板块、审核机制、设备工具、专家解决方案等各类应用场景，促进审计作业数字化高质量发展。

4. 全力推进审计＋科技协同机制建设。（1）在内审考核层面，完善集团内部激励机制，优化各要素投入，秉承长期主义，推进审计数字化创新发展。（2）在队伍建设层面，外部优秀人才引进和内部选拔培养齐头并进，打造具备前沿科技思维和扎实业务能力的先进队伍。（3）在人员配置层面，构建科学完备的数字化岗位体系，全面提升审计专员业务创新能力。其中前台专员负责数据收集及清洗，中台专员主管模型构建及数据分析，挖掘疑点并出具报告，后台专员承接开发维护及其他辅助支持性工作。

三、数字化赋能审计高质量发展的经验分享

（一）做好整体规划和模型优化

1. 转变理念，推进组织架构创新变革。（1）内审部门积极转变理念，确定审计数字化整体改革思路，助力后续架构建设，以此为基础，依托审计数据集市打造前沿的审计数字化平台，引入 OLAP（数据立方体分析技术）等多种新型技术手段分析多维数据。（2）推进组织架构创新变革，优化项目线、行政线、技术线的人员配置和信息链接，加强不同部门之间的审计联系，促进审计效能提升。

2. 做好总体架构分层。总体架构分为以下三个层面：前台应用层、中台支撑层和后台基础层。（1）基础层提供海量算力，实时响应，搭建稳定的数据仓库。（2）中台支撑层承上启下，链接着应用层和基础层，实现数据预处理，灵活响应前台应用层数据，聚合信息的同时兼顾后台稳定性，是至关重要的一环。（3）前台应用层依托综合业务多元场景迭代更新，助力构建数字化审计生态系统，消除信息壁垒，推动各场景元素循环衍变。

3. 开发并优化模型。常见违规行为包括："知法犯法"型和"瞒天过海"型，前者表示自行违规采购；后者代表拆解业务，化整为零以回避集采。基于以上情况，可分拆要素，提取数据导入平台，搭建模型，定义口径，循环演绎，抓取多笔同企业、同期、同供应商采购合同，识别构成异同和总计与限额差异，鉴定违规拆包，完善审计流程，精准排查风险。通过数据仓库调度信息，以图表工具进行可视化演示，设置阈值单位，灵活调整，达成与风险特征匹配的企

业阈值波动修正；呈现指标动态变化，明晰审计疑点，同步把控全局风险。

（二）加强智能化审计应用

1.智能审计优势。（1）对大数据的全面分析能力。智能审计使用数据湖架构构建了大数据审计平台和审计数据运营与管理机制，搜集和存储企业内、外部各类结构化和非结构化数据，实现各类数据的专业化处理，包括采集、加工、转换、存储、交换、关联、共享和管理。例如，针对银行的内部审计，通过全面分析零售客户的支出情况、支付渠道、消费习惯等各类数据，可以全面、动态、真实地获得审计对象的总体信息，然后帮助内部审计人员高效地识别异常客户的风险特征。通过对公客户内、外部数据的交叉验证和组合分析，还可以为内部审计部门对相关客户进行信贷评价提供更好的参考依据。（2）高效的自动化处理能力。智能审计利用审计机器人流程自动化替代人工执行具有清晰定义和极少例外情况下的重复和确定性审计动作，可以实现审计人力成本的节约和审计资源的合理配置，形成审计资源的聚焦能力。该技术可以帮助审计人员完成外部数据挖掘、数据采集、数据比对分析、系统安全检查以及审计工作底稿编写等重复性的事务性工作。此外，采用模式识别（文字识别、人脸识别、语音识别）等人工智能技术，可以为审计人员提供文本、图像和语音自动识别及检查工具，从而支撑各类审计项目中对企业数字化改造后业务过程产生的海量合同文本、电子证照、录音等非结构化数据的全样本检查。（3）对业务风险的智慧洞察能力。以往的内部审计项目主要依赖审计人员设定规则对样本进行异常筛选，审计效果往往与审计人员经验水平密切相关。机器学习作为人工智能的核心应用模式，可以使计算机主动学习。智能审计应用机器学习技术，通过有监督和无监督机器学习模型直接对大量审计对象的数据进行处理分析，形成相应的假设结果和风险预测，从而帮助审计人员揭示出隐形的数据关系。该技术为审计人员提供了另一条基于数据的风险洞察和识别路径。此外，通过对机器学习模型结果特征开展进一步分析，可以扩展各类原有审计数据模型的覆盖范围和提高其精度。

2.加强智能审计在审计项目周期中的应用。智能审计的应用场景覆盖整个审计项目周期。在项目决策阶段，基于风险智能地图构建与重大风险快速识别的准确预判，为审计项目提供决策支撑；在审前调研阶段，借助审计知识库快速完成流程的梳理、数据的整体分析、管理的情况了解是调研的关键内容，可视化是主要展现形式；在项目实施阶段，通过文本挖掘、机器学习等技术，拓展数据分析的广度与深度，提升审计工作的实效性、准确性，利用 RPA 提升测试的效率；在审计报告阶段，基于审计结果，利用 RPA 生成对应审计底稿和审计确认单，借助机器学习识别更多同类问题；在问题整改阶段，审计工作最后阶段，基于审计发现问题进行持续跟踪，形成持续审计模型。智能审计相关技术已在多个行业的不同领域项目中得到应用，取得较好效果。例如，在专项审计项目过程中，利用网络爬虫机器人流程自动化和文本挖掘工具对业务合同合规性进行了全面调查，仅耗时两天就完成了上千余份客户合同关键条款的快速复核，识别几百个异常样本。利用机器学习技术，基于决策树、回归树模型算法，从规则型数据审计模型识别结果出发，对原有识别规则进行高效扩展。智能审计应用场景范围将越来越广，每一个内部审计组织都可以结合自身的特点，识别和实践智能审计场景，搭建智能审计平台，推动内部审计理念和方法的创新与变革。

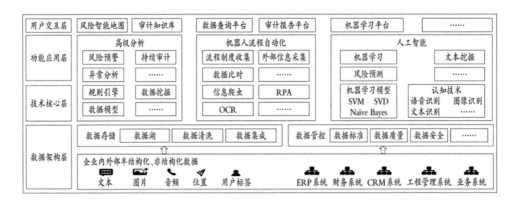

第二十章
数字化赋能高质量发展的安全管控

经济安全是国家安全的基础，以数字化赋能为核心的数字经济是否健康安全发展，关系到国家经济乃至国家安全。数字化赋能高质量发展，必须统筹发展与安全，夯实安全发展基础，完善安全管控举措，增强安全防控能力，在防范重大风险基础上安全发展。本章重点论述数字化赋能高质量发展过程中面临的安全隐患、挑战以及安全管控的整体思路和工作建议。因安全概念的外延非常大，本书侧重从技术角度讲解数字化赋能的安全管控工作。

第一节　数字化赋能高质量发展的安全隐患与挑战

数字化赋能犹如一把"双刃剑"，给传统产业带来革新机遇的同时，也不可避免带来一系列风险。传统产业如何在享受数字化红利的同时进行安全管控？这成为产业界和学术界共同关注的问题。

一、数字化赋能高质量发展面临的安全隐患

数字化赋能进入高速发展期，零售、餐饮、教育、金融、医疗、生活服务等各类产业逐步实现数字化转型，产业数字化高速发展，但也催生了一系列安全隐患。

（一）产业安全能力依然薄弱

随着数字技术与产业内核心业务的融合，数字技术也为产业安全带来挑战，当前一些传统产业安全防控能力较为薄弱，在防控安全隐患上与理想水平存在较大差距。很多产业链核心企业，与上游供应商和下游经销商、直客

之间存在多重交互，数字化赋能涉及物流、仓储、监管、财务等多个环节，每个环节的交互都可能存在安全漏洞，而当前很多企业缺少安全系统运营能力和相关领域专家。例如，曾有黑客通过企业智能温控系统入侵企业 IT 系统，对企业造成巨大损失。企业信息交互不畅，信息孤岛问题导致对于风险判断存在难度，而信息"上云"的数据共享，也会产生客户信息泄露等安全问题。

（二）安全技术升级换代加快给产业带来挑战

互联网技术包罗万象，随着世界各国加大对计算机技术研发的投入，包括人工智能、大数据、云计算等技术更新换代速度大大加快，而每一次技术创新都对安全技术提出新要求。今后，移动互联网安全、云安全、物联网安全等将取代传统安全技术成为安全防护主流，但因不同产业、不同企业的数字化程度和安全防护能力差距巨大，安全技术的这种快速迭代将给产业带来巨大挑战。例如，运营一些数字产品时，可能面临诸多数字安全威胁，如信息数据泄露、软件供应链攻击、钓鱼欺诈、恶意代码漏洞攻击、品牌失陷、内部欺诈等，对于企业安全运营能力提出更高要求。

（三）安全技术人才依然紧缺

在数字化赋能过程中，将衍生更多应用场景，很多如云计算、区块链、大数据等数字技术应用场景所需要的安全防控知识不同，业务复合后安全防控情形更加复杂，需要更加专业化、复合化的安全技术人才。此外，数字经济合规发展要求逐步强化，《网络安全法》《数据安全法》《个人信息保护法》《关键信息基础设施安全保护条例》等一系列法律法规出台，要求安全技术人才学习能力更快、综合成长更快。但当前产业安全人才培养与行业需求严重不匹配。（1）培养的产业安全人才供不应求。（2）产业安全高端人才严重匮乏。目前高校在专业设置和科研力量投入上仍然过于关注数字化技术的应用领域，对于安全领域关注较少，因此造成安全技术和高端安全人才满足不了行业需求。（3）安全人才培养模式对特定产业缺乏了解，目前培养模式过于单一和流水线化，使得安全人才对产业内部纵深业务流程等了解不够。这些因素共同造成当前产业安全人才的巨大缺口，需要产业、政府和高校共同协作解决。

二、数字化赋能高质量发展面临的安全挑战

虚拟世界层

应用层安全威胁	身份冒用 应用层窃听/篡改
数据层安全威胁	隐私数据（身份/数据/位置等）存在安全威胁，云端面临云安全（如数据泄露、不安全的接口和 API、系统漏洞、账户劫持、恶意内部人员）威胁
控制层安全威胁	工业控制设计之初未考虑完整性、身份校验等安全，其授权与访问控制不严格，身份验证不充分，凭证管理不严
网络层安全威胁	非法访问、资源争夺、非法攻击 边缘计算场景造成网络边界模糊，传统物理边界防护难以应用

物理世界层

接入层安全威胁	接入终端数量大，类型众多，缺乏统一的安全标识和认证管理机制，即放大了被入侵的风险又缺乏可信度
感知层安全威胁	信号干扰 信息截取 数据篡改 身份假冒 漏洞攻击
物理层安全威胁	物理访问环境安保以漏洞攻击安全，例如被盗窃、被破坏、火烧、雷击等

虽然数字经济在拉动经济发展中的重要性不断凸显，但由于数字经济不同于实体经济，在传送、处理的过程仍然面临个人信息安全、数据流动安全、网络空间安全等三方面挑战。

（一）个人信息安全风险

随着数字技术的迭代更新，信息抓取的手段更加多元、方式更加简便、范围更加广泛。非法使用数字技术手段获取个人信息，对个人信息安全造成严重威胁，主要表现在以下几个方面：（1）个人信息过度泄露安全。当前，各类商业软件强制套取个人数据，除个人基础信息外，还强制访问个人存储空间、通讯录、地理位置等信息，存在过度收集个人信息的现象。例如，一些电商或者打车平台通过收集消费者的个人数据来分析消费者的消费需求和习惯，并通过"杀熟"方式，即以更高价格售卖给忠诚度更高的客户，来获取更高收益，这种乱象行为严重侵犯了个人消费者的权益。（2）个人信息非法利用安全。近年来，个人信息非法利用已经成为产业在市场蔓延，在利益驱动下，针对用户信息的非法收集、窃取、贩卖和利用行为日益猖獗，倒卖用户信息的地下产业链总规模已超千亿，形势十分严峻。个人信息被非法交易，导致个人财产和隐私遭受严重损失，甚至引发网络金融诈骗、非法集资等犯罪发生，对经济安全构成威胁。

（二）数据流动安全风险

在数字产业化不断加快的大背景下，作为市场要素的数据跨境流动更加普遍，随之而来的一系列数据流动风险严重威胁国家安全和经济稳定。（1）敏感数据流动管理失衡。由于不同行业对敏感数据的界定标准不同，因此各主体往往对敏感数据的流动不敏感，管理不到位，造成无从感知敏感数据的流动，泄露有关信息。（2）敏感数据流动失控。对于部分被认知的敏感数据，由于在传送、处理过程中存在监管漏洞，流动到不受控的领域，最终造成重大安全隐患。（3）数据跨境流动风险外溢。我国企业"走出去"加速推动数据跨境流动，但目前我国大数据资源仍存在孤立、分散、封闭等问题，数据主权和数据安全面临重大威胁。例如，美国、欧洲等发达经济体为维持本国经济利益，出台了一系列基于本国利益的数字贸易规则，如设置较高的数字产品关税壁垒，以及跨境数据流动、数据本地化、知识产权保护、准入门槛等诸多隐性的非关税壁垒，对于跨境数据流动和数字贸易竞争带来较大的政策安全风险。

（三）网络空间安全风险

在网络安全空间，各类安全风险传播速度快、影响范围广，且容易造成系统性风险，在新一轮技术革命背景下，在内外部因素的共同影响下，数据安全更加突出，必须引起高度警惕。（1）从内部因素看：在数字产业化过程中迅速催生了一批互联网企业。随着规模扩大，这些互联网企业纷纷赴境外上市，按照相关国家规定提交公司数据，披露用户数据、会议记录、电子文档等数据，对我国国家经济安全乃至政治、军事安全构成严重威胁。当前政府机构的信息系统建设逐步完善，覆盖了各部门各环节，信息系统的安全性也直接关系到政府机构的正常运转。一旦信息系统不能稳定运行，出现网络瘫痪或者数据丢失等问题，将会给政府机构带来巨大损失，甚至对国家的数字安全构成威胁。（2）从外部因素看：部分国家高筑"数字铁幕"，对我互联网企业采取围堵、遏制战略，严重阻碍了我国互联网科技企业的正常发展与产业经营。区块链和虚拟货币为跨境非法交易提供便利，有关部门很难进行追查，因此成为跨境洗钱、赌博等非法行为的重要通道，对跨境反洗钱、反逃税监管带来新的挑战。

第二节　数字化赋能高质量发展的安全管控整体思路与技术工作

当前数字经济在蓬勃发展的同时，安全问题不可忽视。要统筹发展和安全，推进数字经济领域产业安全和产品创新，提高网络安全保障能力，建立健全数字安全保障体系，加快发展网络安全产业，筑牢数字经济发展的网络和数据安全屏障。

一、数字化赋能的安全管控整体思路

为推动数字经济持续健康发展，建议在加大核心技术攻关力度的同时，构建技术层面、监管层面、使用层面的数据安全风险防范机制，推动我国数字经济平稳、高质量发展。

（一）构建技术层面的数字安全管控机制

构建技术层面安全防控机制，可从以下四方面入手：（1）加大安全防控科技研发力度。推动创新数字安全网络安全核心技术，加强网络监控、核心技术密码研发等，防范数据安全风险。（2）建立健全相关法律政策。完善构建数据监管治理体系和权责明晰的安全责任机制，使数字经济行为有法可依，对损害公民数据信息安全的行为依法惩处，保证数据安全。（3）规范数据使用。对关键领域的网络访问者进行信任评估，推动网络安全体系架构从"网络中心化"向"身份中心化"转变。（4）加强数据安全治理研究。目前已初步形成一套数据安全治理研究体系，但仍需要在两方面进行突破和改进：一方面，应在多学科领域下进行多视角的研究，深入探究数据安全治理背后的影响因素和作用机理；另一方面，应立足于我国甚至立足于当地特殊情况展开具有本土化特色的研究，构建具有地方特色的数据安全治理研究体系。

（二）构建监管层面的数字安全管控机制

构建监管层面安全防控机制，主要从以下四方面入手：（1）加快数字政府转型，转变监管理念，开发以数字技术、数字要素、数字资源为基础的新型治理工具，提升以大数据为支撑的现代治理能力。（2）加快推动数字经济协同治理力度，建立适应数字经济跨行业、跨领域发展的管理模式，合理划分权责边界，强化企业社会责任，完善社会监督举报机制，逐步形成政府、企业、行业组织和公众共同参与、有效协同的治理机制。（3）从竞争政策、数据安全、监管机制等方面进行有效治理，制定平台不正当竞争的监管规则，同时要进行反垄断筛查，防止超级平台的垄断行为挤占市场，影响市场形态。（4）开展全球数据安全治理合作的机制化建设。当前，全球数据安全合作仍处于早期阶段，数据安全治理合作的沟通机制、突发数据安全事件的响应机制、跨国数据安全的合作机制等仍不明确。因此，国际社会有必要通过机制化建设进一步夯实全球数据安全治理合作的基础。同时，鉴于中国在当前全球数据安全合作中的领先角色，我国依然可以在合作机制的建设上发挥重要作用。鼓励非国家行为体参与到全球数据安全治理合作之中。包括私营部门、公民社会在内的非国家行为体和国家行为体一样，都是网络空间治理、数据安全治理中的重要行为者和参与者，特别是，目前部分全球性跨国科技企业掌握着海量数据，相关企业的参与必将有助于全球数据安全治理合作迈上一个新的台阶。

（三）构建应用层面的数字安全管控机制

1.制定完善法律法规，优化产业政策引领。法律法规及产业政策在数字化赋能产业高质量发展中起到了重要的引领作用。近年来世界各国均加强数字安全领域法律法规的制定，相关系列法律法规的出台在很大程度上助力了数字安全产业的规范发展，数字经济、"互联网+"等政策文件为产业明确了发展方向，创造了有利条件。我国正围绕数据安全、个人信息保护、新基建等重点持续完善法律法规，发布重要产业政策，从顶层设计角度引领数字安全产业的新方向、新进步。

2.发挥市场配置作用，激发产业主体活力。把握当前有利的政策环境，面向产业范畴、应用领域、市场需求等发展方向，促进市场要素和资源的有效配置，让市场在资源配置中起决定性作用，同时要更好地发挥政府的作用，激发产业发展动能。健全激励创新、包容开放的产业发展体系，激发产业的创造力和活力，通过建立园区，让企业能够更好地接受和发展数字化转型。充分发挥企业主体作用，激发创新活力，探索利用投资助力，孵化、投资一些创新创业的中小微主体，为产业经济发展注入新的活力。

3.推动产学研深度融合，促进技术向市场转化。坚持合作共赢的产业发展方向，综合发挥政府、企业、科研院所及国际组织等各方的作用，深化数字安全实践的经验交流，强化数字安全人才培养和队伍建设，构筑协同合作的产业链条。建立以企业为主体、市场为导向、产学研深度融合的数字安全产业协同体系，深度挖掘数字安全技术的应用新模式，形成多角色、多阶段、分层次的技术产业链条，加强知识产权和无形资产保护，实现创新技术向产品、服务、整体解决方案以及成熟商业模式的落地，促进数字安全技术向市场的有效转化。

4.提升公民信息安全意识，筑牢产业发展安全底座。（1）提高个人信息安全防范意识。公民作为信息的使用主体，应自觉接受来自政府、社会部门的安全教育培训，通过提升对数据保护有关知识提高自身防范能力。具体来说，应做到不随意点开不明链接、不随意填写个人信息，仔细阅读各类软件授权信息和服务须知等。（2）增强数据维权意识。在个人或企业层面的敏感数据遭到泄露或被恶意利用后，应及时向有关部门反映。

二、数字化赋能的安全管控技术工作

为应对数字化赋能所面临的各种安全威胁，传统的安全解决方案不能满足数字化赋能场景的安全需求，在当今的基于边界网络防护架构，已不能够完全保护数字化赋能的安全。零信任架构是数据安全的未来，是为数字化赋能安全保驾护航的重要选择之一。

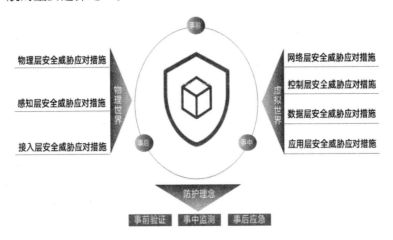

（一）数字化赋能的防护理念

为应对数字化赋能所面临的各种安全威胁，主要从事前验证、事中监测和事后应急三大环节来构建数字化赋能的防护措施视角。（1）事前验证，事前部署相应的防护监测设备及措施，实时感知内部、外部的安全风险，针对网络不同域不同逻辑层部署采集功能，完成全网信息采集。（2）事中监测，事中通过大数据、智能分析等手段，进行海量信息的综合处理，并利用安全威胁特征库分析识别安全威胁。根据智能决策的理论、模型、方法针对发生的安全威胁做出全面综合的科学响应决策。（3）事后应急，事后根据响应决策，研究实施响应处置的方法，包括大容量威胁流量清洗追踪溯源等，能够实时完成威胁处置等。

（二）数字化赋能的威胁应对措施

基于"事前验证、事中监测、事后应急"防护理念，结合数字化赋能面临的安全威胁，可采用下面的具体措施：

1. 物理层安全威胁应对措施。（1）采取物理访问控制、防盗窃和防破坏、防雷击、防火、防水和防潮、温湿度控制和电力供应等环境防护措施，保护数字化赋能运行环境安全。（2）采取故障检测技术、事件树分析、危险与可操作性分析等功能安全防护技术，并结合信息安全风险分析技术，防止因误操作、网络攻击等造成随机硬件失效和系统性功能失效，使得数字化赋能保持设备处于受控状态，保护数字化赋能物理安全。

2. 感知层安全威胁应对措施。感知层终端的安全架构需统筹考虑其计算、通信、存储等资源，可在以下方面实现其安全设计：（1）可信安全。保护传感器，终端部署的可信安全芯片等，从物理层面对感知设备的数据进行加密和哈希处理等实现防篡改，在传感器、终端设备在遭受攻击时，确保设备在被攻击后身份、认证以及账户等相关重要数据不会被攻击者利用。（2）存储安全。感知终端设备需要确保身份、认证以及账户等重要数据的存储安全。（3）通信安全。感知终端需采取安全的通信传输协议，确保身份、认证以及其他重要数据在传输过程中不被恶意攻击和泄露。（4）操作系统安全。感知终端需采取措施确保设备固件完整真实，满足访问控制、日志审计、接口安全、失效保护等安全要求。

3. 接入层安全威胁应对措施。需要确保感知终端在接入时经过严格的标识和认证，防止伪造和假冒，包含终端的接入认证、终端的访问控制以及数据传输的安全设计，定义多重接入认证和信息加密方式，从较粗粒度的网络级认证到细化的切片认证，以及进一步的数据网络认证，不同的业务可以灵活配置不同级别的认证策略或者策略组合，以满足不同行业的接入安全需求。

4. 网络层安全威胁应对措施。网络层是连接感知层、接入及应用的传输通道，由于感知层的传输网络多样化，网络层需要融合多种传输网络，采取多网络叠加的开放性网络，其通信传输比传统网络更为复杂，协议破解、中间人攻击等威胁十分突出，在网络层安全架构设计可从以下方面考虑：（1）接入安全。网络层需考虑与终端的相互认证方式，确保终端接入安全，同时具备访问控制等安全措施。（2）传输安全。网络层需采取加密措施确保通信网络数据的机密性和完整性，防止通信数据发生劫持、重放、篡改和窃听等中间人攻击。（3）网络攻击防护。网络层需考虑病毒传播、DDoS（分布式拒绝服务）等网络攻击行为，确保网络的安全可靠；需要通过协议健壮性测试保障开放的协议和端口能抵御畸形报文攻击。（4）协议融合安全。作为多网络融合的开放性网络，网络层需要考虑异构网络间信息交换的安全。

5. 控制层安全威胁应对措施。控制层主要对平台层提供的主体访问客体的功能进行授权控制，可考虑：（1）功能权限安全，保证主体只能访问被授权的功能。（2）数据权限安全，保证主体只能访问被授权的数据。

6. 数据层安全威胁应对措施。数字化赋能根据不同的应用场景，平台数据中心为感知层终端提供设备管理，数据管理、分析和反馈等服务，也具备数据挖掘、决策等重要功能。平台在进行大规模、分布式、多业务管理时，可考虑：（1）数据安全。需考虑平台所传输和存储的物联网数据完整性、保密性和不可抵赖性。（2）接口安全。需考虑平台对外提供 API（应用程序接口）服务的安全性，确保 API（应用程序接口）不被非法访问和非法数据请求，防止通过 API（应用程序接口）过度消耗系统资源。

7. 应用层安全威胁应对措施。应用层主要对平台层提供的数据进行分析处理，面向用户实现具体业务功能，需要考虑：（1）身份认证：考虑应用用户的身份认证，防止身份伪造，确保用户仅访问其授权的资源。（2）访问控制：考虑用户与系统资源的访问策略，严格限制用户访问的系统权限。（3）应用攻击防护：考虑应用可能面临的 SQL（结构查询语言）注入、跨站脚本、信息泄露、恶意代码等攻击行为。

（三）零信任架构增强数字化赋能海量设备接入安全

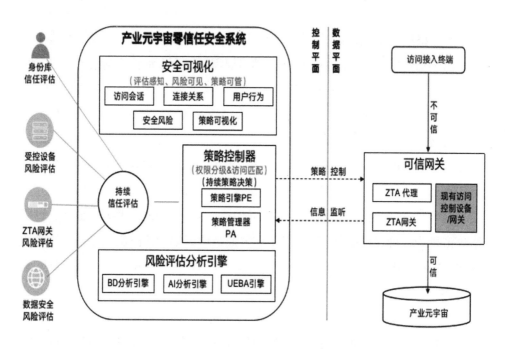

零信任架构增强数字化赋能海量设备接入安全系统

随着数字化赋能的行业深入，海量行业终端将接入数字化赋能，相应的安全风险也在增加，表现为：数字化赋能应用更开放、互联互通和共享更强，安全边界模糊化，传统安全采用边界防护方式，即在网络边界验证终端身份，确定用户是否被信任。随着攻击方式和威胁多样化，传统网络接入安全架构凸显出很大局限性，一旦数字化赋能海量终端被入侵利用，就会产生非常严重的后果。

1. 数字化赋能安全架构：可引入基于零信任安全理念，基于先进的零信任理念即永不信任、始终验证原则，采用 SDP（软件定义边界）网络安全架构，采用单包敲门技术、细颗粒度最小授权管理及风险动态识别能力，采用防数据泄露等手段，提供安全可靠的应用接入与访问控制和应用服务隐藏，打造新型身份验证管理模式，充分利用身份验证凭据、设备、网络、应用等多种资源的组合安全边界。

2.数字化赋能零信任安全系统：具体包括策略控制器、风险评估分析引擎、可信网关、安全可视化四大组件。数字化赋能零信任安全系统通过现有安全架构对接资产数据、身份数据、行为数据、历史画像、设备环境变化信息、数据安全信息、威胁情报信息等，持续地对用户、设备环境、数据安全等进行信任评估，形成 ZTA（零信任）访问控制策略与现有安全访问控制点策略的协同，动态调整用户权限和访问控制策略，及时应对各类入侵行为，减少可能造成的损失。（1）策略控制器作为安全控制面的核心组件，为可信网关提供认证服务、动态业务授权和集中的策略管理能力。控制器对所有的访问请求进行权限判定，权限判定不再基于简单的静态规则，而是基于身份、权限、信任等级和安全策略等进行动态判定。（2）风险评估分析引擎为控制器提供信任等级评估，作为授权判定依据。风险评估分析引擎持续收集终端、可信网关、控制器的日志信息，结合身份库、权限库数据，基于大数据和人工智能技术，对身份进行持续画像，对访问行为进行持续分析，对信任进行持续评估，最终生成和维护信任库，为动态访问控制引擎提供决策依据。（3）可信网关作为用户面的网络准入节点，是确保业务安全访问的第一道关口，是动态访问控制能力的策略执行点。（4）安全可视化提供数字化赋能零信任安全系统的安全展示，主要将评估结果、风险预见、策略配置等以可视化界面显示出来。

3.数字化赋能终端访问控制需求：可通过控制器对访问主体进行认证，对访问主体的权限进行动态判定。只有认证通过并且具有访问权限的访问请求才予以放行。数字化赋能零信任安全架构下的终端安全接入不再以网络边界为限，无论是来自企业网络之外的用户，还是来自企业网络内部的用户，在建立连接前均需进行认证授权。数字化赋能零信任安全架构，使得原来的被动防御向主动防御转变，从边界防御方式向内生安全转变，有力保障数字化赋能环境下海量行业终端的接入安全。

第三节　数字化赋能的安全管控经验分享
——小微金融数字化风控体系建设

数字化赋能是银行业新一轮的产业革命，小微金融领域是银行风险防控的重点和难点领域，"小微金融不可能三角"是世界性难题，风险可控、成本控制与规模增长三大要素之间的彼此限制难以突破，通过数字化风险防控手段可在降低运营成本同时有效控制风险。

一、小微金融风控技术的发展

小微企业先天抗风险能力较弱。企业经营规模小、缺乏核心竞争力，受宏观经济形势、行业周期、经济政策影响较大；企业组织结构不稳固、运营管理不科学，受企业主个人、股东或合伙人等因素影响较大；企业在产业链条处于弱势地位、利润空间小，资金链条易断裂。同时，小微企业缺少完善的征信管理体系，导致小微企业金融服务存在信息不对称、道德风险、逆向选择等问题，商业银行贷前难以全面评估企业风险，贷后缺少有效监控手段，易导致贷款出现风险。

基于小微企业的风险特征，1931年，英国政治家麦克米伦提出"麦克米伦缺口"，即金融机构不愿意按照中小企业的融资条件对其提供资金供给，致使中小企业普遍存在融资约束和融资缺口。至今近一百年的时间里，各国持牌金融机构不断创新，探索破解"麦克米伦缺口""小微金融不可能三角"的商业模式，致力于寻求一条商业可持续的小微金融服务模式，但依然没有找到一个满意的解决方案。

国内小微金融起步较晚，2005年引入德国IPC纯线下模式信贷技术的微贷款项目，实现了对中国小微金融商业化发展的第一次试探。2009年民生银行发布"商贷通"，推动小微贷款规模快速突破。其背后代表的通过小商圈和产业链等方式批量获客、通过打分卡的半自动风控模式，开始走入公众视野，昭示了商业银行在探索降低小微金融运营成本、提升风控效能的道路上有了新尝试。同一时期，建设银行、中国银行等国有大行也在探索试点信贷工厂模式，通过标准化的流程再造、集约化的运营降低运营成本。

随着数字经济时代的到来及金融科技的发展，风控数字化的手段不断创新，以数字化驱动、智能化管理的模式，取代了传统高度依赖于人的方式。小微金融业务逐步走向数字经济时代，金融机构纷纷探索大数据、人工智能等技术应用，实现数据驱动的数字化风控手段。

二、小微金融数字化风控体系的建立

小微金融数字化风控主要基于获得的小微企业及企业主数据，包括工商司法、征信、经营、财务、流水、行为特征等维度，利用大数据、人工智能、区块链、NLP（自然语言学习）等技术，对小微企业的欺诈风险、经营风险、财务风险、信用风险、合规风险等进行量化评价，设定可接受风控目标，制定并持续监测迭代优化风控策略，对风险评价以数据驱动的定量评价代替过去依靠人工经验的定性判断，提升客户体验，降低银行运营和风险成本。

金融机构持续探索小微金融数字化风控解决方案，围绕小微企业各类风险建立了数字化风控体系。一般来说，数字化风控体系的构建包括五大基本要素：客户基础数据库、特征指标库、模型开发平台、智能决策引擎、策略监控平台。

1.构建客户基础数据库。数字化风控相较于传统风控模式，最基本的差别是获取客户结构化数据的广度和深度。传统风控模式，获取客户数据的主要方式是现场收集，获取数据形式以非结构化数据为主；数字化风控模式，获取客户数据的方式实现了与政府机构、核心企业、征信机构等线上对接，数据维度涵盖内部交易信息，包括结算、代发、理财等，外部数据扩展至工商、司法、征信、税务、社保等政府部门掌握的数据，以及经营、财务、借贷、通信、消费等第三方征信公司掌握的数据，这是数字化风控的基础。

2.搭建客户特征指标库。数字化风控需要对海量的客户基础数据进行特征指标挖掘，建立起可以量化企业各类风险特征的指标库。建立客户特征指标库，主要实现三方面应用：（1）实现客户360度视图，为客户特征打标签，便于对客户进行分层分群精细化管理。（2）可有效识别客户异常指标，提示客户风险点，辅助开展尽调和审批。（3）为模型建设和决策提供指标支持，持续监测指标表现情况。

3.搭建模型开发平台。基于各类算法的模型是数字化风控的核心内容之一，科学风控模型可有效评价客户风险情况。模型体系的构建包括基本方法论、样本构建、模型开发、智能算法、模型监控和模型迭代优化。为快速开发迭代风控模型，目前大型商业银行普遍搭建企业级的模型开发平台。模型开发人员可在开发平台完成数据接入、数据分析、特征工程、模型训练、模型质量评估等一系列工作，生成有效的模型及策略，并持续监测模型表现，开展模型迭代优化。

4.建立智能决策引擎。智能决策引擎可实现信贷业务全流程风控策略的管理与部署，对业务系统提供风控决策结果，包括贷前调查、客户准入、辅助审批、额度策略、贷后预警、催收策略等的部署应用。决策结果根据应用场景不同进行差异化设置，审批策略一般包括建议准入、审慎准入、快速拒绝等，预警策略一般包括高风险、低风险等。决策引擎一般包括数据配置、因子配置、策略配置、规则配置、规则集配置、决策流配置和上线审批管理等模块，通过统一的操作方式和管理，可以极大地方便模型和规则策略的部署和上线。

5.建立全面监控体系。数字化风控体系效果监测很重要，要建立对模型和算法的全面监测机制，对模型数据的准确性和有效性进行持续监测和定期评估。一般来说，监控体系应包含业务监控和模型规则监控。（1）业务监控主要包括准入客群与拒绝客群比例变化、模型结果推翻情况等；（2）模型规则监控主要包括区分能力、稳定性指标的持续监测，当模型本身已达不到应用标准时，应立即展开优化。

三、小微金融数字化风控体系的实践

以数字化赋能高质量发展，加速业务模式转型，搭建数字化风控体系，提升价值创造能力，持续探索数据、新技术在小微信贷业务全流程风控中的应用，初步构建了基于大数据、人工智能、机器学习等新技术的全流程数字化风控体系，搭建了"客户画像＋模型规则＋风控策略＋自动预警"的风控体系，实现智能决策与智能管控的双核智能体系。

1.构建客户数字画像。持续对接各类外部场景数据，包括政府机构及第三方合作机构的数据，内部整合客户维度行内交易数据，实现自动采集客户工商、司法、征信、海关、税务、发票、工程、政务、政采、交易流水等场景数据。（1）建立起360°视图的客户数字画像，自动展现客户基本信息、征信信息、经营数据、财务指标，并提示客户风险；（2）对数据进行梳理加工，形成标准化指标库及一套完整的数据标准化管理流程，夯实风控自动化基础。

2. 搭建反欺诈策略体系。为有效识别防范信贷欺诈，控制因欺诈带来的贷款损失，建立信贷反欺诈策略体系。（1）引入外部反欺诈黑名单库。（2）接入行内反欺诈黑名单库。（3）持续梳理小企业客户欺诈特征及场景，制定对应反欺诈策略。（4）建立小企业客户反欺诈模型。（5）开发建立智能反欺诈平台，部署企业级知识图谱，实现企业级反欺诈联防联控。

3. 建立智能审批模型规则集。构建小微企业信贷业务贷前智能审批规则模型集合，针对线下一般模式、线下零售模式、线上模式不同类型业务特征调用不同负面规则及准入模型策略，打造对应的风险模型调用流，在审批准入环节实现系统自动给出审批意见。（1）建立负面规则集，包括反洗钱等监管制度要求制定的规则、根据行内制度或信贷政策制定的准入规则、根据专家经验或历史数据表现发觉与客户贷款违约概率关联性较高的指标。（2）建立自动审批模型。针对各类产品研发线上贷款风险模型、线下零售贷款风险模型及不同业务场景的风险模型，形成不同场景下的风险评估模型集，根据模型打分结果，自动给出准入建议。

4. 建立贷后风险监测预警体系。针对中小微企业客户及产品特性，利用多维数据指标开发专属贷后风控体系，包括零售模式行为评分卡、预警模型、预警规则、策略，通过大数据分析技术有效识别客户的信用风险、合规风险、反洗钱风险及道德风险。（1）基于海量内外部数据，通过专家经验结合大数据与机器学习技术，进行模型开发。（2）基于经营恶化、关联关系、同业信用、涉诉、行政处罚、治理异常、资金流向异常和员工行为异常等场景，设计预警规则，形成独有的小微企业贷后风控模型策略体系，对贷款企业进行全方位监控。

四、小微金融数字化风控体系的挑战与应对

近年来，金融机构积极开展数字化风控探索，在小微金融数字化风控领域

面临以下几个方面挑战:

1.企业标准数据库的构建难度大。目前仍面临着数据结构复杂、数据标准不统一、数据质量较低等问题,影响数据应用效果。特别是涉及企业经营、流水等核心风控数据,尚无完整对接渠道。

2.基于机器学习算法下风控模型管理难度大。目前基于机器学习算法的风控模型缺少统一的建模规范及行业最优实践。机器学习算法处理的数据关联复杂度高,模型可解释性及稳定性较低,上线后容易"黑箱化",在数字化风控领域的应用效果尚需实践检验。

3.基于数据准入的客户欺诈风险管理难度大。客户数据真实性难以保证,不法分子通过数据包装、造假骗取银行贷款的现象频生,如市场上出现的"职业养壳人"等。

为有效应对上述挑战,提出以下几项措施建议。(1)实现企业信息互通互联,打破信息孤岛现象,将分散在政府、企业、金融机构的信息集合在统一平台。(2)数字化风控需要与专家经验紧密结合,技术团队要与业务团队密切配合,打造一支既懂业务又懂技术的专业风控团队。(3)提高全场景数据处理能力,减少基于单一场景数据对企业进行授信,获取企业多场景数据,更加多维、立体地分析小微企业经营状况。

第二十一章
数字化赋能高质量发展的挑战、趋势与应对

新一轮科技革命和产业变革深入发展，数字化越发成为驱动人类社会思维方式、组织架构和运作模式发生根本性变革、全方位重塑的引领力量。随着数字化在各行各业应用领域不断深入，数字化不断催生新的产业、新的业态、新的模式，数字化赋能高质量发展呈现一系列发展趋势，面临的挑战更大，应对措施要求更高。面对这些挑战与机遇，需要"闯"的劲头、"干"的行动，保持"风雨不动安如山"的静气，激发"敢教日月换新天"的勇气，筑牢"直挂云帆济沧海"的底气，紧抓数字化机遇，看清数字化趋势，积极迎接挑战，更好推进数字化赋能高质量发展。

第一节　数字化赋能高质量发展面临的挑战

数字化不断催生新的产业、新的业态、新的模式，为创新路径、重塑形态、推动发展提供新的重大机遇，也带来很多挑战，包括重构困难、技术繁杂、资源受限、流通受阻、数据不规范等。

一、重构困难，场景复杂分散和战略价值缺位阻碍数字化赋能

场景复杂、观念缺位以及价值不明等问题阻碍数字化赋能。

（一）场景复杂分散阻碍数字化赋能

一个已经发展多年的成熟企业，其业务场景及经营范围错综复杂。例如，一家大型金控集团旗下业务可涵盖保险、银行、资产管理、投资、互联网服务、不动产等多个场景。数字化赋能难以在短时间内覆盖到企业每一个业务场景。企业要实现全场景的数字化赋能，会耗费大量的时间、人力与物力。不同

业务场景，数字化赋能策略与所需资源也不尽相同，这些都需详尽的规划与精细的准备。

发展成熟的企业，业务流程与管理模式日益完善，流水线上各环节间紧密联系，环环相扣。例如，一家现代百货公司一般都有原料采集、质量监测、宣传、线下零售等多个部门。短时间内进行数字化赋能时，生产流程各环节很难同步赋能，若流水线各环节赋能进度不一致，则可能导致某个流程断点，造成企业产能下降甚至停产。

管理模式面临同样挑战，企业网络与数据服务已遍布多个区域。当企业进行数字化赋能时，若不兼顾全部，可能会造成各个分公司运作模式不同，导致企业运营生态割裂，给企业未来发展带来很大的负面影响；若兼顾全部，则成本过高，如何协调各地使其步调一致成为难题，各个分公司管理者对于分公司发展规划不同，各个分公司员工执行效率也不同，这些都使得企业整体数字化赋能面临变数。

（二）观念缺位，数字化赋能理念的不清晰影响数字化赋能

1. 概念不清晰。很多企业管理者对于数字化赋能可谓"摸着石头过河"，没有经过体系化学习，对数字化概念没有准确认知，从而导致发布决策时指向不一、方向模糊，甚至可能南辕北辙，使得执行者在执行决策时也云里雾里，不知道该如何发力、向哪里发力。同时执行者对管理者的决策理解不同，也会导致分工不明，合作不顺利，无法将所有力量凝聚在一起，发挥人多力量大的优势。

2. 目标不清晰。在传统运作模式中，企业在制定发展目标时，面对的市场相对清晰，对自身能力比较了解。但在新时代数字化背景下，企业对数字化的陌生，管理者难以发现数字化市场最需要的是什么，也不能对企业自身的数字化发展水平有清楚认知。一方面想借助数字化东风更上一层楼，另一方面又缺少明确数字化赋能目标，也缺少快速制定正确发展目标的能力。更有甚者，由于不能对市场和自身能力有清楚认识，在传统观念影响下害怕变革，干脆拒绝数字化转型。

3. 路径不清晰。企业数字化赋能的机会点非常多，从企业价值链的每个环节，以及技术链的每个环节出发，可找到很多数字化赋能机会点。例如，一家

现代化大型企业拥有内部管理、采购、生产、研发、营销、客户服务等多个价值链节点，以及大数据、人工智能、移动应用、云等多个技术链节点。但管理者很难厘清应该从哪个点切入，沿着哪条路径推进。对于不同公司，其具体情况不同，数字化赋能的切入点以及路径也就不同，如路线正确数字化赋能将事半功倍，如路线不正确就会大大降低数字化赋能效率。

（三）价值难变现，价值不明确阻碍产业数字化赋能

数字化带来的价值直观来看是降本、增效、降风险、提体验，但长期看来，随着数字化赋能不断深化，其产生的价值越发多元化。利用数字化技术，企业能实现自身生产流水线优化与管理系统优化、提高公司整体的效率与韧性，培养更加注重效率的企业文化，实现自身商业模式与运营模式的创新，其产能、文化相比传统企业将会有质的飞跃。当数字化达到一定程度时，企业便能用高产能回馈社会，但如何认识并把握数字化赋能的多元化价值以及变现，是当前企业管理者面临的重要挑战。

全球已进入数字化时代，互联网遍布人们生活的每个角落。目前很多企业对于数字化理解还停留在表面，不能理解数字化的重要价值，大多认为数字化只是简单使用互联网信息技术提高企业现有工作效率。数字化赋能涉及企业全部业务、横跨企业多项职能，需要企业对未来数字化技术及应用有深刻的洞察力，按照数字化环境对自身商业模式和运营模式做出全面深度变革与模式重塑。如果对数字化赋能的本质理解不清晰，会导致企业忽略数字化赋能的重大价值，认为没有必要在数字化赋能上有过多投入，数字化赋能的发展将举步维艰。

有些企业急于求成，希望短时间内看到数字化赋能效果，用传统绩效指标衡量数字化赋能成绩。但数字化赋能周期长、见效慢，需企业长时间投入大量人力物力进行全面部署，短时间内难以看到显著效果。对于短时间内无法看到数字化赋能的价值，部分管理层可能会对其逐渐失去信心，甚至"心灰意冷"，缩减人力物力与时间投入，数字化赋能价值就更难以体现，从而形成恶性循环。

二、技术繁杂，新型技术的融合成本过高阻碍数字化赋能

数字化赋能整个流程涉及技术太多，包括大数据、边缘计算、人工智能、区块链、元宇宙。这些技术能使人类社会迈进"数字交互"和"智能生产"的

数字化时代。例如，在完整采集数据过程需使用边缘计算技术、区块链技术，数据分析使用大数据、人工智能、元宇宙。这些技术一般分自主实现与让外购服务商实现，这两种情况各有千秋。

	优点	缺点
自主实现	通过自主创新，实现差异化，在市场上形成竞争优势	需要各种技能的高端人才，成本非常高
外购服务	积极采用先进服务，降低成本	二次开发与实施需要服务商及时、周到、专业的服务

自主实现可通过自主创新实现差异化，让企业在市场上形成核心竞争优势。只有通过自主创新，才能实现差异化，才能有议价能力，才会有利润。但自主实现需各种技能高端人才支持，人力成本非常高，外购服务可更好聚焦在特定领域形成技术积累。通过外购积极采用先进服务可降低成本，企业不一定需要发明技术，而要创造性应用现有技术完成数字化赋能。一方面，服务商提供的模块拥有通用标准接口，其后续维护、更新都有专业人员提供支持，但缺点是产品较为臃肿，授权费太贵，后续替换和迁移需耗费巨大精力，曾经的"去 IOE 化"（IOE 是 IBM、Oracle、EMC 三家公司的简称）就是典型案例。另一方面，开源软件灵活性较强，拥有较低成本，但安全或后续的维护与支持都是艰巨挑战。在此过程中需付出相当高昂的外部服务咨询费用，数字技术应用范围与深度越大，需采购技术越多，付出费用越多。无论是自主研发还是外部采购，都需投入不菲成本，平衡好数字化赋能与数字化应用的关系，面临不小的融合成本挑战。

三、资源受限，基础设施成为数字化赋能瓶颈

1.算力方面，很多技术有很高的需求，例如，人工智能、区块链技术都需要耗费大量的算力。只有拥有充足算力，这些技术才能得到有效发展和应用。如把数字化基础设施看成底座，如何更好分配算力调度应对不同应用，以及对时延、计算量、不同加速类型、数据类型以及并发的要求，实际构成一个很复杂的问题。从数据的量和质来看，传统的单一计算架构会碰到性能和功耗的瓶颈。可朝两方面迈进：（1）突破算力瓶颈，通过多样化方式解决数据计算有效

性。（2）提升算力时考虑绿色计算，即不能以不计耗能代价的计算方式去解决问题，应当以能量优化角度解决数据处理计算需求。

2. 运力方面，网络与云共同构成数字化赋能基石。一方面，网络必须跟得上业务云化的脚步，并提供强有力的支撑；另一方面，云计算技术的快速发展加速网络演进，成为网络重构与优化的有效手段。过去几年，网络发生非常大改变，直接引发网络因云而生的概念。云本身是一项非常重要的 IT 技术，能否将云作为一种手段来优化网络，从而建立起一张为云而生的网络是值得考虑的方向。拥有一张因云而优的网络，其可随需而至、随需而用，实现自助服务，达到管理至简、安全可信目标是数字化赋能网络方面待解决的需求。另外，"端—边—云"是一体化全方位网络布局的解决方案，是人与人、人与物、物与物相互间的连接，在"端—边—云"场景里，运力是核心要素之一，运力需根据实际需求重新去分配。

3. 存力方面，随着数字化赋能进步，各式各样新技术不断涌现，伴随而来的是数据爆炸问题。这些新技术需存储大规模数据，许多互联网公司的数据中心存储的数据量正以前所未有的速率进行增长。数据，当今已侵入各行各业的业务职能领域当中，成为和土地、劳动力、资本、技术并重的 5 大核心生产要素之一。在当前大数据时代背景下，许多互联网公司存储数据从结构化转变为非结构化，数据库技术快速发展。传统结构化数据通常保存在健壮的关系型数据库中。在关系型数据库当中，可使用 SQL 语句在一表和多表之间做复杂查询，但数据间存在耦合，不适用海量数据场景下的存取。而非关系型数据库的发展得益于非结构化模型，基于键值对，可扩展性高，可通过添加存储节点方式动态扩展，提高海量数据读写处理吞吐量。

数据流转也对算力、运力、存力提出新要求。对于数据链路来说，保障数据安全是大势所趋。在整个数据安全生命周期中，数据流转是数据安全问题频繁发生的重灾区。具有持久化安全营运能力是数据安全的风向标。数据流转监控是为应对日趋严峻数据传输以及安全共享挑战而提出的新的数据共识性策略。重视的是如何在对网络环境零侵入、当前业务零打扰的先决条件下，采用一种摆脱数据流转黑盒限制、自动化发掘并展现出业务系统的敏感或重要的数据流转链路视图，并针对该流转链路视图进一步地对数据业务进行安全风险监测、对高敏数据传输风险进行鉴识观测的综合型业务数据监护策略。数据流转监测过程中对业务数据信息的细粒度提取、加工和处理对算力提出了很高的要求。

总的来说，针对算力、运力、存力和基础设施方面的要求，需要基于行业场景，针对性提供负载所需的架构支撑，从而突破数字化赋能的基础设施瓶颈。

四、流通受阻，数据隐私与数据垄断降低数据流通效率和效果

数据隐私保护需要复杂的加密解密机制，会带来额外的资源开销和时间成本，降低了数据流通的效率。数字化优势集聚大型头部企业，也可能加剧数据垄断和数字化水平差距，甚而影响广大劳动者、消费者、中小企业的利益。

（一）数据的隐私保护降低数据流通效率

随着大数据时代的来临，丰富多样的应用为人们的生活带来便利的同时，也带来了隐私泄露的问题。当人们担心隐私泄露的时候，就会对数据的安全性提出更高的要求来保证隐私安全。这些往往通过复杂的加密解密机制来对数据进行处理，会带来额外的开销和时间成本，降低了数据流通的效率。

现有的隐私数据保护方法主要有五类：数据分离、数据干扰、多方安全计算、硬件增强和访问模式隐藏。这些方法能在其对应的场景发挥保护隐私的作用，但由于其加密机理复杂、交互次数多，当流通的数据量较大或结构较为复杂时，计算效率、存储效率和传输效率问题仍然未能解决。常用的加密算法有MD5、SHA1和AES等算法，出于加密时需要保证数据随机分布，往往会导致数据的冗余存储，当对数据隐私要求较高时，通常会采用复杂的对称或者非对称加密方法，当计算机进行加密解密隐私数据时，也会造成计算资源的浪费和传输时延增加。

（二）竞争不公，数据垄断影响数据流通效果

随着数字化转型的加速，资本与劳动者、科技平台与消费者、大企业与中小企业之间的关系也在迅速发生转变。大型公司在竞争资源方面掌握的优势，形成了对数据资源与技术资源的垄断，而且这种垄断有着不断扩大的趋势，影响了数据流通与数字化应用的效果。（1）加剧了数字化转型领域的竞争。大型

科技公司所拥有的雄厚资本和先进技术，往往具备掌控劳动力等其他要素资源的权力，使其获得数据垄断地位。（2）此种竞争差异与数据垄断情形正在产生一定的不良后果。运用大数据和算法进行信贷评估，可以减少信息不对称性和逆向选择，提升信用风险预测准确度，降低不良率。但是，众多中小企业往往被数据和算法排除在外，因而无法及时获得信贷，融资需求得不到满足，融资难、融资贵问题更加凸显，这与面向广大中小微企业的普惠金融的目标背道而驰，造成中小企业的金融困境。另一方面，数据能力和数字化水平偏弱的中小金融机构，也面临投资信贷风险难以有效管控的挑战。

五、数据挑战，数据不规范影响数据共享价值与效能

实现数字化赋能，需要大量依赖数据和基于数据构建的模型。为更准确地刻画出一幢建筑、一个工业园区、一座城市，都需要尽可能全地获得其当前数据和历史数据，未来要发挥出元宇宙更大威力，实现物理世界与数字世界的联动，还要尽可能地实现准确、及时的数据同步以及高效的数据处理，可能还涉及与外部数据的交互。而要想从数据中洞悉异常情形，知道的历史数据（尤其是异常情形的历史数据）越多，对于其数字世界的准确刻画和智能分析就更为精准。

（一）各厂商、机构的数据格式和标准不统一

目前，各厂商、机构的数据采集一般面向的是当下的需要，其数据采集方式、采集周期、采集标准、存储格式等都会体现出各家特色，缺乏通盘的数据采集考虑。这种情况下，不同功能、不同粒度、不同层次采集来的数据就无法兼容使用，或需付出额外而又昂贵的代价。比如，地图数据采集者会采集道路的精确信息和建筑的粗略信息，建筑设计者采集和关注建筑的结构数据，室内装潢设计者只采集和关注于自身承接业务范围内的一个个房间的数据，室内的设备厂商又只采集自家设备的运行数据，这些数据都是构成一个数字孪生世界的基础数据，但由于数据的采集者、采集时间、采集频次、采集目的各不相同，这些数据的格式、标准不一致，数据融合时难以直接使用。

（二）数据获取的稳定性不足

数据获取的稳定性包含两个方面：数据的准确性和数据传输的稳定性。就

现状而言，不少信息系统由于构建时考虑不周、数据采集录入的审查机制不强等原因，导致可能会出现数据质量不高的情况，比如，一定周期内的数据缺失、数据录入/迁移错误、数据的采集/统计方式发生变更导致数据标准前后不一致等情形，这些都可能显著影响数据的准确性。而数据传输目前较为依赖无线数据传输技术，为了满足物理世界与数字世界实时交互的需求，其在工厂车间、建筑工地、偏远山区等场景的稳定性、抗干扰性、异常恢复能力等都有提升空间。

（三）异常样本的数据极为匮乏

在真实世界的运转中，异常数据是不易捕获、也易被忽略的一类数据。以工厂机器运转为例，其异常情形可能会有机械自身故障、工作人员操作失误、外部因素扰动（比如，停电、停水、进水、进老鼠、地震、火灾）等多种情形。这类异常数据即便靠元宇宙技术进行随机模拟，也可能会出现"仿而不真"的情形，即模拟出的异常在物理世界中不会出现，而物理世界的异常在数字世界中不能复现。对于此类数据的采集工作而言，需要提前布局并采取合理的采集方式、采集频次、数据存储和加工手段才能有效记录这类数据，既为当前数字化分析应用，也为未来元宇宙的构建和运转，提供更为真实的数据基础。

（四）数据共享机制有待完善

在数字化时代，数据要素已经被认定是核心的生产要素之一。数据的所有权也在很大程度上被认为是一种掌控力的象征，交出了数据就像交出"底牌"一样让各方都感到不安。国家与国家之间、行业与行业之间、企业与企业之间，甚至企业内部的部门与部门之间，都在一定程度上有意识地保护自己采集或管辖的数据。这种保护主义对于数字化赋能是很不利的。为此，数据共享相关的机制和系统建设必须足够完善，尽力解决各参与主体的担忧，满足整体的利益诉求。只有各相关方都能贡献出自身的数据，才能最大限度地在数字化赋能中发挥最大效用。

（五）多源多模态数据全面融合较难

推动数字化赋能，需要尽可能捕获物理世界的一切信息进行数字化，并进行有机融合处理，以高度还原出物理世界的细节，并可交由计算机模型来进行智能分析和辅助决策。这些数据包括但不限于基础空间数据、多渠道采集的视

频 / 音频数据、传感器数据、知识库数据等。这些数据本身往往较为孤立，要想在数字世界中高度还原物理世界，甚至能实现双向实时交互或者智能决策，都是较为艰巨的挑战。

第二节　数字化赋能高质量发展的趋势

新一代信息革命颠覆了传统的生产生活方式。随着数字技术更加智能化、信息化、平台化飞速发展，数字化赋能高质量发展的理念被逐渐全面接受，并进一步对社会经济生活、各行业各产业发展产生深远影响。随着数字经济和实体经济的深度融合，生产力和生产关系被进一步重塑，人类社会文明进一步发展。

一、技术跃迁，为高质量发展注入原动力

随着数字技术的深入发展，数字本身的表示形式产生深刻变化，数字化与实体产业深度融合，人机物产生多感知融合，全社会各维度的高质量发展空间被不断拓宽，高质量发展的可能性被持续激活。

（一）数字表示形式从单一到多样

随着光子计算机、量子计算机、DNA 存储等新兴技术的发展，数字的表示形式也在发生变化，从电子数字表示形式转化为多种表示形式，如基于光计算、量子计算、生物计算的数字化表示形式。

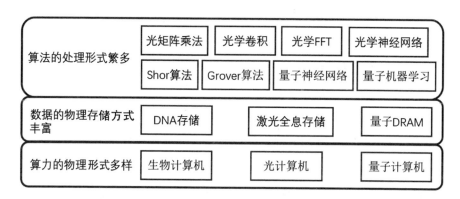

1.算力物理形式多样。电子计算机从 1946 年发明以来，分别经历了第一代计算机（电子管数字机）、第二代计算机（晶体管数字机）、第三代计算机

（集成电路数字机），直到目前的第四代计算机，也就是大规模集成电路计算机。随着摩尔定律接近极限（晶体管越小，其受到量子效应的影响也明显）以及冯·诺伊曼结构限制的趋势越发明显，第四代计算机的性能将接近瓶颈。

随着光计算机、生物计算机、量子计算机等新的物理形式的计算发展，这些新型计算机可以突破电子计算机的摩尔定律和冯·诺伊曼结构的限制，拥有更加强大的算力，为今后数字化发展提供所需的大量算力。以光计算机、量子计算机为例：（1）光计算机：2021年，曦智科技发布了新一代光子计算处理器 PACE（Photonic Arithmetic Computing Engine，光子计算引擎）。测试显示，PACE 的运算速度可达目前高端 GPU 的数百倍，PACE 成功验证了光子计算的优越性。在 2022 年，来自宾夕法尼亚大学的研究团队研发了一种新型光学芯片，这种新芯片的基础是一个神经网络，这是一个模仿大脑处理信息方式的系统。但这种新芯片处理的不是电信号，而是以光的形式处理信息。该光学芯片每秒可以处理近 20 亿张图像。（2）量子计算机：量子具有天然并行性，当具有 n 个量子比特，其信息处理量可以达到 2n。2020 年，研究团队成功研制 76 个光子的量子计算机原型机"九章"，标志着我国成为全球第二个实现"量子优越性"的国家。2022 年，美国 IBM 公司推出量子计算机"鱼鹰"，配置优秀的量子芯片加工技术，其量子比特数达到 433。随着量子计算机技术持续突破，商业化也在不断加速。

2. 数据存储方式丰富。目前的数据都是以电的形式存在于电子计算机中，随着量子和生物计算机的发展，数据将可以直接存储到分子级别或者量子级别的维度。在量子计算机中，一个量子比特可以同时叠加 0 和 1 的状态，当拥有 n 个量子比特，可存储的信息量达到 2n。光计算中的光存储比较有代表性的是激光全息存储，利用全息技术进行大容量存储，对于一张直径 8 厘米左右的普通光碟，可以存储接近 400Gb 的信息。DNA 存储具备介质耐久性、维护简单性、格式不变形、密度高效性、能源效率可持续性和成本低等特点。因此，DNA 存储的持久性和分子结构的一致性非常适合需要长期存储的数据（例如，病历、档案、历史文本）。此外，它的空间和可持续性对环境也非常友好，大大降低生态环境的压力。DNA 存储可以迎合艾字节（EB）甚至是泽字节（ZB）数量级的数据，提供一种全新的存储方法，根本上改变现今存储的规模和方式。

3.算法处理形式繁多。当有不同物理形式的算力出现时，其算法也必然出现改变。以量子算法为例，依托量子计算机，利用量子算法 Shor 进行整数的质因数分解，其算法计算复杂度为 O（（logN）^{2}（loglogN）），经典算法时间复杂度 O（e$^{1.9\,(logN)\,1/3\,(loglogN)\,2/3}$）快一个指数级。同样，测试一个未知函数，量子算法 Grover 的时间复杂度为 O（$\sqrt{N}$），比经典算法时间复杂度 O（N）要更快。诸如量子机器学习和量子神经网络算法，已有证明比现有的算法要高效。以光计算机为基础，光计算、光学向量矩阵乘法、光学矩阵乘法以及光学神经网络等算法，均有研究表明比用电子计算机的算法要高效很多倍。现在使用快速傅里叶变换的时间复杂度为 O（NlogN），而光学傅里叶变换的时间复杂度 O（1）。对于卷积网络最重要的卷积操作，通过傅立叶光学计算，可以将卷积运算的时间复杂度从二次降低到线性。

（二）产业元宇宙推动工业革新

作为数字化发展的趋势之一，产业元宇宙将工业生产力水平提升到一个新的高度，通过"虚实融合"实现工业革新（"虚实融合"中，"虚"指数字化、智能化、仿真模拟可视化，"实"指实体工业制造）。

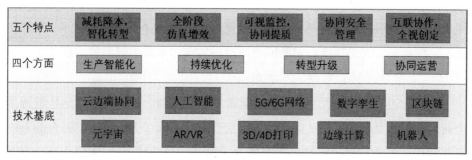

智能化的数字孪生

1.在产业元宇宙加持下，工业制造呈现以下四个方向：（1）生产智能化。把云边端协同、人工智能、5G/6G 网络等数字化技术深度融合应用于传统产业，实现协同开发、仿真设计、动态供应、大规模个性化定制和敏捷交付等。（2）持续优化。通过数字化技术与行业场景相结合，以数据驱动，基于真实物理模型和动态可适应的模型持续优化，解决工业制造的痛点难点问题。（3）转型升级。基于数字化技术融合地理数据、标识解析等技术实现数据整合共享，加快工业资源要素集聚，赋能工业数字化转型。（4）协同运营。在工业产业链的需求下，通过人工智能、边缘计算、供应链协同赋能，打通传统工业全链条数据，实现技术、资金、服务等协同运营和优化配置。

2.在产业元宇宙加持下，工业制造呈现以下五个特点：（1）减耗降本，智化转型。工厂通过与智慧物流、能耗管理、智能生产线、降本降库相结合，达到工厂智能化、设备自动化等工业数字化转型，降低材料消耗，减少人力投入，完善生产周期。（2）全阶段仿真增效。借助平台化设计、个性化定制、网络化协同、资源要素聚集，实现对工业实体系统的建模、预测、优化、管理，双向打通工业系统中的人、物、地、件、境、技的全面互联的关系。（3）可视监控，协同提质。以信息解析、物联感知、人工智能、数字孪生、区块链为技术支撑，对工业全链的生产过程数据和质量实现白箱化，三维实时可视化监查、联合智能生产和智能检测等，实现更加有序可控的生产，更加规范一致的品质检测。（4）协同安全管理。无人化安全检测、智能化报表、人机交互的智能生产系统体系、工业数据分类分级管理等达到消除安全盲区，守护安全最前线，降低生产制造的危险，加强保护信息数据的安全。（5）互联协作，全视创定。虚拟协同参与产品调研和设计以及产品验证，依托数字孪生和3D打印使用户可参与并追踪产品定制和生产，可使用户体验更加多维度多感知的营销体验，三维可视、人工智能、物联网与虚拟现实助力产品维修和售后服务。

（三）智能连接计算促人机物融合

随着云边端协同、元宇宙、人工智能、脑机接口、边缘计算、区块链等多个新兴技术的发展，人们从以往的人机交互时代迈入了人机物有机融合的万物智联时代。随之涌现出多种趋势和特点，如（1）打破信息、物理、社会三元空间。（2）人、机、物三者彼此相互激励，跨域协同。（3）不同场景的人机物融合将具备自主演化和动态适配等。

以往的人机交互仅限于人与电脑或者人与手机，但随着边端设备、边缘计算、云边协同等技术的发展，人和物的交互变得频繁，随之而来的就是进入人机物融合的趋势。随着边端设备和输入设备的发展，呈现多模态(语音、图像、文本、手势、眼球追踪、脑机接口等）以及多感知（眼、耳、口、鼻等）交互的趋势。

（1）人机物群融合的趋势首先体现在军事上，国内率先研发无人机集群统一接入与驱动，建立云端共生的智能体协同理论与方法，研发无人机集群运行支持平台。（2）未知环境探索、三维地图构建、协同目标追踪等复杂任务，已采用空—地异构机器人协同进行作业。（3）保险行业对客户进行理赔时，如果是一些特殊地点、危险地段或者事故多发地，可以通这套异构机器人协同系统，前往这些地方进行操作。

二、技术应用，为高质量发展探索新场景

在数字化技术不断推陈出新的环境下，全社会各行业、各领域将数字化加速向全流程、全链条持续渗透，应用场景不断扩展和升级。

（一）数字化赋能覆盖全流程全链条

智能制造突破了传统个体节点的业务限制，通过数字化技术手段，全面覆盖企业整体流程管理、产品生命周期、产业链上下游、产品服务创新管理、批量加工作业、内部职能优化、运营管理、分销渠道、供应链风险管理等各类应用场景。

加快推进数字化向全流程、全链条渗透，推动发展路径创新，实施精准定制、精细管理、柔性生产、集群制造、功能下沉的商业模式，促进高质量可持续性发展。在重点应用场景建设层面：（1）优化智能工厂产品线，以客户为核心，促进订单管理各环节数字化运行。（2）优化智慧供应链，推动系统数据管理精细化，工厂生产线信息化转型，促进各参与方建立深度链接，拓展产品服务价值链。例如，通过无人机、无人车等先进设备优化运输，通过云平台进行数据汇总，高效串联由生产工厂输送至消费者末端的多维信息。（3）实施流程制造，推进产供销协同化、一体化发展，稳定生产，提升质量，保障安全，重视环保，进行数字化管控，精细化管理，实现极速反馈，保障如期交付。

数字化赋能供应链一体化发展，促进全链路信息融通，优化资源配置。在信息聚合层面，各业务板块在上个节点联通生产，在下一个节点联通市场，促进仓储管理、物流配送等典型应用场景优化升级，研发前沿算法模型，深化供应链数字化变革，提升生产要素配置效率，降低转化成本，推动数字化赋能供

应链高质量融合式发展，实现全流程数据信息高度整合。

在具体场景中，框架构建主要包括以下层面：（1）在整体架构层面，围绕智慧供应链进行平台搭建，通过自动化操作、数字化管理、智能化决策，结合云端平台、人工智能、大数据和物联网进行内部链接，促进数据互联互通。（2）在智慧物流平台建设层面，通过无人驾驶、车货匹配、新能源车等新技术新产品优化运输配送流程；通过智能识别、拣选机器人、自动贴标包装技术、分拣机器人、智能调度、无人机视觉、无人机派送等数字化技术产品赋能智慧仓储，促进入库、存取、拣选、包装、分拣、出库、盘点、派送各节点作业敏捷、智能、高效开展，全面覆盖生产包装至零售消费各环节。（3）在供应链圈层构造层面，以核心生产企业为中心要素，全方位链接金融机构、产业链上游供应商、仓储物流企业、下游经销商和终端客户，通过数字化支付结算、电子签名等功能高效响应金融需求，通过大数据、云计算、区块链技术实现信息资讯实时共享，企业征信追踪溯源，助力仓储物流、产品销售智能化转型。

（二）数字化赋能应用重点行业

纵观供应链数字化变革进程，重点行业已率先开局，例如，（1）原材料领域，推进复杂结构产品整体化制造及轻量化设计、多材料结构一体化制造、医疗植入物定制、建筑设施整体制造、专用工具工装制造等新项目。（2）电子信息领域，引入远程实时作业、高精度飞行管控、360°全景虚拟现实（VR）技术、电子围栏技术等前沿科技，助力行业数字化转型。（3）装备制造领域，不断研发设计金属切割加工机床、实时操作系统、精密减速器等先进设备。（4）消费品领域，进一步优化订单产品研发设计、设备管理、远程服务、供应链管理等环节，促进发展提质增效。（5）智慧园区领域，积极打造智慧食堂、无人机智慧机库、无人机无人车例行检验等数字化便民服务，实现价值延伸。（6）工业基础设施领域，聚焦数字化赋能天然气、电网、自来水、公用事业等城市建设重点。（7）"5G"＋工业互联网领域，引入远程患者监护、虚拟设计图、边缘计算等新兴技术，推动数字化赋能智慧城市建设。（8）在工业互联网平台领域，不断优化企业决策、成本、资源配置、生产工艺、仓储库存、终端销售等环节，促进数字化赋能供应链高质量发展。

（三）数字化赋能意识渗透传统行业实践

随着信息技术纵深发展和各行业自动化生产装置的普及，传统行业产业链正在经历横向和纵向整合，数字化赋能意识贯穿行业发展全流程，数字化赋能已深度融入企业战略部署。以传统农业产业为例，数字化实践贯穿新品种选育、作物栽培、冷链配送、订单外销全流程，降低农作物生产的周期性和系统性风险，探索全新业务模式，驱动农业生态系统的全面优化和价值延展。

1. 在技术优化层面：（1）不断升级无人拖拉机、精准耕种机、无人灌溉机等智能农机和遥感无人机等智能播种监测设备。（2）通过农业物联网云平台链接智能温室、智慧养殖、智能田间作业，实时监测，高效反馈。（3）进一步构建覆盖控制中心、数据中心、消息中心、预警中心等各系统板块的完善的农业大数据平台。

2. 在智慧农场建设层面：以智慧育种为起点，推动形成无人机播种、精准灌浇、作业监测、智能收割、农作物自动分类、无人车转运、无人售卖、农产品智慧分销、检验上报的数字化产研闭环，优化农牧生产销售，创新发展业态。

3. 在餐桌农业建设层面：推进实施农产品定制化采摘加工、订单农业产销对接、仓储实时监控、农产品线上预订，数字化赋能产供销协同化发展。

4. 在休闲农业建设层面：引入数字农贸、文旅农贸、阳光采购、农贸金融、农贸邻里中心等创新型业务模块，构建生态环保健康的产业模式。

三、数字革命，重塑生产力和生产关系

马克思的唯物史观指出，生产力的发展是社会存在的根本柱石，也是历史的第一推动力。人类发展的主线包括能源革命和信息革命，而数字化赋能是信息革命的深入演进，数字化赋能进一步解放生产力，重塑生产力和生产关系。

（一）数字化赋能提高企业生产力

云计算、物联网、大数据、人工智能、区块链、5G等数字技术驱动新一代信息革命，赋能传统制造企业，降低企业生产成本、运维成本、财务成本等，提高资源流转效率、运营效率和生产供应效率。

传统情况下，工厂运行情况是通过工人巡检掌握，一年累积下来人工记录

的生产报表数量庞大。此外生产线上任何异动情况，例如，发电厂汽轮机转速异常，电流电压负荷异常，以及原料采购价格异常，过磅数据异常等，很难做到实时预警和及时处理，不可避免给企业带来重大安全隐患以及经济损失。

数字化赋能场景下，企业可以做到：（1）借助智能生产管理平台，在生产现场安装数据采集设备，智慧化的全天候监控，实时在线获取数据，自动生成报表，并实时同步各生产线的大量数据到总部，通过算法模型分析生产情况，制定决策预测风险并实时推送结果。无须人工巡检上报汇总数据，可随时随地查看生产数据、生产指标，掌握工厂运行的整体情况。（2）通过智能人事管理，员工手填申请多级审核的流程简化为移动端申请自助打印下载，同样，考勤、请假审批、培训、绩效管理等全面实现数字化、移动化。（3）通过智能物料管理平台，对大宗物料的计量、采制样、化验、结算一体化、集团平台化管理简化流程，提高物流流转效率。通过物流管理系统，整合多种物流模式，致力于解决物资在途跟踪管理。通过智能后勤管理，实现人员门禁、车禁、访客、视频等各模块业务场景的互联互通互控。

（二）数字化赋能重塑生产关系

数字化与社会生产的融合日益加深，使各种新业态、新模式不断延伸出现，并代替旧有的模式与业态。数字化在社会分工中的价值和作用不断提升，成为数字经济时代社会分工的重要组成部分。

1. 生产力被进一步解放。新型数字化生产关系把人、设备、工具等生产要素管理得更好，通过生产过程中的智能化与自动化，减少人工干预，使生产节奏更加稳定，进一步解放生产力。例如，基于物联网和人工智能算法的图像检测系统，通过机器手臂上的摄像头传感器精确采集图像数据，通过人工智能算法分析表面图像进行质量检测，第一时间筛选出次品，并去除缺陷产品。同时还可以通过产品质量的稳定性来监测生产线的故障，及时进行异常提醒，对生产线进行检修。管理者想要掌握生产进度，掏出手机打开应用程序（App），就能随时掌握生产信息。

2. 社会分工模式被重构。数字平台的快速发展，重塑了社会分工模式，机器与人从支配与被支配的关系逐渐演变为分工与协作的关系。例如，人类在海底铺设了许多石油和天然气管道，需要定期检修，但海底情况非常复杂，管道很长，人工检测显然不行。海底专用机器人潜至水中的目的地，通过操作员在指挥中心发送简单的命令，它就能自主决定执行任务的动作、力道等，并在任务完成后发回确认提示。

3. 信息交换方式被改变。数字化改变了人与自然、人与人、个体与组织之间的信息交换方式，促进了社会生产由规模化向规模化与精益化高度融合，由物理世界的时空规制向数字世界的无边界化、超越时空化等方向发展。在这种发展变化中，数字算法和算力成为社会分工的核心要素，催生了以数字算法和算力为核心的数字化分工，并成为数字经济时代的重要特征。

四、融合创新，重构社会生产生活

随着数字经济蓬勃发展，数字经济早已不局限于数字技术与数据要素的范围内，而是越来越频繁出现在实体经济的方方面面，数字经济与实体经济"平行发展"的时代已成为过往，两种不同的经济形态早已掀开了深度融合与不断创新的篇章。数字经济引领实体经济创新发展，实体经济支撑数字经济快速进步，两种经济呈现"融合创新"趋势，体现了技术服务人类社会生存发展的本质目标。

（一）融合创新是历史必然

1. 数字技术的快速迭代为实体经济与数字经济的"融合创新"提供了条件与要求。第二次工业革命的尾声，带来了工业社会的临近，信息技术的出现标志着新工业时代的新生，互联网崛起、数据技术发展、人工智能等技术出现，数字经济的来临是科技发展的重要标志，数字易于组装、分割、流动、转换及应用的特征，影响着生产要素的组成内容与生产方式的组织形式，突破传统时间与空间限制的"数字经济"成为传统工业经济的重要补充，借助数字技术与数据要素的深度参与，数字产业如雨后春笋般发展起来，大数据、云计算、人工智能、区块链、物联网等不断发展的新技术，形成了相当基础的产业部门且不断壮大，丰富了实体经济的行业，实现了实体经济的迅速扩容。

2. 数据要素成为重要的生产要素，形成现实生产力推动实体经济的发展，为实体经济与数字经济的融合创新创造了发展基础。数据要素已经不再是"孤岛式"的"记录员"，已经成为产业发展的"参与者"，包括政务数据、产业数据、科技数据在内的各类数据要素已经打通了各链条之间的数据壁垒，使得各行各业可以更加充分运用各类数据开展广泛的产业转型，诸如银行运用企业信用数据提供信用贷款，政府评估企业信用数据部署相应的优惠政策，企业利用用水用电数据进行生产流程优化、利用经销与经营数据进行区域生产政策调整等，各类主体的治理流程、运转流程与交互流程都发生显著变化，原先没有数据要素的传统生产方式被赋予了新的含义，也有了新的价值体现，跨区域、跨行业、跨层级的海量数据共享产生系列应用反应的同时，也说明随着数据要素对传统经济的改造与数字经济的推动，实体经济与数字经济也迎来了融合创新的新时代。

3. 日益扩展的生产与生活需求倒逼生产方式与管理模式的变革，实现新业态新模式的诞生，这就要求数字经济与实体经济实现深度融合，实现不断创新。新的时代会催生新的消费需求，数字技术快速发展，也引导着生产与生活进行快速迭代，人们的生活需要日趋多元，生产经营的情况日趋复杂，单独依靠数字经济或者继续沿着传统实体经济的脉络，难以适应生产与生活需要，复杂的生态客观上需要实体经济与数字经济进行深度融合与不断创新。

（二）融合创新具有丰富时代特征

1. 生产要素的融合创新，实体经济的生产要素主要集中在土地、资本、劳动力、技术等方面，近年来，数据要素也成了与上述要素并列的生产要素，数据要素的生产、应用与流转也不局限在数字经济领域的单一方面，此种应用也不局限在数据要素方面，数据要素与土地、资本、劳动力、技术要素交相辉映，衍生出系列的生产要素交互应用的实践案例，例如，银行基于数据共享对企业提供的信用贷款，展现数据要素与资本要素的密切联系。

2. 生产技术的融合创新，实体经济的生产技术集中在传统的大工业时代传统技术，如电器应用、机床使用、能源产业应用等，而信息时代的到来，激发了数字技术的蓬勃发展，这种发展将技术的水平向着智能化、数字化的维度逐步拓展，加速了传统工业技术的迭代与进步，提升了现代产业技术的整体效能。例如，工业企业及研究机构提出的"工业互联网"概念，体现了互联网技术与传统工业技术的深度融合。

3. 生产体系与价值的融合创新，生产要素的丰富与生产技术的快速发展，影响了企业的生产方式与人们的生活方式，进而带来了社会治理体系的广泛调整与深刻变革。企业在运用数据优化管理流程与生产工艺，运用人工智能、区块链、大数据等技术迭代经营管理方式，促进了数字经济与实体经济在企业生产方面的融合创新。政府等单位依托数据上云、系统治理、技术迭代等方式，打破"数据孤岛"，推动信用信息共享，带动治理模式的优化与拓展，推出了信用中国、数字政府、智慧城市等解决方案，为社会治理方式的优化与迭代提供了新的进路。治理方式的优化也带动了生产价值理念的转变，对数据应用与现代技术应用的推崇，就是这种理念转变的代表。

五、深化布局，实现全领域优化升级

（一）产业升级，数字化赋能产业流程升级

对于传统产业而言，数字技术全方位、多角度地赋能产品的研发、制造、管理、销售等各个环节，实现全流程的升级，帮助传统产业实现质量变革、效率变革、动力变革。例如，在农业生产领域，农田信息化管理，配套遥感应用系统、物联网测控系统、田间综合监测站点等设施设备，对生长环境和生物本体进行实时监测，实现农作物生长各个环节的精准作业。在畜禽水产养殖中，通过环境监控、精准饲喂、疫病防控等智能化改造等实现智慧养殖模式。在农产品流通过程中，进出库、运输、交易全程数字化管理，提升物流运营效率和供需匹配水平。物流仓储环节，利用智能仓储系统实现农产品网店、仓储、分装、运输、配送等各环节数字化管理。

（二）竞争升级，数字化驱动产业生态竞争

在数字技术驱动下，企业被深刻影响，最终将形成一套隶属企业自身的产业生态系统。所谓产业生态系统，指的是企业以其核心业务为中心，衍生各类业务，吸引兴趣用户与创新人才，最终形成产品与服务多元且联系紧密的企业圈子。

1.产业生态产生的原因：（1）数字化赋能将带来技术的高速发展与产能的大幅提升，在持续的高产能下，企业很容易拓展其业务，并发展多种衍生业务。（2）数字化技术引领的新时代，互联网的便利性使得各项产品之间产生联系变得十分简单。用户可能最初只是因为使用了该公司的核心产品而接触到该公司的其他产品,当尝试使用该公司的其他产品时,由于各项产品之间联系的紧密性,用户体验到极大的便利,从而也习惯使用该公司的其他产品,随后用户将会越来越依赖该公司的产品。而该公司的衍生业务由于用户群体的壮大,其发展也逐渐稳定,最终和其核心业务一起组成企业的产业生态系统。

2. 产业生态对社会的发展产生深刻影响。随着用户对企业的产业生态的依赖程度加深,用户将再也难以适应其竞争企业的产品,成为只属于该企业的忠实用户,整个社会会逐渐被划分为属于不同企业生态的"小圈子"。例如,作为苹果粉丝的群体,在购买手机、平板电脑等设备时一般都会选择买苹果公司的产品。

3. 产业生态系统将成为企业核心竞争力。数字化社会下的竞争,将从传统的个体企业之间的竞争,转变为企业生态之间的竞争。未来企业将越来越注重产业生态的培养,在其核心业务之外发展一系列衍生业务,利用核心业务吸引大批的忠实用户后,形成自己的产业生态,与竞争企业争夺社会上的主体用户人群。

(三)平衡供求,数字化调节资源动态配置

供求的不平衡会带来很多问题,完全靠自身调节会给社会和经济造成损失,因此需要借助外力。数字化赋能有助于动态平衡供求关系,而且从局部优化走向全局优化。

1. 数字化赋能解决资源分布不均的问题。例如,大部分医疗资源都集中在少数大医院,大医院人满为患,而偏远、低线城市的诊所和医院缺乏高质量资源,很多患者需要长途跋涉前往大城市就医。数字化的支持如线上问诊、远程手术在一定程度上改善了这一情况。通过数字化的支持,服务提供者可以在任何地方工作,以及各类服务机器人的登台亮相,彻底改变了服务的可及性和质量。

2. 数字化赋能优化供应链资源配置。例如,随着电子商务、移动互联网的发展,消费者的需求更加个性化,消费节奏越来越快。数字化解决方案能够顺利、迅速地调整生产流程,实现工业规模的、适应能力非常强的生产。所有生产设备及单台机器和机器人能够临时根据变化的产品型号进行改装,而无须等待时间或停产,消费者的定制化的订单能够快速交付。

（四）文明互补，数字化加速硅基文明崛起

数字化技术的发展，将会带来全新的以 AI（人工智能）为代表的硅基文明的兴起。硅基文明是这些 AI 所构建出的一整套社会系统。与人类相对，由于人类的身体由碳组成，发展出了自己的文明，故称碳基文明。而 AI 智慧的核心——CPU 由硅组成，故 AI 组成的社会系统称为硅基文明。

1. 数字化带来 AI 技术的飞速发展。（1）数字化转型使得企业拥抱了更多的高新技术，越来越多的工作将可以交给 AI 去完成，AI 大有用武之地，从而逐渐深入社会各个领域；（2）为了更加深化数字化改革，让 AI 完成人类工作，企业更加深入地钻研 AI 科技，投入更多资源，研发出了更加智慧、应用范围更广的 AI。

2. 数字化带来的硅基文明的崛起，并与人类的碳基文明形成互补。很多人担心 AI 在社会中的应用将会威胁到人类文明，越来越多岗位可被 AI 代替，很多人会失业。实则不然。AI 与人类各有优势，也各有缺点。AI 拥有记忆力强、出错少、计算能力强的特点，适合处理一些重复繁重工作。面对现代社会的海量大数据，AI 能快速从中提取关键信息。人类在这方面虽然不如 AI，但却拥有 AI 不具备的发散思维、创造性智慧。最明显的特点是，AI 几乎无法处理未训练过的场景，而人类可轻松地联想到自己未曾遇到过的问题。在面对陌生的复杂问题时，AI 需要人类帮助其制定决策模型并训练。因此，AI 与人类形成互补关系，AI 帮助人类解决繁重问题，让人类能腾出时间思考更加发散、更有创新性的问题，而当人类思考出问题的结果时，便能提供 AI 这些更优秀的算法与决策模型，帮助 AI 获得更高智慧。数字化带来的硅基文明的崛起，是硅基文明与碳基文明的互补共赢。

第三节　数字化赋能高质量发展的应对

面对数字化赋能高质量发展的挑战及发展趋势，可统筹兼顾，强化应用，技术融合，软件赋能，守正创新，提升素养等，把诸多数字化应用、数字化资源内容等"珍珠"串成"项链"，释放数字技术对高质量发展的放大、叠加、倍增、持续溢出效应。

一、强化应用，深化制造业数字化赋能升级

全面实施制造业数字化转型，以工业互联网、智能制造为中心，加快推进制造业生产、运管、终端服务全流程数字化改造，促进信息实时传输、资源有效配置、行业运作机制迭代升级、研发模型优化，实现制造业深层次信息化变革。深化制造业数字化转型升级，主要包括以下方面：（1）在数字化平台建设层面，优化平台设计，改善生产服务质量，精准定位目标客户，通过数据集成链接产业链上下游，延展企业价值链，高效共享供求信息，促进商家与消费者迅速匹配，推进商业模式转型升级，优化生产，促进行业增值，挖掘新兴业态，培育增长引擎，助力制造业数字化纵深发展。（2）在技术体系建设层面，牢牢把握信息科技和工业技术融合发展，加快推进制造业数字化转型升级。两者齐头并进，互为补充，释放行业发展动能。（3）在企业协同发展层面，促进科技企业和工业企业互联互通，发挥协同效应。前者在业务领域不断加深对制造业企业的认识，后者在技术领域不断迭代升级，实现全面信息交互和资源整合，创新合作模式，互利共赢。（4）在人才培育层面，促进信息技术人才和工业制造业人才共同增长，创新联合培养机制，向复合型人才全面转型。相关职能队伍需要深化人才培养体系变革，协同合作，填补人才缺口，助力高质量可持续性发展。

在产业链核心环节及商业格局变革方面，关于渠道营销、生产制造、产品服务、流程管理、发展业态、关联产业的数字化转型至关重要，具体分析如下。

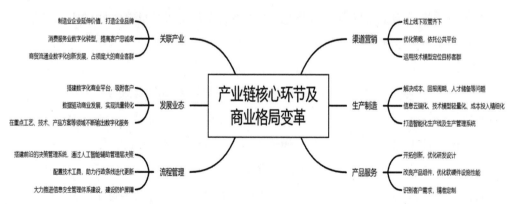

1.数字化赋能渠道营销全方位转型。促进企业形成以客户需求为导向的

运营管理，双向匹配，精准营销，提升产品服务水平，主要包括以下方面：（1）整合线下渠道资源，搭建客户关系管理平台，线上线下双管齐下，延伸营销边界，实现深层次渠道营销。（2）优化策略，依托公共平台，聚焦重点地区客群分布，链接供需双方，通过现代社交平台对全链条多元化群体智能投放产品服务信息，统筹营销管理，提升运营效率。（3）运用技术模型定位目标客群，结合虚拟现实技术等前沿科技实现场景互动，改善客户体验感，建立情感链接。

2. 数字化赋能生产制造多维度变革。（1）以生产制造数字化为中枢环节，大力加强企业在数字化建设进程中成本投入限制、回报周期长、专业人才储备不足等问题的集成规划，最终实现由手工化向信息化、数字化、智能化转型。（2）在解决方案层面，中小型制造业企业初期推广信息云端化、技术模型轻量化、成本投入精细化的发展路径。（3）在此基础上，进一步打造企业智能化生产线及生产管理系统，优化软硬件技术设施，逐渐落地不同的需求场景。

3. 数字化赋能产品服务价值延伸，推进柔性生产和个性化服务，塑造行业品牌。（1）开拓创新，优化研发设计，深度链接企业研发团队和技术团队，加强信息反馈机制建设，实现互联互通，聚焦客户，驱动生产创新，不断提升行业洞察力。（2）改良产品组件，优化软硬件设施性能，实现制造业企业和终端客户针对产品运行参数的远程动态监控，定期测算，预判故障，完成前置维护管理。（3）识别客户需求，精准定制，提升客户参与度和产品服务的体验感。

4. 数字化赋能流程管理迭代升级，优化内部职能管理体制机制。（1）搭建前沿的决策管理系统，通过人工智能辅助管理层决策，及时识别异常点，管控企业风险，判断市场趋势，实现企业高质量可持续性发展。（2）配置技术工具，助力行政条线迭代更新，通过数字化流程简化企业日常事务工作，增强企业发展动力。（3）大力推进信息安全管理体系建设，建设防护屏障，在信息收集、整理分析、信息流调度配置等各方面加强信息安全风险管理，增强企业发展稳定性。

5. 数字化赋能商业生态创新发展，提升终端客户服务质量，延伸企业价值链，不断培育新的业务增长点。（1）搭建数字化商业平台，吸附客户，促进生产厂商直接触达终端客群，发挥水波效应，增加品牌流量。（2）数据驱动商业发展，进行企业生产信息的归集、共享、处理、需求匹配，整合资源，实现流量转化。（3）推进服务数字化转型，在重点工艺、技术、产品方案等领域不断输出数字化服务，创造流量。

6. 数字化赋能制造业关联产业协同化、一体化发展，打破信息技术壁垒，提升数据要素的核心竞争力，及时了解客群基本需求、产品服务偏好、潜在购买意愿、市场竞品信息等动态数据资源，建立企业数字化先发优势。（1）基于实时数据优化产品服务调度，将消费服务业、商贸流通业、工业制造业通过数字化平台深度链接，形成合力，促进制造业企业延伸价值，通过流量转化和资本注入不断巩固核心生产技术，打造企业品牌。（2）促进消费服务业数字化转型，不断吸引优质客群，提高客户忠诚度，基于制造业企业的技术优化和品牌传播进程，进一步巩固其优势竞争地位。（3）推进商贸流通业数字化创新发展，全面优化信息链接，占领庞大的商业客群，扩大行业影响力，发挥规模效应。

二、技术融合，数知融合与虚实融合提高数字化赋能确定性

人工智能、云计算、物联网等数字技术，发展至今规模越来越大，影响越来越深，但是新型技术引发的不确定性风险持续放大，对各行各业的经济安全、社会稳定、全球治理提出更多的挑战。在大力发展数字化技术的同时，应高度重视对不确定性的控制。可以通过数知融合降低智能算法的不确定性，通过虚实融合降低智能制造的不确定性。

（一）数知融合，智能算法降低不确定性

第一代知识驱动的人工智能技术，通过模仿人类的推理、思考的过程，构建基于知识与经验的推理模型，但是人类知识难以获取、表示和处理，人工构建的"知识库"更是增加了不确定性。第二代以深度学习为代表的数据驱动的人工智能技术，通过深度神经网络处理大规模数据，不需要专家知识。但是深度学习算法充满了不确定性，来自算法整个流程，包括数据、模型、算法、实验、插值等不确定性、由于第一、二代人工智能只是片面模拟人类的智能行为，单纯的知识驱动和数据驱动存在很大的局限性，发展道路遇到了瓶颈。

知识与数据融合的新一代智能算法，通过将第一代的知识驱动和第二代数

据驱动有效结合，将知识看作高质量的信息，加深对海量数据的了解，有助更多更全的信息揭露，降低不确定性，提高人工智能算法鲁棒性。知识与数据双驱动的人工智能技术是发展趋势，要做好数知融合，需要做到如下几点：

1. 完善知识构建体系。在现代人工智能体系中，数据获取和处理流程已经非常成熟，但是对于知识的获取和管理体系并不完善。发展数知融合，首先要构建完善一站式体系，利用知识图谱、知识库、图计算等技术，完成知识获取与表示、知识建模和计算、知识管理与推理、知识的应用与决策等流程。

2. 提升数知融合技术。构建好知识体系后，需要考虑如何将知识与数据融合，应用到人工智能技术中。一方面，知识可以和数据一样作为模型输入，比如，把知识图谱作为额外输入，这种方法利用知识和数据一同构建模型架构。另一种思路是将知识作为数据的补充，比如，用知识作为数据的标注，这种方法不改变模型架构。数知融合技术需要用到知识蒸馏、强化学习或者概率图模型等技术，会引入新的挑战。构建统一的模型，有效将数据、知识融入模型设计是未来数知融合技术发展的趋势。

3. 做好数知融合落地。应用数知融合技术于现有人工智能技术中可以从两个方面入手，一是在原有人工智能算法框架中嵌入先验知识，赋予模型可解释能力，让数知融合深入参与模型的构建与应用。二是将知识库或者知识图谱作为人工智能算法的辅助系统，帮助模型进行决策和调整。

知识和数据融合的智能算法，通过结合数据驱动和知识驱动算法，有效降低人工智能算法的不确定性，有助于进一步提高人工智能算法的效率、效果、和鲁棒性。近期引起巨大轰动、由美国 OpenAI 公司研发的 ChatGPT，是这类技术产品的典型代表，其带来的数字化应用效果将是颠覆性的。

（二）虚实结合，元宇宙提升物理制造的安全性

传统物理制造业正在向数字化转型，应用场景更加复杂而且多变，对于极端场景、高危场景，人工试错的成本很高。元宇宙技术通过将虚拟和现实空间结合，可以模拟还原各种现实世界难以测试的场景，完成技术验证和优化，为传统物理制造业带来革新，提升研发效率和安全性，并大幅降低研发成本。现如今，元宇宙正处于高速发展阶段，可以从三个方面推动元宇宙在物理制造的应用：

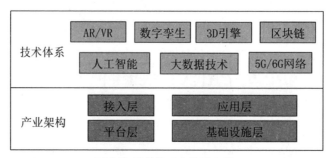

元宇宙技术体系和产业架构

1. 突破技术瓶颈。元宇宙涉及很多新兴技术，推动元宇宙的发展，需要加强技术革新，补全技术短板。根据场景顺序可以分为五大技术类，第一个是基于 XR 和数字孪生的接入技术，和包括计算机视觉、自然语言处理和语音识别等技术带来的沉浸式体验。要提高接入的效率和体验的逼真感。需要对这些技术进行深入研究和理论突破。第二个是高仿真互动和内容创造，涉及 3D 引擎、实时渲染和数字孪生等技术。技术的突破和创新，可以实现高效的物理世界感知和模拟，以及高级实时的互动体验。第三个是基于区块链技术的身份识别，主要包括共识机制、验证机制、分布式账本、数据传输和分布式存储等技术。第四个是以 5G 为代表的网络传输技术。为实现持续在线使用，保障大规模信息的运算和实时传输，需要 5G 网络向 6G 过渡。第五个是以大数据、人工智能技术为基础的大规模计算支撑。需要提升计算能力和发展新一代计算体系，以满足元宇宙的算力需求。

2. 完善产业架构。随着元宇宙技术和硬件设施的发展和完善，构建完整的元宇宙产业架构，有利于元宇宙技术的应用，实现传统产业和元宇宙产业的协同发展。元宇宙产业架构可以分为四个层次，首先是接入和感知层，这是元宇宙的入口，涉及各种体感设备、脑机接口、VR/AR 等。对于这一链，需要完善硬件设施和各种接口；其次是应用层，目前元宇宙应用领域包括物理制造、游戏、体育、虚拟旅游、虚拟办公等，拓宽应用场景能促进元宇宙进一步发展；再次是平台层，包括支撑虚拟世界搭建、感知交互、智能应用等的一系列开发平台，比如，人工智能应用平台，内容及应用设计平台等。最后是基础设施层，算力设施、5G 网络和大规模去中心存储等，完整的基础设施是元宇宙产业架构的基础保障。建立元宇宙产业工厂，形成高效可控、可视互动、共享协同的虚拟世界，可以提升现实中物理制造产业的效率和安全性。

3. 实现应用落地。加速元宇宙技术落地，需要完善元宇宙产业链，包括加大上游元宇宙技术突破、内容创作、研发投入，建立健全中游元宇宙产业架构，扩宽下游元宇宙应用市场。在大力挖掘元宇宙市场的同时，应该防范其带来的各种治理风险，才能保障元宇宙技术健康发展和不断迭代创新。

元宇宙发展至今，包括复杂和庞大的内容创作，通过虚实结合加速虚拟世界和现实世界的融合，重塑传统产业生态，实现更加安全的物理制造。

三、软件赋能，软件定义一切应对数字化场景多样性

软件定义已经深入各行各业，通过软件定义可以利用软件为硬件赋能，驱动和控制相关硬件资源，实现资源利用率和性能的最大化。利用软件定义，可以构建统一数字化管理平台，提供数据感知、数据智能和安全保障，能够与边缘技术、人工智能、元宇宙等新技术协同发展，并应对数字化场景的多样性。

（一）完善软件定义产业生态

完善软件定义产业链可从供需两端进行：（1）以应用需求为出发点，聚焦各行各业不同的应用需要，推动对应软件的应用。（2）大力发展关键软件，突破技术瓶颈。针对特定应用需求，通过补强基础软件，拓展新兴软件，引领软件标准。结合人工智能、云计算、大数据等技术，拓宽软件应用场景。（3）发展开源生态，结合"开源＋标准"方式，大力培育开源社区，构建完善的开源生态，实现创新快速应用，并通过总结经验完成不断的优化迭代。打造完备的软件产业链，需要加强上流基础软件设施，包括开发环境和开发工具，提升中游的软件水平，拓宽下游软件产品市场。

（二）构建软件定义基础架构

不同于传统基础架构，软件定义基础架构能够满足统一数字化管理平台全部需求。首先，软件定义可以模块化计算、存储、网络和安全等各类资源，方便扩展和定位故障，更加灵活和高效。其次，软件定义可以利用人工智能技术，将流程模型化、模型算法化、算法软件化，智能驱动的系统可以预测故障和自动化调整。另外，通过软硬件解耦的管理，可以提升资源利用率，降低管

理的难度。最后软件定义基础架构内置安全能力，实时应对各种风险。

（三）发挥软件定义赋能作用

完善软件定义生态和基础架构后，要发挥软件定义赋能作用，使相应技术落地。在人工智能、大数据等智能科技领域，大力推动人工智能软件在基础研究、应用产品之间的作用，以软件促进产业创新，降低成本，提升性能。在通信基础设施建设中，应用通用服务器加虚拟化软件重构网络架构，统一网络管理平台，提高网络资源利用率。对于传统行业，通过软件迭代更新，加快创新应用，推动数字化转型。

通过软件定义，将软件赋能到各行各业，很好地解决数字化场景多样性问题，促进统一数字化管理平台的发展。

四、守正创新，坚持数字化赋能原则基础上推动创新

要持续发挥数字化赋能作用，就要坚持数字化的高效原则，并不断强化创新。守正创新是马克思主义认识论、价值论、方法论在新时代和新发展阶段对各项工作的本质要求。

（一）守正赋能

守正是以科学的态度对待科学、以真理的精神追求真理，只有守正才能不迷失方向、不犯颠覆性错误。

1.坚持以人为本。要以人为本全面推进数字技术在各个领域深化应用，强化科技伦理治理，着力打造场景感知、人机协同、跨界融合的数字科技新业态，实现数字科技服务生命周期智能化，切实增强人民群众获得感、安全感和幸福感。

2.坚持绿色共享。树立绿色发展理念，以实现碳达峰碳中和为目标，加强数字科技与绿色发展的深度融合，运用科技手段有序推进绿色低碳产品和服务开发，着力提升数字科技服务绿色产业发展的覆盖面和精准度，助力实体经济的绿色转型和低碳可持续发展。推进互联互通，重建开放的互联网，让数据作为生产要素"流动"起来，成为数字经济的新气象。

3.坚持公平普惠。数字经济转向深化应用、规范发展、普惠共享新阶段，以公平为准则、以普惠为目标，合理运用数字科技优化数字产品供给，不断拓

展数字经济触达半径和辐射范围，弥合地域间、群体间、机构间数字鸿沟，让数字科技发展成果更广泛、更深入、更公平地惠及广大人民群众，助力实现共同富裕。

4.坚持依法合规。明确政府和市场的分工和边界，发挥有为政府作用，克服法律法规滞后于产业发展等障碍，避免可能出现的风险，加强对数据要素的治理，促进市场良性竞争。

（二）创新赋能

创新是紧跟时代步伐，顺应实践发展，以满腔热忱对待一切新生事物，不断拓展认识的广度和深度。

1.优化升级数字基础设施。完善云网融合、智能敏捷、绿色低碳、安全可控的智能化综合性数字信息基础设施。加快构建算力、算法、数据、应用资源协同的全国一体化大数据中心体系，推进云网协同和算网融合发展。稳步构建智能高效的融合基础设施，提升基础设施网络化、智能化、服务化、协同化水平，实现基础设施智能升级。

2.充分发挥数据要素作用。要强化高质量数据要素供给，支持市场主体依法合规开展数据采集，提升数据资源处理能力，培育壮大数据服务产业。推动数据资源标准体系建设，推动各领域通信协议兼容统一，打破技术和协议壁垒，形成完整贯通的数据链。深化政务数据跨层级、跨地域、跨部门有序共享，构建统一的国家公共数据开放平台和开发利用端口，提升公共数据开放水平，释放数据红利。培育规范的数据交易平台和市场主体，鼓励市场主体探索数据资产定价机制，逐步完善数据定价体系。

3.大力推进产业数字化转型。引导企业强化数字化思维，提升员工数字技能和数据管理能力，全面系统推动企业研发设计、生产加工、经营管理、销售服务等业务数字化转型。引导产业园区加快数字基础设施建设，利用数字技术提升园区管理和服务能力。培育转型支撑服务生态，建立市场化服务与公共服务双轮驱动，技术、资本、人才、数据等多要素支撑的数字化转型服务生态，解决企业"不会转""不能转""不敢转"的难题。

4.加快推动数字产业化。要增强关键技术创新能力，发挥我国社会主义制度优势、新型举国体制优势、超大规模市场优势，提高战略性前瞻性领域数字技术基础研发能力。实施产业链强链补链行动，加强面向多元化应用场景的技术融合和产品创新，提升产业链关键环节竞争力。加快培育新业态新模式，推动平台经济健康发展，引导支持平台企业加强数据、产品、内容等资源整合共享，深化共享经济和智能经济在生活服务领域的运用。针对大规模基础数据、算力、算法软件平台等数字化通用技术底座，由政府牵头统筹各方资源合力构建，既可以避免企业机构各自为战能力分散不足的问题，又可以在充分避免重复建设的基础上取得最佳成果，还可以在统一的技术底座上逐步形成完善的自主可控数字化产业生态。在强大数字化技术底座的支撑下，必会催生一系列ChatGPT这类需要极大规模数据和算力投入才能涌现极佳效果的数字化创新成果。

5. 持续提升公共服务数字化水平。提高"互联网＋政务服务"效能，全面提升全国一体化政务服务平台功能，加快推进政务服务标准化、规范化、便利化，持续提升政务服务数字化、智能化水平，实现利企便民高频服务事项"一网通办"。提升社会服务数字化普惠水平，加快推动文化教育、医疗健康、会展旅游、体育健身等领域公共服务资源数字化供给和网络化服务，促进优质资源共享复用。统筹推动新型智慧城市和数字乡村建设，协同优化城乡公共服务。加快既有住宅和社区设施数字化改造，鼓励新建小区同步规划建设智能系统，打造智能楼宇、智能停车场、智能充电桩、智能垃圾箱等公共设施，打造智慧共享的新型数字生活。

6. 着力强化数字经济安全体系。强化落实网络安全技术措施同步规划、同步建设、同步使用的要求，确保重要系统和设施安全有序运行，切实增强网络安全防护能力。建立数据分类分级保护制度，研究推进数据安全标准体系建设，规范数据采集、传输、存储、处理、共享、销毁全生命周期管理，推动数据使用者落实数据安全保护责任。强化数字经济安全风险综合研判，防范各类风险叠加可能引发的经济风险、技术风险和社会稳定问题。着力推动数字经济普惠共享发展，健全完善针对未成年人、老年人等各类特殊群体的网络保护机制。

（三）抓好信创

"信创"指信息技术应用创新，信创产业即信息技术应用创新产业，包含从 IT 底层基础软硬件到上层应用软件的全产业链的安全可控，通过行业应用拉动，从而构建起国产化信息技术软硬件底层架构体系和全周期的信创生态体系。信创产业上下游产业链大致分为四大部分：（1）基础硬件，包括 CPU 芯片、传感器、终端设备、存储设备等。（2）基础软件，包括操作系统和数据库、云计算平台等软件。（3）应用软件，包括面向党政以及各行业的应用软件以及各类常用软件等。（4）信息安全，包括安全管理、安全技术、安全标准等。例如，在金融领域开展密码技术基础设施建设和推广应用，契合金融数字化转型和信息技术创新这两大金融科技发展主题，密码作为监管和合规科技的核心技术，为"强监管""大合规"命题下各级行业主管部门和各类金融机构在数据安全方面如何行动给出切实可行的技术解决路径。

信息技术及应用已经渗透到政企及国民工作生活的各个层面。信息技术应用领域的创新驱动已上升为国家发展的重要战略。建设科技强国，创新工作一直是我国现代化建设的重中之重。政策强调坚持创新驱动引领发展，深入实施创新驱动发展战略，建立完整有活力的创新体系，加快建设科技强国。信创产业将重构多样化的产业生态和产业格局。亿欧智库发布的《2022 中国信创产业竞争力研究报告及精选 60 强信创厂商》指出，为实现信创突破，国产 IT 厂商应具备技术突破能力、产品服务能力两大核心竞争能力；决定信创厂商竞争力的条件包括完善的生态建设和具有低成本平滑的演进方法，信创生态建设是信创产业发展的核心，适配数量越多，经验越丰富，竞争力越强。一些优秀公司紧抓信创契机，提供优质信创产品和服务。例如，数字认证公司凭借金融市场供应全线自主知识产权的密码产品和服务能力，为金融客户提供面向金融数字化转型、信息技术创新和监管合规体系建设中关于身份治理、数据安全、数据合规、电子签名、电子合同、可信数据电文、抗量子和传统网络安全基础设施等数字信任和数据安全一揽子密码安全建设解决方案。

信创产业赋能治理：（1）赋能政府，实现行政事业单位国有资产的数字化管理应用。信创能够实现一体化预算、核算、报表等集成，满足政府信创要求，灵活支撑资产大数据分析。（2）赋能央企，构建一流财务数字化管理应用。2022 年，国务院提出了中央企业要加强建设世界一流的财务管理体系。信创从流程＋数据两个角度推动国企内部治理优化。（3）赋能基层，实现基层数字化治理 SaaS（软件即服务）应用。基于信创构建的"双向互通"社会治理工具，可以利用企业微信与个人微信互通建群的能力，把政府和全县居民连成多层级、可管辖的网格居民群，构建"金字塔"型五级网格服务体系，实现政府有事"一声喊到底"，居民有事"一声喊到顶"。不管是在政府、企业还是轻量级的 SaaS 化应用上，信创都能实现很好的支持，提升政府治理效能。

（四）技术精益，全链路"专精特"技术融合加快数字化赋能

随着多种新型数字技术与产业应用场景的融合进一步深入，数字化转型需要从技术单点突破迈向全链路相互融合的新阶段。

1. 聚焦场景需求，做到精准融合。通过聚焦各行业业务需求，融合场景需求与技术成为产业数字化转型的突破口。精准地采用 5G、大数据、人工智能、区块链等多技术协同融合，以满足不同阶段、不同场景的用户需求，做到"为场景找技术"，促进数字化转型。不同产业应以场景需求为导向，区分一般性和个性化业务场景，以场景产生的海量数据为驱动，借助多种新技术和算法，加强业务与技术的结合。在满足用户多元化需求的同时，多技术的融合也在重塑众多的产业形态，拓展数字化和业务结合的领域，不断推动企业高质量发展。

2. 推动技术应用，迈向全链路整合。数字化转型正从单环节突破向全链路发展，在提升数字化建设过程中，全链路的技术融合方案一般包括：（1）以物联网、区块链等多技术驱动的数据采集过程。通过各种传感器、监控软件等收集数据，存储到本地存储系统，也可以利用 5G 和云化等技术将数据传到云端。（2）基于边缘计算、云计算技术融合的数据治理活动。对收集的大数据进行管理，并利用大数据进行评估与指导，发挥数据的潜在价值。并以此完善技术发展，从而形成一种以数据驱动为核心的发展新模式。（3）以人工智能、大数据等技术进行数据分析和智能决策。将数据分析结果应用于各种场景业务，用于业务指导和智能决策。

3. "专精特"技术发展，实现降本增效。要做到全链路"专精特"技术融合：（1）发挥自身优势，掌握核心竞争力。对于影响自身的核心业务或者技术方案，必须打造由高端人才组成的技术团队，全自主研发，巩固"专"与"精"的优势。（2）进一步完善自身不足，挖掘发展潜力。对于特定市场、特定需

求、特定用户，加强自身技术发展，提供具有特色的产品或者服务，形成更多的核心技术。（3）非核心技术采用外购服务商或者基于开源软件实现，降低成本。加强与多个服务商的合作，选购高质量的技术产品，或者基于开源软件，再结合自身业务特点，进行定制化技术改造。

为加快数字化转型，需要结合场景需求，精益数字技术，在产业全链路做到"专精特"的技术融合，实现降本增效，带动整个产业链高质量发展。

五、素养提升，主动增强高质量发展本领

科技革命向纵深发展、产业变革加速演进、社会治理迭代升级，人类生产、生活和思维以及交流方式已发生变化，新业态、新模式层出不穷，多样化、弹性化学习需求与日俱增。在数字经济时代，数字素养成为劳动者的基本素质。消费领域的数字化正在向生产领域迁移，知识、技术、人才等生产要素占据更大比重，"人才红利"对于生产领域的数字化发展越来越重要。

1.主动提升数字技能。企业和个人要积极融入数字化社会，跟上数字经济发展，就必须主动提升数字技能。（1）提升数字获取技能。要科学合理地运用互联网，精准抓取、分析和转化所需数据和信息，提高数据应用和管理能力。（2）提高数字交流技能。数字经济时代，在线交流成为人类主流的交流方式。要合法合规地运用数字技术实现信息共享、在线协作，提高交流效率。（3）提高数字消费技能。数字经济发展促进产生场景化、数字化、互联化数字消费，实现数字化生存，掌握数字支付等数字消费技能。（4）提高数字生产技能。学会运用数字技术对生产流程、各环节进行分析、指导和优化，提高产品和服务的生产质效，从而提高应对数字时代的竞争能力。（5）提高数字安全技能。个人方面要学会甄别对个人数据和设备的数字技术威胁，加强对身心健康的安全保护，了解数字技术的优缺点，提高智慧医疗等健康服务方式的使用能力。企业方面要加强产品和服务生产数据的安全防控，培养组织网络安全管理识别、计划和实施组织网络安全防御的能力。

2.加强数字人才培养。人类社会向数字时代的转型，既对学习的社会化提出紧迫要求，又让学习的终身化越来越触手可及。可加强顶层设计，规划数字技能培训和教育体系，加快教育方式变革，以创新为目标进行数字人才培养。

开展多样态学习，充分运用慕课、微课、虚拟现实等多种方式，利用泛在、多元、智能化的学习环境、学习生态，发展富于效率、充满活力的线上教育大课堂，实现"人人皆学、处处能学、时时可学"。鼓励更加灵活的就业方式，为数字人才跨领域、跨地域的自由流动提供更多支撑。结合数字产业化和产业数字化对人才资源的需要，健全人力资源服务和保障体系，利用数字技术为在职人员提供灵活多样的继续学习机会，为职业发展与转型提供培训，积极推动完善学分银行等制度，打造人力资源服务中心、产业园区或线上一体化服务平台，加强数字人才资源的流动聚集。

3. 提升数字领导力。数字领导力是数据管理与数据流通过程中重要的管理能力，作为企业或者机构的领导人员应该自觉提升数字领导力。一方面不断增强"用数字说话"的沟通交际能力，对管理行为、业务行为、经营行为，习惯用数字化的方式来构建与推动；另一方面提升数字化的理解与应用能力，领导者主动参与到数字化转型决策，运用数字技术打造新的管理方式与工作流程，提升运转的效率。

数字化是引领未来的新浪潮，将奏出人类文明更优美的乐章。人们对数字化的期望是无限的，而数字化离期望的水平永远都有差异，正是这种不满足心理推动数字化的进步、发展、繁荣。数字化赋能高质量发展道路上也许荆棘丛生、坎坷不平，但数字化赋能高质量发展已是大势所趋。路漫漫其修远兮，吾将上下而求索。随着数字技术的不断发展，数字化在各领域的规模化应用终将开花结果。数字化赋能高质量发展永远在路上！路虽远，行则将至；事虽难，做则必成！

主要参考文献

一、相关政策文件

1. 中共中央、国务院：《关于新时代加快完善社会主义市场经济体制的意见》，中国政府网，2020 年 5 月。

2. 工业和信息化部办公厅：《中小企业数字化赋能专项行动方案》，工业和信息化部官网，2020 年 3 月。

3. 中共中央、国务院：《关于构建更加完善的要素市场化配置体制机制的意见》，中国政府网，2020 年 3 月。

4. 国家发展改革委、中共中央网络安全和信息化委员会办公室：《关于推进"上云用数赋智"行动 培育新经济发展实施方案》，中国政府网，2020 年 4 月。

5. 浙江省第十三届人民代表大会常务委员会：《浙江省数字经济促进条例》，国家法律数据库，2020 年 12 月。

6. 广东省人民政府：《广东省"数字政府"建设总体规划（2018—2020 年）》，广东省人民政府官网，2018 年 11 月。

7. 四川省人民政府：《关于加快推进数字经济发展的指导意见》，四川省政府官网，2019 年 8 月。

8. 中国信息通信研究院：《中国数字经济发展白皮书（2017 年）》，中国信息通信研究院官网，2017 年 7 月。

9. 广东省经济和信息化委：《广东省数字经济发展规划（2018—2025 年）》，广东省经济和信息化委网站，2018 年 4 月。

10. 国家发展改革委：《数字化转型伙伴行动倡议》，人民网，2020 年 5 月。

11. 国务院发展研究中心课题组：《传统产业数字化转型的模式和路径》，国务院发展研究中心，2018 年 3 月。

12. 国家发展改革委办公厅：《关于加快落实新型城镇化建设补短板强弱项工作 有序推进县城智慧化改造的通知》，发改委网站，2020 年 7 月。

13. 中国信息通信研究院：《中国数字经济发展白皮书（2020 年）》，中国信息通信研究院官网，2020 年 7 月。

14. 国家信息中心、北京经济技术开发区、北京亦庄投资控股有限公司：《5G 时代新型基础设施建设白皮书》，网易，2019 年 11 月。

15. 国家工业信息安全发展研究中心和工业信息安全产业发展联盟：《工业互联网平台安全白皮书（2020）》，安全内参网，2020 年 12 月。

16. 联合国：《2019 年数字经济报告》，联合国贸易与发展会议、软件定义世界，2019 年 9 月。

17. 国务院发展研究中心创新发展研究部"我国数字经济发展与政策研究"课题组：《推动我国数字经济发展亟须分类确定数据权利》，中国智库，2019 年 8 月。

18. 国信证券经济研究所：《2020 跨境电商行业专题研究报告》，国信证券，2020 年 8 月。

19. 中国信息通信研究院安全研究所：《人工智能数据安全白皮书（2019 年）》，中国信息通信研究院官网，2019 年 8 月。

20. 中国信息通信研究院安全研究所：《大数据安全白皮书（2018 年）》，中国信息通信研究院官网，2018 年 7 月。

21. 国家工业信息安全展研究中心：《中国两化融合发展数据地图（2018）》，国家工业信息安全发展研究中心官网，2018 年 11 月。

22. 工业互联网产业联盟：《工业互联网安全总体要求》，工业互联网产业联盟官网，2020 年 6 月。

23. 全国信息安全标准化技术委员会：《人工智能安全标准化白皮书（2019 版）》，全国信息安全标准化技术委员会官网，2019 年 10 月。

24. 中国信息通信研究院：《物联网白皮书（2011 年）》，中国信息通信研究院官网，2011 年 5 月。

25. 中国信息通信研究院：《数字时代治理现代化研究报告——数字政府的实践与创新（2021 年）》，中国信息通信研究院官网，2021 年 3 月。

26.《2021 年政府工作报告》，中国政府网，2021 年 3 月。

27. 中国信息通信研究院：《数字中国产业发展报告——信息通信产业篇（2020）》，搜狐网，

2020 年 6 月。

28. 中国工业和信息化部：《2020 年通信业统计公报》，工业和信息化部网站，2021 年 1 月。

29. 中国信息通信研究院：《电信业数字化转型白皮书——网络软化下的战略选择（2018）》，中文互联网数据资讯网，2018 年 7 月。

30. 工信部运行监测协调局：《2020 年互联网和相关服务业运行情况》，工信部官网，2021 年 2 月。

31. 中共中央宣传部：《习近平新时代中国特色社会主义思想学习纲要》，人民出版社，2019 年 6 月。

32. 国务院：《中华人民共和国国民经济和社会发展第十四个五年规划和 2035 年远景目标纲要》，中国政府网，2021 年 3 月。

33. 中央党校（国家行政学院）习近平新时代中国特色社会主义思想研究中心：《深刻理解和把握总体国家安全观》，人民网，2020 年 4 月。

34. 中共中央、国务院：《"健康中国 2030"规划纲要全文》，中国政府网，2016 年 10 月。

35. 中华人民共和国第十二届全国人民代表大会第三次会议：《2015 年政府工作报告》，人民网，2015 年 3 月。

36. 国务院办公厅：《全国医疗卫生服务体系规划纲要（2015—2020 年）》，中华人民共和国中央人民政府官网，2015 年 3 月。

37. 工业和信息化部：《关于积极推进"互联网 +"行动的指导意见》，中华人民共和国中央人民政府官网，2015 年 7 月。

38. 工业和信息化部、财政部：《智能制造发展规划（2016—2020 年）》，中国政府网，2017 年 6 月。

39. 第一健康网编辑：《中国大健康产业发展蓝皮书（2018）》，第一健康网，2019 年 1 月。

40. 工业和信息化部等十部门：《加强工业互联网安全工作的指导意见》，2019 年 9 月。

41. 欧盟网络与信息安全局（ENISA）：《工业 4.0 网络安全：挑战与建议》，欧盟网络与信息安全局，2019 年 10 月。

42. 尹丽波：《工业和信息化蓝皮书：工业信息安全发展报告（2018—2019）》，社会科学文献出版社 2019 年版。

43. 教育部、人力资源和社会保障部、工业和信息化部：《制造业人才发展规划指南》，2016 年 12 月。

44. 国家制造强国建设战略咨询委员会:《中国制造2025蓝皮书(2017)》,电子工业出版社,2017年6月。

45. 普华永道:《数据资产生态白皮书》,普华永道官网,2020年11月。

46. 交通运输部:《2019年交通运输行业发展统计公报》,中华人民共和国交通运输部官网,2020年5月。

47. 交通运输部:《交通运输部关于推动交通运输领域新型基础设施建设的指导意见》,交通运输部官网,2020年8月。

48. 住房与城乡建设部:《关于加快新型建筑工业化发展的若干意见》,住房与城乡建设部官网,2020年8月。

49. 住房与城乡建设部:《关于推动智能建造与建筑工业化协同发展的指导意见》,住房与城乡建设部官网,2020年7月。

50. 中共中央、国务院:《国家综合立体交通网规划纲要》,中国政府网,2021年2月。

51. 国务院办公厅:《完善促进消费体制机制实施方案(2018—2020年)》,国务院办公厅,2018年10月。

52. 中国银行保险报、中关村互联网金融研究院:《2019中国保险科技发展白皮书》,中国银行保险报网,2019年10月。

53. 中华人民共和国国家质量监督检疫总局、中国国家标准化管理委员会:《信息安全技术——个人信息安全规范》,中国国家标准化管理委员会官网,2017年12月。

54. 中国信息通信研究院、可信区块链推进计划:《区块链白皮书(2018年)》,中国信息通信研究院官网,2018年9月。

55. 国家计算机网络应急技术处理协调中心:《2016年中国互联网网络安全报告》,国家互联网应急中心官网,2017年5月。

56. 国家计算机网络应急技术处理协调中心:《2017年中国互联网网络安全报告》,国家互联网应急中心官网,2018年8月。

57. 国家计算机网络应急技术处理协调中心:《2018年我国互联网网络安全态势综述》,国家互联网应急中心官网,2019年4月。

58. 国家计算机网络应急技术处理协调中心:《2018年中国互联网网络安全报告》,国家互联网应急中心官网,2019年7月。

59. 国家计算机网络应急技术处理协调中心:《2019年我国互联网网络安全态势综述》,国家互联网应急中心官网，2020 年 4 月。

60. 全国人民代表大会常务委员会：《中华人民共和国网络安全法》，中国人大网，2016 年 11 月。

61. 全国人民代表大会常务委员会：《中华人民共和国数据安全法（草案）》，中国人大网，2020 年 7 月。

62. 国家互联网信息办公室：《国家网络空间安全战略》，中国网信网，2016 年 12 月。

63. 中国信息通信研究院：《中国网络安全产业白皮书（2019 年）》，中国信息通信研究院官网，2019 年 9 月。

64. 中国国家标准化管理委员会：《金融服务 信息安全指南》，中国国家标准化管理委员会官网，2011 年 12 月。

65. 中国人民银行：《金融科技（Fin Tech）发展规划（2019—2021 年）》，中国人民银行官网，2019 年 8 月。

66. 中国国家标准化管理委员会：《信息安全技术 数据安全能力成熟度模型》，中国国家标准化管理委员会官网，2019 年 8 月。

67. 中国证券监督管理委员会：《证券期货业数据分类分级指引》，中国证券监督管理委员会官网，2018 年 9 月。

68. 中国银行保险监督管理委员会：《银行业金融机构数据治理指引》，中国银行保险监督管理委员会官网，2018 年 5 月。

69. 中国信息通信研究院：《移动金融应用安全白皮书（2019 年）》，中国信息通信研究院官网，2019 年 10 月。

70. 中国电子技术标准化研究院：《人工智能标准化白皮书（2018 版）》，中国电子技术标准化研究院官网，2018 年 1 月。

71. 中国电子技术标准化研究院：《中国区块链技术和应用发展研究报告（2018）》，中国电子技术标准化研究院官网，2018 年 12 月。

72. 中国区块链技术和产业发展论坛：《中国区块链技术和应用发展白皮书（2016）》，中国区块链技术和产业发展论坛官网，2016 年 10 月。

73. 中国国家标准化管理委员会：《信息技术 云计算 概览与词汇》，中国国家标准化管理委员会官网，2015 年 12 月。

74. 中国电子技术标准化研究院：《云计算标准化白皮书》，中国电子技术标准化研究院官网，2014 年 7 月。

75. 全国信息安全标准化技术委员会：《大数据安全标准化白皮书（2018 版）》，全国信息安全标准化技术委员会官网，2018 年 4 月。

76. 中国信息通信研究院：《电信网络诈骗治理与人工智能应用白皮书（2019 年）》，中国信息通信研究院官网，2019 年 12 月。

77. 全国金融标准化技术委员会：《区块链技术金融应用 评估规则》，全国金融标准化技术委员会官网，2020 年 7 月。

78. 全国信息安全标准化技术委员会：《信息安全技术 云计算服务安全指南》，全国信息安全标准化技术委员会官网，2014 年 9 月。

79. 全国信息安全标准化技术委员会：《信息安全技术 云计算服务安全能力要求》，全国信息安全标准化技术委员会官网，2014 年 9 月。

80. 全国金融标准化技术委员会：《云计算技术金融应用规范 安全技术要求》，全国金融标准化技术委员会官网，2018 年 8 月。

81. 中国电子技术标准化研究院：《边缘云计算技术及标准化白皮书（2018）》，中国电子技术标准化研究院官网，2018 年 12 月。

82. 中国信息通信研究院：《量子信息技术发展与应用研究报告（2018 年）》，中国信息通信研究院官网，2018 年 12 月。

83. 中国电子信息产业发展研究院：《2019 年中国数字经济发展指数》，中国大数据产业观察网，2019 年 11 月。

84. 中国信息通信研究院：《G20 国家数字经济发展研究报告（2017 年）》，中国信息通信研究院官网，2017 年 12 月。

85. 中国信息通信研究院：《G20 国家数字经济发展研究报告（2018 年）》，中国信息通信研究院官网，2018 年 12 月。

86. 中国信息通信研究院：《全球数字经济新图景（2020 年）》，中国信息通信研究院官网，2020 年 12 月。

87. 国家发展改革委等 19 部门：《关于发展数字经济稳定并扩大就业的指导意见》，中国政府网，2018 年 9 月。

88. 国家工业信息安全发展研究中心：《数字基建》，国家工业信息安全发展研究中心信息技术分中心官网，2020 年 5 月。

89. 工信部信息通信发展司：《工业和信息化部召开数字基础设施建设工作推进专家研讨会》，中国通信工业协会网，2020年4月。

90. 国务院国资委：《关于加快推进国有企业数字化转型工作的通知》，国务院国资委官网，2020年9月。

91. 工业和信息化部信息与通信研究院：《中国数字经济发展报告2022》，2022年7月。

92. 工业和信息化部、国家发展改革委、自然资源部：《有色金属行业智能矿山建设指南（试行）》，工业和信息化部官网，2020年4月。

93. 工业和信息化部、国家发展改革委、自然资源部：《有色金属行业智能冶炼工厂建设指南（试行）》，工业和信息化部官网，2020年4月。

94. 工业和信息化部、国家发展改革委、自然资源部：《有色金属行业智能加工工厂建设指南（试行）》，工业和信息化部官网，2020年4月。

95. 自然资源部：《智能矿山建设规范》，自然资源部官网，2021年8月。

96. 中国信息通信研究院：《5G消息发展报告（2022年）》，中国信息通信研究院官网，2022年9月。

97. 中国信息通信研究院：《人工智能白皮书（2022年）》，中国信息通信研究院官网，2022年4月。

98. 中国信息通信研究院：《中国算力发展指数白皮书（2022年）》，中国信息通信研究院官网，2022年11月。

99. 中国信息通信研究院：《中国数字经济发展报告（2022年）》，中国信息通信研究院官网，2022年7月。

100. 习近平：《高举中国特色社会主义伟大旗帜 为全面建设社会主义现代化国家而团结奋斗——在中国共产党第二十次全国代表大会上的报告》，2022年10月。

101. 国务院：《中国制造2025》，中华人民共和国中央人民政府官网，2015年5月。

102. 工业和信息化部：《国家智能制造标准体系建设指南》，中华人民共和国工业和信息化部，2015年12月。

103. 中共中央、国务院：《中共中央 国务院印发〈扩大内需战略规划纲要（2022—2035年）〉》，中国政府网，2022年12月。

104. 中共中央、国务院：《中共中央 国务院印发〈交通强国建设纲要〉》，中国政府网，2019年9月。

105. 交通运输部:《推进智慧交通发展行动计划（2017—2020 年）》，交通运输部官网，2017 年 1 月。

106. 美国国家建筑科学院:《美国国家建筑信息模型标准》，百度百科，2021 年 5 月。

107. 国家发展和改革委员会:《"十四五"现代综合交通运输体系发展规划》，国家发展和改革委员会官网，2022 年 3 月。

108. 交通运输部等十二部门和单位:《绿色出行行动计划(2019—2022 年)》，中国政府官网，2019 年 5 月。

109. 交通运输部:《交通运输领域新型基础设施建设行动方案（2021—2025 年）》，交通运输部官网，2021 年 8 月。

110. 广东省工业和信息化厅:《广东省数字经济发展指引 1.0》，广东省工业和信息化厅官网，2022 年 7 月。

111. 国务院办公厅:《全国一体化政务大数据体系建设指南》，国务院官网，2022 年 10 月。

112. 最高人民法院:《关于规范和加强人工智能司法应用的意见》，中华人民共和国最高人民法院官网，2022 年 12 月。

113. 工业和信息化部、国家标准化管理委员会:《工业互联网综合标准化体系指南(2021 版)》，工业和信息化部官网，2021 年 11 月。

114. 中国电子技术标准化研究院:《中小企业数字化转型分析报告（2021)》，中国电子技术标准化研究院，2021 年 5 月。

115. 中国人民银行:《2022 年第一季度中国货币政策执行报告》，中国人民银行官网，2022 年 4 月。

116. 中国信息通信研究院政策与经济研究所:《主要国家和地区推动制造业数字化转型的政策研究报告（2022 年)》，中国信息通信研究院官网，2022 年 5 月。

117. 中国信息通信研究院:《全球数字经济白皮书（2022 年）》，中国信息通信研究院官网，2022 年 12 月。

118. 中国电子技术标准化研究:《人工智能标准化白皮书（2021 版)》，中国电子技术标准化研究官网，2021 年 7 月。

119. 中国信息通信研究院:《中国智能制造发展研究报告—智能工厂》，中国信息通信研究院官网，2022 年 11 月。

120. 国家卫生健康委、国家中医药局、国家疾控局:《"十四五"全民健康信息化规划》，国家卫生健康委官网，2022 年 11 月。

121. 上海市城市数字化转型应用促进中心：《数都上海 2035》，上海市经济和信息化委员会网站，2021 年 8 月。

122. 中国人民银行：《金融科技发展规划（2022—2025 年）》，中国人民银行官网，2022 年 1 月。

123. 中国信息通信研究院：《中国数字经济发展白皮书（2021 年）》，中国信息通信研究院官网，2021 年 4 月。

124. 农业农村部、中共中央网络安全和信息化委员会办公室：《数字农业农村发展规划（2019—2025 年）》，农业农村部网站，2020 年 1 月。

125. 中共中央网络安全和信息化委员会办公室、农业农村部、国家发展改革委、工业和信息化部、国家乡村振兴局：《2022 年数字乡村发展工作要点》，中国网信网，2022 年 4 月。

126. 国家统计局：《2021 年农民工监测调查报告》，中国政府网，2022 年 4 月。

127. 国务院：《"十四五"数字经济发展规划》，中国政府网，2022 年 1 月。

128. 上海市人民政府：《上海市数字经济发展"十四五"规划》，上海市政府官网，2022 年 6 月。

129. 深圳市人民代表大会常务委员会：《深圳经济特区数字经济产业促进条例》，深圳市人大官网，2022 年 8 月。

130. 农业农村部办公厅、国家乡村振兴局综合司：《社会资本投资农业农村指引（2022 年）》，农业农村部官网，2022 年 4 月。

131. 农业农村部农村经济研究中心、清华大学金融科技研究院、清华大学五道口金融学院中国保险与养老金研究中心、中国平安财产保险股份有限公司：《科技助力农险高质量发展白皮书（2022）》，清华大学五道口金融学院官网，2022 年 6 月。

132. 中国人民银行：《金融科技发展规划（2022—2025 年）》，中国人民银行，2022 年 1 月。

133. 浙江省应急管理厅：《浙江省矿山安全生产数字化建设总体方案（征求意见稿）》，浙江省政府网站，2022 年 11 月。

134. 中国电子信息产业发展研究院：《2022 中国数字经济发展研究报告》，中国国际数字经济博览会，2022 年 11 月。

135. 中国信息通信研究院：《中国金融科技生态白皮书（2022 年）》，中国信息通信研究院官网，2022年11月。

136. 中华人民共和国交通运输部：《数字交通发展规划纲要》，交通运输部网站，2019年7月。

137. 中央网络安全和信息化委员会：《"十四五"国家信息化规划》，中国政府网，2021年12月。

138. 江苏省文化和旅游厅：《江苏文化和旅游领域数字化建设实施方案》，江苏省文化和旅游厅官网，2022年7月。

139. 《党的二十大报告辅导读本》，人民出版社2022年版。

140. 中共中央 国务院：《中华人民共和国国民经济和社会发展第十四个五年规划和2035年远景目标纲要》，中国政府网，2021年3月。

141. 中华人民共和国科技部、中央宣传部、中共中央网络安全和信息化委员会办公室、财政部、文化和旅游部、广播电视总局：《关于促进文化和科技深度融合的指导意见》，中国政府网，2019年8月。

142. 中共中央办公厅、国务院办公厅：《关于推进实施国家文化数字化战略的意见》，中华人民共和国中央人民政府网站，2022年5月。

143. 中共中央办公厅、国务院办公厅：《"十四五"文化发展规划》，中国政府网，2022年8月。

144. 文化和旅游部：《关于推动数字文化产业高质量发展的意见》，中国政府网，2020年11月。

145. 中共中央办公厅、国务院办公厅：《关于实施中华优秀传统文化传承发展工程的意见》，中国政府网，2017年1月。

146. 中共中央办公厅、国务院办公厅：《关于加强文物保护利用改革的若干意见》，中国政府网，2018年10月。

147. 中国人民银行：《金融科技（FinTech）发展规划（2019—2021年）》，中国人民银行官网，2019年8月。

148. 国务院办公厅：《国务院办公厅关于印发"十四五"中医药发展规划的通知》，中国政府网，2022年3月。

149. 中国中小企业发展管理协会：《中小企业发展指数》，中国中小企业发展管理协会官网，2020年12月。

150. 国务院：《国务院关于印发"十四五"数字经济发展规划的通知》，中国政府网，2021 年 12 月。

151. 国家统计局：《数字经济及其核心产业统计分类》，国家统计局，2021 年 5 月。

152. 《中共浙江省委、浙江省人民政府关于以新发展理念引领制造业高质量发展的若干意见》，浙江省纪委省监委网站，2020 年 3 月。

153. 国家能源局、国家矿山安全监察局：《煤矿智能化建设指南（2021 年版）》，中央人民政府网站，2021 年 6 月。

154. 国家计算机网络应急技术处理协调中心：《2020 年上半年我国互联网网络安全监测数据分析报告》，中华人民共和国国家互联网信息办公室，2020 年 9 月。

155. 普华永道：《2020 年数据资产生态白皮书》，普华永道，2020 年 11 月。

156. 赛迪顾问：《2020 中国数字经济发展指数白皮书》，赛迪工业和信息化研究院官方网站，2020 年 9 月。

157. 国家信息中心信息化和产业发展部、京东数字科技研究院：《携手跨越重塑增长——中国产业数字化报告 2020》，国家信息中心，2020 年 6 月。

158. 前瞻产业研究院：《2020 年中国数字经济发展研究》，《大数据时代》，2020 年 12 月。

159. 赛迪研究院数字经济形势分析课题组：《2021 年中国数字经济发展趋势》，赛迪研究院，2021 年 3 月。

160. 国际数据公司（IDC）：《数据时代 2025》，数据时代 2025 白皮书发布会，2017 年 5 月。

161. 华为公司：《华为行业数字化转型方法论白皮书（2019）》，华为官方网站，2019 年 3 月。

162. 王小鹏、邓萍萍：《5G 网络安全白皮书（2020）》，中通服咨询设计研究院有限公司，2020 年 7 月。

163. 广联达科技股份有限公司：《数字建筑白皮书》，广联达科技股份有限公司官网，2018 年 1 月。

164. 北京市政路桥管理养护集团有限公司：《移动车载全景影像及激光数据智能采集与处理系统技术创新项目研究报告》，北京市政路桥管理养护集团有限公司官网，2014 年。

165. 未来智库：《中国消费金融行业年度报告 2019》，北大光华、度小满，2019 年 12 月。

166. 零壹财经、零壹智库：《消费金融行业发展报告 2019》，零壹财经、零壹智库，2019 年 12 月。

167. 北京金融科技研究院：《2020 中国保险科技洞察报告》，2020 年 5 月。

168. 中国通信服务股份有限公司研究总院、广东省通信产业服务有限公司研究总院、中睿通信规划设计有限公司:《区块链赋能新基建领域应用白皮书》,创泽智能机器人官网,2021 年 3 月。

169. 360 互联网安全中心:《全球关键信息基础设施网络安全状况分析报告》,360 互联网安全中心官网,2017 年 4 月。

170. 国际信息系统安全认证联盟（ISC）:"（ISC）2 Cybersecurity Workforce Study, 2019",ISC2 官网,2019 年。

171. 腾讯研究院、腾讯集团市场与公关部:《2020 产业安全报告:产业互联网时代的安全战略观》,腾讯网,2020 年 1 月。

172. 中国信息化百人会:《2017 中国数字经济发展报告》,数字经济网,2018 年 3 月。

173. 清华大学全球产业研究院:《中国企业数字化转型研究报告》,先进制造业微信公众号,2020 年 12 月。

174. 腾讯安全战略研究部、腾讯安全联合实验室:《产业互联网安全十大趋势（2021）》,中国经济网,2020 年 12 月。

175. 国际数据公司（IDC）、华为技术有限公司:《数字平台白皮书—数字平台破局企业数字化转型》,华为官网,2019 年 3 月。

176. 中国移动、ZTE 中兴:《5G+ 工业互联网安全白皮书（2020 年）》,搜狐网,2020 年 11 月。

177. 中金公司:《2020 年数字新基建深度报告》,新经济智库,2020 年 7 月。

178. 艾瑞咨询:《2020 年中国企业数字化转型路径实践研究报告》,艾瑞咨询官网,2021 年 1 月。

179. 中国电子信息产业发展研究院信息化与软件研究所数字经济战略研究室:《"数字化场景革命"十大洞察》,赛迪网,2022 年 11 月。

180. 龚才春:《中国元宇宙白皮书》,丝路商学公众号,2022 年 1 月。

181. 中国电子技术标准化研究院、树根互联技术有限公司:《数字孪生应用白皮书（2020 版）》,2020 年新一代信息技术产业标准化论坛,2020 年 11 月。

182. 沈阳:《元宇宙发展研究报告 2.0 版》,清华大学新闻与传播学院新媒体研究中心,2022 年 1 月。

183. 商汤智能产业研究院:《元宇宙白皮书系列——元宇宙"破壁人":做虚实融合世界的赋能者》,商汤科技官网,2022 年 1 月。

184. 广联达科技股份有限公司：《数字建筑白皮书（2018）：新设计、新建造、新运维》，广联达科技股份有限公司官网，2018 年 1 月。

185. 广联达科技股份有限公司：《数字建筑白皮书（2019）：建筑产业数字化转型》，广联达科技股份有限公司官网，2019 年 7 月。

186. 中国联合网络通信有限公司：《中国联通 5G+ 智慧交通白皮书》，中国联通官网，2019 年 6 月。

187. 深圳市城市交通规划设计研究中心：《城市智能交通行业发展研究报告》，第十五届中国智能交通年会，2020 年 11 月。

188. 国脉研究院：《数字政府白皮书》，国脉互联微信公众号，2022 年 12 月。

189. 国脉研究院：《第四届（2022）数字政府建设风向指数暨特色评选报告》，电子政务智库微信公众号，2022 年 12 月。

190. 艾瑞咨询：《中国企业数字化转型路径实践研究报告 2021 年》，网经社，2021 年 1 月。

191. 董小英：《2019 中国汽车行业数字化转型研究报告》，北京大学光华管理学院，2019 年 8 月。

192. 动脉网、蛋壳研究院：《2021 智慧医院创新白皮书》，动脉网，2021 年 5 月。

193. 中国铜业有限公司、中铝智能科技发展有限公司、中国移动通信集团云南有限公司、华为技术有限公司、中国信息通信研究院：《5G+ 云 +AI：赋能有色矿山数字化转型白皮书》，华为官网，2021 年 9 月。

194. 上海艾瑞市场咨询有限公司：《全球数字贸易白皮书》，《艾瑞咨询系列研究报告》2021 年第 10 期。

195. 美国国家科学技术委员会、中国电子信息产业发展研究院（赛迪研究院）：《先进制造业 国家战略报告》，赛迪研究院官网，2022 年 10 月。

196. 健康界：《2021 中国远程医疗发展报告》，www.sgpjbg.com，2021 年 6 月。

197. 易凯资本：《2021 中国健康产业白皮书——数字与 AI 健康篇》，www.sgpjbg.com，2021 年 5 月。

198. 易凯资本：《2022 中国健康产业白皮书——数字与 AI 健康篇》，www.sgpjbg.com，2022 年 5 月。

199. 健康界：《2022 中国 AI 医学影像行业研究报告》，www.sgpjbg.com，2022 年 6 月。

200. 波士顿咨询公司：《数字化加速发展指数报告》，波士顿咨询公司，2021 年 2 月。

201. 益普索市场研究集团、优达公司:《人才转型报告》,优达官网,2021 年。

202. Mob 研究院:《2021 年互联网医疗行业洞察》,www.sgpjbg.com,2021 年 6 月。

二、中文专著

1. 秦荣生、赖家材:《数字经济安全与发展》,人民出版社 2021 年版。

2. 秦荣生、赖家材:《金融科技发展应用与安全》,人民出版社 2020 年版。

3. 陶大程、赖家材、黄维等:《产业元宇宙》,人民出版社 2022 年版。

4. 朱嘉明:《元宇宙与数字经济》,中译出版社 2022 年版。

5. 李季、洪毅:《中国安能建设集团有限公司 2020 年鄱阳湖圩堤决口封堵抢险案例》,国家行政管理出版社 2021 年版。

6. 陈雪松:《司法行政信息化设计与实践》,华中科技大学出版社 2022 年版。

7. 广联达数字建筑研究院:《建筑企业数字化转型之路——从战略规划到落地执行》,中国建筑工业出版社 2022 年版。

8. 广联达新建造研究院:《建筑企业数字化转型规划实施导引》,中国建筑工业出版社 2020 年版。

9. 中国银行业协会行业发展研究委员会编:《金融科技助推商业银行转型:路径与趋势》,中国金融出版社 2020 年版。

10. 王松奇:《银行数字化转型:路径与策略》,机械工业出版社 2021 年版。

11. 刁生富、冯利茹:《重塑 大数据与数字经济》,北京邮电大学出版社 2020 年版。

12. 郑爱军:《数据与企业治理》,机械工业出版社 2021 年版。

13. 郑爱军:《数据赋能》,机械工业出版社 2021 年版。

14. 孙泽红:《智慧经济》,机械工业出版社 2021 年版。

15. 李凤亮:《文化科技创新发展报告(2022)》,社会科学文献出版社 2022 年版。

16. 高书生:《文化数字化:关键词与线路图》,北京联合出版公司 2022 年版。

17. 沈建光、金天、龚谨等:《产业数字化》,中信出版社 2020 年版。

18. 刘正宏:《非物质文化遗产数字化应用与教育化传承研究》,中国轻工业出版社 2018 年版。

19. 梁昊光、兰晓:《文化资源数字化》,人民出版社 2014 年版。

20. 李灿东:《中医诊断学》,中国中医药出版社 2019 年版。

21. 唐·泰普斯科特:《数字经济:网络智能时代的前景与风险》,麦克劳－希尔出版社

1997 年版。

22. 张良杰：《服务计算》，清华大学出版社 2007 年版。

23. 王振：《数字经济蓝皮书·全球数字经济竞争力发展报告（2018）》，社会科学文献出版社 2018 年版。

24. 马克思：《机器。自然力和科学的应用》，人民出版社 1978 年版。

25. 顾海良：《中国特色社会主义理论与实践研究》，高等教育出版社 2018 年版。

26. 中国社会科学院工业经济研究所：《中国工业发展报告（2020）》，经济管理出版社 2020 年版。

27. 国家工业信息安全发展研究中心：《数字经济发展报告（2018—2019）》，社会科学文献出版社 2019 年版。

28. 国家工业信息安全发展研究中心：《数字经济发展报告（2019—2020）》，电子工业出版社 2020 年版。

29. 约翰·伊特韦尔、皮特·纽曼、默里·米尔盖特等：《新帕尔格雷夫经济学大辞典》，经济科学出版社 1996 年版。

三、杂志

1. 石先梅：《制造业数字化转型的三重逻辑与路径探讨》，《当代经济管理》2022 年第 9 期。

2. 马东俊：《数字乡村战略下农村高质量发展影响因素及路径选择》，《农业经济》2022 年第 9 期。

3. 贾利军、陈恒烜：《数字技术赋能制造业高质量发展的关键突破路径》，《教学与研究》2022 年第 9 期。

4. 任保平、何厚聪：《数字经济赋能高质量发展：理论逻辑、路径选择与政策取向》，《财经科学》2022 年第 4 期。

5. 李向阳、陈佳毅、范玲：《数字经济与经济高质量发展耦合关系研究》，《经济问题》2022 年第 8 期。

6. 杨梅、王苑义：《数字化背景下农村经济高质量发展的优势、困境与路径选择》，《农业经济》2022 年第 7 期。

7. 何玉、长王伟：《数字生产力的性质与应用》，《学术月刊》2021 年第 7 期。

8. 王赞新：《数据生产力：形成、属性与理论深化》，《海南大学学报（人文社会科学版）》

2022 年第 5 期。

9. 姚婷:《新发展理念引领下我国西南地区文旅产业数字化转型路径研究》,《文化产业》 2021 年第 9 期。

10. 张颖、毛昊:《中国版权产业数字化转型：机遇、挑战与对策》,《中国软科学》2022 年 第 1 期。

11. 陈洲其:《矿业城市转型中的人口资源环境协调发展问题及政策建议》,《资源·产业》 2005 年第 3 期。

12. 薛澜:《中国应急管理系统的演变》,《行政管理改革》2010 年第 8 期。

13. 高小平:《中国特色应急管理体系建设的成就和发展》,《中国行政管理》2008 年第 11 期。

14. 竺乾威:《从新公共管理到整体性治理》,《中国行政管理》2008 年第 10 期。

15. 张园、张利荣:《建议针对当地灾害制定应急储备方案》,《人民政协报》2022 年 7 月。

16. 赖先进:《应急管理体系和能力现代化建设的多重向度》,《中国应急管理科学》2020 年 第 10 期。

17. 周庆丰、何海声、陶维等:《昌江河决口封堵的组织与管理》,《水利水电技术（中英文）》 2021 年第 S01 期。

18. 范克龙、许昊杰:《科技赋能 守护 "城市生命线"》,《安徽日报》2022 年 11 月。

19. 施洋、王建冬，郭巧敏:《我国构建数据新型要素市场体系面临的挑战与对策》,《电子 政务》2020 年第 3 期。

20. 王建冬、于施洋、黄倩倩:《数据要素基础理论与制度体系总体设计探究》,《电子政务》 2022 年第 2 期。

21. 易成岐、窦悦、陈东等:《全国一体化大数据中心协同创新体系：总体框架与战略价 值》,《电子政务》2021 年第 6 期。

22. 张琳、王李祥、胡燕妮:《我国数字化人才短缺的问题成因及建议》,《信息通信技术与 政策》2021 年第 12 期。

23. 乔治·申克尔:《建筑工程行业的领导者如何推动数字化转型》, 新南威尔士大学, 2022 年 5 月。

24. 刁志中:《建筑企业数字化转型的策略与路径》,《数据》2022 年第 5 期。

25. 高攀:《传统媒体在短视频时代的发展新思路》,《视听》2019 年第 11 期。

26. 徐代军:《国资国企应有 "赛道思维"》,《国企管理》2021 年第 11 期。

27. 李健:《习近平统筹推进疫情防控与互联网发展治理的辩证思维》,《中国卫生法制》2021 年第 2 期。

28. 陈忠禹:《习近平关于辩证思维重要论述的科学内涵研究》,《中共福建省委党校(福建行政学院)学报》2022 年第 2 期。

29. 路胜男:《数字时代老年数字鸿沟治理路径研究》,《太原城市职业技术学院学报》2021 年第 12 期。

30. 张济善:《BIM 技术在智慧城市建设中的应用研究》,《大众标准化》2021 年第 8 期。

31. 丁婷:《智慧交通发展浅析》,《中国交通信息化》2021 年第 1 期。

32. 赵光辉:《元宇宙交通运输:内涵、挑战、趋势与应对》,《武汉理工大学学报(社会科学版)》2022 年第 4 期。

33. 李栋:《智慧建造下数字安全体系建设研究》,《互联网周刊》2022 年第 3 期。

34. 张军红、马明:《数字安全新突围》,《经济》2022 年第 9 期。

35. 王碧波:《中小微企业数字化转型的数字安全问题研究》,《中小企业管理与科技》2022 年第 6 期。

36. 范科峰:《企业数字化转型别忘了数字安全》,《中外企业文化》2022 年第 6 期。

37. 范渊:《未来网络空间的主战场:数字安全》,《中国信息安全》2022 年第 3 期。

38. 韩奇兴:《数字经济快速发展更需网络安全保驾护航》,《信息安全研究》2020 年第 6 期。

39. 谷文奇:《信创及数字化转型双轮驱动银行核心系统变革》,《清华金融评论》2022 年第 7 期。

40. 孙杰贤:《慧点科技:以创新技术助力企业数字化发展》,《中国信息化》2022 年第 6 期。

41. 胡拥军:《激活新引擎基于新发展理念的数字经济实践与发展谋划》,《财经界》2022 年第 25 期。

42. 王铁宏:《贯彻新发展理念加快建筑产业转型升级》,《中国勘察设计》2022 年第 8 期。

43. 张鸿、刘中、王舒萱:《数字经济背景下我国经济高质量发展路径探析》,《商业经济研究》2019 年第 23 期。

44. 王大树:《新发展理念与高质量发展》,《北京工商大学学报(社会科学版)》2022 年第 5 期。

45. 杜思梦、刘涛:《基于新发展理念的农业高质量发展:内涵、问题及举措》,《中国农业科技导报》2021 年第 23 期。

46. 王超、杜唯、杜春华：《数字技术赋能冰雪产业高质量发展的理论内涵、现实困境与实践路径》，《沈阳体育学院学报》2022 年第 5 期。

47. 任保平、宋雪纯：《以新发展理念引领中国经济高质量发展的难点及实现路径》，《经济纵横》2020 年第 6 期。

48. 邓凯：《试论中国司法信息化的演进及其技术路径》，《决策探索（下）》2021 年第 1 期。

49. 刘妍：《人工智能的司法应用及其挑战》，《河南财经政法大学学报》2022 年第 4 期。

50. 马靖云：《智慧司法的难题及其破解》，《华东政法大学学报》2019 年第 4 期。

51. 左卫民：《关于法律人工智能在中国运用前景的若干思考》，《清华法学》2018 年第 2 期。

52. 吴遵民、蒋贵友：《数字化时代终身学习体系的现实挑战与生态构建》，《远程教育杂志》2022 年第 5 期。

53. 朱海龙、刘贵平：《积极推进县域社会数字化治理创新》，《中国社会科学报》2022 年第 9 期。

54. 吴高辉、任捷、李辰玺：《地方探索数字化社会治理的动力机制研究——技术赋能视域下的案例分析与启示》，《社会治理》2022 年第 7 期。

55. 马超、黄劼：《数字银行安全中台架构与实现》，《信息安全研究》2022 年第 8 期。

56. 赵宸宇、王文春、李雪松：《数字化转型如何影响企业全要素生产率》，《财贸经济》2021 年第 7 期。

57. 刘军梅、谢霓裳：《国际比较视角下的中国制造业数字化转型——基于中美德日的对比分析》，《复旦学报（社会科学版）》2022 年第 9 期。

58. 王德祥：《数字经济背景下数据要素对制造业高质量发展的影响研究》，《宏观经济研究》2022 年第 9 期。

59. 张建雄、吴晓丽、杨震等：《基于工业物联网的工业数据采集技术研究与应用》，《电信科学》2018 年第 10 期。

60. 刘庆一、赵义强、孙文海等：《智能边缘计算盒应用设计研究》，《信息技术与信息化》2022 年第 7 期。

61. 盖普勒：《工业大数据之数据采集》，《中国信息化周报》2020 年 10 月。

62. 王鑫鑫等：《制造业企业数字化转型的特征及对策——基于上市企业年报的文本分析》，《经济纵横》2022 年第 9 期。

63. 李颖、贺俊：《数字经济赋能制造业产业创新研究》，《经济体制改革》2022 年第 2 期。

64. 张毅:《数字化转型是什么？研发数字化的作用和建设路径》,《起重运输机械》2021 年第 19 期。

65. 袁晴棠、殷瑞钰、曹湘洪等:《面向 2035 的流程制造业智能化目标、特征和路径战略研究》,《中国工程科学》2020 年第 3 期。

66. 宋晓云:《重庆市民营企业数字化转型问题研究——以涪陵区为例》,《江苏省社会主义学院学报》2021 年第 5 期。

67. 陈洪斌:《美国制造业的发展变迁对我国的启示》,《债券杂志》2019 年第 11 期。

68. 徐向东、周光华、吴士勇:《数字健康的概念内涵、框架及推进路径思考》,《中国卫生信息管理杂志》2022 年第 1 期。

69. 黄如意、井淇:《数字化时代的数字健康:内涵、特征、挑战与治理路径》,《卫生经济研究》2022 年第 6 期。

70. 许速、谢桦等:《基于大数据的病种分值付费的原理与方法》,《中国医疗保险》2020 年第 9 期。

71. 侯洪文、强剑、王静等:《利用数据仓库模型推动内部审计数字化转型的实践》,《中国总会计师》2022 年第 10 期。

72. 吴越:《审计数字化建设推动高质量发展研究》,《现代商业》2022 年第 21 期。

73. 沈彦波、谢志华、粟立钟:《新技术背景下的国有企业内部审计数字化转型升级》,《财务与会计》2022 年第 12 期。

74. 刘云飞:《H 电力公司审计数字化转型的路径初探》,《商讯》2022 年第 15 期。

75. 薛文涛:《内部审计数字化转型目标、架构及实现路径——以大型商业银行为例》,《中国内部审计》2022 年第 6 期。

76. 许树仁:《保险集团公司内部审计数字化转型探索》,《中国内部审计》2021 年第 12 期。

77. 张根银、钱立平:《五措并举探索内部审计数字化转型》,《中国内部审计》2021 年第 6 期。

78. 孙艳杰、徐茜源:《多维分享:数字化时代大学生身心健康教育的新模式》,《沈阳大学学报（社会科学版）》2022 年第 6 期。

79. 刘宝存、岑宇:《世界教育数字化转型的动因、趋势及镜鉴》,《现代远程教育研究》2020 年第 6 期。

80. 祝智庭、孙梦、袁莉:《让理念照进现实:教育数字化转型框架设计及成熟度模型构建》,《现代远程教育研究》2022年第6期。

81. 刘军、刘海群:《教育数字化转型的内涵与要素》,《中国现代教育装备》2022年第22期。

82. 赵亮:《为教育提质增效装上"智慧引擎"》,《团结报》2022年11月。

83. 肖广德、王者鹤:《高等教育数字化转型的关键领域、内容结构及实践路径》,《中国高教研究》2022年第11期。

84. 陈珊、李群:《多路径实现商科教育数字化转型》,《中国社会科学报》2022年10月。

85. 赵红梅、蒲蓉:《厘清商科教育数字化转型的首要问题》,《中国社会科学报》2022年11月。

86. 朱俊祺、苏唯忻、蔡思睿等:《人工智能技术在合规监管上的赋能实践》,《金融科技时代》2022年第30期。

87. 宋华、陈峰、鲍迪等:《金融科技助力供应链金融创新与发展》,《金融理论探索》2022年第4期。

88. 潘卫东:《创新驱动 打造数字融合经营新模式》,《中国银行业》2020年第11期。

89. 王勋、黄益平、苟琴等:《数字技术如何改变金融机构:中国经验与国际启示》,《国际经济评论》2022年第1期。

90. 孙爽、刘洋:《智能风控:管理与创新》,《银行家》2020年第10期。

91. 刘吕科:《商业银行智能风控体系建设的挑战及对策》,《国际金融》2022年第3期。

92. 石滔、熊敬辉:《协同与信用驱动的数字金融服务平台设计与实践》,《科技与金融》2022年第5期。

93. 本刊:《数字化金融创新:服务实体经济和产业振兴——2022中国金融创新论坛发言实录》,《银行家》2022年第9期。

94. 李小庆:《全场景数字金融生态构建研究和实践》,《金融科技时代》2022年第30期。

95. 陆岷峰:《企业数字化与数字供应链金融融合发展研究》,《会计之友》2022年第22期。

96. 李唯滨、丹茹霞、李美慧:《平安协同海尔供应链金融模式运用》,《财务管理研究》2020年第2期。

97. 经济日报社、中国经济趋势研究院、中国农业大学国家农业农村发展研究院:《保障农业农村优先发展》,《经济日报》2022年1月。

98. 王艳:《数字技术与中国农业生产技术进步机理、挑战与路径选择》,《山西农经》2022年第16期。

99. 赵彩霞、韩静、徐慧丹：《新媒体时代"电商直播＋农产品"营销策略优化》，《商业经济研究》2022年第17期。

100. 昝梦莹、王征兵：《农产品电商直播：电商扶贫新模式》，《农业经济问题》2020年第11期。

101. 赵彦彦、祁静蕾、钱君：《数字经济时代下农产品营销模式创新研究》，《商展经济》2022年第13期。

102. 张庆龙、方汉林、董兴荣：《中央国有企业司库未来发展趋势分析》，《财会月刊》2022年第19期。

103. 张庆龙、何佳楠：《大数据审计的业务逻辑：基于事项审计的思考》，《会计之友》2022年第21期。

104. 张庆龙：《内部审计创新：从数据审计到智能审计》，《中国会计报》2021年第22期。

105. 张庆龙：《财务机制变革：从流程驱动走向流程与数据驱动并重》，《商业会计》2022年第17期。

106. 陶涛、吴义强、戴向东等：《我国家具智能制造的高质量发展路径研究》，《家具与室内装饰》2022年第7期。

107. 《互联网＋全面质量管理促进质量、效率和动力变革——"工业互联网与全面质量管理"发展论坛纪实（下）》，《上海质量》2018年第10期。

108. 《有色金属行业智能工厂（矿山）建设指南（试行）》解读》，《资源再生》2020年第5期。

109. 郑健壮、李强：《数字经济的基本内涵、度量范围与发展路径》，《浙江树人大学学报（人文社会科学）》2020年第6期。

110. 张庆龙、何佳楠、芮柏松：《新时期内部审计创新之路：从数据审计到智能审计》，《财会月刊》2021年第22期。

111. 石爱中、孙俭：《初释数据式审计模式》，《审计研究》2005年第4期。

112. 秦荣生：《大数据、云计算技术对审计的影响研究》，《审计研究》2014年第6期。

113. 郑伟、张立民、杨莉：《试析大数据环境下的数据式审计模式》，《审计研究》2016年第4期。

114. 陈伟、斯迈利亚乌斯卡斯·瓦利：《大数据环境下的电子数据审计：机遇、挑战与方法》，《计算机科学》2016年第43期。

115. 刘星、牛艳芳、唐志豪：《关于推进大数据审计工作的几点思考》，《审计研究》2016年第 5 期。

116. 陈伟、居江宁:《基于大数据可视化技术的审计线索特征挖掘方法研究》,《审计研究》2018 年第 1 期。

117. 刘国城、王会金:《大数据审计平台构建研究》,《审计研究》2017 年第 6 期。

118. 张庆龙、邢春玉、芮柏松等:《新一代内部审计:数字化与智能化》,《审计研究》2020 年第 5 期。

119. 黄松、尚颖、马薇等:《大数据挖掘技术在电力审计风险防范中的应用研究》,《中国内部审计》2020 年第 5 期。

120. 中国工商银行内部审计局南京分局课题组、潘燕燕:《基于"风险场景"的数据分析在内部审计中的运用》,《中国内部审计》2020 年第 2 期。

121. 毕德富、潘景章、石红波等:《大数据环境下外汇管理内部审计技术方法创新研究——基于基层外汇局资本项目计算机辅助审计实践》,《中国内部审计》2020 年第 3 期。

122. 陈祺琳、李云强、黄红等:《基于大数据技术构建嵌入式智能持续审计系统研究》,《中国内部审计》2020 年第 3 期。

123. 冯珍珍:《教育数字化发展的新趋势及其反思》,《教育发展研究》2012 年第 15 期。

124. 兰国帅、魏家财、黄春雨等:《国际高等教育数字化转型和中国实施路径》,《开放教育研究》2022 年第 3 期。

125. 兰国帅、张怡、郭倩等:《推动高等教育数字化转型:优化、持续和创新——〈2020 年十大 IT 议题〉报告解读与启示》,《开放教育研究》2020 年第 26 期。

126. 李铭、韩锡斌、李梦等:《高等教育教学数字化转型的愿景、挑战与对策》,《中国电化教育》2022 年第 7 期。

127. 王姝莉、黄漫婷、胡小勇:《美国、欧盟、德国、法国和俄罗斯教育数字化转型分析》,《中国教育信息化》2022 年第 6 期。

128. 吴砥、李环、尉小荣:《教育数字化转型:国际背景、发展需求与推进路径》,《中国远程教育》2022 年第 7 期。

129. 张治、戴蕴秋:《基于"教育大脑"的智能治理——上海宝山区教育数字化转型实践探索》,《中国教育信息化》2022 年第 6 期。

130. 王露宁、朱海洋:《大型供应链企业数字化转型规划与实施路径》,《中国流通经济》2022 年第 4 期。

131. 宋华：《建立数字化的供应链韧性管理体系——一个整合性的管理框架》,《供应链管理》2022 年第 10 期。

132. 曹艳林、张可、易敏等：《数字时代的医疗数字化与数字医疗》,《卫生软科学》2022 年第 10 期。

133. 陈劲、杨文池、于飞：《数字化转型中的生态协同创新战略——基于华为企业业务集团（EBG）中国区的战略研讨》,《清华管理评论》2019 年第 6 期。

134. 李贞霏：《我国数字贸易治理现状、挑战与应对》,《理论探讨》2022 年第 5 期。

135. 夏杰长、刘睿仪：《数字化赋能贸易高质量发展的作用机制与推进策略》,《价格理论与实践》2022 年第 11 期。

136. 钟正、王俊、吴砥等：《教育元宇宙的应用潜力与典型场景探析》,《开放教育研究》2022 年第 1 期。

137. 肖京、王磊、杨余久等：《感知认知技术在金融风险预警中的应用研究》,《智能系统学报》2021 年第 5 期。

138. 盛朝迅：《构建现代产业体系的瓶颈制约与破除策略》,《改革》2019 年第 3 期。

139. 涂圣伟：《我国产业高质量发展面临的突出问题与实现路径》,《中国发展观察》2018 年第 14 期。

140. 王晓玲、孙德林：《数字产品及其定价策略》,《当代财经》2003 年第 12 期。

141. 肖旭、戚聿东：《产业数字化转型的价值维度与理论逻辑》,《改革》2019 年第 8 期。

142. 李晓华、王怡帆：《数据价值链与价值创造机制研究》,《经济纵横》2020 年第 11 期。

143. 祝智庭、胡姣：《教育数字化转型：面向未来的教育"转基因"工程》,《开放教育研究》2022 年第 5 期。

144. 祝智庭、胡姣：《教育数字化转型的实践逻辑与发展机遇》,《电化教育研究》2022 年第 1 期。

145. 祝智庭、胡姣：《教育数字化转型的本质探析与研究展望》,《中国电化教育》2022 年第 4 期。

146. 祝智庭、胡姣：《教育数字化转型的理论框架》,《中国教育学刊》2022 年第 4 期。

147. 祝智庭：《教育数字化转型的内在逻辑与实践方略》,《中国教育信息化》2022 年第 6 期。

148. 巨彦鹏：《数字时代数字领导力矩阵分析与提升路径研究》,《领导科学》2021 年第 8 期。

149. 杨国栋：《政府数字领导力建构的三重维度》,《领导科学》2021 年第 11 期。

150. 韩丽、程云喜：《企业数字化领导力面临的挑战、短板及提升路径》,《领导科学》

2021 年第 19 期。

151. 侯本旗：《管理变革、数字技术与数字化领导力》，《中国金融电脑》2022 年第 7 期。

152. 邝劲松、彭文斌：《数字经济驱动经济高质量发展的逻辑阐释与实践进路》，《探索与争鸣》2020 年第 12 期。

153. 谢杰、崔秋霞、蔡思腾等：《数字经济时代下制造业中小企业数字化转型问题及建议》，《中国科技产业》2022 年第 11 期。

154. 胡韬、王晟、陈征宇：《数字化在应急管理中的应用》，《中国应急管理》2020 年第 2 期。

155. 赵祚翔、胡贝贝：《应急管理体系数字化转型的思路与对策》，《科技管理研究》2021 年第 4 期。

156. 张伟东、高智杰、王超贤：《应急管理体系数字化转型的技术框架和政策路径》，《中国工程科学》2021 年第 4 期。

157. 苏文彬：《应急管理工作的数字化应用》，《数字技术与应用》2022 年第 3 期。

158. 李瑞昌、唐云：《数字孪生体牵引应急管理过程整合：行进中的探索》，《中国行政管理》2022 年第 10 期。

159. 李勇坚、张海汝：《推动元宇宙与文化产业融合发展》，《学习与探索》2022 年第 9 期。

160. 张婧懿、孙芳瑞、王梦思等：《数字技术赋能下中医医院高质量发展内涵及思考》，《中国医院管理》2022 年第 6 期。

161. 邓悦、倪星：《国外数字健康的内涵、应用与发展趋势》，《国外社会科学》2021 年第 1 期。

162. 黄如意、井淇：《数字化时代的数字健康：内涵、特征、挑战与治理路径》，《卫生经济研究》2022 年第 6 期。

163. 孙建钢：《信创服务平台构筑数字化转型之基》，《软件和集成电路》2021 年第 1 期。

164. 陈虎：《基于大数据技术的审计数据统计分析策略探讨》，《企业改革与管理》2021 年第 5 期。

165. 张欣欣：《大数据时代企业内部审计信息化探讨》，《合作经济与科技》2020 年第 18 期。

166. 张月波：《数字化转型中商业银行内部审计智能化探索与应用》，《中国内部审计》2020 年第 10 期。

167. 陈煜波、马晔风：《数字人才——中国经济数字化转型的核心驱动力》，《清华管理评论》2018 年第 1 期。

168. 贺鹏程：《加强工程公司专业化建设 提升企业高质量发展能力》，《施工企业管理》

2021 年第 7 期。

169. 潘家栋、储昊东、胡嘉妍:《促进数字经济与实体经济深度融合的实践路径》,《江南论坛》2022 年第 7 期。

170. 秦荣生:《促进数字技术与实体经济融合发展》,《中国财政》2022 年第 6 期。

171. 郭晗、全勤慧:《数字经济与实体经济融合发展:测度评价与实现路径》,《经济纵横》2022 年第 11 期。

172. 余东华:《制造业高质量发展的内涵、路径与动力机制》,《产业经济评论》2020 年第 1 期。

173. 谢思、夏先瑞:《数字经济赋能制造业企业高质量发展的内在机理与实现路径研究》,《开发研究》2022 年第 5 期。

174. 周建新:《中华优秀传统文化数字化:逻辑进路与实践创新》,《理论月刊》2022 年第 10 期。

175. 初殿清:《数字化的"体"与"用":以助力司法体制改革为目标的司法数字化》,《北京航空航天大学学报(社会科学版)》2022 年第 2 期。

176. 管辉、雷娟利:《数据要素赋能农业现代化:机理、挑战与对策》,《中国流通经济》2022 年第 6 期。

177. 王艳:《数字技术与中国农业生产技术进步:机理、挑战与路径选择》,《山西农经》2022 年第 16 期。

178. 陈江、熊礼贵:《数字农业内涵、作用机理、挑战与推进路径研究》,《西南金融》2022 年第 10 期。

179. 唐金成、刘钰聪:《我国保险业数字化经营转型发展:机遇、挑战与应对》,《南方金融》2022 年第 9 期。

180. 邸立强、杨剑征、赵川:《国外数字化造船技术发展趋势研究》,《舰船科学技术》2015 年第 7 期。

181. 王大树:《新发展理念与高质量发展》,《北京工商大学学报(社会科学版)》2022 年第 5 期。

182. 勾玉铎、花楷:《新发展理念下体教融合高质量发展:内涵、困境与路向》,《沈阳体育学院学报》2021 年第 5 期。

183. 杜思梦、刘涛:《基于新发展理念的农业高质量发展:内涵、问题及举措》,《中国农业科技导报》2021 年第 3 期。

184. 王锐、那丽、马月丹等:《卫生健康高质量发展的内涵与路径选择》,《卫生经济研究》2022 年第 7 期。

185. 王荣荣、郭锋、张毓辉:《新时期健康产业的高质量发展:挑战、机遇与路径研究》,《卫生经济研究》2022 年第 6 期。

186. 韦艳、王欣宇、徐赟:《智慧健康养老产业高质量发展的战略导向与实现路径》,《西安财经大学学报》2022 年第 3 期。

187. 高书生:《国家文化数字化战略:背景与布局》,《河北师范大学学报(哲学社会科学版)》2022 年第 5 期。

188. 胡姣、彭红超、祝智庭:《教育数字化转型的现实困境与突破路径》,《现代远程教育研究》2022 年第 5 期。

189. 王方、刘莉莉、刘启明等:《数字经济高质量发展预警模型构建与实证》,《统计与决策》2022 年第 13 期。

190. 李晓华:《以新发展理念引领制造业高质量发展》,《人民论坛·学术前沿》2021 年第 13 期。

191. 包大为、吴行:《数字化的历史唯物主义内涵》,《治理研究》2021 年第 6 期。

192. 谢康、吴瑶、肖静华:《生产方式数字化转型与适应性创新——数字经济的创新逻辑(五)》,《北京交通大学学报(社会科学版)》2021 年第 1 期。

193. 卫兴华:《政治经济学中的几个理论问题辨析》,《学术月刊》2012 年第 11 期。

194. 谢康、夏正豪、肖静华:《大数据成为现实生产要素的企业实现机制:产品创新视角》,《中国工业经济》2020 年第 5 期。

195. 谢康、吴瑶、肖静华:《基于大数据合作资产的适应性创新——数字经济的创新逻辑(二)》,《北京交通大学学报(社会科学版)》2020 年第 2 期。

196. 吴瑶、肖静华、谢康:《数据驱动的技术契约适应性创新——数字经济的创新逻辑(四)》,《北京交通大学学报(社会科学版)》2020 年第 4 期。

197. 王敬杰:《新时代职业教育数字化转型的内涵、困境与路径》,《职教论坛》2022 年第 9 期。

198. 黄如意、井淇:《数字化时代的数字健康:内涵、特征、挑战与治理路径》,《卫生经济研究》2022 年第 6 期。

199. 梁亚滨:《运用战略思维应对外部挑战的探讨》,《中国领导科学》2022 年第 3 期。

200. 郭喜林：《运用战略思维 加强 QHSE 监管 助力能源企业高质量发展》，《北京石油管理干部学院学报》2022 年第 1 期。

201. 李涛：《领导干部借鉴〈孙子兵法〉提升战略思维的路径探析》，《领导科学》2021 年第 21 期。

202. 王洁琼、李瑾、冯献：《国外乡村治理数字化战略、实践及启示》，《图书馆》2021 年第 11 期。

203. 马明哲：《新数字化之我见》，《金融时报》2021 年 7 月。

204. 闫万里：《智力革命是纵贯三次产业的升级动力》，《新经济导刊》2020 年第 2 期。

205. 闫万里：《数字化转型：不能固步自封，更不能东施效颦》，《财经》2019 年 5 月。

206. 闫万里：《传统产业数字化转型需打通"三点一线"》，《第一财经》2019 年 8 月。

207. 何立峰：《高质量发展是全面建设社会主义现代化国家的首要任务》，《人民日报》2022 年 11 月。

208. 安筱鹏：《数字生产力带来的根本性变革是什么？》，清华大学互联网产业研究院，2022 年 10 月。

209. 董志勇：《全面建设社会主义现代化国家的首要任务——党的二十大报告着力推动高质量发展关注点》，《学习时报》2022 年 11 月。

210. 戚聿东：《加快发展数字经济 推动经济高质量发展》，《光明日报》2022 年 11 月。

211. 陈希：《建设堪当民族复兴重任的高素质干部队伍》，《人民日报》2022 年 11 月。

212. 安筱鹏：《数字生产力构筑增长新动能》，《产业转型研究》2022 年 8 月。

213. 徐宗本：《数字化 网络化 智能化 把握新一代信息技术的聚焦点》，《人民日报》2019 年 3 月。

214. 郑水泉：《坚持问题导向（思想纵横）——深刻学习领会"六个坚持"之四》，《人民日报》2022 年 11 月。

215. 杨杰：《把握融合创新趋势，推动数实互促共生》，2022 中国国际数字经济博览会，2022 年 11 月。

216. 董文生：《探索数字化实践路径引领有色矿业数字化转型》，中企网络，2022 年 4 月。

217. 赵宇坤：《元宇宙赋能文化创新，推进国家文化数字化高质量发展》，光明网，2022 年 11 月。

218. 张颖谭、梦琪：《系统性数字化建设重塑企业发展力——访广联达科技股份有限公司总裁袁正刚》,《中国勘察设计》2022 年第 8 期。

219. 刁志中:《四个问题破局建筑产业转型升级》,《施工企业管理》2022 年第 2 期。

220. 广联达科技股份有限公司:《数字化转型建筑产业发展的必然选择》,《中国勘察设计》 2020 年第 10 期。

221. 广联达科技股份有限公司:《数据驱动下的数字化设计》,《中国勘察设计》2022 年第 8 期。

222. 王钦敏:《加快推进数字政府建设》,人民网,2022 年 8 月。

223. 闵万里:《国内外智慧农业发展现状和未来投资机遇》,《新经济导刊》2021 年第 4 期。

224. 耿黎:《拥抱数字变革,打好普惠金融数字化转型组合拳》,《银行家》2021 年第 10 期。

225. 耿黎:《邮储银行依托信用信息推动普惠金融发展之路》,《中国信用卡》2022 年第 6 期。

226. 耿黎:《为推进中小微企业发展贡献金融力量》,《中国金融》2021 年第 20 期。

227. 耿黎:《小微金融智能风控体系建设的理论与实践》,《中国金融家》2022 年第 11 期。

228. 李雯轩、李晓华:《全球数字化转型的历程、趋势及中国的推进路径》,《经济学家》 2022 年第 5 期。

229. 范渊:《未来网络空间的主战场:数字安全》,《网事焦点》2022 年第 3 期。

230. 吕臣、王慧、李乐军等:《数字文旅融合助力乡村振兴实现逻辑、路径与对策》,《商业 经济研究》2022 年第 23 期。

231. 李杰义、胡静澜、马子涵:《数字乡村建设赋能乡村振兴:理论机制、实践路径与政策 启示》,《西南金融》2022 年第 11 期。

232. 广东工业大学:《推动文化数字化建设迈上新台阶》,《人民日报》2022 年 11 月。

233. 向勇:《力推国家文化数字化发展》,《经济日报》2022 年 6 月。

234. 张丽霞:《守护金融信息安全 20 年》,《金融电子化》2019 年第 10 期。

235. 董贞良:《金融领域网络与信息安全政策综述》,《中国信息安全》2017 年第 7 期。

236. 李燕:《金融科技时代信息安全意识提升之路》,《中国信息安全》2019 年第 6 期。

237. 彭枫:《区块链与金融信息安全》,《中国信息安全》2018 年第 11 期。

238. 李拯:《区块链,换道超车的突破口》,《人民日报》2019 年 11 月。

239. 孙枫:《知识图谱在金融机构网络安全中的应用》,《金融科技时代》2020 年第 6 期。

240. 张宇、张妍:《零信任研究综述》,《信息安全研究》2020 年第 7 期。

241. 左英男:《零信任架构:网络安全新范式》,《金融电子化》2018 年第 11 期。

242. 尚可龙、古强：《零信任安全体系设计与研究》，《保密科学技术》2020 年第 5 期。

243. 王旋 编译：《2014 年的云计算：走向零信任安全模式》，《网络世界》2014 年 1 月。

244. 邵山、郑岩：《感知"互联网＋挑战，破题金融信息安全》，《金融电子化》2016 年第 10 期。

245. 邵江宁：《基于人工智能后发制人的网络安全新对策》，《信息安全研究》2017 年第 5 期。

246. 郭南：《解读高级持续性威胁》，《信息安全与通信保密》2014 年第 11 期。

247. 董刚、余伟、玄光哲：《高级持续性威胁中攻击特征的分析与检测》，《吉林大学学报（理学版）》2019 年第 2 期。

248. 张京隆：《DDOS 攻击检测方法综述》，《科技经济导刊》2020 年第 12 期。

249. 李恒、沈华伟、程学旗等：《网络高流量分布式拒绝服务攻击防御机制研究综述》，《信息网络安全》2017 年第 5 期。

250. 程杰仁、邓奥蓝、唐湘滟：《分布式拒绝服务攻击与防御技术综述》，《网络安全技术与应用》2016 年第 10 期。

251. 宋文纳、彭国军、傅建明等：《恶意代码演化与溯源技术研究》，《软件学报》2019 年第 1 期。

252. 王广平：《网络信息安全与技术综述》，《数字技术与应用》2018 年第 12 期。

253. 刘建伟、姜斌：《硬件防火墙关键技术综述》，《信息安全与通信保密》2003 年第 6 期。

254. 张焱焱、冉祥金：《入侵检测技术综述》，《电子世界》2016 年第 17 期。

255. 邬贺铨：《新一代信息基础设施亟须同步建设网络安全能力》，《中国电子报》2020 年 4 月。

256. 李伟：《金融创新与安全要"双轮"同进》，《中国金融家》2017 年第 6 期。

257. 谭铁牛：《人工智能的历史、现状和未来》，《中国科技奖励》2019 年第 3 期。

258. 韩璇、刘亚敏：《区块链技术中的共识机制研究》，《信息网络安全》2017 年第 9 期。

259. 任佩、刘润一：《区块链技术中共识机制的安全分析》，《2019 中国网络安全等级保护和关键信息基础设施保护大会论文集》，2019 年 10 月。

260. 梅秋丽、龚自洪、刘尚焱等：《区块链平台安全机制研究》，《信息安全研究》2020 年第 1 期。

261. 章恒：《云计算环境的风险评估研究》，《信息安全研究》2017 年第 10 期。

262. 张锋军、杨永刚、李庆华等：《大数据安全研究综述》，《通信技术》2020 年第 5 期。

263. 赵阔、邢永恒：《区块链技术驱动下的物联网安全研究综述》，《信息网络安全》2017 年第 5 期。

264. 王勇、徐衍龙、刘强:《云计算安全模型与架构研究》,《信息安全研究》2019 年第 4 期。

265. 许晔:《美国〈国家网络战略〉对我国的防范遏制与对策建议》,《科技中国》2020 年第
    1 期。

266. 尹志超、余颖丰:《重视金融科技在金融发展中的作用》,《光明日报》2018 年 11 月。

267. 丁丽媛:《基于数据生命周期的金融数据安全管理研究》,《信息安全研究》2018 年第
    6 期。

268. 朱建明、杨鸿瑞:《金融科技中数据安全的挑战与对策》,《网络与信息安全学报》
    2019 年第 4 期。

269. 许予朋:《数据泄露:21 世纪金融安全的"拦路虎"》,《中国银行保险报》2019 年 11 月。

270. 谢宗晓、董坤祥、甄杰:《信息安全管理系列之五十四 信息安全、网络安全与隐私保
    护》,《中国质量与标准导报》2019 年第 7 期。

271. 唐辉:《金融信息系统网络安全风险分析》,《清华金融评论》2019 年第 1 期。

272. 杜明泽:《密码学的研究与发展综述》,《中国科技信息》2010 年第 24 期。

273. 罗继尧:《信息系统数据可用性恢复方法研究》,《计算机与数字工程》2018 年第 6 期。

274. 郝杰、逯彦博、刘鑫吉等:《分布式存储中的再生码综述》,《重庆邮电大学学报（自然
    科学版）》2013 年第 1 期。

275. 郑方、艾斯卡尔·肉孜、王仁宇等:《生物特征识别技术综述》,《信息安全研究》
    2016 年第 1 期。

276. 李贞霏:《我国数字贸易治理现状、挑战与应对》,《理论探讨》2022 年第 5 期。

277. 熊安然、熊本海、蒋林树:《奶牛数字化养殖技术研究进展》,《中国乳业》2020 年第
    11 期。

278. 冯大春、刘双印、尹航等:《规模化肉鸽养殖数字化建设及应用示范》,《中国家禽》
    2022 年第 10 期。

279. 王露宁、朱海洋:《大型供应链企业数字化转型规划与实施路径》,《中国流通经济》
    2022 年第 4 期。

280. 赵晓飞、鲁楠、李明:《农产品供应链数字化转型:理论框架与实现路径》,《云南社会
    科学》2022 年第 6 期。

281. 果刚:《深刻理解数字经济演变路径 促进数字经济向更高水平发展》,《数字经济》

2021 年第 11 期。

282. 赵晓飞、鲁楠、李明:《农产品供应链数字化转型:理论框架与实现路径》,《云南社会科学》2022 年第 6 期。

283. 袁久红:《坚持以创新思维破解难题》,《经济日报》2022 年 8 月。

284. 林建明、沈忠华:《基层单位数字化改革要注重系统思维》,《浙江日报》2021 年5 月。

285. 中华人民共和国农业农村部:《数字化赋能乡村振兴》,《经济日报》2022 年 3 月。

四、其他

1. 李晓东:《新方向、新技术、新模式驱动数字经济新发展》,2022 年世界互联网大会乌镇峰会数字经济论坛,2022 年 11 月。

2. 高德纳、奇安信:《零信任架构及解决方案》,高德纳官网,2020 年 4 月。

3. 国际数据公司:《数字化转型:中国互联建造的未来》,国际数据公司官网,2020 年。

4. 姜波、拉纳·拉希尔·阿夫扎尔·汗、艾哈迈德·维安等:《BIM 在中国的实施:案例研究方法》,信息技术与管理创新国际会议,2015 年 10 月。

5. Knowledgepoint(知识点):《在大流行后的世界中重建:重建技能》,Knowledgepoint(知识点)官网,2022 年。

6. 刘刚:《基于系统性数字化的建筑产业互联网场景创新与落地实践》,中国—东盟建筑产业互联网发展高峰论坛,2022 年 11 月。

7. 陈永伟:《如何发展数字经济》,国务院发展研究中心官网,2020 年 1 月。

8. 罗露等:《揭秘小米 IoT 生态链投资机遇:企业超 300 家,连接设备近 4 亿》,天风证券,2021 年 9 月。

9. 明冬亮:《数字化转型的创新思维模式(让数字化转型从战略设计到业务落地)》,万得资源,2022 年 5 月。

10. 张乐陶:《企业数字化转型是一项整体化、差异化的系统思维工程》,数字经济研究中心百度官方号,2021 年 12 月。

11. 赵晓海:《人工智能辅助科学立法的应用研究》,北大法宝微信公众号,2021 年 11 月。

12. 张良杰:《MRA:元宇宙参考体系结构》,2021 物联网国际会议,2021 年 12 月。

13. 区块链入门:《26 个最经典的工业互联网 + 人工智能案例》,www.tinymind.net.cn,

2018 年 8 月。

14. 国金医药:《中国医保医疗与医药行业政策改革与发展趋势》,www.sgpjbg.com, 2021 年 7 月。

15. 胡伟国:《瑞金医院智慧医院建设实践》,健康界网站,2022 年 1 月。

16. 健康界:《医院智慧药房建设策略与典型案例》,www.sgpjbg.com,2021 年 9 月。

17. 健康界:《医院后勤管理到底有多智慧》,健康界网站,2021 年 2 月。

18. 应亚珍:《基于大数据的病种(DIP)分值付费基本特征》,第四届中国 DRG 收付费大会,2020 年 10 月。

19. 金豆数据:《灵魂发问,DIP 关键六点问题——帮你理清》,搜狐网,2020 年 11 月。

20. 王凤华:《DRG/DIP 业务空间广阔》,东北证券官网,2022 年 7 月。

21. 新华网:《中国平安发布居家养老服务品牌"平安管家"》,新华网,2022 年 9 月。

22. 红枫康养:《"智慧养老":大势所趋的养老模式》,搜狐网,2018 年 5 月。

23. 新华网:《习近平谈文创产业:守正创新,坚持正确导向》,新华网,2020 年 9 月。

24. 文化和旅游部:《全国数字化创新实践案例征集》,中国文化传媒集团官方账号"文旅中国",2022 年 10 月。

25. 郭林文:《数字化赋能文化产业高质量发展》,2020 年苏州圆桌思享汇演讲,2020 年 8 月。

26. 杨继东:《数字经济时代文旅产业高质量发展的挑战与对策》,中国网,2021 年 10 月。

27. 方永磊:《"云端"遇国博 全球博物馆在线接力启动》,央广网,2020 年 9 月。

28. 李卫东、陈镜宇:《数字经济推动中国式现代化的逻辑与路径》,光明网,2022 年 12 月。

29. 孟洁、张淑怡:《〈数据安全法(草案)〉十一大亮点解读,兼议企业合规义务》,环球律师事务所官网,2020 年 7 月。

30. 邢炜:《金融科技提升数字化能力 守正创新做好银行业服务》,光明网,2022 年 9 月。

31. 何焯毅:《基于迭代学习的控制器整定方法与精确位置控制》,知网,2022 年 5 月。

32. 阿里云:《制造业数字化转型案例集(2022 年)》,搜狐网,2022 年 4 月。

33. 百度百科:《元宇宙(新兴概念)》,百度百科,2022 年 12 月。

34. 李颖:《数字化转型是应急管理现代化重要命题》,人民网,2021 年 4 月。

35. 汪玉凯:《数字化与应急管理现代化》,人民论坛网,2020 年 11 月。

36. 吴雪:《数字化助力乡村振兴》,光明网,2022 年 3 月。

37. 张良杰:《数字经济 3.0 时代,开启 S2S 新范式》,金蝶云星空公众号,2022 年 8 月。

38. 杨校毅：《"原生态"智能工业生产——立足当下，面向未来》，科学网，2020 年 12 月。

39. 王士恒：《底线思维在税收管理风险防控中的运用研究》，知网，2018 年 5 月。

40. 中国指挥与控制学会：《网络安全架构〈零信任架构（ZTA）建议〉解读》，中国指挥与控制学会微信公众号，2019 年 12 月。

41. 孙轩：《数字赋能实现治理创新，推进政府治理体系和治理能力现代化》，光明网，2022 年 9 月。

42. 怀进鹏：《数字变革与教育未来——在世界数字教育大会上的主旨演讲》，教育部官网，2023 年 2 月。

后　记

　　数字经济迅猛发展，成为全球经济发展新引擎，数字化创造场景的联通性、数据的贯通性、价值的互通性，改变人们工作、学习、生活、生产方式，重新定义社会生产力。数字化赋能高质量发展，应用场景多元化，在农业、制造、健康、教育等实体经济场景得到广泛应用。作为未来有志之士，主动积极拥抱这一千载难逢的机遇，顺势而为，迎难而上，以开放心态，拥抱科技，拥抱数字化，锐意进取，把科技应用的初心使命转化为实际行动，为高质量发展做出新的更大贡献。

　　编者希望编写一本数字化赋能高质量发展的简明通俗读本，以帮助广大从业者、潜在从业者、科技人员、投资人员、管理人员、党政干部掌握数字化基础知识、数字化赋能高质量发展的实战经验、发展趋势、面临的挑战等，更好地了解数字化带来的发展机遇，为如何应对数字化挑战提供一些思路、对策、建议与解决方案。在阐述数字化赋能各领域各行业高质量发展过程中，尽量保持体例一致，但数字化在各领域应用水平、应用层次、应用特点有差异，体例也可能会出现不一致的地方。本书涉及很多外文词汇或外文字母缩写词，有些能翻译成中文，有些因没有合适中文解释只说明一下其中含义，因同一外文词汇或外文字母缩写词在书中可能会反复出现，为避免重复过多和方便阅读，该外文词汇或外文字母缩写词一般只在第一次出现时附上中文含义。

　　数字化赋能高质量发展，可谓内容广泛、涉及面广、博大精深，跨界产业与科技，是一项浩大工程，需汇聚产业、数字技术等多学科背景的大团队协作才能完成。本书由著名产业科学家、行业专家领衔，组织从业经验丰富、兼具产业和科技背景的科技界和企业界精英人士参与编写，认真研读了数字化相关政策文件，查阅了大量数字化方面资料，学习参考了诸多领导和精英的知识精髓，吸收了目前国内外数字化发展最新、最优科研成果，包括期刊、网络、会议、自媒体等方面的内容，提炼了团队在数字化赋能方面的实践经验，也研学了很多数字化实际应用案例，并增加了编者对数字化赋能的理解与感悟。"海纳百川，有容乃大"，以开放心态选择材料内容，在本书编写过程中访谈了很多专家、学者、专业人士，引用了很多机构、领导、专家学者的观点，尤其是有些机构（如中国信息通信研究院、亿欧智库、中国电子技术标准化研究院、中国电子信息产业发展研究院、广联达科技股份有限公司、罗戈研究院）、领导与专家（如北京国家会计学院秦荣生院长、平安集团马明哲先生、赛迪研究院姚磊博士、国云数据马晓东先生、中石化集团首席专家李剑峰、工商银行网络金融部副总经理温津伟、中国人民大学商学院宋华、北京师范大学智慧学习研究院院长黄荣怀、南开大学孙轩副教授、北京大学王大树教授、国务院办公厅电子政务办公室主任陈宏曲、宝武碳业首席信息官陈江宁、中国行政管理学会会长江小涓、北京师范大学戚聿东教授、赛迪专家吴志刚、杭州电子科技大学辛金国、国家信息中心胡拥军）的观点可谓精辟之至，取材之时，难以割舍，其实，这些机构、领导、专家学者也是致力于数字化赋能高质量发展大业的本书编委会"广义团队概念"的一员，在默默支持、指导我们。在此向这些机构、领导、专家学者一并表示诚挚的谢意！因本书定位为一本数字化赋能高质量发展的简明通俗读本，资料引用之处不是很详细，未在文中一一标明出处，对书中引用较多的，为了避免重复和便于读者阅读，仅在第一次引用该文内容时标明其出处，后续可能引用同一文内容时未重复标明其出处。敬请谅解！

特别感谢以下单位、朋友在本书编写过程给予编者的鼎力支持：北京市智能交通协会秘书长张善海先生，中电智慧基金副总经理刘振龙先生，高博医疗集团数据智能部总监汤云杰，建信金融科技有限责任公司聂砂，中银理财有限责任公司颜时雨，资深安全专家廖武锋，五矿集团马静玉。另外，还有其他给予我们支持的单位、朋友，在此就不一一列举了。

由于数字化处在不断发展中，需在大量实践中不断完善，加之编者水平有限、时间仓促，书中疏漏甚至错误在所难免，敬请广大读者批评指正，我们将在后续版本中不断完善。

编者

2023 年 6 月

责任编辑：杨瑞勇

封面设计：徐　晖

图书在版编目（CIP）数据

数字化赋能高质量发展／肖京，赖家材 主编 . — 北京：人民出版社，
2023.7

ISBN 978 - 7 - 01 - 025784 - 6

I.①数… II.①肖…②赖… III.①数字技术 - 应用 - 中国经济 - 经济发展 -
研究　IV.① F124-39

中国国家版本馆 CIP 数据核字（2023）第 116549 号

数字化赋能高质量发展

SHUZIHUA FUNENG GAOZHILIANG FAZHAN

肖 京　赖家材　主编

人民出版社 出版发行

（100706　北京市东城区隆福寺街 99 号）

北京中科印刷有限公司印刷　新华书店经销

2023 年 7 月第 1 版　2023 年 7 月北京第 1 次印刷

开本：710 毫米 ×1000 毫米 1/16　印张：31.75

字数：515 千字

ISBN 978 - 7 - 01 - 025784 - 6　定价：89.00 元

邮购地址 100706　北京市东城区隆福寺街 99 号

人民东方图书销售中心　电话（010）65250042　65289539